新坐标国际贸易系列精品课程

进出口报关实务

（第3版）

张 兵 主编

清华大学出版社
北 京

内 容 简 介

本书紧密联系我国对外贸易和报关业务的现实发展状况,系统阐述了进出口报关专业知识和专业技能。其中,在报关专业知识部分,全面系统地分析了目前最新的与我国报关活动有关的对外贸易和海关管理的系列制度和规范;在报关专业技能方面,具体深入地阐释了报关程序、进出口商品归类、进出口税费计算以及报关单填制等报关的基本操作技能。

本书适合高等院校国际经济与贸易相关专业的本科生学习报关基础理论和知识使用,同时也可为我国外贸公司和报关企业中的报关从业人员提供有益的参考和借鉴。

本书封面贴有清华大学出版社防伪标签,无标签者不得销售。

版权所有,侵权必究。举报: 010-62782989,beiqinquan@tup.tsinghua.edu.cn。

图书在版编目(CIP)数据

进出口报关实务/张兵主编. --3 版. --北京:清华大学出版社,2016(2021.8重印)
(新坐标国际贸易系列精品教材)
ISBN 978-7-302-43956-1

Ⅰ. ①进⋯ Ⅱ. ①张⋯ Ⅲ. ①进出口贸易-海关手续-中国-高等学校-教材 Ⅳ. ① F752.5

中国版本图书馆 CIP 数据核字(2016)第 113478 号

责任编辑:刘志彬
封面设计:王新征
责任校对:宋玉莲
责任印制:朱雨萌

出版发行:清华大学出版社
       网　　　址: http://www.tup.com.cn,http://www.wqbook.com
       地　　　址: 北京清华大学学研大厦 A 座　　　　　　**邮　　编:** 100084
       社 总 机: 010-62770175　　　　　　　　　　　　**邮　　购:** 010-62786544
       投稿与读者服务: 010-62776969,c-service@tup.tsinghua.edu.cn
       质 量 反 馈: 010-62772015,zhiliang@tup.tsinghua.edu.cn
       课 件 下 载: http://www.tup.com.cn,010-62770175 转 4506
印 装 者: 三河市少明印务有限公司
经　　销: 全国新华书店
开　　本: 185mm×260mm　　　**印 张:** 23.25　　　**插 页:** 1　　**字　　数:** 518 千字
版　　次: 2006 年 11 第 1 版　 2016 年 7 第 3 版　　　　　**印　　次:** 2021 年 8 月第 6 次印刷
定　　价: 39.00 元

产品编号:070223-01

编 委 会

编委会主任

佟家栋

编委会副主任

刘重力　张伯伟

编委会成员

饶友玲　尚　明　史学瀛

汤秀莲　王琴华　王文先

徐　复　谢娟娟　苑　涛

于志达　张　兵　周　哲

第三版前言

运输工具、货物、物品的进出境都是通过报关活动来完成和实现的。我国对外贸易的持续发展和对外经济交往的不断深入，客观上促成了对报关人员的大量需求，同时对报关人员的业务能力也提出了更高的要求。本书正是基于我国对外贸易和报关业务的现实发展需要而编写的，旨在全面系统地阐述目前我国进出口报关的专业知识和专业技能，培养高素质的报关从业人员。

进出口报关业务不仅是一项实践性、政策性非常强的工作，涉及对外贸易、国家政策法规、对外经济关系的方方面面，而且处于不断变化发展的动态过程之中。随着我国对外经济贸易的不断深入发展，报关的管理制度和操作规范也不断得以健全和完善。这一点可以从全国人大、国务院、海关总署和商务部等国家职能部门发布的一系列与报关活动相关的法律、法规和部门规章中清晰地反映出来。本书正是基于报关业务的这一特点，紧密联系我国对外贸易和报关业务的现实发展状况，结合我国最新发布的报关业务法律、法规和操作规范，在系统阐述目前我国与报关活动有关的最新对外贸易和海关管理的系列制度、措施等报关专业知识的同时，具体深入地分析了报关程序、进出口商品归类、进出口税费计算以及报关单填制等报关的基本操作技能及其最新规范。充分体现出了本书与时俱进、全面系统的鲜明特色。

本书由张兵主编，李翠莲、秦立杰和张娟等提供了部分初稿。青岛海关侯敏对本书的修订提出了许多宝贵意见。南开大学国际经济贸易系的薛敬孝教授、刘重力教授、李坤望教授和张伯伟教授在本书编写过程中给予了编者无私的关怀、鼓励、指导和帮助；清华大学出版社的领导和编辑为本书的出版提供了大力支持并付出了辛勤劳动，在此编者对他们一并表示最衷心的感谢！

本书在编写过程中参阅了大量学者的相关著作和国家有关职能部门公布的外贸和报关业务相关法律法规资料，可以说，本书编写工作的顺利完成凝结了众多学者和报关实务界人士的智慧和心血。在此，本书编者向所有相关学者、报关政策制定者和报关业务实践者表示由衷的敬意和感谢！

当然，由于时间仓促，加之编者理论水平和实践能力有限，书中的错误和纰漏在所难免，恳请读者不吝赐教。

编 者

2016 年 2 月于南开大学

第一版前言

2005 年我国外贸进出口总额高达 1.4 万亿美元，稳居世界第三位；2006 年 1~6 月我国外贸进出口总值达

7 957.4 亿美元，继续保持快速发展势头。对外贸易货物的进出境都是通过报关活动来完成和实现的。因此，我国外贸的高速发展客观上产生了对报关人员的大量需求，对报关人员的业务能力也提出了更高的要求。本教材的编写正是基于我国对外贸易和报关业务的现实发展需要而进行的，旨在全面系统地阐述目前我国进出口报关的专业知识和专业技能，培养高素质的报关从业人员。

进出口报关业务是一项政策性、实践性非常强的工作，涉及对外贸易、国家政策法规以及对外经济关系的方方面面，而且处于不断变化发展的动态过程之中。随着我国对外经济贸易的不断深入发展，报关的管理制度和操作规范也会不断得以健全和完善。这可以从全国人大、国务院、海关总署和商务部等国家职能部门发布的一系列与报关活动相关的法律、法规和部门规章中清晰地反映出来。基于报关业务的这一特点，本教材紧密联系我国对外贸易和报关业务的现实发展状况，结合我国最新发布的报关业务法律法规和操作规范，在系统阐述目前我国与报关活动有关的对外贸易和海关管理的系列制度和措施等报关专业知识的同时，具体深入地分析了报关程序、进出口商品归类、进出口税费计算以及报关单填制等报关的基本操作技能，体现出了与时俱进、全面系统的鲜明特色。

本教材由张兵主编，李翠莲、秦立杰和张娟等同志提供了部分初稿。南开大学国际经济贸易系的薛敬孝教授、刘重力教授、李坤望教授和张伯伟教授在本教材编写过程中给予了编者无私的关怀、鼓励、指导和帮助；清华大学出版社的领导和编辑为本教材的出版提供了大力支持并付出了辛勤劳动，在此编者对他们一并表示最衷心的感谢！

本教材在编写过程中参阅了大量学者的相关著作和国家有关职能部门公布的外贸和报关业务相关法律法规资料，可以说，本教材编写工作的顺利完成凝结了众多学者和报关实务界人士的智慧和心血。在此，本教材编者向所有相关学者、报关政策制定者和报关业务实践者表示由衷的敬意和感谢！

由于时间仓促，加之编者理论水平和实践能力有限，书中的错误和纰漏在所难免，恳请读者不吝赐教。

编　者
2016 年 2 月于南开大学

目　录

第一篇　报关基础知识

第二篇　报关专业知识

第一篇 报关基础知识

第一章 报关与海关概述

本章学习目标

本章介绍了报关和海关的基本概念和基础知识。通过学习，重点应掌握报关的概念和分类、报关的范围和基本内容、我国海关的基本性质和任务、海关的权力、海关的组织机构和管理体制等内容。

第一节 报关概述

一、报关的概念

在进行国际交流和经济贸易往来活动过程中，为维护国家主权和利益，保障对外经济贸易和交流活动顺利进行，各国海关都依法对运输工具、货物、物品的进出境实行报关管理制度。《中华人民共和国海关法》第八、九和十四条分别规定："进出境运输工具、货物、物品，必须通过设立海关的地点进境或出境。""进出口货物，除另有规定的外，可以由进出口货物收发货人自行办理报关纳税手续，也可以由进出口货物收发货人委托海关准予注册登记的报关企业办理报关纳税手续。进出境物品的所有人可以自行办理报关纳税手续，也可以委托他人办理报关纳税手续。""进出境运输工具到达或者驶离设立海关的地点时，运输工具负责人应当向海关如实申报，交验单证，并接受海关监管和检查。"因此，由设立海关的地点进出境并办理规定的海关手续不仅是运输工具、货物、物品进出境的基本原则，也是进出境运输工具负责人、进出口货物收发货人、进出境物品的所有人应履行的一项基本义务。我们通常所说的报关就是与运输工具、货物、物品的进出境密切相关的一个概念，它是指进出境运输工具负责人、进出口货物收发货人、进出境物品的所有人或者他们的代理人，向海关办理运输工具、货物或物品进出境手续及其他相关海关事务的全过程。

在这里，我们需要注意"报关"概念与"通关"概念的区别。通关一方面包括海关管理相对人（包括进出境运输工具负责人、进出口货物收发货人、进出境物品的所有人或者他们的代理人）向海关办理运输工具、货物或物品的进出境手续；另一方面也包括海关根据管理相对人的申报，对进出境运输工具、货物、物品依法进行查验、征缴税费直至核准其进出境的监督管理全过程。因此，报关和通关活动的对象虽然都是针对运输工具、货物、物品的进出境而言的，但二者所包括的内容和考察角度仍然存在一定的区别。

二、报关的范围

按照法律规定，所有进出境运输工具、货物、物品都需要办理报关手续。报关的具体范围如下所述。

（一）进出境运输工具

主要包括用以载运人员、货物、物品进出境，在国际运营的各种境内或境外船舶、车辆、航空器和驮畜等。

（二）进出境货物

主要包括一般进口货物；一般出口货物；保税货物；暂准进出口货物；特定减免税进出口货物；过境、转运和通运货物及其他进出境货物。

另外，一些特殊货物，如通过电缆、管道输送进出境的水、电等以及无形的货物，如附着在货品载体上的软件等也属报关的范围。

（三）进出境物品

主要包括进出境的行李物品、邮递物品和其他物品。以进出境人员携带、托运等方式进出境的物品为行李物品；以邮递方式进出境的物品为邮递物品；其他物品主要包括享有外交特权和豁免的外国机构或者人员的公务用品或自用物品以及通过国际速递企业进出境的快件等。

三、报关的分类

（一）按照报关的对象，可分为运输工具报关、货物报关和物品报关

进出境运输工具（包括用以载运人员、货物、物品进出境，在国际运营的各种境内或境外航空器、船舶、车辆和驮畜等）作为人员、货物、物品的进出境载体，其报关主要是向海关直接交验随附的、符合国际商业运输惯例、能反映运输工具进出境合法性及其所承运货物、物品情况的合法证件、清单和其他运输单证，报关手续较为简单。进出境物品（主要包括进出境的行李物品、邮递物品和其他物品）由于其非贸易性质，且一般限于自用、合理数量，报关手续也很简单。进出境货物（主要包括一般进出口货物、保税货物、特定减免税货物、暂准进出口货物以及过境、转运和通运货物等）的报关较为复杂，海关根据对不同类型进出境货物的监管要求，制定了一系列报关管理规范，并且要求必须由具备一定的专业知识和技能且经过海关备案的专业人员代表报关单位专门办理。

（二）按照报关的目的，可分为进境报关和出境报关

由于海关对运输工具、货物、物品的进出境有不同的管理要求，运输工具、货物、物品根据进境或出境的目的分别形成了一套进境和出境报关手续。另外，由于运输或其他方面的需要，有些海关监管货物需要办理从一个设关地点运至另一个设关地点的海关手续，在实践中产生了"转关"的需要，转关货物也需办理相关的报关手续。

（三）按照报关活动的实施者的不同，可分为自理报关和代理报关

进出境运输工具、货物、物品的报关是一项专业性较强的工作，尤其是进出境货物的

报关比较复杂，一些运输工具负责人、进出口货物收发货人或者物品的所有人由于经济、时间、地点等方面的原因不能或者不愿意自行办理报关手续，而委托代理人代为办理报关手续，从而形成了自理报关和代理报关两种报关类型。我国《海关法》对接受进出境物品所有人的委托代为办理进出境物品报关手续的代理人没有特殊要求，但对于接受进出口货物收发货人的委托代为办理进出境货物报关手续的代理人则有明确的规定。因此，我们通常所称的自理报关和代理报关主要是针对进出境货物的报关而言的。

1. 自理报关

进出口货物收发货人自行办理报关手续称为自理报关。根据我国海关目前的规定，自理报关单位必须具有对外贸易经营权和报关权。

2. 代理报关

代理报关是指接受进出口货物收发货人的委托代理其办理报关手续的行为。我国海关法律规定内容中把有权接受进出口货物收发货人的委托代为办理报关纳税手续的企业称为报关企业。报关企业从事代理报关业务必须经过海关批准并且向海关办理注册登记手续。

四、报关的基本内容

（一）进出境运输工具报关的基本内容

国际贸易的交货任务、国际人员往来及携带物品进出境，除经其他特殊运输方式外，都要通过各种运输工具的国际运输来实现。根据《中华人民共和国海关法》的规定，所有进出我国关境的运输工具必须经由设有海关的港口、空港、车站、国界孔道、国际邮件交换局（站）及其他可办理海关业务的场所申报进出境。进出境申报是运输工具报关的主要内容。根据海关监管的要求，进出境运输工具负责人或其代理人在运输工具进入或驶离我国关境时应如实向海关申报运输工具所载旅客人数、进出口货物数量、装卸时间等基本情况。

根据海关监管的不同要求，不同种类的运输工具报关时所需递交的单证及所要申明的具体内容也不尽相同。总的来说，运输工具进出境报关时须向海关申明的主要内容有：运输工具进出境的时间、航次；运输工具进出境时所载货物情况，包括过境货物、转运货物、通运、溢短装（卸）货物的基本情况；运输工具服务人员名单及其自用物品、货币、金银情况；运输工具所载旅客情况；运输工具所载邮递物品、行李物品的情况；其他需要向海关申报清楚的情况，如由于不可抗力原因，被迫在未设关地点停泊、降落或者抛掷、起卸货物、物品等情况。除此以外，运输工具报关时还需要提交运输工具从事国际合法性运输必备的相关证明文件，如船舶国籍证书、吨税证书、海关监管簿、签证簿等，必要时还需出具保证书或缴纳保证金。

进出境运输工具负责人或其代理人就以上情况向海关申报后，有时还需应海关的要求配合海关查验，经海关审核确认符合海关监管要求的，海关做出放行决定。至此，该运输工具报关完成，可以上下旅客、装卸货物或者驶往内地、离境。

海关总署在 2014 年第 70 号公告中对进出境运输工具监管及舱单管理做出如下规定。

- 企业应在规定时限内按照进出境运输工具和舱单数据项填制规范，完整、准确地向海关申报传输运输工具及其载运货物、物品的舱单电子数据。

- 如舱单传输人自行发现舱单电子数据传输错误，可以根据海关总署令第172号相关要求，在原始舱单和预配舱单规定的传输时限以前，重新申报传输电子数据；货物、物品所有人已向海关办理货物、物品申报手续的除外。
- 企业应在进口货物、物品于境外港口启运前或出口货物、物品于境内港口发运前，将其总提、分提、运单的纸本或电子数据准备齐全，并在规定时间内向中国海关完整传输电子数据，其中有分提、运单数据的，须完整传输分提、运单电子数据。无分提、运单电子数据的，舱单传输人应在舱单管理系统的"商品简要描述"数据项中详细填写该总提、运单项下每项货物、物品名称并向海关传输。
- 企业向海关申报电子数据时，应确保每一份报关单都有相对应的单一提、运单。对于根据报关单填制规范及申报要求不能在同一张报关单中完成申报和通关的货物、物品，企业或货主可向海关现场业务部门申请办理该票货物、物品总提、运单的拆分业务。无特殊原因的，海关不对任一总提、运单进行拆分操作。
- 企业应严格按照海关总署令第172号、第196号规定时限向海关传输运输工具及舱单电子数据。负责申报传输电子数据的企业应按照要求的具体时限进行传输。
- 对于需凭"重量证书"确认实际发货数量的出口非集装箱货物，监管场所经营人或理货部门应当根据国家法律规定的检验机构或其授权部门出具的"重量证书"向海关传输理货报告电子数据。
- 舱单传输人应向海关传输调拨进出境空箱电子数据；空箱未按报送数据实际装卸的，舱单传输人应按照相关规定办理空箱的电子数据变更手续。
- 进出境航空器地面代理企业应按照相关法律法规要求向海关进行备案。进出境运输工具负责人、服务企业、地面代理企业的相关信息在海关进行备案后，如发生变动的，应当在其备案信息发生变更后10个工作日内，凭《备案变更表》及相关资料，向海关办理相关备案信息变更。
- 对于未按照海关要求传输运输工具、舱单电子数据的企业，海关将严格按照《中华人民共和国海关行政处罚实施条例》及相关规定对其进行处罚。
- 海关将按照相关法律法规对进出境运输工具实施登临检查，并可对其所载货物、物品实施径行检查。企业应严格遵守《海关法》、海关总署令第172号、第196号及其相关规定配合海关检查。
- 企业通过中国电子口岸平台进行数据传输。海关接收企业申报传输数据、接受企业或个人在海关舱单管理部门及现场业务窗口修改舱单数据时，不收取任何费用。

（二）进出境货物报关的基本内容

相对而言，进出境货物的报关比较复杂。根据《中华人民共和国海关法》规定，进出境货物的报关内容主要包括：报关单位向海关如实申报其进出境货物的情况，配合海关查验货物，对部分货物还需缴纳进出口税费，最后海关放行货物。除此以外，根据海关监管的要求，对于保税货物、特定减免税货物以及暂准进出口货物在向海关申报前和海关放行后还需办理其他海关手续。

一般来说，进出境货物报关时，报关人员要做好以下几个方面的工作。

（1）进出口货物收发货人接到运输公司或邮递公司寄交的"提货通知单"或根据合同规定备齐进出口货物后，应当做好向海关办理货物进出境手续的准备工作，或者签署委托代理协议，委托报关企业向海关申报。

（2）准备好报关单证，在海关规定的报关地点和报关时限内以电子数据和书面方式向海关申报。《进（出）口货物报关单》或海关规定的其他报关单（证）是报关单位向海关申报货物情况的法律文书，申报人必须认真、如实填写，并对其所填制内容的真实性和合法性负责，承担相应的法律责任和经济责任。除此之外，还应准备与进出口货物直接相关的商业和货运单证（如发票、装箱单、提单等）；属于国家限制性的进出口货物，应准备国家有关法律法规规定实行特殊管制的证件（如进出口货物许可证等）；还要准备好其他海关可能需要查阅或收取的单证和资料（如贸易合同、原产地证明等）。报关单证准备完毕后，报关人员要把报关单上的数据经电子计算机传送给海关，并在海关规定时间、地点向海关递交书面报关单证。

（3）经海关对报关电子数据和书面报关单证进行审核后，在海关认为必要的情况下，报关人员要配合海关查验货物。

（4）属于应缴纳税费的进出口货物，报关单位应在海关规定的期限内缴纳进出口税费。

（5）以上手续完成，进出口货物经海关放行后，报关单位可以安排装卸货物。

除了上述工作外，对于保税货物、特定减免税货物和暂准进出口货物，在进出境前还需办理备案申请等手续；在进出境后还需在规定时间、以规定的方式向海关办理核销、结案等手续。

（三）进出境物品报关的基本内容

中华人民共和国海关总署令第43号发布了《中华人民共和国禁止进出境物品表》和《中华人民共和国限制进出境物品表》，规定了禁止和限制进出境物品。其中禁止进境物品包括：各种武器、仿真武器、弹药及爆炸物品；伪造的货币及伪造的有价证券；对中国政治、经济、文化、道德有害的印刷品、胶卷、照片、唱片、影片、录音带、录像带、激光视盘、计算机存储介质及其他物品；各种烈性毒药；鸦片、吗啡、海洛因、大麻以及其他能使人成瘾的麻醉品、精神药物；带有危险性病菌、害虫及其他有害生物的动物、植物及其产品；有碍人畜健康的、来自疫区的以及其他能传播疾病的食品、药品或其他物品。禁止出境物品包括：列入禁止进境范围的所有物品；内容涉及国家秘密的手稿、印刷品、胶卷、照片、唱片、影片、录音带、录像带、激光视盘、计算机存储介质及其他物品；珍贵文物及其他禁止出境的文物；濒危的和珍贵的动物、植物（均含标本）及其种子和繁殖材料。限制进境物品包括：无线电收发信机、通信保密机；烟、酒；濒危的和珍贵的动物、植物（均含标本）及其种子和繁殖材料；国家货币；海关限制进境的其他物品。限制出境物品包括：金银等贵重金属及其制品；国家货币；外币及其有价证券；无线电收发信机、通信保密机；贵重中药材；一般文物；海关限制出境的其他物品。

《中华人民共和国海关法》规定，个人携带进出境的行李物品、邮寄进出境的物品，应当以自用合理数量为限。所谓自用合理数量，对于行李物品而言，"自用"指的是进出境旅客本人自用、馈赠亲友而非为出售或出租，合理数量是指海关对进出境邮递物品规定的征、免税限制。自用合理数量原则既是海关对进出境物品监管的基本原则，也是对进出境物品报关的基本要求。

1. 进出境行李物品的报关

国际上许多国家的海关对进出境旅客行李物品普遍采用的通关制度是申报和无申报通道（也称红绿通道）通关制度。实施红绿通道通关制度的海关，在旅客行李物品检查场所设置通道，并用中英文分别标明申报通道（红色通道，Goods to Declare）和无申报通道（绿色通道，Nothing to Declare）。实施这一通关制度的目的是简化海关手续，方便旅客进出境。目前，我国大部分海关均已实施这种通关制度。进出境旅客在向海关申报时，可以在两种分别以红色和绿色作为标记的通道中进行选择。进出境旅客没有携带应向海关申报物品的，无须填写《中华人民共和国海关进出境旅客行李物品申报单》（以下称《申报单》），选择"无申报通道"（"绿色通道"）通关。除海关免于监管的人员以及随同成人旅行的16周岁以下旅客以外，进出境旅客携带有应向海关申报物品的，须填写《申报单》，向海关书面申报，并选择"申报通道"（"红色通道"）通关。

进境旅客携带有下列物品的，应在《申报单》相应栏目内如实填报，并将有关物品交海关验核，办理有关手续：

- 动、植物及其产品，微生物、生物制品、人体组织、血液制品；
- 居民旅客在境外获取的总值超过人民币5 000元（含5 000元，下同）的自用物品；
- 非居民旅客拟留在中国境内的总值超过2 000元的物品；
- 酒精饮料超过1 500毫升（酒精含量12度以上），或香烟超过400支，或雪茄超过100支，或烟丝超过500克；
- 人民币现钞超过20 000元，或外币现钞折合超过5 000美元；
- 分离运输行李，货物、货样、广告品；
- 其他需要向海关申报的物品。

出境旅客携带有下列物品的，应在《申报单》相应栏目内如实填报，并将有关物品交海关验核，办理有关手续：

- 文物、濒危动植物及其制品、生物物种资源、金银等贵重金属；
- 居民旅客需复带进境的单价超过5 000元的照相机、摄像机、手提电脑等旅行自用物品；
- 人民币现钞超过20 000元，或外币现钞折合超过5 000美元；
- 货物、货样、广告品；
- 其他需要向海关申报的物品。

非居民旅客返程出境时，如需要选择"申报通道"通关，可在其原进境时填写并经海关批注和签章的《申报单》上出境栏目内填写相关内容，或者另填写一份《申报单》，向海关办理出境申报手续。居民旅客回程进境时，如需要选择"申报通道"通关，可在其原出境时填写并经海关批注和签章的《申报单》上进境栏目内填写相关内容，或者另填写一份《申报单》，向海关办理进境申报手续。

持有中华人民共和国政府主管部门给予外交、礼遇签证的进出境旅客，通关时应主动向海关出示本人有效证件，海关予以免验礼遇。

违反海关规定，逃避海关监管，携带国家禁止、限制进出境或者依法应当缴纳税款的货物、物品进出境的，海关将依据《中华人民共和国海关法》和《中华人民共和国海关行政处罚实施条例》予以处罚。

2. 进出境邮递物品的报关

海关对进出境个人邮递物品的管理原则是：既方便正常往来，照顾个人合理需要，又要限制走私违法活动。进出境个人邮递物品应以自用、合理数量为限。根据这一原则，海关规定了个人每次邮寄物品的限值、免税额和禁止、限制邮寄物品的品种。对邮寄进出境的物品，海关依法进行查验，并按章征税或免税放行。邮寄出境邮递物品，寄件人应填写报关单，如邮寄出境小包邮件，还须加填绿色验关标签，如实填报内装物品的品名、数量、价值，向派驻邮局的海关申报，经海关验放后，交由邮局投寄。在未设海关的邮局投寄时，可按上述手续直接向邮局投寄，由邮局交驻出口邮件交换局的海关验放。接收邮寄进境的物品，考虑到收件人分散在各地，要求他们亲自到海关办理手续确有困难。为方便收件人和加速邮运，海关与邮局商定，对邮寄进境的物品，由邮局代收件人向海关办理报关等手续。海关查验放行邮包后，再由邮局投递。如遇特殊情况，或经收件人申请要求，也可以由收件人到邮局向派驻邮局的海关办理邮包的进境报关手续。为照顾个人的合理、正常的需要，海关做出如下规定。

- 个人邮寄进境物品，海关依法征收进口税，但应征进口税税额在人民币 50 元（含 50 元）以下的，海关予以免征。
- 个人寄自或寄往中国港、澳特区和台湾地区的物品，每次限值为 800 元人民币；寄自或寄往其他国家和地区的物品，每次限值为 1 000 元人民币。
- 个人邮寄进出境物品超出规定限值的，应办理退运手续或者按照货物规定办理通关手续。但邮包内仅有一件物品且不可分割的，虽超出规定限值，经海关审核确属个人自用的，可以按照个人物品规定办理通关手续。
- 邮运进出口的商业性邮件，应按照货物规定办理通关手续。

目前我国海关对进境物品的归类、完税价格的确定以及税率（主要分为 15%、30%、60%三类）的适用按照海关总署 2016 年第 25 号公告中的《中华人民共和国进境物品归类表》和《中华人民共和国进境物品完税价格表》的规定实施。

第二节　海　关　概　述

一、我国海关的性质与任务

《中华人民共和国海关法》以立法的形式明确表述了中国海关的性质与任务。《中华人民共和国海关法》第二条规定："中华人民共和国海关是国家的进出关境监督管理机关。海关依照本法和其他有关法律、行政法规，监管进出境的运输工具、货物、行李物品、邮递物品和其他物品，征收关税和其他税、费，查缉走私，并编制海关统计和办理其他海关业务。"

（一）海关的性质

1. 海关是国家行政机关

我国的海关是国家的行政机关之一，从属于国家行政管理体制，是我国最高国家行政机关——国务院的直属机构。海关对内对外代表国家依法独立行使行政管理权。

2. 海关是国家进出境监督管理机关

海关履行国家行政制度的监督职能，是国家宏观管理的一个重要组成部分。海关依照有关法律、行政法规并通过法律赋予的权力，制定具体的行政规章和行政措施，对特定领域的活动开展监督管理，以保证其按国家的法律规范进行。海关实施监督管理的对象和范围是运输工具、货物、物品的进出境及与之有关的活动。

3. 海关的监督管理是国家行政执法活动

海关执法的依据是《中华人民共和国海关法》和其他有关法律、行政法规。《中华人民共和国海关法》是管理海关事务的基本法律规范。其他有关法律是指由全国人民代表大会或者全国人民代表大会常务委员会制定的与海关监督管理相关的法律规范，主要包括《中华人民共和国宪法》，基本法律如《中华人民共和国刑法》《中华人民共和国刑事诉讼法》《中华人民共和国行政诉讼法》《中华人民共和国行政复议法》《中华人民共和国行政处罚法》《中华人民共和国行政许可法》等，以及其他行政管理法律如《中华人民共和国对外贸易法》《中华人民共和国进出口商品检验法》《中华人民共和国固体废物污染环境防治法》等。行政法规是指由国务院制定的法律规范，包括专门适用于海关执法活动的行政法规和其他与海关管理相关的行政法规。

海关通过法律赋予的权力，对特定范围内的社会经济活动进行监督管理，并对违法行为依法实施行政处罚，以保证这些社会经济活动按照国家的法律规范进行。因此，海关的监督管理是保证国家有关法律、法规实施的行政执法活动。

海关事务属于中央立法事权，立法者为全国人大及其常委会以及国家最高权力机关的最高执行机关——国务院，除此以外，海关总署可以根据法律和国务院的法规、决定、命令制定规章，作为执法依据的补充。省、自治区、直辖市人民代表大会和人民政府不得制定海关法律规范，其制定的地方法规、地方规章也不是海关执法的依据。

（二）海关的任务

《中华人民共和国海关法》明确规定海关有四项基本任务，即监管进出境的运输工具、货物、行李物品、邮递物品和其他物品；征收关税和其他税费；查缉走私；编制海关统计。

1. 监管进出境的运输工具、货物和物品

对进出境的运输工具、货物、行李物品、邮递物品和其他物品进行监管是海关最基本的任务，海关的其他任务都是在监管工作的基础上进行的。海关运用国家和法律赋予的权力，通过一系列管理制度与管理程序对进出境运输工具、货物、物品及相关人员的进出境活动实施行政管理。海关监管是一项国家职能，其目的在于保证一切进出境活动符合国家政策和法律的规范和要求，从而维护国家主权和利益。根据监管对象的不同，海关监管可分为运输工具监管、货物监管和物品监管三大类，每一类都有一套规范的监督管理程序与方法。

除了通过备案、审单、查验、放行、核销结案管理等环节和方式对运输工具、货物、物品的进出境活动进行监管外，海关还要执行或监督执行国家其他对外贸易管理制度的实施，如进出口许可制度、外汇管理制度、进出口商品检验检疫制度等，从而在政治、经济、文化道德、公众健康等方面维护国家利益。

2. 征收税费

海关的另一项重要任务是代表国家征收关税和其他税、费。"关税"是指由海关代表国家，按照《中华人民共和国海关法》和进出口税则，对准许进出口的货物、进出境物品征收的一种税。"其他税费"指海关在货物进出口环节，按照关税征收程序征收的有关税、费，例如增值税、消费税、船舶吨税等。

海关征税工作的基本法律依据是《中华人民共和国海关法》《中华人民共和国进出口关税条例》。海关通过执行国家制定的关税政策，对进出口货物、进出境物品征收关税，起到保护国内工农业生产、调整产业结构、增加财政收入和调节进出口贸易活动的作用。

3. 查缉走私

查缉走私是海关为保证顺利完成监管和征税等任务而采取的保障措施。查缉走私是指海关依照法律赋予的权力在海关监管场所和海关附近的沿海沿边规定地区，为发现、制止、打击、综合治理走私活动而进行的一种调查和惩处活动。

走私是指进出境活动的当事人或相关人违反《中华人民共和国海关法》及有关法律、行政法规的规定，逃避海关监管偷逃应纳税款、逃避国家有关进出境的禁止性或者限制性管理，非法运输、携带、邮寄国家禁止、限制进出口或者依法应当缴纳税款的货物、物品进出境，或者未经海关许可并且未缴应纳税款、交验有关许可证件，擅自将保税货物、特定减免税货物以及其他海关监管货物、物品、进境的境外运输工具在境内销售的行为。走私以逃避监管、偷逃关税、牟取暴利为目的，扰乱经济秩序，冲击民族工业，腐蚀干部群众，毒化社会风气，引发违法犯罪，对国家危害性极大，必须予以严厉打击。

《中华人民共和国海关法》规定："国家实行联合缉私、统一处理、综合治理的缉私体制。海关负责组织、协调、管理查缉走私工作。"这一规定从法律上明确了海关打击走私的主导地位以及与有关部门的执法协调。海关是打击走私的主管机关，查缉走私是海关的一项重要任务。海关通过查缉走私，制止和打击一切非法进出境货物、物品的行为，维护国家进出口贸易的正常秩序，保障社会主义现代化建设的顺利进行，维护国家关税政策的有效实施，保证国家关税和其他税、费的依法征收，保证海关职能作用的发挥。为了严厉打击走私犯罪活动，根据党中央、国务院的决定，我国组建了专司打击走私犯罪的海关缉私警察队伍，负责对走私犯罪案件的侦查、拘留、执行逮捕和预审工作。

4. 编制海关统计

海关是以实际进出口货物作为统计和分析的对象，通过搜集、整理、加工处理进出口货物报关单或经海关核准的其他申报单证，对进出口货物的品种、数（重）量、价格、国别（地区）、经营单位、境内目的地、境内货源地、贸易方式、运输方式、关别等项目分别进行统计和综合分析，全面、准确地反映对外贸易的运行态势，及时提供统计信息和咨询，实施有效的统计监督，开展国际贸易统计的交流和合作，促进对外贸易的发展。我国海关统计的范围包括实际进出境并引起境内物质存量增加或者减少的货物，以及依法应当列入统计的物品。对于没有实际进出境或者虽然实际进出境但是没有引起境内物质存量增加或者减少的货物、物品，不列入海关统计。同时，对于不列入海关统计的货物、物品，海关可以根据管理需要实施单项统计。[①]

海关统计是国家进出口货物贸易统计，是国民经济统计的组成部分，是国家制定对外经济贸易政策、进行宏观经济调控、实施海关严密高效管理的重要依据，是研究我国对外贸易经济发展和国际经济贸易关系的重要资料。

1992年1月1日，海关总署以国际通用的《商品名称及编码协调制度》为基础，编制了《中华人民共和国海关统计商品目录》，把税则与统计目录的归类编码统一起来，规范了进出口商品的命名和归类，使海关统计进一步向国际惯例靠拢，适应了我国对外开放和建立社会主义市场经济体制的需要。

海关的四项基本任务是一个统一的有机联系的整体。监管工作通过监管进出境运输工具、货物、物品的合法进出，保证国家有关进出口政策、法律、行政法规的贯彻实施，是海关四项基本任务的基础。征税工作所需的数据、资料等是在海关监管的基础上获取的，征税与监管有着十分密切的关系。缉私工作则是监管、征税两项基本任务的延伸，监管、征税工作中发现的逃避监管和偷漏税款的行为，必须运用法律手段制止和打击。编制海关统计是在监管、征税工作的基础上完成的，它为国家宏观经济调控提供了准确、及时的信息，同时又对监管、征税等业务环节的工作质量起到检验把关的作用。

除了这四项基本任务以外，近年来国家通过有关法律、行政法规赋予了海关一些新的职责，比如海关对反倾销和反补贴的调查、知识产权海关保护等，这些新的职责也是海关的任务。随着我国对外经贸关系的不断深化发展，海关新的职责和任务也会不断增加。

二、海关的权力

《中华人民共和国海关法》在规定了海关任务的同时，为了保证任务的完成，赋予海关许多具体权力。海关权力，是指国家为保证海关依法履行职责，通过《中华人民共和国海关法》和其他法律、行政法规赋予海关的对进出境运输工具、货物、物品的监督管理权能。海关权力属于公共行政职权，其行使受一定范围和条件的限制，并应当接受执法监督。

（一）海关权力的特点

海关权力作为一种行政权力，除了具有一般行政权力的单方性、强制性、无偿性等基本特征外，还具有以下特点。

1. 特定性

《中华人民共和国海关法》规定"海关是国家的进出关境监督管理机关"，从法律上明确了海关享有对进出关境活动进行监督管理的行政主体资格，具有进出关境监督管理权。其他任何机关、团体、个人都不具备行使海关权力的资格，不拥有这种权力。海关权力的

[①] 有关我国海关统计的具体管理规定请参见海关总署第153号令《中华人民共和国海关统计工作管理规定》。

特定性也体现在对海关权力的限制上，即这种权力只适用于进出关境监督管理领域，而不能作用于其他场合。

2. 独立性

海关权力是国家权力的一种，为了确保海关实现国家权能的作用，必须保证海关拥有自身组织系统上的独立性和海关依法行使其职权的独立性。因此，《中华人民共和国海关法》第三条规定："海关依法独立行使职权，向海关总署负责。"这不仅明确了我国海关的垂直领导管理体制，也表明海关行使职权只对法律和上级海关负责，不受地方政府、其他机关、企事业单位或个人的干预。

3. 效力先定性

海关权力的效力先定性表现在海关行政行为一经做出，就应推定其符合法律规定，对海关本身和海关管理相对人都具有约束力。在没有被国家有关机关宣布为违法和无效之前，即使管理相对人认为海关行政行为侵犯其合法权益，也必须遵守和服从。

4. 优益性

海关职权具有优益性的特点，即海关在行使行政职权时，依法享有一定的行政优先权和行政受益权。行政优先权是国家为保障海关有效地行使职权而赋予海关的职务上的优先条件，如海关执行职务受到暴力抗拒时，执行有关任务的公安机关和人民武装警察部队应当予以协助。行政受益权是指海关享受国家所提供的各种物质优益条件，如直属中央的财政经费等。

（二）海关权力的内容

根据《中华人民共和国海关法》及有关法律、行政法规，海关的权力主要包括如下内容。

1. 行政法规制定权

行政法规制定权是指海关依照国家法律、法规的授权，针对海关业务制定和颁布具有行政约束力的规则、条例、办法的权力。

2. 行政许可权

行政许可权包括海关对报关企业注册登记许可、对从事海关监管货物的仓储、转关运输货物的境内运输、加工贸易备案、变更和核销业务的许可等权力。

3. 税费征收权

税费征收权是指海关代表国家依法对进出口货物、物品征收关税及其他税费；根据法律、行政法规及有关规定对特定的进出口货物、物品减征或免征关税；对经海关放行后的有关进出口货物、物品，发现少征或者漏征税款的，依法追征、补征税款的权力。

4. 行政监督检查权

行政监督检查权是海关保证其行政管理职能得到履行的基本权力，主要包括如下内容。

（1）检查权。海关有权检查进出境运输工具；检查有走私嫌疑的运输工具和有藏匿走私货物、物品的场所；检查走私嫌疑人的身体。海关对进出境运输工具的检查不受海关监管区域的限制；对走私嫌疑人身体的检查，应在海关监管区和海关附近沿海沿边规定地区内进行；对于有走私嫌疑的运输工具和有藏匿走私货物、物品嫌疑的场所，在海关监管区和海关附近沿海沿边规定地区内，海关人员可直接检查，超出这个范围，在调查走私案件时，须经直属海关关长或者其授权的隶属海关关长批准，才能进行检查，但不能检查公民住处。海关进行检查时，有关当事人应当到场；当事人未到场的，在有见证人在场的情况下，可以径行检查。

（2）查验权。海关对进出关境的货物、物品有权进行查验，以确定货物、物品申报是否属实。

（3）查阅、复制权。海关有权查阅进出境人员的证件；查阅、复制与进出境运输工具、货物、物品有关的合同、发票、账册、单据、记录、文件、业务函电、录音录像制品以及计算机储存介质等资料。

（4）查问权。海关有权对违反《海关法》或者其他有关法律、行政法规的嫌疑人进行查问。通过查问查明违法事实，核实案件材料，搜集定案证据；同时，通过查问听取当事人辩解，分辨是非，保护当事人合法权益。

（5）查询权。海关在调查走私案件时，经直属海关关长或者其授权的隶属海关关长批准，可以查询案件涉嫌单位和涉嫌人员在金融机构、邮政企业的存款、汇款。

（6）稽查权。自进出口货物放行之日起3年内或者在保税货物、减免税进口货物的海关监管期限内及其后的3年内，海关可以对与进出口货物直接有关的企业、单位的会计账簿、会计凭证、报关单证以及其他有关资料和有关进出口货物实施稽查。根据《中华人民共和国海关稽查条例》规定，海关进行稽查时，可以行使下列职权：询问被稽查人的法定代表人、主要负责人和其他有关人员与进出口活动有关的情况和问题；检查被稽查人的生产经营场所；查询被稽查人在商业银行或者其他金融机构的存款账户；封存有可能被转移、隐匿、篡改、毁弃的账簿、单证等有关资料；封存被稽查人有违法嫌疑的进出口货物等。

5. 行政强制权

海关行政强制权是《中华人民共和国海关法》及相关法律、行政法规得以贯彻实施的重要保障。海关行政强制权具体包括如下内容。

（1）扣留权。海关在下列情况下可以行使扣留权。

① 对违反《海关法》或者其他有关法律、行政法规的进出境运输工具、货物和物品以及与之有关的合同、发票、账册、单据、记录、文件、业务函电、录音录像制品以及计算机储存介质等资料，可以扣留。

② 在海关监管区和海关附近沿海沿边规定地区，对有走私嫌疑的运输工具、货物、物品和走私犯罪嫌疑人，经直属海关关长或者其授权的隶属海关关长批准，可以扣留；对走私犯罪嫌疑人，扣留时间不得超过24小时，在特殊情况下可以延长至48小时。

③ 在海关监管区和海关附近沿海沿边规定地区以外，海关在调查走私案件时，对其中有证据证明有走私嫌疑的运输工具、货物、物品，可以扣留。

（2）滞报金、滞纳金征收权。海关有权对超过法定申报期限申报进出口的货物征收滞报金；有权对进出口货物的纳税义务人未按法定期限缴纳进出口税费征收滞纳金。

（3）提取货样、施加封志权。根据《中华人民共和国海关法》的规定，海关查验货物认为必要时，可以径行提取货样；海关对有违反《中华人民共和国海关法》或其他法律、行政法规嫌疑的进出境运输工具、货物、物品，对所有未办结海关手续、处于海关监管状态的进出境运输工具、货物、物品，有权施加封志，任何单位或个人不得损毁封志或擅自提取、转移、动用在封的运输工具、货物、物品。

（4）提取货物变卖、先行变卖权。进口货物超过 3 个月未向海关申报，海关可以提取依法变卖处理；进口货物收货人或其所有人声明放弃的货物，海关有权提取依法变卖处理；海关依法扣留的货物、物品，不宜长期保留的，经直属海关关长或其授权的隶属海关关长批准，可以先行依法变卖；在规定期限内未向海关申报的以及误卸或溢卸的不宜长期保留的货物，海关可以按照实际情况提前变卖处理。

（5）强制扣缴和变价抵缴关税权。进出口货物的纳税义务人、担保人超过规定期限未缴纳税款的，经直属海关关长或者其授权的隶属海关关长批准，海关可以采取下列强制措施：

① 书面通知其开户银行或者其他金融机构从其存款中扣缴税款；

② 将应税货物依法变卖，以变卖所得抵缴税款；

③ 扣留并依法变卖其价值相当于应纳税款的货物或者其他财产，以变卖所得抵缴税款。

（6）税收保全。进出口货物的纳税义务人在规定的纳税期限内有明显的转移、藏匿其应税货物以及其他财产迹象的，海关可以责令纳税义务人提供担保；纳税义务人不能提供纳税担保的，经直属海关关长或者其授权的隶属海关关长批准，海关可以采取下列税收保全措施：

① 书面通知纳税义务人开户银行或者其他金融机构暂停支付纳税义务人相当于应纳税款的存款；

② 扣留纳税义务人价值相当于应纳税款的货物或者其他财产。

（7）抵缴、变价抵缴罚款权。根据《中华人民共和国海关法》的规定，当事人逾期不履行海关的处罚决定又不申请复议或者向人民法院提起诉讼的，做出处罚决定的海关可以将其保证金抵缴或者将其被扣留的货物、物品、运输工具依法变价抵缴，也可以申请人民法院强制执行。

（8）连续追缉权。进出境运输工具或者个人违抗海关监管逃逸的，海关可以连续追至海关监管区和海关附近沿海沿边规定地区以外，将其带回处理。

（9）其他特殊行政强制权。

① 处罚担保。根据《中华人民共和国海关法》及有关行政法规的规定，海关依法扣留有走私嫌疑的货物、物品、运输工具，如果无法或不便扣留的，或者有违法嫌疑但依法不应予以没收货物、物品、运输工具，当事人申请先予放行或解除扣留的，海关可要求当事人或者运输工具负责人提供等值担保，未提供等值担保的，海关可以扣留当事人等值的其他财产；受海关处罚的当事人在离境前未缴纳罚款，或未缴清依法被没收的违法所得和依法被追缴的货物、物品、走私运输工具的等值价款的，应当提供相当于上述款项的担保。

② 税收担保。根据《中华人民共和国海关法》的规定，进出口货物的纳税义务人在规定的缴纳期限内有明显转移、藏匿其应税货物以及其他财产迹象的，海关可以责令纳税义务人提供担保；经海关批准的暂准进出境货物、特准进口的保税货物，收发货人须缴纳相当于税款的保证金或者提供其他形式的担保后，才可准予暂时免纳关税。

③ 其他海关事务担保。在确定货物的商品归类、估价和提供有效报关单证或者办结其

他海关手续前，收发货人要求放行货物的，海关应当在其提供与其依法应履行的法律义务相适应的担保后放行。法律、行政法规规定可以免除担保的除外。

6. 佩带和使用武器权

《中华人民共和国海关法》规定，海关为履行职责，可以配备武器。海关工作人员佩带和使用武器的规则，由海关总署会同国务院公安部门制定，报国务院批准。

7. 行政处罚权

海关有权对尚未构成走私罪的违法当事人处以行政处罚，包括对走私货物、物品及违法所得处以没收，对有走私行为和违反海关监管规定行为的当事人处以罚款，对有违法行为的报关单位和报关员处以警告以及处以暂停或取消报关资格的处罚等。

8. 其他行政处理权

（1）行政裁定权。包括应对外贸易经营者的申请，对进出口商品的归类、进出口货物原产地的确定、禁止进出口措施和许可证件的适用等海关事务的行政裁定的权力。

（2）行政复议权。是指有权复议的海关（海关总署和各直属海关）对管理相对人不服海关行政行为（包括海关行政处罚决定、行政强制措施及其他具体行政行为和管理措施）进行复议的权力。①

（3）行政奖励权。包括对举报或者协助海关查获违反《海关法》的案件的有功单位和个人给予精神或者物质奖励的权力。

（4）对与进出境货物有关的知识产权实施保护。根据《中华人民共和国海关法》规定，海关依照法律、行政法规的规定，对与进出境货物有关的知识产权实施保护。《中华人民共和国知识产权海关保护条例》和《中华人民共和国海关关于〈中华人民共和国知识产权海关保护条例〉的实施办法》对海关行使知识产权保护权力的范围、程序和方式做出了明确规定。

（三）海关权力行使的基本原则

海关权力作为国家行政权的一部分，一方面，起到了维护国家利益，维护经济秩序，实现国家权能的积极作用；另一方面，由于客观上海关权力的广泛性、自由裁量权较大等因素，以及海关执法者主观方面的原因，海关权力在行使时任何的随意性或者滥用都必然导致管理相对人的权益受到侵害，从而对行政法治构成威胁。因此，海关权力的行使必须遵循一定的原则。一般来说，海关权力行使应遵循的基本原则如下所述。

1. 合法原则

权力的行使要合法，这是行政法基本原则——依法行政原则的基本要求。按照行政法理论，行政权力行使的合法性至少包括以下几点。

（1）行使行政权力的主体资格合法，即行使权力的主体必须有法律授权。例如，涉税走私犯罪案件的侦查权，只有缉私警察才能行使，海关调查人员则无此项权力。又如，《中华人民共和国海关法》规定海关行使某些权力时应"经直属海关关长或者其授权的隶属海关关长批准"，如未经批准，海关人员则不能擅自行使这些权力。

（2）行使权力必须有法律规范为依据。《中华人民共和国海关法》第二条规定了海关

---

① 有关海关行政复议的具体管理规定请参见海关总署第 166 号令《中华人民共和国海关行政复议办法》。

的执法依据是《中华人民共和国海关法》、其他有关法律和行政法规。无法律规范授权的执法行为，属于越权行为，应属无效。

（3）行使权力的方法、手段、步骤、时限等程序应合法。

（4）一切行政违法主体（包括海关及管理相对人）都应承担相应的法律责任。

2. 适当原则

行政权力的适当原则是指权力的行使应该以公平性、合理性为基础，以正义性为目标。因国家管理的需要，海关在验、放、征、减、免、罚的管理活动中拥有很大的自由裁量权，即法律仅规定一定原则和幅度，海关关员可以根据具体情况和自己的意志自行判断和选择，采取最合适的行为方式及其内容来行使职权。因此，适当原则是海关行使行政权力的重要原则之一。为了防止自由裁量权的滥用，目前我国对海关自由裁量权进行监督的法律途径主要有行政监督（行政复议程序）和司法监督（行政诉讼程序）程序。

3. 依法独立行使原则

海关实行高度集中统一的管理体制和垂直领导方式，地方各级海关只对海关总署负责。海关无论级别高低，都是代表国家行使管理权的国家机关，海关依法独立行使权力，"各地方、各部门应当支持海关依法行使职权，不得非法干预海关的执法活动"。

4. 依法受到保障原则

海关权力是国家权力的一种，应受到保障，才能实现国家权能的作用。《中华人民共和国海关法》规定：海关依法执行职务，有关单位和个人应当如实回答询问，并予以配合，任何单位和个人不得阻挠；海关执行职务受到暴力抗拒时，执行有关任务的公安机关和人民武装警察部队应当予以协助。

（四）海关权力的监督

海关权力的监督即海关执法监督，是指特定的监督主体依法对海关行政机关及其执法人员的行政执法活动实施的监察、检查、督促等，以此确保海关权力在法定范围内运行。

为确保海关能够严格依法行政，保证国家法律、法规得以正确实施，同时也使当事人的合法权益得到有效保护，《中华人民共和国海关法》专门设立执法监督一章，对海关行政执法实施监督。同时，海关总署第 215 号令公布了《中华人民共和国海关政府信息公开办法》，以增强海关工作的透明度。海关履行职责，必须遵守法律，依照法定职权和法定程序严格执法，接受监督。这是海关的一项法定义务。

海关执法监督主要指中国共产党的监督、国家最高权力机关的监督、国家最高行政机关的监督、监察机关的监督、审计机关的监督、司法机关的监督、管理相对人的监督、社会舆论的监督以及海关上下级机构之间的相互监督，机关内部不同部门之间的相互监督、工作人员之间的相互监督等。

第三节　海关的管理体制与机构

海关机构是国务院根据国家改革开放的形势以及经济发展战略的需要，依照海关法律而设立的。改革开放以来，随着我国对外经济贸易和科技文化交流与合作的发展，海关机构不断扩大，机构的设立从沿海沿边口岸扩大到内陆和沿江、沿边海关业务集中的地点，并形成了集中统一管理的垂直领导体制。这种领导体制对于海关从全局出发，坚决贯彻执行党的路线、方针、政策和国家的法律、法规以及贯彻海关"依法行政、为国把关、服务经济、促进发展"的工作方针提供了保证。

一、海关的领导体制

海关作为国家的进出境监督管理机关，为了履行其进出境监督管理职能，提高管理效率，维持正常的管理秩序，必须建立完善的领导体制。新中国成立以来，海关的领导体制几经变更。在1980年以前的30年间，除了在新中国成立初期，海关总署作为国务院的一个职能部门和组成部分，在海关系统实行集中统一的垂直领导体制外，其余大部分时间海关总署都是划归对外贸易部领导，各地方海关受对外贸易部和所在省、自治区、直辖市人民政府的双重领导。1980年2月，国务院根据改革开放形势的需要做出了《国务院关于改革海关管理体制的决定》。该决定指出："全国海关建制归中央统一管理，成立中华人民共和国海关总署作为国务院直属机构，统一管理全国海关机构和人员编制、财务及其业务。"恢复了海关集中统一的垂直领导体制。

1987年1月，第六届全国人民代表大会常务委员会第19次会议审议通过的《海关法》规定："国务院设立海关总署，统一管理全国海关"，"海关依法独立行使职权，向海关总署负责"，"海关的隶属关系，不受行政区划的限制"，明确了海关总署作为国务院直属部门的地位，进一步明确海关机构的隶属关系，把海关集中统一的垂直领导体制以法律的形式确立下来。海关集中统一的垂直领导体制既适应了国家改革开放、社会主义现代化建设的需要，也适应了海关自身建设与发展的需要，有力地保证了海关各项监督管理职能的实施。

二、海关的设关原则

新中国成立以后相当长的一段时期内，我国海关机构基本上设在沿海城市及一些边境口岸，内陆省区一般不设海关。国家实行改革开放政策以来，随着开放地区的不断增加，我国对外经济贸易、科技文化交流蓬勃发展，内陆省份的外向型经济得到了很大的发展。经国务院批准，许多开放城市、开放地区以及内陆省市相继设立海关机构，为我国对外经济贸易的发展和国际的科技文化交流提供了方便。

《中华人民共和国海关法》以法律形式明确了海关的设关原则："国家在对外开放的口岸和海关监管业务集中的地点设立海关。海关的隶属关系，不受行政区划的限制。"对外开放的口岸是指由国务院批准，允许运输工具及所载人员、货物、物品直接出入国（关）境的港口、机场、车站以及允许运输工具、人员、货物、物品出入国（关）境的边境通道。国家规定，在对外开放的口岸必须设置海关、出入境检验检疫机构。海关监管业务集中的地点是指虽不是国务院批准对外开放的口岸，但是海关某类或者某几类监管业务比较集中的地方，如转关运输监管、保税加工监管等。这一设关原则为海关管理从口岸向内地、进而向全关境的转化奠定了基础，同时也为海关业务制度的发展预留了空间。"海关的隶属关系不受行政区划的限制"，表明了海关管理体制与一般性的行政管理体制的区域划分无必然联系，如果海关监督管理需要，国家可以在现有的行政区划之外考虑和安排海关的上下级关系和海关的相互关系。

三、海关的组织机构

中国海关奉行"依法行政，为国把关，服务经济，促进发展"的工作方针和"政治坚强、业务过硬、值得信赖"的队伍建设要求。海关机构的设置为海关总署、直属海关和隶属海关三级。隶属海关由直属海关领导，向直属海关负责；直属海关由海关总署领导，向海关总署负责。此外，我国海关还拥有坐落于上海和秦皇岛的 2 所海关院校，并在布鲁塞尔、莫斯科、华盛顿等地设有派驻机构。

（一）海关总署

海关总署是国务院下属的正部级直属机构，在国务院领导下统一管理全国海关机构、人员编制、经费物资和各项海关业务，是海关系统的最高领导部门。海关总署下设广东分署，在上海和天津设立特派员办事处，作为其派出机构。海关总署机关内设 17 个部门、6 个在京直属事业单位、4 个社会团体、1 个派驻机构和 3 个驻外机构。海关总署的基本任务是在国务院领导下，领导和组织全国海关正确贯彻实施《海关法》和国家的有关政策、行政法规，积极发挥依法行政、为国把关的职能，促进和保护社会主义现代化建设。其主要职责是：

（1）研究拟定海关各项业务工作的方针、政策、法律、法规、规章，并检查、督促全国海关贯彻执行；

（2）参与制定和修订关税条例、进出口税则，并组织贯彻实施；

（3）领导全国海关依法监管进出境运输工具、货物和物品，严密制度，简化手续，加强后续管理，方便合法进出；

（4）统一管理关税征收的减免事项；

（5）组织领导全国海关的缉私工作；

（6）审议有关纳税争议和对海关处罚决定的复议申请；

（7）编制全国海关统计，开展统计分析和咨询服务；

（8）组织研制、引进和开发、应用海关技术设施；

（9）管理全国海关组织机构、人员编制、工资福利、专业培训、专业职务评定、署管干部任免；

（10）组织领导全国海关的思想政治工作，推动社会主义精神文明建设；

（11）管理全国海关经费、财务、车船、科技、固定资产和基本建设，并进行审计监督；

（12）监督、检查全国海关工作人员执法、守法情况，查处违纪案件；

（13）拟定或参与拟定有关海关问题的国际条约和协定草案；

（14）开展同有关国家（地区）海关、国际海关组织及有关国际机构的联系、交往和合作。

1998 年，根据党中央、国务院决定，海关总署的机构、职能和人员编制做了重大调整，增加了统一负责打击走私及反走私综合治理工作、口岸规划和管理国家出入境检验检疫局（注：从 2001 年 4 月起，管理国家出入境检验检疫局的职能已不再由海关总署负责）、出口商品原产地规则的协调管理、关税立法调研、税法起草和执行过程中的一般性解释工作等职能。设立走私犯罪侦查局，组建海关缉私警察队伍。按照精简、统一、效能的原则，并充分吸收现代海关制度建设及通关作业改革、口岸体制改革、缉私体制改革的成果，实施了机构改革。2001 年，随着海关通关作业制度改革的全面推行和海关队伍建设形势发展的需要，海关总署的职能和业务机构又进行了进一步调整，总署的决策、监督职能得到强化。

（二）直属海关

直属海关是指直接由海关总署领导，负责管理一定区域范围内海关业务的海关。目前直属海关共有 42 个，除中国香港、澳门特区和台湾地区外，分布在全国 30 个省、自治区、直辖市。直属海关就本关区内的海关事务独立行使职责，向海关总署负责。直属海关承担着在关区内组织开展海关各项业务和关区集中审单作业、全面有效地贯彻执行海关各项政策、法律、法规、管理制度和作业规范的重要职责，在海关三级业务职能管理中发挥着承上启下的作用。其主要职责是：

（1）对关区通关作业实施运行管理，包括执行总署业务参数、建立并维护审单辅助决策参数、对电子审单通道判别进行动态维护和管理、对关区通关数据和相关业务数据进行有效监控和综合分析；

（2）实施关区集中审单，组织和指导隶属海关接单审核、征收税费、查验、放行等通关作业；

（3）组织实施对各类海关监管场所、进出境货物和运输工具的实际监控；

（4）组织实施贸易管制措施、税收征管、保税和加工贸易海关监管、企业分类管理和知识产权进出境保护；

（5）组织开展关区贸易统计、业务统计和统计分析工作；

（6）组织开展关区调查、稽查和侦查业务；

（7）按规定程序及权限办理各项业务审核、审批、转报和注册备案手续；

（8）开展对外执法协调和行政纠纷、争议的处理；

（9）开展对关区各项业务的执法检查、监督和评估。

（三）隶属海关

隶属海关是指由直属海关领导，负责办理具体海关业务的海关，是海关进出境监督管理职能的基本执行单位。一般都设在口岸和海关业务集中的地点。隶属海关根据海关业务情况设立若干业务科室，其人员从十几人到二三百人不等。

隶属海关的职责是：

（1）开展接单审核、征收税费、验估、查验、放行等通关作业；

（2）对辖区内加工贸易实施海关监管；

（3）对进出境运输工具及其燃料、物料、备件等实施海关监管，征收船舶吨税；

（4）对各类海关监管场所实施实际监控；

（5）对通关、转关及保税货物的存放、移动、放行或其他处置实施实际监控；

（6）开展对运输工具、进出口货物、监管场所的风险分析，执行各项风险处置措施；

（7）办理辖区内报关单位通关注册备案业务；

（8）受理辖区内设立海关监管场所、承运海关监管货物业务的申请；

（9）对辖区内特定减免税货物实施海关后续管理。

我国目前设立的直属海关和隶属海关表见表 1-1。

表 1-1　我国目前设立的直属海关和隶属海关

直属海关	隶属海关
北京海关	首都机场海关　北京经济技术开发区海关　中关村海关　天竺海关
天津海关	天津新港海关　天津经济技术开发区海关　天津保税区海关　蓟县海关　武清海关　天津机场海关　静海海关　天津东疆保税港区海关
石家庄海关	秦皇岛海关　廊坊海关　沧州海关　唐山海关　保定海关　张家口海关
太原海关	太原机场海关　大同海关　侯马海关
呼和浩特海关	二连海关　包头海关　鄂尔多斯海关　额济纳海关　东乌海关　乌拉特海关
满洲里海关	海拉尔海关　额尔古纳海关　阿尔山海关
大连海关	机场海关　大窑湾海关　港湾海关　大东港海关　保税区海关　庄河海关　开发区海关　丹东海关　鞍山海关　营口海关　鲅鱼圈海关
沈阳海关	机场海关　开发区海关　锦州海关　葫芦岛海关
长春海关	长春经济技术开发区海关　通化海关　临江海关　长白海关　图们海关　珲春海关　延吉海关　吉林海关
哈尔滨海关	佳木斯海关　漠河海关　饶河海关　抚远海关　东宁海关　富锦海关　虎林海关　密山海关　逊克海关　齐齐哈尔海关　同江海关　牡丹江海关　绥芬河海关　黑河海关　大庆海关　萝北海关　嘉荫海关　开发区海关　太平机场海关
上海海关	上海浦东国际机场海关　虹桥机场海关　浦东海关　上海经济技术开发区海关　浦江海关（龙吴海关）　吴淞海关（宝山海关）　莘庄海关　嘉定海关　青浦海关　松江海关　洋山海关　崇明海关　车站海关　金山海关　外高桥港区海关　外高桥保税区海关　奉贤海关
南京海关	苏州海关　苏州工业园区海关　江阴海关　连云港海关　南通海关　张家港海关　张家港保税港区海关　镇江海关　无锡海关　常州海关　扬州海关　盐城海关　淮安海关　泰州海关　如皋海关　金陵海关　靖江海关　宿迁海关　徐州海关
杭州海关	杭州萧山机场海关　杭州经济技术开发区海关　温州海关　舟山海关　台州海关　嘉兴海关　绍兴海关　湖州海关　金华海关　衢州海关　丽水海关　义乌海关
宁波海关	宁波保税区海关　北仑海关　镇海海关　大榭海关　象山海关　机场海关　梅山海关
合肥海关	芜湖海关　安庆海关　马鞍山海关　蚌埠海关　铜陵海关　阜阳海关　黄山海关　池州海关　滁州海关　宣城海关　宿州海关（筹）
福州海关	福州保税区海关　福州长乐机场海关　马尾海关　福清海关　宁德海关　三明海关　莆田海关　南平海关　平潭海关　武夷山海关
厦门海关	象屿保税区海关　泉州海关　东山海关　龙岩海关　漳州海关　东渡海关　厦门高崎机场海关
南昌海关	赣州海关　景德镇海关　吉安海关　九江海关　新余海关　鹰潭海关　上饶海关
青岛海关	黄岛海关　大港海关　流亭机场海关　烟台海关　威海海关　日照海关　龙口海关　荣成海关　济宁海关　临沂海关　蓬莱海关　莱州海关
济南海关	潍坊海关　泰安海关　东营海关　淄博海关　德州海关
郑州海关	洛阳海关　南阳海关　周口海关　信阳海关　新乡海关　郑州机场海关　安阳海关　郑州综合保税区海关　鹤壁海关　三门峡海关　焦作海关
武汉海关	荆州海关　宜昌海关　武汉经济技术开发区海关　武汉东湖新技术开发区海关　襄阳海关　黄石海关　十堰海关
长沙海关	岳阳海关　衡阳海关　常德海关　韶山海关　株洲海关　张家界海关　星沙海关

续表

直属海关	隶属海关
广州海关	广州白云机场海关　佛山海关　广州天河车站海关　番禺海关　肇庆海关　云浮（罗定）海关　韶关海关　清远海关　花都海关　大铲海关　从化海关　河源海关　南沙海关
深圳海关	深圳机场海关　罗湖海关　文锦渡海关　皇岗海关　沙头角海关　大鹏海关　蛇口海关　惠州港海关　福田保税区海关　笋岗海关　南头海关　沙湾海关　布吉海关　同乐海关　梅林海关　惠东海关　惠州海关　深圳湾海关　大铲湾海关
拱北海关	中山海关　九州海关　斗门海关　湾仔海关　高栏海关　万山海关　横琴海关　闸口海关
汕头海关	汕头保税区海关　潮阳海关　梅州海关　潮州海关　饶平海关　南澳海关　澄海海关　汕尾海关　揭阳海关
黄埔海关	黄埔老港海关　黄埔新港海关　新塘海关　东莞海关　太平海关　广州保税区海关　新沙海关
江门海关	开平海关　台山海关　新会海关　鹤山海关　阳江海关　恩平海关
湛江海关	霞山海关　茂名海关　徐闻海关
南宁海关	北海海关　龙邦海关　防城海关　桂林海关　梧州海关　凭祥海关　东兴海关　贵港海关　柳州海关　钦州海关　水口海关　钦州保税港区海关　邕州海关
海口海关	洋浦经济开发区海关　三亚海关　八所海关　清澜海关　海口综合保税区海关　海口美兰机场海关　洋浦保税港区海关　海口港海关
重庆海关	重庆经济技术开发区海关　万州海关　两路寸滩海关　重庆江北机场海关　西永海关
成都海关	成都双流机场海关　乐山海关　攀枝花海关　绵阳海关　综合保税区海关　遂宁海关　德阳海关
贵阳海关	遵义海关
昆明海关	昆明机场海关　畹町海关　瑞丽海关　河口海关　天保海关　金水河海关　勐腊海关　腾冲海关　孟定海关　大理海关　打洛海关　西双版纳海关　思茅海关　芒市海关　章凤海关　盈江海关　孟连海关　田蓬海关　都龙海关　南伞海关　沧源海关　丽江海关
拉萨海关	聂拉木海关　狮泉河海关　日喀则海关（吉隆海关）
西安海关	宝鸡海关　西安咸阳机场海关
兰州海关	酒泉海关
乌鲁木齐海关	乌鲁木齐机场海关　阿拉山口海关　霍尔果斯海关　塔城海关　阿勒泰海关　喀什海关　吐尔尕特海关　红其拉甫海关　伊尔克什坦海关　伊宁海关　石河子海关　卡拉苏海关　都拉塔海关　霍尔果斯国际边境合作中心海关（筹）
西宁海关	
银川海关	

（四）海关缉私警察机构

海关缉私警察是专门打击走私犯罪活动的警察队伍。1998 年，根据党中央、国务院的决定，由海关总署、公安部联合组建走私犯罪侦查局，设在海关总署。走私犯罪侦查局既是海关总署的一个内设局，又是公安部的一个序列局，实行海关总署和公安部双重领导、以海关领导为主的体制。走私犯罪侦查局在广东分署和全国各直属海关设立走私犯罪侦查分局，在部分隶属海关设立走私犯罪侦查支局。各级走私犯罪侦查机关负责其所在海关业务管辖区域内的走私犯罪案件的侦查工作。

从 2003 年 1 月 1 日起，各级海关走私犯罪侦查部门统一更名。其中："海关总署走私犯罪侦查局"更名为"海关总署缉私局"；"海关总署走私犯罪侦查局广东分局"更名为"海关总署广东分署缉私局"；"××海关走私犯罪侦查分局"更名为"××海关缉私局"；"××海关走私犯罪侦查支局"更名为"××海关缉私分局"；在目前未设支局的隶属海关（办事处）新设立的科级机构命名为"××海关缉私科"。

本章重要概念

报关；通关；自理报关；代理报关；进出境运输工具报关；进出境货物报关；进出境物品报关；舱单管理；红绿通道制度；海关性质；海关任务；海关权力；垂直领导体制；海关总署；直属海关；隶属海关

本章小结

报关是指进出境运输工具负责人、进出口货物收发货人、进出境物品的所有人或者他们的代理人，向海关办理运输工具、货物或物品进出境手续及其他相关海关事务的全过程。按照报关的对象，可分为运输工具报关、货物报关和物品报关；按照报关的目的，可分为进境报关和出境报关；按照报关活动的实施者的不同，可分为自理报关和代理报关。

进出境申报是运输工具报关的主要内容。相对而言，进出境货物的报关比较复杂。报关单位向海关如实申报其进出境货物的情况，配合海关查验货物，对部分货物还需缴纳进出口税费，最后海关放行货物。除此以外，根据海关监管的要求，对于保税货物、特定减免税货物以及暂准进出口货物在向海关申报前和海关放行后还需办理其他海关手续。个人携带进出境的行李物品、邮寄进出境的物品，应当以自用合理数量为限。自用合理数量原则既是海关对进出境物品监管的基本原则，也是对进出境物品报关的基本要求。

中华人民共和国海关是国家的进出关境监督管理机关。海关有四项基本任务，即监管进出境的运输工具、货物、行李物品、邮递物品和其他物品；征收关税和其他税费；查缉走私；编制海关统计。国家为保证海关依法履行职责，通过《中华人民共和国海关法》和其他法律、行政法规赋予海关对进出境运输工具、货物、物品进行监督管理的权能。海关实行集中统一的垂直领导体制。国家在对外开放的口岸和海关监管业务集中的地点设立海关，海关的隶属关系，不受行政区划的限制。海关机构的设置为海关总署、直属海关和隶属海关三级。隶属海关由直属海关领导，向直属海关负责；直属海关由海关总署领导，向海关总署负责。海关还设立了缉私警察机构专门负责打击走私犯罪活动。

本章思考题

1. 判断题

（1）我国实行联合缉私、统一处理、综合治理的缉私体制，海关在打击走私中处于主导地位并负责与有关部门的执法协调工作。（   ）

（2）海关在调查走私案件时，可以径行查询案件涉嫌单位和涉嫌人员在金融机构、邮政企业的存款、汇款。（   ）

（3）个人寄自或寄往中国港、澳特区和台湾地区的物品，每次限值为 1 000 元人民币；寄自或寄往其他国家和地区的物品，每次限值为 800 元人民币。（   ）

2. 选择题

（1）进出口货物纳税义务人在海关依法责令其提供纳税担保，而纳税义务人不能提供纳税担保的，经直属海关关长或其授权的隶属海关关长批准，海关可以采取下列（　　　）税收保全措施。

    A. 书面通知纳税义务人开户银行或者其他金融机构暂停支付纳税义务人相当于应纳税款的存款

    B. 扣留并依法变卖其价值相当于应纳税款的货物或其他财产，以变卖所得抵缴税款

    C. 扣留纳税义务人价值相当于应纳税款的货物或者其他财产

    D. 书面通知其开户银行或者其他金融机构从其存款内扣缴税款

（2）海关行使下列（　　　）权力时需经直属海关关长或者其授权的隶属海关关长批准。

    A. 在海关监管区和海关附近沿海沿边规定地区，检查走私嫌疑人的身体

    B. 检查有走私嫌疑的进出境运输工具

    C. 询问被稽查人的法定代表人、主要负责人员和其他有关人员与进出口活动有关的情况和问题

    D. 在调查走私案件时，查询案件涉嫌单位在金融机构的存款

（3）海关对于暂准进出境货物，应在收发货人缴纳相当于税款的保证金或者提供其他形式的担保后，方可暂免征收关税。海关的此项权力属于（　　　）。

    A. 税费征收权　　　　B. 行政许可权　　　　C. 行政处罚权　　　　D. 行政强制权

（4）按照法律规定，下列不列入报关范围的是（　　　）。

    A. 进出境运输工具　　B. 进出境旅客　　　C. 进出境物品　　　D. 进出境货物

（5）下列选项中属于海关税费征收权范围的有（　　　）。

    A. 依法对特定的进口货物减征或免征关税

    B. 对逾期缴纳进出口税费的，依法征收滞纳金

    C. 对经海关放行后的进出口货物，发现少征或漏征税款的，依法补征、追征税款

    D. 进出口货物的收发货人超过规定期限未缴纳税款的，经直属海关关长批准，将应税货物依法变卖，以变卖所得抵缴税款

3. 什么是报关？报关与通关有何联系与区别？

4. 什么是自理报关和代理报关？

5. 我国海关的基本任务有哪些？为保证海关履行职责，我国法律赋予海关哪些权力？

6. 什么是海关集中统一的垂直领导体制？我国海关总署、直属海关和隶属海关各有哪些职责？

7. 简述海关对进出境运输工具监管及舱单管理的主要规定。

第二篇　报关专业知识

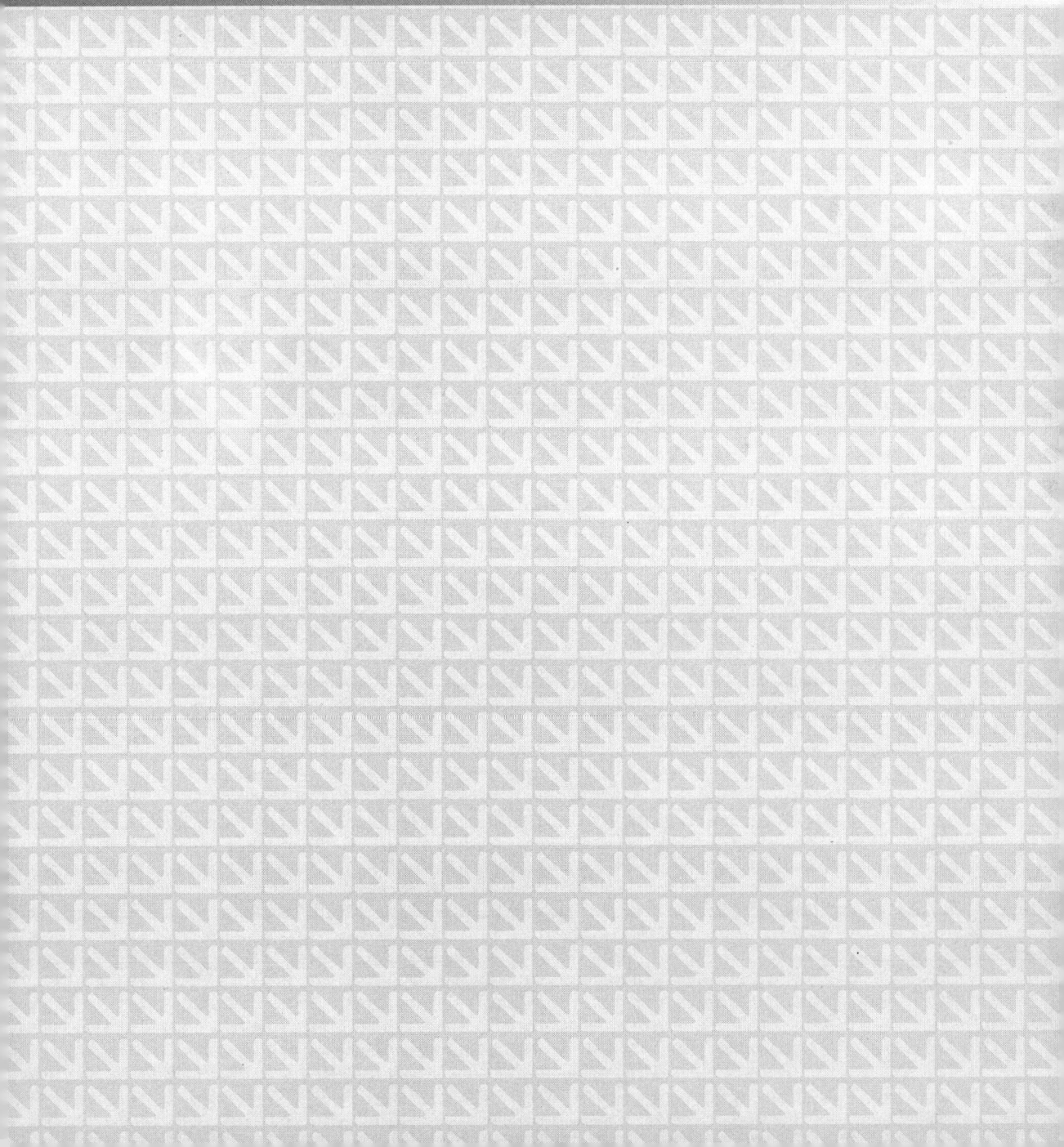

第二章　报关管理制度

本章学习目标

本章介绍了海关对报关单位的管理制度和对企业分类管理制度。通过学习，重点应掌握报关单位的概念和类型、报关企业和进出口货物收发货人注册登记制度以及海关对企业信用分类管理制度等内容。

第一节　报关单位注册登记管理制度

一、报关单位的概念和类型

（一）报关单位的概念

报关单位是指按照相关规定在海关注册登记的报关企业和进出口货物收发货人。

《中华人民共和国海关法》规定："进出口货物收发货人、报关企业办理报关手续，必须依法经海关注册登记。未依法经海关注册登记，不得从事报关业务"，以法律的形式明确了完成海关报关注册登记手续、取得报关资格是报关单位的主要特征。

（二）报关单位的类型

《中华人民共和国海关法》和《中华人民共和国海关报关单位注册登记管理规定》将报关单位划分为两种类型，即进出口货物收发货人和报关企业。

1. 进出口货物收发货人

进出口货物收发货人，是指依法直接进口或者出口货物的中华人民共和国关境内的法人、其他组织或者个人。进出口货物收发货人在海关办理注册登记后可以在中华人民共和国关境内各个口岸地或者海关监管业务集中的地点办理本企业的报关业务。

2. 报关企业

报关企业，是指按照相关规定经海关准予注册登记，接受进出口货物收发货人的委托，以委托人的名义或者以自己的名义，向海关办理代理报关业务，从事报关服务的中华人民共和国关境内的企业法人。

二、报关单位注册登记制度

根据《中华人民共和国海关法》规定，进出口货物，除另有规定的外，可以由进出口货物收发货人自行办理报关纳税手续，也可以由进出口货物收发货人委托海关准予注册登记的报关企业办理报关纳税手续。进出口货物收发货人、报关企业办理报关手续，必须依法经海关注册登记。因此向海关注册登记是进出口货物收发货人和报关企业向海关报关的前提条件。

（一）报关单位注册登记制度的概念

报关单位注册登记制度是指进出口货物收发货人、报关企业依法向海关提交规定的注册登记申请材料，经注册地海关依法对申请注册登记材料进行审核，准予其办理报关业务的管理制度。报关单位注册登记分为报关企业注册登记和进出口货物收发货人注册登记。

考虑到进出口货物收发货人和报关企业两类报关单位的不同性质，海关对其规定了不同的报关注册登记条件。对于报关企业，海关要求其必须具备规定的设立条件并到所在地直属海关或者其授权的隶属海关办理注册登记许可。对于进出口货物收发货人则可以直接到所在地海关办理注册登记。已经在海关办理注册登记的报关单位，再次向海关提出注册登记申请的，海关不予受理。

（二）报关企业注册登记

1. 条件及程序

《中华人民共和国海关报关单位注册登记管理规定》（海关总署第221号令）规定，报关企业应当具备如下条件：具备境内企业法人资格条件；法定代表人无走私记录；无因走私违法行为被海关撤销注册登记许可记录；有符合从事报关服务所必需的固定经营场所和设施；海关监管所需要的其他条件。

申请报关企业注册登记许可，应当提交的文件材料包括：《报关单位情况登记表》；企业法人营业执照副本复印件以及组织机构代码证书副本复印件；报关服务营业场所所有权证明或者使用权证明；其他与申请注册登记许可相关的材料。

申请人应当到所在地海关提出申请并递交申请注册登记许可材料。直属海关应当对外公布受理申请的场所。申请人可以委托代理人提出注册登记许可申请。申请人委托代理人代为提出申请的，应当出具授权委托书。

对申请人提出的申请，海关应当根据情况分别做出处理：申请人不具备报关企业注册登记许可申请资格的，应当做出不予受理的决定；申请材料不齐全或者不符合法定形式的，应当当场或者在签收申请材料后五日内一次告知申请人需要补正的全部内容，逾期不告知的，自收到申请材料之日起即为受理；申请材料仅存在文字性或者技术性等可以当场更正的错误的，应当允许申请人当场更正，并且由申请人对更正内容予以签章确认；申请材料齐全、符合法定形式，或者申请人按照海关的要求提交全部补正申请材料的，应当受理报关企业注册登记许可申请，并做出受理决定。

所在地海关受理申请后，应当根据法定条件和程序进行全面审查，并且于受理注册登记许可申请之日起20日内审查完毕。直属海关未授权隶属海关办理注册登记许可的，应当自收到所在地海关报送的审查意见之日起20日内做出决定。直属海关授权隶属海关办理注册登记许可的，隶属海关应当自受理或者收到所在地海关报送的审查意见之日起20日内做出决定。

申请人的申请符合法定条件的，海关应当依法做出准予注册登记许可的书面决定，并送达申请人，同时核发《中华人民共和国海关报关单位注册登记证书》。申请人的申请不符合法定条件的，海关应当依法做出不准予注册登记许可的书面决定，并且告知申请人享有依法申请行政复议或者提起行政诉讼的权利。

报关企业在取得注册登记许可的直属海关关区外从事报关服务的，应当依法设立分支机构，并且向分支机构所在地海关备案。报关企业在取得注册登记许可的直属海关关区内从事报关服务的，可以设立分支机构，并且向分支机构所在地海关备案。报关企业分支机构可以在备案海关关区内从事报关服务。备案海关为隶属海关的，报关企业分支机构可以在备案海关所属直属海关关区内从事报关服务。报关企业对其分支机构的行为承担法律责任。

报关企业设立分支机构应当向其分支机构所在地海关提交如下备案材料：《报关单位情况登记表》；报关企业《中华人民共和国海关报关单位注册登记证书》复印件；分支机构营业执照副本复印件以及组织机构代码证书副本复印件；报关服务营业场所所有权证明复印件或者使用权证明复印件；海关要求提交的其他备案材料。经审查符合备案条件的，海关应当核发《中华人民共和国海关报关单位注册登记证书》。

报关企业注册登记许可期限为2年。被许可人需要延续注册登记许可有效期的，应当办理注册登记许可延续手续。报关企业分支机构备案有效期为2年，报关企业分支机构应当在有效期届满前30日持规定的材料到分支机构所在地海关办理换证手续。

2. 注册登记许可的变更、延续及注销

报关企业的企业名称、法定代表人发生变更的，应当持《报关单位情况登记表》《中华人民共和国海关报关单位注册登记证书》、变更后的工商营业执照或者其他批准文件及复印件，以书面形式到注册地海关申请变更注册登记许可。报关企业分支机构企业名称、企业性质、企业住所、负责人等海关备案内容发生变更的，应当自变更生效之日起30日内，持变更后的营业执照副本或者其他批准文件及复印件，到所在地海关办理变更手续。所属报关人员备案内容发生变更的，报关企业及其分支机构应当在变更事实发生之日起30日内，持变更证明文件等相关材料到注册地海关办理变更手续。对被许可人提出的变更注册登记许可申请，注册地海关应当参照注册登记许可程序进行审查。经审查符合注册登记许可条件的，应当做出准予变更的决定，同时办理注册信息变更手续。经审查不符合注册登记许可条件的，海关不予变更其注册登记许可。

报关企业办理注册登记许可延续手续，应当在有效期届满40日前向海关提出申请，同时提交规定的文件材料。依照海关规定提交复印件的，还应当同时交验原件。报关企业应当在办理注册登记许可延续的同时办理换领《中华人民共和国海关报关单位注册登记证书》手续。报关企业未按照规定的时限提出延续申请的，海关不再受理其注册登记许可延续申请。海关应当参照注册登记许可程序在有效期届满前对报关企业的延续申请予以审查。经审查认定符合注册登记许可条件，以及法律、行政法规、海关规章规定的延续注册登记许可应当具备的其他条件的，应当依法做出准予延续2年有效期的决定。海关应当在注册登记许可有效期届满前做出是否准予延续的决定。有效期届满时仍未做出决定的，视为准予延续，海关应当依法为其办理注册登记许可延续手续。海关对不再具备注册登记许可条件，或者不符合法律、行政法规、海关规章规定的延续注册登记许可应当具备的其他条件的报关企业，不准予延续其注册登记许可。

有下列情形之一的，海关应当依法注销注册登记许可：有效期届满未申请延续的；报关企业依法终止的；注册登记许可依法被撤销、撤回，或者注册登记许可证件依法被吊销的；由于不可抗力导致注册登记许可事项无法实施的；法律、行政法规规定的应当注销注册登记许可的其他情形。海关依据规定注销报关企业注册登记许可的，应当同时注销该报关企业设立的所有分支机构。

（三）进出口货物收发货人注册登记

1. 注册登记程序

进出口货物收发货人应当按照规定到所在地海关办理报关单位注册登记手续。进出口货物收发货人在海关办理注册登记后可以在中华人民共和国关境内口岸或者海关监管业务集中的地点办理本企业的报关业务。

进出口货物收发货人申请办理注册登记，除另有规定的外，应当提交下列文件材料：《报关单位情况登记表》；营业执照副本复印件以及组织机构代码证书副本复印件；对外贸易经营者备案登记表复印件或者外商投资企业（我国港澳特区、台湾地区和海外华侨投资企业）批准证书复印件；其他与注册登记有关的文件材料。

注册地海关依法对申请注册登记材料进行核对。经核对申请材料齐全、符合法定形式的，应当核发《中华人民共和国海关报关单位注册登记证书》。除海关另有规定外，进出口货物收发货人《中华人民共和国海关报关单位注册登记证书》长期有效。

2. 注册登记的变更和注销

进出口货物收发货人企业名称、企业性质、企业住所、法定代表人（负责人）等海关注册登记内容发生变更的，应当自变更生效之日起30日内，持变更后的营业执照副本或者其他批准文件以及复印件，到注册地海关办理变更手续。所属报关人员发生变更的，进出口货物收发货人应当在变更事实发生之日起30日内，持变更证明文件等相关材料到注册地海关办理变更手续。

进出口货物收发货人有下列情形之一的，应当以书面形式向注册地海关办理注销手续。海关在办结有关手续后，应当依法办理注销注册登记手续：

（1）破产、解散、自行放弃报关权或者分立成两个以上新企业的；

（2）被工商行政管理机关注销登记或者吊销营业执照的；

（3）丧失独立承担责任能力的；

（4）对外贸易经营者备案登记表或者外商投资企业批准证书失效的；

（5）其他依法应当注销注册登记的情形。

进出口货物收发货人未依照规定主动办理注销手续的，海关可以在办结有关手续后，依法注销其注册登记。

（四）注册登记的特殊情况

1. 临时注册登记

下列单位未取得对外贸易经营者备案登记表，按照国家有关规定需要从事非贸易性进出口活动的，应当办理临时注册登记手续：境外企业、新闻、经贸机构、文化团体等依法在中国境内设立的常驻代表机构；少量货样进出境的单位；国家机关、学校、科研院所等组织机构；临时接受捐赠、礼品、国际援助的单位；其他可以从事非贸易性进出口活动的单位。

临时注册登记单位在向海关申报前，应当向所在地海关办理备案手续。特殊情况下可以向拟进出境口岸或者海关监管业务集中地海关办理备案手续。

办理临时注册登记，应当持本单位出具的委派证明或者授权证明以及非贸易性活动证明材料。临时注册登记的，海关可以出具临时注册登记证明，但是不予核发注册登记证书。临时注册登记有效期最长为 1 年，有效期届满后应当重新办理临时注册登记手续。已经办理报关注册登记的进出口货物收发货人，海关不予办理临时注册登记手续。

2. 双重身份注册登记

海关特殊监管区域内企业可以申请注册登记成为特殊监管区域双重身份企业，海关按照报关企业有关规定办理注册登记手续。特殊监管区域双重身份企业在海关特殊监管区域内拥有进出口货物收发货人和报关企业双重身份，在海关特殊监管区外仅具报关企业身份。除海关特殊监管区域双重身份企业外，报关单位不得同时在海关注册登记为进出口货物收发货人和报关企业。

三、报关单位的权责和法律责任

（一）报关单位的权利和义务

报关单位有权向海关查询其办理的报关业务情况。报关单位应当妥善保管海关核发的注册登记证书等相关证明文件。发生遗失的，报关单位应当及时书面向海关报告并说明情况。海关应当自收到情况说明之日起 20 日内予以补发相关证明文件。遗失的注册登记证书等相关证明文件在补办期间仍然处于有效期间的，报关单位可以办理报关业务。

报关单位向海关提交的纸质进出口货物报关单应当加盖本单位的报关专用章。报关专用章应当按照海关总署统一规定的要求刻制。报关企业及其分支机构的报关专用章仅限在其取得注册登记许可或者备案的直属海关关区内使用。进出口货物收发货人的报关专用章可以在全关境内使用。

报关单位在办理注册登记业务时，应当对所提交的申请材料以及所填报信息内容的真实性负责并且承担法律责任。海关依法对报关单位从事报关活动及其经营场所进行监督和实地检查，依法查阅或者要求报关单位报送有关材料。报关单位应当积极配合，如实提供有关情况和材料。报关单位应当在每年 6 月 30 日前向注册地海关提交《报关单位注册信息年度报告》。

海关对报关单位办理海关业务中出现的报关差错予以记录，并且公布记录情况的查询方式。报关单位对报关差错记录有异议的，可以自报关差错记录之日起 15 日内向记录错误的海关以书面方式申请复核。海关应当自收到书面申请之日起 15 日内进行复核，对记录错误的内容予以更正。

报关单位所属人员从事报关业务的，报关单位应当到海关办理备案手续，海关予以核发证明。报关单位可以在办理注册登记手续的同时办理所属报关人员备案。进出口货物收发货人应当通过本单位所属的报关人员办理报关业务，或者委托海关准予注册登记的报关企业，由报关企业所属的报关人员代为办理报关业务。海关可以将报关单位的报关业务情况以及所属报关人员的执业情况予以公布。

（二）报关单位的法律责任

报关单位办理报关业务应当遵守国家有关法律、行政法规和海关规章的规定，承担相应的法律责任。报关单位对其所属报关人员的报关行为应当承担相应的法律责任。

报关单位、报关人员违反《中华人民共和国海关报关单位注册登记管理规定》，构成走私行为、违反海关监管规定行为或者其他违反《中华人民共和国海关法》行为的，由海关依照《中华人民共和国海关法》和《中华人民共和国海关行政处罚实施条例》的有关规定予以处理；构成犯罪的，依法追究刑事责任。

报关单位有下列情形之一的，海关予以警告，责令其改正，可以处1万元以下罚款：

（1）报关单位企业名称、企业性质、企业住所、法定代表人（负责人）等海关注册登记内容发生变更，未按照规定向海关办理变更手续的；

（2）向海关提交的注册信息中隐瞒真实情况、弄虚作假的。

第二节 海关对企业信用分类管理制度

为了便利企业货物的合法进出口，促进企业自律守法，有效实施海关管理，2010年发布的《中华人民共和国海关企业分类管理办法》规定，海关根据企业遵守法律、行政法规、海关规章、相关廉政规定和经营管理状况，以及海关监管、统计记录等，设置AA、A、B、C、D五个管理类别，对有关企业进行评估、分类，并对企业的管理类别予以公开。《中华人民共和国海关企业分类管理办法》的实施在促进企业守法自律、提高海关管理效能等方面发挥了积极作用。随着海关业务改革的不断深化，为了推进社会信用体系建设，保障贸易安全与便利，促进市场公平竞争以及与国际海关接轨，我国自2014年开始在《中华人民共和国海关企业分类管理办法》的基础上实施企业信用管理制度。海关根据企业信用状况将企业认定为认证企业、一般信用企业和失信企业，按照诚信守法便利、失信违法惩戒原则，分别适用相应的管理措施。

一、企业信用信息采集和公示

《中华人民共和国海关企业信用管理暂行办法》（海关总署第225号令）规定，海关应当采集能够反映企业进出口信用状况的下列信息，建立企业信用信息管理系统：企业在海关注册登记信息；企业进出口经营信息；经认证的经营者（AEO）①互认信息；企业在其他行政管理部门的信息；其他与企业进出口相关的信息。

海关应当在保护国家秘密、商业秘密和个人隐私的前提下，公示企业下列信用信息：

---

① 经认证的经营者（AEO）是指以任何一种方式参与货物国际流通，符合《中华人民共和国海关企业信用管理暂行办法》规定的条件及《海关认证企业标准》并通过海关认证的企业。

企业在海关注册登记信息；海关对企业信用状况的认定结果；企业行政处罚信息；其他应当公示的企业信息。海关对企业行政处罚信息的公示期限为 5 年。海关应当公布企业信用信息的查询方式。

公民、法人或者其他组织认为海关公示的企业信用信息不准确的，可以向海关提出异议，并提供相关资料或者证明材料。海关应当自收到异议申请之日起 20 日内复核。公民、法人或者其他组织提出异议的理由成立的，海关应当采纳。

二、企业信用状况的认定标准和程序

《中华人民共和国海关企业信用管理暂行办法》规定，认证企业是中国海关经认证的经营者(AEO)，中国海关依法开展与其他国家或者地区海关的 AEO 互认，并给予互认 AEO企业相应通关便利措施。认证企业应当符合《海关认证企业标准》。《海关认证企业标准》分为一般认证企业标准和高级认证企业标准，由海关总署制定并对外公布。目前《海关认证企业标准》包括内部控制、财务状况、守法规范、贸易安全和附加标准 5 类标准，其中高级认证企业标准有 18 条 32 项，一般认证企业标准有 18 条 29 项。一般认证企业是中国海关对高信用企业的基本要求，享受中国海关提供的通关便利；而高级认证企业则是中国海关对高信用企业的较高要求，是和其他国家或者地区海关 AEO 互认的企业，除享受国内海关比一般认证企业更多的通关便利外，还可享受互认国家或地区海关优惠措施和通关便利。因此高级企业认证标准更为严格，一般认证企业标准与高级认证企业标准相比主要是减少了在内部控制、贸易安全等方面的要求。

企业有下列情形之一的，海关认定为失信企业：

（1）有走私犯罪或者走私行为的；

（2）非报关企业 1 年内违反海关监管规定行为次数超过上年度报关单、进出境备案清单等相关单证总票数千分之一且被海关行政处罚金额超过 10 万元的违规行为 2 次以上的，或者被海关行政处罚金额累计超过 100 万元的；报关企业 1 年内违反海关监管规定行为次数超过上年度报关单、进出境备案清单总票数万分之五的，或者被海关行政处罚金额累计超过 10 万元的；

（3）拖欠应缴税款、应缴罚没款项的；

（4）上一季度报关差错率高于同期全国平均报关差错率 1 倍以上的；

（5）经过实地查看，确认企业登记的信息失实且无法与企业取得联系的；

（6）被海关依法暂停从事报关业务的；

（7）涉嫌走私、违反海关监管规定拒不配合海关进行调查的；

（8）假借海关或者其他企业名义获取不当利益的；

（9）弄虚作假、伪造企业信用信息的；

（10）其他海关认定为失信企业的情形。

企业有下列情形之一的，海关认定为一般信用企业：

（1）首次注册登记的企业；

（2）认证企业不再符合《海关认证企业标准》规定条件，且未发生上述失信企业所列情形的；

（3）适用失信企业管理满 1 年，且未再发生上述失信企业规定情形的。

企业向海关申请成为认证企业的，海关按照《海关认证企业标准》对企业实施认证。海关或者申请企业可以委托具有法定资质的社会中介机构对企业进行认证；中介机构认证结果经海关认可的，可以作为认定企业信用状况的参考依据。海关应当自收到企业书面认证申请之日起 90 日内做出认证结论。特殊情形下，海关认证时限可以延长 30 日。

企业有下列情形之一的，海关应当终止认证：

（1）发生涉嫌走私或者违反海关监管规定的行为被海关立案侦查或者调查的；

（2）主动撤回认证申请的；

（3）其他应当终止认证的情形。

海关对企业信用状况的认定结果实施动态调整。海关对高级认证企业应当每 3 年重新认证一次，对一般认证企业不定期重新认证。认证企业未通过重新认证适用一般信用企业管理的，1 年内不得再次申请成为认证企业；高级认证企业未通过重新认证但符合一般认证企业标准的，适用一般认证企业管理。适用失信企业管理满 1 年，且未再发生上述失信企业规定情形的，海关应当将其调整为一般信用企业管理。失信企业被调整为一般信用企业满 1 年的，可以向海关申请成为认证企业。企业信用等级认定过程中，按照规定可以进行规范改进的，海关允许企业进行规范改进。规范改进期限由海关确定，最长不超过 90 日，企业规范改进时间不计入认证时间。

同时，为保证政策的延续性并充分保障海关相对人的合法权益，原《中华人民共和国海关企业分类管理办法》中的 AA 类企业直接过渡为高级认证企业，海关每 3 年对高级认证企业进行一次重新认证；A 类企业直接过渡为一般认证企业，海关将通过系统对企业的信用状况进行动态监控和评估，并实行不定期重新认证；B 类企业直接过渡到一般信用企业；C 类和 D 类企业将由海关按照《中华人民共和国海关企业信用管理暂行办法》重新审核并确定信用等级。C 类、D 类企业经重新认定后信用等级为失信企业的，企业信用等级适用时间仍按原适用 C 类、D 类时间计算。认证企业可以凭适用 AA 类、A 类管理的法律文书向海关申请换领《认证企业证书》。

三、不同企业管理原则和措施

《中华人民共和国海关企业信用管理暂行办法》规定，一般认证企业适用下列管理原则和措施：

（1）较低进出口货物查验率；

（2）简化进出口货物单证审核；

（3）优先办理进出口货物通关手续；

（4）海关总署规定的其他管理原则和措施。

高级认证企业除适用一般认证企业管理原则和措施外，还适用下列管理措施：

（1）在确定进出口货物的商品归类、海关估价、原产地或者办结其他海关手续前先行办理验放手续；

（2）海关为企业设立协调员；

（3）对从事加工贸易的企业，不实行银行保证金台账制度；

（4）AEO互认国家或者地区海关提供的通关便利措施。

失信企业则适用海关下列管理原则和措施：

（1）较高进出口货物查验率；

（2）进出口货物单证重点审核；

（3）加工贸易等环节实施重点监管；

（4）海关总署规定的其他管理原则和措施。

高级认证企业适用的管理措施优于一般认证企业。因企业信用状况认定结果不一致导致适用的管理措施相抵触的，海关按照就低原则实施管理。认证企业涉嫌走私被立案侦查或者调查的，海关暂停适用相应管理措施，按照一般信用企业进行管理。

企业名称或者海关注册编码发生变更的，海关对企业信用状况的认定结果和管理措施继续适用。企业有下列情形之一的，按照以下原则做出调整：

（1）企业发生存续分立，分立后的存续企业承继分立前企业的主要权利义务的，适用海关对分立前企业的信用状况认定结果和管理措施，其余的分立企业视为首次注册企业；

（2）企业发生解散分立，分立企业视为首次注册企业；

（3）企业发生吸收合并，合并企业适用海关对合并后存续企业的信用状况认定结果和管理措施；

（4）企业发生新设合并，合并企业视为首次注册企业。

本章重要概念

报关单位；进出口货物收发货人；报关企业；报关企业注册登记许可；进出口货物收发货人注册登记；企业信用分类管理；经认证的经营者；高级认证企业；一般认证企业；一般信用企业；失信企业

本章小结

报关单位是指按照相关规定在海关注册登记的报关企业和进出口货物收发货人。报关单位注册登记制度是指进出口货物收发货人、报关企业依法向海关提交规定的注册登记申请材料，经注册地海关依法对申请注册登记材料进行审核，准予其办理报关业务的管理制度。报关单位注册登记分为报关企业注册登记和进出口货物收发货人注册登记。

申请报关企业注册登记许可的，申请人应当到所在地海关提出申请并递交申请注册登记许可材料。申请人的申请符合法定条件的，海关应当依法做出准予注册登记许可的书面决定，并送达申请人，同时核发《中华人民共和国海关报关单位注册登记证书》。报关企业注册登记许可期限为2年。被许可人需要延续注册登记许可有效期的，应当办理注册登记许可延续手续。

进出口货物收发货人应当按照规定到所在地海关办理报关单位注册登记手续。注册地海关依法对申请注册登记材料进行核对。经核对申请材料齐全、符合法定形式的，应当核发《中华人民共和国海关报关单位注册登记证书》。除海关另有规定外，进出口货物收发货人《中华人民共和国海关报关单位注册登记证书》长期有效。

我国自2014年开始在《中华人民共和国海关企业分类管理办法》的基础上实施企业信用管理制度。海关根据企业信用状况将企业认定为认证企业、一般信用企业和失信企业，按照诚信守法便利、失信违法惩戒原则，分别适用相应的管理措施。

本章思考题

1. 选择题

（1）下列哪种情况会被海关认定为一般信用企业（   ）。

    A. 首次注册登记的企业   B. 拖欠应缴税款的企业

    C. 有走私行为的企业   D. 被海关依法暂停从事报关业务的企业

（2）根据《中华人民共和国海关报关单位注册登记管理规定》，除海关另有规定外，进出口货物收发货人《中华人民共和国海关报关单位注册登记证书》的有效期为（   ）。

    A. 1年   B. 2年   C. 3年   D. 长期有效

2. 判断题

（1）高级认证企业适用的管理措施优于一般认证企业。因企业信用状况认定结果不一致导致适用的管理措施相抵触的，海关按照就低原则实施管理。（   ）

（2）进出口货物收发货人和报关企业须经海关注册登记许可后方可向海关办理报关单位注册登记手续。（   ）

3. 报关企业的设立需要具备哪些条件？

4. 企业有哪些情形的，海关认定为失信企业？

5. 一般认证企业和高级认证企业各适用哪些管理原则和措施？

第三章　进出口贸易管理制度

本章学习目标

　　本章介绍了我国主要的进出口贸易管理制度。通过学习，重点应掌握我国对外贸易经营者管理制度、货物、技术进出口许可管理制度、进出口商品检验检疫制度、进出口货物收付汇管理制度、进出口贸易管理的主要工具和报关规范以及对外贸易救济措施等内容。

　　进出口贸易管理制度是指一国政府从国家的宏观经济利益和对内对外政策的需要出发，在遵循有关国际条约和国际贸易规则的基础上，对本国的对外贸易活动实施有效管理而实行的各种贸易制度、政策和措施的总称。进出口贸易管理制度主要由对外贸易经营者管理制度、货物和技术进出口管理制度、进出口商品检验检疫制度、进出口货物收付汇管理制度以及对外贸易救济措施等方面的制度和规范组成。

第一节　对外贸易经营者管理制度

　　对外贸易经营者管理制度是我国进出口贸易管理制度的重要组成部分。对外贸易经营者，是指依法办理工商登记或者其他执业手续，依照《中华人民共和国对外贸易法》和其他有关法律、行政法规的规定从事对外贸易经营活动的法人、其他组织或者个人。目前，我国对对外贸易经营者的管理，实行备案登记制。《中华人民共和国对外贸易法》和商务部发布的《对外贸易经营者备案登记办法》对对外贸易经营者进行备案登记的管理机构和程序等方面都做出了明确规定。

一、对外贸易经营者备案登记的管理机构

　　《中华人民共和国对外贸易法》和《对外贸易经营者备案登记办法》规定，商务部是我国对外贸易经营者备案登记工作的主管部门。从事货物进出口或者技术进出口的对外贸易经营者，应当向商务部或商务部委托的机构办理备案登记；但是，法律、行政法规和商务部规定不需要备案登记的除外。对外贸易经营者未按照规定办理备案登记的，海关不予办理进出口的报关验放手续。

　　对外贸易经营者备案登记工作实行全国联网和属地化管理。商务部委托符合条件的地方对外贸易主管部门（备案登记机关）负责办理本地区对外贸易经营者备案登记手续；受委托的备案登记机关不得自行委托其他机构进行备案登记。备案登记机关必须具备办理备

37

案登记所必需的固定的办公场所，管理、录入、技术支持、维护的专职人员以及连接商务部对外贸易经营者备案登记网络系统的相关设备等条件。对于符合条件的备案登记机关，商务部出具书面委托函，发放由商务部统一监制的备案登记印章，并对外公布。备案登记机关凭商务部的书面委托函和备案登记印章，通过商务部备案登记网络办理备案登记手续。对于情况发生变化、不符合上述条件的以及未按规定办理备案登记的备案登记机关，商务部可收回对其委托。

二、对外贸易经营者备案登记的程序

对外贸易经营者在本地区备案登记机关办理备案登记，程序如下所述。

（一）领取《对外贸易经营者备案登记表》

对外贸易经营者既可以通过商务部政府网站下载，也可以到所在地备案登记机关领取《对外贸易经营者备案登记表》。

（二）填写《对外贸易经营者备案登记表》

对外贸易经营者应按《对外贸易经营者备案登记表》要求认真填写所有事项的信息，并确保所填写内容是完整的、准确的和真实的；同时认真阅读《对外贸易经营者备案登记表》背面的条款，并由企业法定代表人或个体工商负责人签字、盖章。

（三）向备案登记机关提交如下备案登记材料

（1）按要求填写的《对外贸易经营者备案登记表》；

（2）营业执照复印件；

（3）组织机构代码证书复印件；

（4）对外贸易经营者为外商投资企业的，还应提交外商投资企业批准证书复印件；

（5）依法办理工商登记的个体工商户（独资经营者），须提交合法公证机构出具的财产公证证明；依法办理工商登记的外国（地区）企业，须提交经合法公证机构出具的资金信用证明文件。

备案登记机关自收到对外贸易经营者提交的上述材料之日起 5 日内办理备案登记手续，在《对外贸易经营者备案登记表》上加盖备案登记印章。备案登记机关在完成备案登记手续的同时，应当完整准确地记录和保存对外贸易经营者的备案登记信息和登记材料，依法建立备案登记档案。

对外贸易经营者凭加盖备案登记印章的《对外贸易经营者备案登记表》在 30 日内到当地海关、检验检疫、外汇、税务等部门办理开展对外贸易业务所需的有关手续。逾期未办理的，《对外贸易经营者备案登记表》自动失效。

经备案登记后，对外贸易经营者即可以在经营范围内从事货物进出口或者技术进出口业务，也可以接受他人的委托，在经营范围内代为办理对外贸易业务。

为对关系国计民生的重要进出口商品实行有效的宏观管理，《中华人民共和国对外贸易法》规定，国家可以对部分货物的进出口实行国有贸易管理。实行国有贸易管理货物的进出口业务只能由经授权的企业经营；但是，国家允许部分数量的国有贸易管理货物的进出口业务由非授权企业经营的除外。实行国有贸易管理的货物和经授权经营企业的目录，由国务院对外贸易主管部门会同国务院其他有关部门确定、调整并公布。对违反规定擅自进出口实行国有贸易管理的货物的，海关不予放行。未经授权擅自进出口实行国有贸易管理的货物的，国务院对外贸易主管部门或者国务院其他有关部门可以处五万元以下罚款；情节严重的，可以自行政处罚决定生效之日起三年内，不受理违法行为人从事国有贸易管理货物进出口业务的申请，或者撤销已给予其从事其他国有贸易管理货物进出口的授权。

三、对外贸易经营者备案登记的变更和撤销

《对外贸易经营者备案登记办法》规定，对外贸易经营者不得伪造、变造、涂改、出租、出借、转让和出卖《对外贸易经营者备案登记表》。《对外贸易经营者备案登记表》上的任何登记事项发生变更时，对外贸易经营者应按照有关规定，在30日内办理《对外贸易经营者备案登记表》的变更手续，逾期未办理变更手续的，其《对外贸易经营者备案登记表》自动失效。备案登记机关收到对外贸易经营者提交的书面材料后，应当即时予以办理变更手续。

对外贸易经营者已在工商部门办理注销手续或被吊销营业执照的，自营业执照注销或被吊销之日起，《对外贸易经营者备案登记表》自动失效。

根据《中华人民共和国对外贸易法》的相关规定，商务部决定禁止有关对外贸易经营者在一年以上三年以下的期限内从事有关货物或者技术的进出口经营活动的，备案登记机关应当撤销其《对外贸易经营者备案登记表》；处罚期满后，对外贸易经营者可重新办理备案登记。备案登记机关应当在对外贸易经营者撤销备案登记后将有关情况及时通报海关、检验检疫、外汇、税务等部门。

第二节　我国货物、技术进出口许可管理制度

货物、技术进出口许可管理制度是我国进出口许可管理制度的主体，是国家对外贸易管制中极其重要的管理制度，其管理范围包括禁止进出口货物和技术、限制进出口货物和技术、自由进出口货物和技术以及自由进出口中部分实行自动许可管理的货物。

一、禁止进出口货物和技术管理制度

根据《中华人民共和国对外贸易法》和其他法律、行政法规的规定，为维护国家安全、社会公共利益或者公共道德，保护人的健康或者安全，保护动物、植物的生命或者健康，保护自然资源和生态环境，履行中华人民共和国所缔结或者参加的国际条约和协定，国家可以禁止有关货物、技术的进口或者出口。国务院对外贸易主管部门会同国务院其他有关部门，依照《中华人民共和国对外贸易法》第十六条和第十七条的规定，制定、调整并公布禁止进出口的货物、技术目录。国务院对外贸易主管部门或者由其会同国务院其他有关部门，经国务院批准，可以在《中华人民共和国对外贸易法》第十六条和第十七条规定的范围内，临时决定禁止规定目录以外的特定货物、技术的进口或者出口。属于禁止进口或

出口的货物、技术，不得进出口。

（一）禁止进口管理

1. 禁止进口货物管理

目前，我国禁止进口的货物主要包括：列入由国务院对外贸易主管部门会同国务院有关部门制定的《禁止进口货物目录》中包括的商品，国家有关法律、法规明令禁止进口的商品以及其他各种原因停止进口的商品。主要包括如下几种。

（1）列入《禁止进口货物目录》的商品。目前，我国公布的《禁止进口货物目录》共六批，如下所述。

列入《禁止进口货物目录》（第一批）的禁止进口货物主要包括已脱胶和未脱胶的虎骨、犀牛角、鸦片液汁和浸膏、四氯化碳、三氯二氟乙烷。

列入《禁止进口货物目录》（第二批）的均为旧机电产品类，主要包括装压缩或液化气的钢铁容器、可使用气体燃料的家用炉灶和器具、水管锅炉、热水锅炉、炉用燃烧器、热处理用炉及烘箱、炼焦炉等。

列入《禁止进口货物目录》（第三批）的禁止进口货物主要包括含铅汽油淤渣、废油、城市垃圾、下水道淤泥、医疗废物、废有机溶剂、化工废物等。

列入《禁止进口货物目录》（第四批）的禁止进口货物主要包括废人发、废马毛、糖蜜、工业残渣、沥青碎石、矿灰及残渣、废轮胎、皮革废渣、旧衣物、废电池等。

列入《禁止进口货物目录》（第五批）的禁止进口货物均为废机电产品，主要包括空调、电冰箱、显示器、打印机、微波炉、电饭锅、传真机、录像机、电视机、复印机、医疗器械等。

列入《禁止进口货物目录》（第六批）的禁止进口货物主要包括青石棉、二溴氯丙烷、多氯联苯、多溴联苯、氟乙酸钠、杀虫脒、二恶英、呋喃等。

（2）国家有关法律、法规明令禁止进口的商品。例如：依据《中华人民共和国进出境动植物检疫法》，对来自疫区或不符合我国卫生标准的动物和动物产品禁止进口；依据《中华人民共和国固体废物污染环境防治法》《控制危险废物越境转移及其处置巴塞尔公约》《固体废物进口管理办法》和有关法律法规，对列入《禁止进口固体废物目录》的废物禁止进口；等等。

（3）其他原因需要禁止和停止进口的商品。包括：禁止进口右置方向盘汽车；禁止以任何贸易方式进口仿真枪；禁止进口以 CFC-12 为空调制冷工艺的汽车及以 CFC-12 为制冷工艺的汽车空调压缩机（含汽车空调器）；停止进口Ⅷ因子制剂等血液制品、黑人牙膏（"DARKLE""DARLIE"）、硝酸铵、氯酸钾；停止国产手表复进口；等等。

2. 禁止进口技术管理

根据《中华人民共和国对外贸易法》《中华人民共和国技术进出口管理条例》以及《禁止进口限制进口技术管理办法》的有关规定，国务院对外贸易主管部门会同国务院有关部门，制定、调整并公布禁止进口的技术目录。

目前《中国禁止进口限制进口技术目录》中所列明的禁止进口的技术主要涉及林业、印刷业和记录媒介的复制、石油加工、炼焦及核燃料加工业、化学原料及化学制品制造业、医药制造业、非金属矿物制品业、黑色金属冶炼及压延加工业、有色金属冶炼及压延加工业、交通运输设备制造业、电气机械及器材制造业等领域的技术。[①]

（二）禁止出口管理

1. 禁止出口货物管理

我国禁止出口的货物主要包括：列入由国务院对外贸易主管部门会同国务院有关部门制定的《禁止出口货物目录》的商品、国家有关法律、法规明令禁止出口的商品以及其他各种原因禁止出口的商品。

（1）列入《禁止出口货物目录》的商品。目前，我国公布的《禁止出口货物目录》共五批，如下所述。

列入《禁止出口货物目录》（第一批）的禁止出口货物主要包括虎骨、犀牛角、牛黄、麝香、麻黄草、发菜、用于清洗剂的四氯化碳、三氯三氟乙烷、原木、铂等。

《禁止出口货物目录》（第二批）主要禁止木炭出口。

列入《禁止出口货物目录》（第三批）的禁止出口货物主要包括青石棉、二溴氯丙烷、多氯联苯、多溴联苯、氟乙酸钠、杀虫脒、二恶英、呋喃等。

《禁止出口货物目录》（第四批）主要禁止硅砂及石英砂出口。

《禁止出口货物目录》（第五批）主要禁止未经化学处理的森林凋落物、经化学处理的森林凋落物以及泥炭（草炭）的出口。

（2）国家有关法律、法规明令禁止出口的商品。例如：依据《中华人民共和国濒危野生动植物进出口管理条例》，禁止出口未定名的或者新发现并有重要价值的野生动植物及其产品和国务院或者国务院野生动植物主管部门禁止出口的濒危野生动植物及其产品；依据《中华人民共和国文物保护法》，禁止出口国有文物、非国有文物中的珍贵文物和国家规定禁止出境的其他文物；等等。

（3）其他原因禁止出口的商品。例如：我国禁止出口劳改产品；白氏贝、企鹅贝和白蝶贝均属我国特有的珍珠贝类，已经列入《我国现阶段不对国外交换的水产种质资源名录》，任何单位和个人不得出口这类物种，包括成体、幼苗和卵等。

2. 禁止出口技术管理

根据《中华人民共和国对外贸易法》《中华人民共和国技术进出口管理条例》以及《禁止出口限制出口技术管理办法》的有关规定，国务院对外贸易主管部门会同国务院有关部门，制定、调整并公布禁止出口的技术目录。

目前列入《中国禁止出口限制出口技术目录》的禁止出口技术主要涉及畜牧业、渔业、农、林、牧、渔服务业、有色金属矿采选业、农副食品加工业、饮料制造业、造纸及纸制品业、化学原料及化学制品制造业、医药制造业、非金属矿物制品业、有色金属冶炼及压延加工业、专用设备制造业、交通运输设备制造业、通信设备、计算机及其他电子设备制造业、仪器仪表及文化、办公用机械制造业、工艺品及其他制造业、建筑装饰业、电信和其他信息传输服务业、专业技术服务业、卫生等领域的技术。[②]

---

① 有关禁止进口技术的具体技术名称和控制要点请参见商务部 2007 年第 7 号令公布修订后的《中国禁止进口限制进口技术目录》。

② 有关禁止出口技术的具体技术名称和控制要点请参见商务部、科技部 2008 年第 12 号令公布修订后的《中国禁止出口限制出口技术目录》。

二、限制进出口货物和技术管理制度

根据《中华人民共和国对外贸易法》和其他法律、行政法规的规定，为维护国家安全、社会公共利益或者公共道德，保护人的健康或者安全，保护动物、植物的生命或者健康，保护自然资源和生态环境，履行中华人民共和国所缔结或者参加的国际条约和协定，国家可以限制有关货物、技术的进口或者出口。国务院对外贸易主管部门会同国务院其他有关部门，依照《中华人民共和国对外贸易法》第十六条和第十七条的规定，制定、调整并公布限制进出口的货物、技术目录。国务院对外贸易主管部门或者由其会同国务院其他有关部门，经国务院批准，可以在《中华人民共和国对外贸易法》第十六条和第十七条规定的范围内，临时决定限制规定目录以外的特定货物、技术的进口或者出口。国家对限制进口或者出口的货物，实行配额、许可证等方式管理；对限制进口或者出口的技术，实行许可证管理。

（一）限制进口管理

国家实行限制进口管理的货物、技术，必须依照国家有关规定取得国务院对外贸易主管部门或者经其会同国务院其他有关部门许可，方可进口。

根据《中华人民共和国对外贸易法》的规定，国家对货物或技术实行限制进口管理的主要原因包括：为维护国家安全、社会公共利益或者公共道德，需要限制进口的；为保护人的健康或者安全，保护动物、植物的生命或者健康，保护环境，需要限制进口的；为实施与黄金或者白银进出口有关的措施，需要限制进口的；为建立或者加快建立国内特定产业，需要限制进口的；对任何形式的农业、牧业、渔业产品有必要限制进口的；为保障国家国际金融地位和国际收支平衡，需要限制进口的；依照法律、行政法规、部门规章的规定，其他需要限制进口的；根据我国缔结或者参加的国际条约、协定的规定，其他需要限制进口的。

1. 限制进口货物管理

根据《中华人民共和国对外贸易法》和《中华人民共和国货物进出口管理条例》的有关规定，国务院外经贸主管部门会同国务院有关部门制定、调整并公布限制进口的货物目录。国家规定有数量限制的限制进口货物，实行配额管理；其他限制进口货物，实行许可证管理。同时，国家对部分限制进口货物可以实行关税配额管理。实行关税配额管理的进口货物目录，由国务院外经贸主管部门会同国务院有关经济管理部门制定、调整并公布。属于关税配额内进口的货物，按照配额内税率缴纳关税；属于关税配额外进口的货物，按照配额外税率缴纳关税。

进口货物配额、关税配额，由国务院对外贸易主管部门或者国务院其他有关部门在各自的职责范围内，按照公开、公平、公正和效益的原则进行分配。

实行许可证管理的限制进口货物，进口经营者应当向国务院外经贸主管部门或者国务院有关部门申请进口许可证，进口经营者凭进口许可证管理部门发放的进口许可证，向海关办理报关验放手续。

2. 限制进口技术管理

限制进口技术实行目录管理。根据《中华人民共和国对外贸易法》《中华人民共和国技术进出口管理条例》以及《禁止进口限制进口技术管理办法》的有关规定，国务院对外贸易主管部门会同国务院其他有关部门，制定、调整并公布限制进口的技术目录。属于目录范围内的限制进口的技术，实行许可证管理；未经国家许可，不得进口。

进口属于限制进口的技术，应当向国务院对外贸易主管部门提出技术进口申请，国务院对外贸易主管部门收到技术进口申请后，应当会同国务院有关部门对申请进行审查，技术进口申请经批准的，由国务院对外贸易主管部门发出"中华人民共和国技术进口许可意向书"，进口经营者取得技术进口许可意向书后，可以对外签订技术进口合同。进口经营者签订技术进口合同后，应当向国务院对外贸易主管部门提交技术进口合同副本及有关文件，申请技术进口许可证。经审核符合发证条件的，由国务院对外贸易主管部门颁发"中华人民共和国技术进口许可证"，凭进口许可证向海关办理进口通关手续。

目前，列入《中国禁止进口限制进口技术目录》的限制进口技术主要涉及农业、食品制造业、纺织业、石油加工、炼焦及核燃料加工业、化学原料及化学制品制造业、非金属矿物制品业、黑色金属冶炼及压延加工业、有色金属冶炼及压延加工业、通用设备制造业、专用设备制造业、交通运输设备制造业、电气机械及器材制造业、仪器仪表及文化、办公用品机械制造业、电力、热力的生产和供应业、银行业、环境管理业等领域的技术。①

（二）限制出口管理

国家实行限制出口管理的货物、技术，必须依照有关规定取得国务院对外贸易主管部门或者经其会同国务院有关部门许可，方可出口。

国家对货物或技术实行限制出口管理的主要原因有：为维护国家安全、社会公共利益或者公共道德，需要限制出口的；为保护人的健康或者安全，保护动物、植物的生命或者健康，保护环境，需要限制出口的；为实施与黄金或者白银进出口有关的措施，需要限制出口的；国内供应短缺或者为有效保护可能用竭的自然资源，需要限制出口的；输往国家或者地区的市场容量有限，需要限制出口的；出口经营秩序出现严重混乱，需要限制出口的；依照法律、行政法规、部门规章的规定，其他需要限制出口的；根据我国缔结或者参加的国际条约、协定的规定，其他需要限制出口的。

1. 限制出口货物管理

对于限制出口货物管理，《中华人民共和国货物进出口管理条例》规定：国家规定有数量限制的限制出口货物，实行配额管理；其他限制出口货物，实行许可证管理。

实行配额管理的限制出口货物，由国务院外经贸主管部门和国务院有关经济管理部门按照国务院规定的职责划分进行管理。配额既可以通过直接分配的方式分配，也可以通过招标等方式分配。出口经营者凭出口配额管理部门发放的配额证明，到国务院对外贸易主管部门及其授权发证机关申领出口许可证，凭出口许可证向海关办理报关验放手续。

实行许可证管理的限制出口货物，出口经营者应当向国务院外经贸主管部门或者国务院有关部门申请出口许可证，出口经营者凭出口许可证管理部门发放的出口许可证，向海关办理报关验放手续。

---

① 有关限制进口技术的具体技术名称和控制要点请参见商务部 2007 年第 7 号令公布修订后的《中国禁止进口限制进口技术目录》。

2. 限制出口技术管理

限制出口技术实行目录管理，国务院对外贸易主管部门会同国务院有关部门，制定、调整并公布限制出口的技术目录。属于目录范围内的限制出口的技术，实行许可证管理；未经许可，不得出口。

我国目前列入《中国禁止出口限制出口技术目录》的限制出口技术主要涉及农业、林业、畜牧业、渔业、农、林、牧、渔服务业、农副食品加工业、食品制造业、饮料制造业、纺织业、造纸及纸制品业、化学原料及化学制品制造业、医药制造业、橡胶制品业、非金属矿物制品业、黑色金属冶炼及压延加工业、有色金属冶炼及压延加工业、金属制品业、通用设备制造业、专用设备制造业、交通运输设备制造业、电气机械及器材制造业、通信设备、计算机及其他电子设备制造业、仪器仪表及文化、办公用品机械制造业、工艺品及其他制造业、建筑装饰业、其他建筑业、水上运输业、电信和其他信息传输服务业、计算机服务业、软件业、专业技术服务业、地质勘查业、卫生等领域的技术。①

出口属于限制出口的技术，应当向国务院外经贸主管部门提出申请。国务院外经贸主管部门收到技术出口申请后进行审查，技术出口申请经批准的，由国务院外经贸主管部门发给技术出口许可意向书。申请人取得技术出口许可意向书后，方可对外进行实质性谈判，签订技术出口合同。申请人签订技术出口合同后，向国务院外经贸主管部门提交技术出口许可意向书、技术出口合同副本、技术资料出口清单、签约双方法律地位的证明文件等文件资料，申请技术出口许可证。国务院外经贸主管部门对技术出口合同的真实性进行审查，对技术出口做出许可或者不许可的决定。技术出口经许可的，由国务院外经贸主管部门颁发技术出口许可证。申请人凭技术出口许可证办理外汇、银行、税务、海关等相关手续。

三、自由进出口货物和技术管理制度

除上述国家禁止、限制进出口货物、技术外的其他货物、技术，均属于自由进出口范围。自由进出口货物、技术的进出口不受限制，但基于监测进出口情况的需要，国家对部分属于自由进出口的货物实行自动进出口许可管理，对自由进出口的技术实行技术进出口合同登记管理。

（一）货物自动进出口许可管理

根据《中华人民共和国对外贸易法》的规定，国务院对外贸易主管部门基于监测进出口情况的需要，可以对部分自由进出口的货物实行进出口自动许可并公布其目录。实行自动许可的进出口货物，收货人、发货人在办理海关报关手续前提出自动许可申请的，国务院对外贸易主管部门或者其委托的机构应当予以许可，申请者凭国务院对外贸易主管部门或者国务院有关经济管理部门发放的自动进出口许可证明，向海关办理报关手续，未办理自动许可手续的，海关不予放行。

（二）技术进出口合同登记管理

进出口属于自由进出口的技术，应当向国务院对外贸易主管部门或者其委托的机构办

---

① 有关限制出口技术的具体技术名称和控制要点请参见商务部、科技部2008年第12号令公布修订后的《中国禁止出口限制出口技术目录》。

理合同备案登记，并提交技术进（出）口合同登记申请书、技术进（出）口合同副本、签约双方法律地位的证明文件等文件资料。国务院对外贸易主管部门应当自收到规定的文件之日起 3 个工作日内，对技术进出口合同进行登记，颁发技术进出口合同登记证，申请人凭技术进出口合同登记证，办理外汇、银行、税务、海关等相关手续。

四、法律责任

《中华人民共和国对外贸易法》规定，进出口属于禁止进出口的货物的，或者未经许可擅自进出口属于限制进出口的货物的，由海关依照有关法律、行政法规的规定处理、处罚；构成犯罪的，依法追究刑事责任。

进出口属于禁止进出口的技术的，或者未经许可擅自进出口属于限制进出口的技术的，依照有关法律、行政法规的规定处理、处罚；法律、行政法规没有规定的，由国务院对外贸易主管部门责令改正，没收违法所得，并处违法所得一倍以上五倍以下罚款，没有违法所得或者违法所得不足一万元的，处一万元以上五万元以下罚款；构成犯罪的，依法追究刑事责任。

自上述规定的行政处罚决定生效之日或者刑事处罚判决生效之日起，国务院对外贸易主管部门或者国务院其他有关部门可以在三年内不受理违法行为人提出的进出口配额或者许可证的申请，或者禁止违法行为人在一年以上三年以下的期限内从事有关货物或者技术的进出口经营活动。

第三节　进出口商品检验检疫制度

进出口商品检验检疫制度是指由国家进出口商品检验检疫部门依据我国有关法律、行政法规以及我国政府所缔结或者参加的国际条约、协定，对出入境的货物、物品及其包装物、交通运输工具、运输设备和出入境人员实施检验检疫和监督管理的法律依据和行政手段的总和。进出口商品检验检疫制度是我国进出口贸易管理制度重要的组成部分，其目的是维护国家声誉和对外贸易有关当事人的合法权益，促进对外贸易健康发展，保护我国的公共安全和人民生命财产安全等，是国家主权的具体体现。进出口商品检验检疫工作的主管部门是国家质量监督检验检疫总局（国家质检总局），国家质检总局设在省、自治区、直辖市以及进出口商品的口岸、集散地的出入境检验检疫局及其分支机构，管理所负责地区的进出口商品检验工作。

一、进出口商品实施检验检疫管理的规定

（一）进出口商品实施检验检疫的范围

根据《中华人民共和国进出口商品检验法》及其实施条例、《中华人民共和国进出境动植物检疫法》及其实施条例、《中华人民共和国国境卫生检疫法》及其实施细则、《中华人民共

和国食品卫生法》等法律法规的有关规定，进出口商品实施检验检疫管理的范围包括如下内容。

（1）列入《出入境检验检疫机构实施检验检疫的进出境商品目录》[①]的商品以及其他法律、法规和有关国际条约规定须经检验检疫的进出口商品。

（2）出口危险货物包装容器的性能鉴定和使用鉴定。

（3）对装运出口易腐烂变质食品、冷冻品的船舱、集装箱等运输工具的适载检验；

（4）运载动植物、动植物产品的车、船、飞机等运输工具以及包装、铺垫材料、饲养工具等。

（5）动物疫苗、血清、诊断液、动植物性废弃物。

（6）出口食品卫生检疫。

（7）进口食品、食品添加剂、食品容器、包装材料和食品用工具设备。

（二）进出口商品实施检验检疫管理的其他规定

（1）进出口化妆品必须经过标签审核，取得《进出口化妆品标签审核证书》后方可报检。进出口化妆品原料及半成品，亦须报检。

（2）进出口食品的经营者或其代理人在进出口前，应当向指定检验检疫机构提出食品标签审核申请。经审核符合要求的食品标签，由国家质量监督检验检疫总局颁发《进出口食品标签审核证书》。

（3）进出口药品的质量检验、计量器具的量值检定、锅炉压力容器的安全监督检验、船舶（包括海上平台、主要船用设备及材料）和集装箱的规范检验、飞机（包括飞机发动机、机载设备）的适航检验以及核承压设备的安全检验等项目，由有关法律、行政法规规定的机构实施检验。

（4）进出境的样品、礼品、暂准进出境的货物以及其他非贸易性物品，免予检验。但是，法律、行政法规另有规定的除外。列入《出入境检验检疫机构实施检验检疫的进出境商品目录》的进出口商品符合国家规定的免予检验条件的，由收货人、发货人或者生产企业申请，经国家质检总局审查批准，出入境检验检疫机构免予检验。

（5）国家对出口煤炭实行出口质量许可制度。出口煤炭生产企业所在地检验检疫机构负责出口煤炭生产企业质量许可的考核、发证和管理，未取得质量许可的煤炭不得出口。口岸检验检疫机构负责在口岸的煤炭的检验和监督管理。

（6）国家对进出口食品生产企业实施卫生注册登记管理。获得卫生注册登记的出口食品生产企业，方可生产、加工、储存出口食品。获得卫生注册登记的进出口食品生产企业生产的食品，方可进口或者出口。

（7）对于动植物病原体（包括菌种，毒种等）、害虫及其他有害生物；动植物疫情流行的国家和地区的有关动植物、动植物产品和其他检疫物；动物尸体以及土壤，国家规定一律禁止进境。

---

① 国家质量监督检验检疫总局和海关总署在 2015 年第 165 号联合公告中对《出入境检验检疫机构实施检验检疫的进出境商品目录》做了相关调整，具体内容可登录国家质检总局网站（www.aqsiq.gov.cn）"信息公开"栏目，查询《出入境检验检疫机构实施检验检疫的进出境商品目录》。

二、进出口商品的出入境检验检疫手续

（一）进出口商品报检单位和报检员

根据《中华人民共和国进出口商品检验法》和《中华人民共和国进出口商品检验法实施条例》的规定，进出口商品的收货人或者发货人可以自行办理报检手续，也可以委托代理报检企业办理报检手续；采用快件方式进出口商品的，收货人或者发货人应当委托出入境快件运营企业办理报检手续。

进出口商品的收货人或者发货人办理报检手续，应当依法向出入境检验检疫机构备案。代理报检企业、出入境快件运营企业从事报检业务，应当依法经出入境检验检疫机构注册登记。未依法经出入境检验检疫机构注册登记的企业，不得从事报检业务。

办理报检业务的人员应当向检验检疫机构申请报检员注册，未依法办理报检从业注册的人员，不得从事报检业务。

代理报检企业、出入境快件运营企业以及报检人员不得非法代理他人报检，或者超出其业务范围从事报检业务。

代理报检企业接受进出口商品的收货人或者发货人的委托，以委托人的名义办理报检手续的，应当向出入境检验检疫机构提交授权委托书，遵守《中华人民共和国进出口商品检验法实施条例》对委托人的各项规定；以自己的名义办理报检手续的，应当承担与收货人或者发货人相同的法律责任。出入境快件运营企业接受进出口商品的收货人或者发货人的委托，应当以自己的名义办理报检手续，承担与收货人或者发货人相同的法律责任。

委托人委托代理报检企业、出入境快件运营企业办理报检手续的，应当向代理报检企业、出入境快件运营企业提供所委托报检事项的真实情况；代理报检企业、出入境快件运营企业接受委托人的委托办理报检手续的，应当对委托人所提供情况的真实性进行合理审查。

（二）进出口商品检验手续

1. 进口商品检验手续

列入《出入境检验检疫机构实施检验检疫的进出境商品目录》的进口商品以及法律、行政法规规定须经出入境检验检疫机构检验的其他进口商品（即法定检验的进口商品）的收货人应当持合同、发票、装箱单、提单等必要的凭证和相关批准文件，向海关报关地的出入境检验检疫机构报检；海关放行后 20 日内，收货人应当按照规定向出入境检验检疫机构申请检验。

法定检验的进口商品应当在收货人报检时申报的目的地检验。大宗散装商品、易腐烂变质商品、可用作原料的固体废物以及已发生残损、短缺的商品，应当在卸货口岸检验。对上述进口商品，国家质检总局也可以根据便利对外贸易和进出口商品检验工作的需要，指定在其他地点检验。进口实行验证管理的商品（出入境检验检疫机构依照商检法的规定，对实施许可制度和国家规定必须经过认证的进出口商品实行验证管理，查验单证，核对证货是否相符），收货人应当向海关报关地的出入境检验检疫机构申请验证。

对属于法定检验范围内的关系国计民生、价值较高、技术复杂的以及其他重要的进口商品和大型成套设备，应当按照对外贸易合同约定监造、装运前检验或者监装。出入境检

验检疫机构可以根据需要派出检验人员参加或者组织实施监造、装运前检验或者监装。国家对进口可用作原料的固体废物的国外供货商、国内收货人实行注册登记制度，国外供货商、国内收货人在签订对外贸易合同前，应当取得国家质检总局或者出入境检验检疫机构的注册登记。国家对进口可用作原料的固体废物实行装运前检验制度，进口时，收货人应当提供出入境检验检疫机构或者经国家质检总局指定的检验机构出具的装运前检验证书。国家允许进口的旧机电产品的收货人在签订对外贸易合同前，应当向国家质检总局或者出入境检验检疫机构办理备案手续。对价值较高，涉及人身财产安全、健康、环境保护项目的高风险进口旧机电产品，应当依照国家有关规定实施装运前检验，进口时，收货人应当提供出入境检验检疫机构或者经国家质检总局指定的检验机构出具的装运前检验证书。进口可用作原料的固体废物、国家允许进口的旧机电产品到货后，由出入境检验检疫机构依法实施检验。

经检验或验证合格的进口商品，由出入境检验检疫机构按照国家质检总局的规定签发《入境货物通关单》，海关凭出入境检验检疫机构签发的《入境货物通关单》办理海关通关手续。

2. 出口商品检验手续

法定检验的出口商品的发货人应当在国家质检总局统一规定的地点和期限内，持合同等必要的凭证和相关批准文件向出入境检验检疫机构报检。

出入境检验检疫机构在出口商品的生产地进行检验。国家质检总局可以根据便利对外贸易和进出口商品检验工作的需要，指定在其他地点检验。出口实行验证管理的商品，发货人应当向出入境检验检疫机构申请验证。出入境检验检疫机构按照国家质检总局的规定实施验证。

经检验或验证合格的出口商品，由出入境检验检疫机构按照国家质检总局的规定签发《出境货物通关单》，海关凭出入境检验检疫机构签发的《出境货物通关单》办理海关通关手续。

在商品生产地检验的出口商品需要在口岸换证出口的，由商品生产地的出入境检验检疫机构按照规定签发检验换证凭单。发货人应当在规定的期限内持检验换证凭单和必要的凭证，向口岸出入境检验检疫机构申请查验。经查验合格的，由口岸出入境检验检疫机构签发《出境货物通关单》。

出口危险货物包装容器的生产企业，应当向出入境检验检疫机构申请包装容器的性能鉴定。包装容器经出入境检验检疫机构鉴定合格并取得性能鉴定证书的，方可用于包装危险货物。出口危险货物的生产企业，应当向出入境检验检疫机构申请危险货物包装容器的使用鉴定。使用未经鉴定或者经鉴定不合格的包装容器的危险货物，不准出口。对装运出口的易腐烂变质食品、冷冻品的集装箱、船舱、飞机、车辆等运载工具，承运人、装箱单位或者其代理人应当在装运前向出入境检验检疫机构申请清洁、卫生、冷藏、密固等适载检验。未经检验或者经检验不合格的，不准装运。

（三）通关单联网核查管理

为提高口岸通关效率，推进无纸通关改革，有效防范和打击逃漏检行为，方便合法进出，我国海关总署与质检总局联合实施了"通关单联网核查"管理。海关和出入境检验检疫局及其分支机构对法定检验进出口商品，实行出入境货物通关单电子数据与进出口货物报关单电子数据的联网核查。

"通关单联网核查"的基本流程是：出入境检验检疫机构根据相关法律、法规的规定对法检商品签发通关单，实时将通关单电子数据传输至海关，海关凭此验放法检商品，办结海关手续后将通关单使用情况反馈给质检总局。

出入境检验检疫机构签发的通关单纸质单证信息与通关单电子数据必须一致。企业在报检、报关时，必须如实申报，并保证通关单与报关单相关申报内容一致，具体要求如下：

- 报关单的经营单位与通关单的收/发货人一致；
- 报关单的起运国与通关单的输出国家或地区一致；报关单的运抵国与通关单的输往国家或地区一致；
- 报关单上法检商品的项数和次序与通关单上货物的项数和次序一致；
- 报关单上法检商品与通关单上对应商品的 H.S.编码一致；
- 报关单上每项法检商品的法定第一数量不允许超过通关单上对应商品的数量/重量；
- 报关单上法检商品的第一计量单位与通关单上的货物数量/重量计量单位相一致；
- 出口货物报关单上的"申报日期"必须在出境货物通关单的有效期内。

企业申领通关单的有关要求包括如下内容。

- 通关单只能有效报关使用一次，企业应确保已申领通关单项下的进出口货物可一次性报关进出口。如通关单签发后需要分成多票报关单报关的，企业应向出入境检验检疫机构申请拆分通关单。
- 每份通关单所列的货物项数不能超过 20 项（含 20 项）。
- 企业报检时提供的"报关地海关"应为报关地海关隶属的直属海关。有特殊情况的，可为指定的报关地海关。
- 临时注册企业应向出入境检验检疫机构提供海关制发的临时注册编码。

企业取得通关单后，进出口货物的经营单位或报检企业可通过中国电子检验检疫业务网查询通关单状态信息，状态信息分为"已发送电子口岸""电子口岸已收到""海关已入库""海关已核注""海关已核销""海关未能正常核销""通关单已过期"等。

企业报关单预录入的有关要求包括如下内容。

- 申报法检商品必须录入通关单编号，并且一票报关单只允许填报一个通关单编号。
- 涉及加工贸易手册、电子账册、减免税证明的进出口货物，企业选择海关备案数据填制报关单，报关单上法检商品的项号应与通关单项号一致。
- 报关单涉及法检商品与非法检商品的，必须先录入法检商品，后录入非法检商品。

实施通关单联网核查后，报关单和通关单电子数据不一致的，海关将做退单处理，企业根据海关退单信息办理相关手续。

商品归类以海关认定为准，报关单上法检商品的 H.S.编码经海关确认归类有误的，企业需向出入境检验检疫机构申请修改通关单。企业申领通关单后商品 H.S.编码依据国家规定调整的，企业报关时通关单商品 H.S.编码应以调整后的为准，如需修改，需向出入境检验检疫机构申请修改通关单。

因特殊情况无法正常实施通关单联网核查的，海关、出入境检验检疫机构应通过公告栏等方式及时告知企业，企业按照告知要求办理通关手续。

三、进出口商品检验法律责任

根据《中华人民共和国进出口商品检验法》和《中华人民共和国进出口商品检验法实施条例》的规定，违反有关进出口商品检验检疫规定的当事人承担以下法律责任。

- 擅自销售、使用未报检或者未经检验的属于法定检验的进口商品，或者擅自销售、使用应当申请进口验证而未申请的进口商品的，由出入境检验检疫机构没收违法所得，并处商品货值金额 5%以上 20%以下罚款；构成犯罪的，依法追究刑事责任。
- 擅自出口未报检或者未经检验的属于法定检验的出口商品，或者擅自出口应当申请出口验证而未申请的出口商品的，由出入境检验检疫机构没收违法所得，并处商品货值金额 5%以上 20%以下罚款；构成犯罪的，依法追究刑事责任。
- 销售、使用经法定检验、抽查检验或者验证不合格的进口商品，或者出口经法定检验、抽查检验或者验证不合格的商品的，由出入境检验检疫机构责令停止销售、使用或者出口，没收违法所得和违法销售、使用或者出口的商品，并处违法销售、使用或者出口的商品货值金额等值以上 3 倍以下罚款；构成犯罪的，依法追究刑事责任。
- 进出口商品的收货人、发货人、代理报检企业或者出入境快件运营企业、报检人员不如实提供进出口商品的真实情况，取得出入境检验检疫机构的有关证单，或者对法定检验的进出口商品不予报检，逃避进出口商品检验的，由出入境检验检疫机构没收违法所得，并处商品货值金额 5%以上 20%以下罚款；情节严重的，并撤销其报检注册登记、报检从业注册。
- 进出口商品的收货人或者发货人委托代理报检企业、出入境快件运营企业办理报检手续，未按照规定向代理报检企业、出入境快件运营企业提供所委托报检事项的真实情况，取得出入境检验检疫机构的有关证单的，由出入境检验检疫机构没收委托人的违法所得，并处商品货值金额 5%以上 20%以下罚款；情节严重的，并撤销其报检注册登记、报检从业注册。
- 代理报检企业、出入境快件运营企业、报检人员对委托人所提供情况的真实性未进行合理审查或者因工作疏忽，导致骗取出入境检验检疫机构有关证单的结果的，由出入境检验检疫机构对代理报检企业、出入境快件运营企业处 2 万元以上 20 万元以下罚款；情节严重的，并撤销其报检注册登记、报检从业注册。
- 伪造、变造、买卖或者盗窃检验证单、印章、标志、封识、货物通关单或者使用伪造、变造的检验证单、印章、标志、封识、货物通关单，构成犯罪的，依法追究刑事责任；尚不够刑事处罚的，由出入境检验检疫机构责令改正，没收违法所得，并处商品货值金额等值以下罚款。

第四节　进出口货物收付汇管理制度

《中华人民共和国对外贸易法》第三十五条规定，对外贸易经营者在对外贸易经营活动中，应当遵守国家有关外汇管理的规定。这里所说的国家有关外汇管理的规定就是我国的外汇管理制度，即国家外汇管理局、中国人民银行及国务院其他有关部门，依据国务院公布的《中华人民共和国外汇管理条例》及其他有关规定，对包括经常项目外汇业务、资本项目外汇业务、金融机构外汇业务、人民币汇率的生成机制和外汇市场等领域实施的监督管理。进出口货物收付汇管理既是我国实施外汇管理的主要手段，也是我国外汇管理制度的重要组成部分。

我国对出口货物收汇管理和进口货物付汇管理很长时间采取的都是外汇核销形式。为大力推进贸易便利化，进一步改进货物贸易外汇服务和管理，国家外汇管理局、海关总署、国家税务总局发布公告决定，自 2012 年 8 月 1 日起在全国实施货物贸易外汇管理制度改革，取消出口收汇核销单（以下简称核销单），企业不再办理出口收汇核销手续。国家外汇管理局分支局（以下简称外汇局）对企业的贸易外汇管理方式由现场逐笔核销改变为非现场总量核查。外汇局通过货物贸易外汇监测系统，全面采集企业货物进出口和贸易外汇收支逐笔数据，定期比对、评估企业货物流与资金流总体匹配情况，便利合规企业贸易外汇收支；对存在异常的企业进行重点监测，必要时实施现场核查。

外汇局根据企业贸易外汇收支的合规性及其与货物进出口的一致性，将企业分为 A、B、C 三类。A 类企业进口付汇单证简化，可凭进口报关单、合同或发票等任何一种能够证明交易真实性的单证在银行直接办理付汇，出口收汇无须联网核查；银行办理收付汇审核手续相应简化。对 B、C 类企业在贸易外汇收支单证审核、业务类型、结算方式等方面实施严格监管，B 类企业贸易外汇收支由银行实施电子数据核查，C 类企业贸易外汇收支须经外汇局逐笔登记后方可办理。

外汇局根据企业在分类监管期内遵守外汇管理规定情况，进行动态调整。A 类企业违反外汇管理规定将被降级为 B 类或 C 类；B 类企业在分类监管期内合规性状况未见好转的，将延长分类监管期或被降级为 C 类；B、C 类企业在分类监管期内守法合规经营的，分类监管期满后可升级为 A 类。

同时，调整出口报关流程，企业办理出口报关时不再提供核销单。出口企业申报出口退税时，不再提供核销单；税务局参考外汇局提供的企业出口收汇信息和分类情况，依据相关规定，审核企业出口退税。

第五节　我国进出口贸易管理的主要工具及报关规范

对外贸易管制作为一项综合制度，所涉及的管理规定繁多。了解我国对进出口贸易进行管理的各项措施所涉及的具体规定，是报关从业人员必备的专业知识。本节主要介绍我国进出口贸易管理的主要工具、具体措施和报关规范。

一、进出口许可证管理

进出口许可证管理是指商务部或者由其会同国务院其他有关部门，依法制定并调整进出口许可证管理目录，以签发进出口许可证的形式对该目录商品实行的行政许可管理。

（一）进出口许可证的主管部门和发证机构

《货物进口许可证管理办法》和《货物出口许可证管理办法》规定，国家实行统一的货物进出口许可证制度。国家对限制进出口的货物实行进出口许可证管理。商务部是全国进出口许可证的归口管理部门，负责制定进出口许可证管理办法及规章制度，监督、检查进出口许可证管理办法的执行情况，处罚违规行为。商务部会同海关总署制定、调整和发布年度《进口许可证管理货物目录》和《出口许可证管理货物目录》。商务部负责制定、调整和发布年度《进口许可证管理货物分级发证目录》和《出口许可证管理货物分级发证目录》。

商务部授权商务部配额许可证事务局（简称许可证局）统一管理、指导全国各发证机构的进出口许可证签发工作，许可证局对商务部负责。许可证局及商务部驻各地特派员办事处（简称各特办）和各省、自治区、直辖市、计划单列市以及商务部授权的其他省会城市商务厅（局）、外经贸委（厅、局）（简称各地方发证机构）为进出口许可证发证机构，在许可证局统一管理下，负责授权范围内的发证工作。

进出口许可证是国家管理货物进出口的法律凭证。凡属于进出口许可证管理的货物，除国家另有规定外，对外贸易经营者应当在进出口前按规定向指定的发证机构申领进出口许可证，海关凭进出口许可证接受申报和验放。

进出口许可证不得买卖、转让、涂改、伪造和变造。

（二）进口许可证管理

进口许可证是我国进出口许可证管理制度中具有法律效力，用来证明对外贸易经营者经营列入国家进口许可证管理目录商品合法进口的证明文件，是海关验放该类货物的重要依据。

1. 2016年进口许可证适用范围

列入《2016年进口许可证管理货物目录》实行进口许可证管理的货物有重点旧机电产品和消耗臭氧层物质2种，共计139个10位H.S.商品编码。

2. 进口许可证的申领和签发

对外贸易经营者申领进口许可证时，应当认真如实填写进口许可证申请表，并加盖印章。同时，经营者应当根据进口货物情况，向发证机构提交《货物进口许可证管理办法》所规定的进口批准文件及相关材料，并且应当提交经年检合格的《企业法人登记营业执照》及加盖对外贸易经营者备案登记专用章的《对外贸易经营者备案登记表》或者进出口企业资格证书。经营者为外商投资企业的，还应当提交外商投资企业批准证书。进口货物属国家实行国有贸易或者有其他资质管理要求的，应当提供商务部或者相关部门的有关文件。

发证机构严格按照商务部发布的年度《进口许可证管理货物目录》和《进口许可证管理货物分级发证目录》的规定，签发相关商品的进口许可证。经营者进口《进口许可证管理货物目录》中的商品，必须到《进口许可证管理货物分级发证目录》指定的发证机构申领进口许可证。各发证机构凭《货物进口许可证管理办法》规定的发证依据发放进口许可证，不得越权或者超越发证范围签发进口许可证。

进口许可证管理实行"一证一关"管理。"一证一关"指进口许可证只能在一个海关报关。一般情况下进口许可证为"一批一证"，如要实行"非一批一证"，应当同时在进口许可证备注栏内打印"非一批一证"字样。"一批一证"指进口许可证在有效期内一次报关使用；"非一批一证"指进口许可证在有效期内可多次报关使用，但最多不超过十二次，由海关在许可证背面"海关验放签注栏"内逐批签注核减进口数量。

对进口实行许可证管理的大宗、散装货物，溢装数量按照国际贸易惯例办理，即报关进口的大宗、散装货物的溢装数量不得超过进口许可证所列进口数量的 5%。不实行"一批一证"制的大宗、散装货物，每批货物进口时，按其实际进口数量进行核扣，最后一批进口货物进口时，其溢装数量按该许可证实际剩余数量并在规定的溢装上限 5% 内计算。发证机构在签发此类进口货物许可证时，应当严格按照进口配额数量及批准文件核定的数量签发，并按许可证实际签发数量核扣配额数量，不在进口配额数量或者批准文件核定的数量基础上加上按国际贸易惯例允许的溢装数量签发许可证。

对外贸易经营者申请进口许可证符合要求的，发证机构应当自收到申请之日起 3 个工作日内发放进口许可证。特殊情况下，最多不超过 10 个工作日。

3. 进口许可证的有效期

进口许可证的有效期为一年。进口许可证当年有效。特殊情况需要跨年度使用时，有效期最长不得超过次年 3 月 31 日。

进口许可证应当在有效期内使用，逾期自行失效，海关不予放行。

进口许可证因故在有效期内未使用的，经营者应当在进口许可证有效期内向原发证机构提出延期申请。发证机构应当将原证收回，在进出口许可证计算机管理系统中注销原证后，重新签发进口许可证，并在备注栏中注明延期使用和原证证号。

进口许可证因故在有效期内未使用完的，经营者应当在进口许可证有效期内向原发证机构提出未使用部分的延期申请，发证机构收回原证，在发证系统中对原证进行核销，扣除已使用的数量后，重新签发进口许可证，并在备注栏内注明延期使用和原证证号。

进口许可证只能延期一次，延期最长不超过三个月。

未在进口许可证有效期内提出延期申请的，进口许可证自行失效，发证机构不再受理延证手续，该进口许可证则视为持有者自动放弃。

（三）出口许可证管理

出口许可证是我国进出口许可证管理制度中具有法律效力，用来证明对外贸易经营者经营列入国家出口许可证管理目录商品合法出口的证明文件，是海关验放该类货物的重要依据。

1. 2016 年出口许可证适用范围

列入《2016 年出口许可证管理货物目录》的货物有 48 种，分别属于出口配额或出口许可证管理。

（1）属于出口配额管理的货物为：活牛（对中国港澳特区出口）、活猪（对中国港澳特区出口）、活鸡（对中国港澳特区出口）、小麦、小麦粉、玉米、玉米粉、大米、大米粉、甘草及甘草制品、蔺草及蔺草制品、滑石块（粉）、镁砂、锯材、棉花、煤炭、原油、成品油（不含润滑油、润滑脂、润滑油基础油）、锑及锑制品、锡及锡制品、白银、铟及铟制品、磷矿石。出口上述货物的，需按规定申请取得配额（全球或国别、地区配额），凭配额证明文件申领出口许可证。其中，出口甘草及甘草制品、蔺草及蔺草制品、镁砂、滑石块（粉）的，需凭配额招标中标证明文件申领出口许可证。

（2）属于出口许可证管理的货物为：活牛（对中国港澳特区以外市场）、活猪（对中国港澳特区以外市场）、活鸡（对中国港澳特区以外市场）、冰鲜牛肉、冻牛肉、冰鲜猪肉、冻猪肉、冰鲜鸡肉、冻鸡肉、矾土、稀土、焦炭、成品油（润滑油、润滑脂、润滑油基础油）、石蜡、钨及钨制品、碳化硅、消耗臭氧层物质、铂金（以加工贸易方式出口）、部分金属及制品、钼、钼制品、天然砂（含标准砂）、柠檬酸、青霉素工业盐、维生素 C、硫酸二钠、氟石、摩托车（含全地形车）及其发动机和车架、汽车（包括成套散件）及其底盘等。其中，对向中国港澳特区和台湾地区出口的天然砂实行出口许可证管理，对标准砂实行全球出口许可证管理。出口矾土、稀土、焦炭、钨及钨制品、碳化硅、锰、钼、柠檬酸、氟石的，凭货物出口合同申领出口许可证。消耗臭氧层物质的货样广告品需凭出口许可证出口。企业以一般贸易、加工贸易、边境贸易和捐赠贸易方式出口汽车、摩托车产品，需申领出口许可证，并符合申领许可证的条件；企业以工程承包方式出口汽车、摩托车产品，需凭中标文件等相关证明材料申领出口许可证；企业以上述贸易方式出口非原产于中国的汽车、摩托车产品，需凭进口海关单据和货物出口合同申领出口许可证；其他贸易方式出口汽车、摩托车产品免予申领出口许可证。

（3）以边境小额贸易方式出口以招标方式分配出口配额的货物和属于出口许可证管理的消耗臭氧层物质、摩托车（含全地形车）及其发动机和车架、汽车（包括成套散件）及其底盘等货物的，需按规定申领出口许可证。以边境小额贸易方式出口属于出口配额管理的货物的，由有关地方商务主管部门（省级）根据商务部下达的边境小额贸易配额和要求签发出口许可证。以边境小额贸易方式出口上述以外的列入《2016 年出口许可证管理货物目录》的货物，免于申领出口许可证。

（4）铈及铈合金（颗粒＜500 μm）、锆、铍、钨及钨合金（颗粒＜500μm）的出口免于申领出口许可证，但需按规定申领两用物项和技术出口许可证。

（5）我国政府对外援助项下提供的目录内货物不纳入出口配额和出口许可证管理。

2. 出口许可证的申领和签发

对外贸易经营者申领出口许可证时，应当认真如实填写出口许可证申请表（正本）1份，并加盖印章。实行网上申领的，应当认真如实地在线填写电子申请表并传送给相应的发证机构。同时，经营者申领出口许可证时，应当向发证机构提交有关出口货物配额或者其他有关批准文件，并且应当向发证机构提交加盖对外贸易经营者备案登记专用章的《对外贸易经营者备案登记表》，或者《中华人民共和国进出口企业资格证书》，或者外商投资企业批准证书（复印件）。

各发证机构按照商务部制定的年度《出口许可证管理货物目录》和《出口许可证管理分级发证目录》的要求，自收到符合规定的申请之日起 3 个工作日内签发相关出口货物的出口许可证。其中，实行配额许可证管理的出口货物，凭商务部或者各省、自治区、直辖市、计划单列市以及商务部授权的其他省会城市商务厅（局）、外经贸委（厅、局）（以下简称各地商务主管部门）下达配额的文件和经营者的出口合同（正本复印件）签发出口许可证；实行配额招标的出口货物，凭商务部发布的中标经营者名单、中标数量、《申领配额招标货物出口许可证证明书》或者《配额招标货物转受让证明书》以及中标经营者的出口合同（正本复印件）签发出口许可证。

出口许可证管理实行"一证一关"制、"一批一证"制和"非一批一证"制。《货物出口许可证管理办法》规定，下列情况实行"非一批一证"制，签发出口许可证时应在备注栏内注明"非一批一证"：

（1）外商投资企业出口许可证管理的货物；

（2）补偿贸易项下出口许可证管理的货物；

（3）其他在《出口许可证管理货物目录》中规定实行"非一批一证"的出口许可证管理货物。

实行"非一批一证"制的出口许可证在有效期内可以多次报关使用，但最多不超过 12 次，由海关在"海关验放签注栏"内逐批签注出运数。

不实行"一批一证"制的大宗、散装货物，每批货物出口时，按其实际出口数量进行核扣，最后一批出口货物出口时，其溢装数量按该许可证实际剩余数量并在规定的溢装上限 5% 内计算。发证机构在签发此类出口货物许可证时，应当严格按照出口配额数量及批准文件核定的数量签发，并按许可证实际签发数量核扣配额数量，不在出口配额数量或者批准文件核定的数量基础上加上按国际贸易惯例允许的溢装数量签发许可证。

3. 出口许可证的有效期

《货物出口许可证管理办法》规定，出口配额的有效期为当年 12 月 31 日前（含 12 月 31 日），另有规定者除外，经营者应当在配额有效期内向发证机构申领出口许可证。各发证机构可自当年 12 月 10 日起，根据商务部或者各地方商务主管部门下发的下一年度出口配额签发下一年度的出口许可证，有效期自下一年度 1 月 1 日起。

出口许可证的有效期最长不得超过 6 个月，且有效期截止时间不得超过当年 12 月 31 日。

以加工贸易方式出口属于配额许可证管理的货物，其出口许可证有效期按《加工贸易业务批准证》核定的出口期限核发，但不得超过当年 12 月 31 日。如《加工贸易业务批准证》核定的出口期限超过当年 12 月 31 日，经营者应在原出口许可证有效期内向发证机构提出换发新一年出口许可证。发证机构收回原证，在发证系统中对原证进行核销，扣除已使用的数量后，按《加工贸易业务批准证》核定的出口期限重新签发新一年度出口许可证，并在备注栏中注明原证证号。

商务部可视具体情况，调整某些货物出口许可证的有效期和申领时间。出口许可证应当在有效期内使用，逾期自行失效，海关不予放行。

出口许可证因故在有效期内未使用，经营者应当在出口许可证有效期内向原发证机构提出延期申请，发证机构收回原证，在发证计算机管理系统中注销原证后，重新签发出口许可证，并在备注栏中注明延期使用和原证证号。

出口许可证因故在有效期内未使用完的，经营者应当在出口许可证有效期内向原发证机构提出未使用部分的延期申请，发证机构收回原证，在发证系统中对原证进行核销，扣除已使用的数量后，重新签发出口许可证，并在备注栏中注明延期使用和原证证号。

使用当年出口配额领取的出口许可证办理延期，其延期最长不得超过当年 12 月 31 日。

未在出口许可证有效期内提出延期申请，出口许可证逾期自行失效，发证机构不再办理延证手续，该出口许可证货物数量视为配额持有者自动放弃。

二、自动进口许可证管理

根据《中华人民共和国对外贸易法》和《中华人民共和国货物进出口管理条例》的规定，为了对部分属于自由进口货物的进口实行有效监测，我国对列入《自动进口许可管理货物目录》内的商品实行自动进口许可管理。

（一）自动进口许可的管理机构

《货物自动进口许可管理办法》规定，中华人民共和国商务部根据监测货物进口情况的需要，对部分进口货物实行自动许可管理，并至少在实施前 21 天公布其目录。实行自动进口许可管理的货物目录，包括具体货物名称、海关商品编码，由商务部会同海关总署等有关部门确定和调整。该目录由商务部以公告形式发布。

商务部授权配额许可证事务局、商务部驻各地特派员办事处、各省、自治区、直辖市、计划单列市商务（外经贸）主管部门以及部门和地方机电产品进出口机构（简称发证机构）负责自动进口许可货物管理和《自动进口许可证》的签发工作。《自动进口许可证》和自动进口许可证专用章由商务部负责统一监制并发放至发证机构。各发证机构必须指定专人保管，专管专用。

进口属于自动进口许可管理的货物，收货人（包括进口商和进口用户）在办理海关报关手续前，应向所在地或相应的发证机构提交自动进口许可证申请，并取得《自动进口许可证》。海关凭加盖自动进口许可证专用章的《自动进口许可证》办理验放手续。银行凭《自动进口许可证》办理售汇和付汇手续。

（二）《自动进口许可证》的适用范围

列入 2016 年《自动进口许可管理货物目录》的商品包括：牛肉、猪肉、羊肉、肉鸡、鲜奶、奶粉、木薯、大麦、高粱、大豆、油菜籽、植物油、食糖、玉米酒糟、豆粕、烟草、二醋酸纤维丝束、铜精矿、煤、铁矿石、铝土矿、原油、成品油、氧化铝、化肥、钢材、烟草机械、移动通信产品、卫星广播、电视设备及关键部件、汽车产品、飞机、船舶、游戏机、汽轮机、发动机（非 87 章车辆用）及关键部件、水轮机及其他动力装置、化工装置、食品机械、工程机械、造纸机械、纺织机械、金属冶炼及加工设备、金属加工机床、电气设备、铁路机车、医疗设备等共计 537 个 10 位 H.S.编码的商品。

（三）《自动进口许可证》的申请和签发

《货物自动进口许可管理办法》规定，收货人申请自动进口许可证，应当提交以下材料：

（1）收货人从事货物进出口的资格证书、备案登记文件或者外商投资企业批准证书（以上证书、文件仅限公历年度内初次申领者提交）；

（2）自动进口许可证申请表；

（3）货物进口合同；

（4）属于委托代理进口的，应当提交委托代理进口协议（正本）；

（5）对进口货物用途或者最终用户法律、法规有特定规定的，应当提交进口货物用途或者最终用户符合国家规定的证明材料；

（6）针对不同商品在《自动进口许可管理货物目录》中列明的应当提交的材料；

（7）商务部规定的其他应当提交的材料。

收货人应当对所提交材料的真实性负责，并保证其有关经营活动符合国家法律规定。

收货人可以直接向发证机构书面申请《自动进口许可证》，也可以通过网上申请。

通过书面申请：收货人可以到发证机构领取或者从相关网站下载《自动进口许可证申请表》（可复印）等有关材料，按要求如实填写，并采用送递、邮寄或者其他适当方式，与规定的其他材料一并递交发证机构。

通过网上申请：收货人应当先到发证机构申领用于企业身份认证的电子钥匙。申请时，登录相关网站，进入相关申领系统，按要求如实在线填写《自动进口许可证申请表》等资料。同时向发证机构提交规定的有关材料。

收货人许可申请内容正确且形式完备，符合国家关于从事自动进口许可货物有关法律、法规要求的，发证机构收到申请后最多不超过 10 个工作日予以签发《自动进口许可证》。

《货物自动进口许可管理办法》规定，以下列方式进口自动许可货物的，可以免领《自动进口许可证》：

（1）加工贸易项下进口并复出口的（原油、成品油除外）；

（2）外商投资企业作为投资进口或者投资额内生产自用的；

（3）货样广告品、实验品进口，每批次价值不超过 5 000 元人民币的；

（4）暂时进口的海关监管货物；

（5）国家法律、法规规定其他免领《自动进口许可证》的。

（四）《自动进口许可证》的其他相关规定

（1）进入中华人民共和国保税区、出口加工区等海关特殊监管区域及进入保税仓库、保税物流中心的属自动进口许可管理的货物，不适用《货物自动进口许可管理办法》的规定。如从保税区、出口加工区等海关特殊监管区域及保税仓库、保税物流中心进口自动进口许可管理货物，除规定免领《自动进口许可证》的外，仍应当领取《自动进口许可证》。

（2）加工贸易进口自动许可管理货物，应当按有关规定复出口。因故不能复出口而转内销的，按现行加工贸易转内销有关审批程序申领《自动进口许可证》，各商品具体申领规定详见《自动进口许可管理货物目录》。

（3）国家对自动进口许可管理货物采取临时禁止进口或者进口数量限制措施的，自临时措施生效之日起，停止签发《自动进口许可证》。

（4）收货人已申领的《自动进口许可证》，如未使用，应当在有效期内交回原发证机构，并说明原因。发证机构对收货人交回的《自动进口许可证》予以撤销。

《自动进口许可证》如有遗失，收货人应当立即向原发证机构以及自动进口许可证证面注明的进口口岸地海关书面报告挂失。原发证机构收到挂失报告后，经核实无不良后果的，予以重新补发。

《自动进口许可证》自签发之日起 1 个月后未领证的，发证机构可予以收回并撤销。

（5）海关对散装货物溢短装数量在货物总量正负 5%以内的予以免证验放。对原油、成品油、化肥、钢材四种大宗货物的散装货物溢短装数量在货物总量正负 3%以内予以免证验放。

（6）商务部对《自动进口许可证》项下货物原则上实行"一批一证"管理，对部分货物也可实行"非一批一证"管理。"一批一证"是指同一份《自动进口许可证》不得分批次累计报关使用。同一进口合同项下，收货人可以申请并领取多份《自动进口许可证》。"非一批一证"是指同一份《自动进口许可证》在有效期内可以分批次累计报关使用，但累计使用不得超过六次。海关在《自动进口许可证》原件"海关验放签注栏"内批注后，海关留存复印件，最后一次使用后，海关留存正本。

对"非一批一证"进口实行自动进口许可管理的大宗散装商品，每批货物进口时，按其实际进口数量核扣自动进口许可证额度数量；最后一批货物进口时，其溢装数量按该自动进口许可证实际剩余数量并在规定的允许溢装上限内计算。

（7）《自动进口许可证》在公历年度内有效，有效期为 6 个月。

（8）《自动进口许可证》需要延期或者变更，一律在原发证机构重新办理，旧证同时撤销，并在新证备注栏中注明原证号。实行"非一批一证"的自动进口许可证需要延期或者变更，核减原证已报关数量后，按剩余数量发放新证。

（9）未申领《自动进口许可证》，擅自进口自动进口许可管理货物的，由海关依照有关法律、行政法规的规定处理、处罚；构成犯罪的，依法追究刑事责任。

伪造、变造、买卖《自动进口许可证》或者以欺骗等不正当手段获取《自动进口许可证》的，依照有关法律、行政法规的规定处罚；构成犯罪的，依法追究刑事责任。

（五）自动进口许可证通关作业无纸化改革

为推进通关作业无纸化改革，促进贸易便利化，海关总署和商务部于 2014 年在中国（上海）自由贸易试验区实施了自动进口许可证通关作业无纸化应用试点，并自 2015 年 8 月 1 日起将试点海关由上海自贸区相关海关扩展至包括天津、福建、广东 3 个新设自由贸易试验区和宁波、苏州 2 个国家级进口贸易促进创新示范区在内的十个海关（分别为天津、上海、南京、宁波、福州、厦门、广州、深圳、拱北、黄埔海关）。在此基础上，自 2016 年 2 月 1 日起，在全国范围内实施自动进口许可证通关作业无纸化。有效范围为实施自动进口许可"一批一证"管理的货物（原油、燃料油除外），且每份进口货物报关单仅适用一份自动进口许可证。下一步通关作业无纸化将扩大到全部自动许可管理商品和全部证书状态。

满足条件的企业可依据《货物进出口许可证电子证书申请签发使用规范（试行）》（商办配函〔2015〕494 号）申请电子许可证，根据海关相关规定采用无纸方式向海关申报，免于交验纸质自动进口许可证。海关将通过自动进口许可证联网核查方式验核电子许可证，不再进行纸面签注。因海关和商务部门审核需要、计算机管理系统故障、其他管理部门需要验凭纸质自动进口许可证等原因，可以转为有纸报关作业或补充提交纸质自动进口许可证。自动进口许可货物通关作业无纸化应用以外事项，按照《货物自动进口许可管理办法》（商务部、海关总署令 2004 年第 26 号）、自动进口许可证联网核查系统公告（商务部、海关总署公告 2013 年第 2 号）和《海关深入推进通关无纸化改革工作有关事项公告》（海关总署公告 2014 年第 25 号）执行。

三、特殊货物进出口管理措施及报关规范

（一）机电产品进口管理

根据《机电产品进口管理办法》的规定，机电产品（含旧机电产品）是指机械设备、电气设备、交通运输工具、电子产品、电器产品、仪器仪表、金属制品等及其零部件、元器件。旧机电产品是指具有下列情形之一的机电产品：已经使用（不含使用前测试、调试的设备），仍具备基本功能和一定使用价值的；未经使用，但超过质量保证期（非保修期）的；未经使用，但存放时间过长，部件产生明显有形损耗的；新旧部件混装的；经过翻新的。进口机电产品应当符合我国有关安全、卫生和环境保护等法律、行政法规和技术标准等的规定。

商务部负责全国机电产品进口管理工作。国家机电产品进出口办公室设在商务部。各省、自治区、直辖市和计划单列市、沿海开放城市、经济特区机电产品进出口办公室和国务院有关部门机电产品进出口办公室（简称为地方、部门机电办）受商务部委托，负责本地区、本部门机电产品进口管理工作。

国家对机电产品进口实行分类管理，即分为禁止进口、限制进口和自由进口三类。基于进口监测需要，对部分自由进口的机电产品实行进口自动许可。

有下列情形之一的机电产品，禁止进口：

• 为维护国家安全、社会公共利益或者公共道德，需要禁止进口的；
• 为保护人的健康或者安全，保护动物、植物的生命或者健康，保护环境，需要禁止进口的；
• 依照其他法律、行政法规的规定，需要禁止进口的；
• 根据中华人民共和国所缔结或者参加的国际条约、协定的规定，需要禁止进口的。

商务部会同海关总署、质检总局等相关部门制定、调整并公布《禁止进口机电产品目录》。国家根据旧机电产品对国家安全、社会公共利益以及安全、卫生、健康、环境保护可能产生危害的程度，将超过规定制造年限的旧机电产品，合并列入上述目录。

有下列情形之一的机电产品，限制进口：

• 为维护国家安全、社会公共利益或者公共道德，需要限制进口的；
• 为保护人的健康或者安全，保护动物、植物的生命或者健康，保护环境，需要限制

进口的；

- 为建立或者加快建立国内特定产业，需要限制进口的；
- 为保障国家国际金融地位和国际收支平衡，需要限制进口的；
- 依照其他法律、行政法规的规定，需要限制进口的；
- 根据中华人民共和国所缔结或者参加的国际条约、协定的规定，需要限制进口的。

商务部会同海关总署、质检总局制定、调整并公布《限制进口机电产品目录》。限制进口的机电产品，实行配额、许可证管理。

国家限制进口的旧机电产品称为重点旧机电产品。商务部会同海关总署、质检总局制定、调整并公布《重点旧机电产品进口目录》。重点旧机电产品进口实行进口许可证管理，具体管理措施请参见《重点旧机电产品进口管理办法》。

《限制进口机电产品目录》及《重点旧机电产品进口目录》最迟应当在实施前21天公布。在紧急情况下，应当不迟于实施之日公布。

实行配额管理的限制进口机电产品，依据国务院颁布的有关进口货物配额管理办法的规定实施管理。实行进口许可证管理的机电产品，地方、部门机电办核实进口单位的申请材料后，向商务部提交。商务部审核申请材料，并在20日内决定是否签发《中华人民共和国进口许可证》（以下简称《进口许可证》）。进口单位持《进口许可证》按海关规定办理通关手续。进口重点旧机电产品，进口单位持《进口许可证》和国家检验检疫机构签发的《入境货物通关单》（在备注栏标注"旧机电产品进口备案"字样）按海关规定办理通关手续。

商务部会同海关总署制定并公布《机电产品进口许可管理实施办法》，商务部会同海关总署、质检总局制定并公布《重点旧机电产品进口管理办法》。

为了监测机电产品进口情况，国家对部分自由进口的机电产品实行进口自动许可。商务部会同海关总署制定、调整并公布《进口自动许可机电产品目录》。《进口自动许可机电产品目录》最迟应当在实施前21天公布。进口实行进口自动许可的机电产品，进口单位应当在办理海关报关手续前，向商务部或地方、部门机电办申领《中华人民共和国进口自动许可证》（以下简称《进口自动许可证》），并持《进口自动许可证》按海关规定办理通关手续。进口列入进口自动许可机电产品目录的旧机电产品（不含重点旧机电产品），进口单位应持《进口自动许可证》和国家检验检疫机构签发的《入境货物通关单》（在备注栏标注"旧机电产品进口备案"字样）按海关规定办理通关手续。商务部会同海关总署制定并公布《机电产品进口自动许可实施办法》。

商务部负责对全国机电产品进口情况进行统计、分析与监测。地方、部门机电办应当依照国家统计制度的规定，及时向商务部报送本地区、本部门机电产品进口统计数据和资料。经监测，如机电产品进口出现异常情况，商务部应当及时通知有关部门，并依法进行调查。商务部及地方、部门机电办可以对限制进口的机电产品的进口情况依法进行检查。进口单位应当配合与协助检查，检查部门应当为进口单位保守商业秘密。进口单位不得从事下列行为：

- 进口属于禁止进口管理的机电产品，或者未经批准、许可进口属于限制进口管理的机电产品；

- 超出批准、许可的范围进口属于限制进口管理的机电产品；
- 伪造、变造或者买卖机电产品进口证件（包括《进口许可证》《进口自动许可证》，下同）；
- 以欺骗或者其他不正当手段获取机电产品进口证件；
- 非法转让机电产品进口证件；
- 未按法定程序申请进口；
- 其他违反法律、行政法规有关进口机电产品规定的行为。

进口单位有上述规定的行为之一并构成犯罪的，依法追究刑事责任，尚不构成犯罪的，由公安、海关等具有行政处罚权的行政机关依法对相关当事人做出处理。进口单位对国家行政机关做出的有关行政决定或行政处罚决定不服的，可依法申请行政复议或者提起行政诉讼。进口管理工作人员玩忽职守、徇私舞弊、滥用职权的，根据情节轻重，由相应的行政主管部门按有关规定给予处罚；构成犯罪的，依法追究刑事责任。

（二）两用物项和技术进出口许可证管理

为维护国家安全和社会公共利益，履行我国在缔结或者参加的国际条约、协定中所承担的义务，我国依据《中华人民共和国对外贸易法》《中华人民共和国海关法》和有关行政法规（包括《中华人民共和国核出口管制条例》《中华人民共和国核两用品及相关技术出口管制条例》《中华人民共和国导弹及相关物项和技术出口管制条例》《中华人民共和国生物两用品及相关设备和技术出口管制条例》《中华人民共和国监控化学品管理条例》《中华人民共和国易制毒化学品管理条例》及《有关化学品及相关设备和技术出口管制办法》）的规定，对上述行政法规管制的物项和技术实行两用物项和技术进出口许可证管理。以任何方式进口或出口，以及过境、转运、通运《两用物项和技术进出口许可证管理目录》中的两用物项和技术，均应申领两用物项和技术进口或出口许可证，海关凭两用物项和技术进出口许可证接受申报并办理验放手续。

1. 两用物项和技术进出口许可证的主管部门和发证机构

商务部是全国两用物项和技术进出口许可证的归口管理部门，负责制定两用物项和技术进出口许可证管理办法及规章制度，监督、检查两用物项和技术进出口许可证管理办法的执行情况，处罚违规行为。

商务部会同海关总署制定和发布《两用物项和技术进出口许可证管理目录》（简称《管理目录》）。商务部和海关总署可以根据情况对《管理目录》进行调整，并以公告形式发布。商务部委托商务部配额许可证事务局（简称许可证局）统一管理、指导全国各发证机构的两用物项和技术进出口许可证发证工作，许可证局对商务部负责。许可证局和商务部委托的省级商务主管部门为两用物项和技术进出口许可证发证机构（简称发证机构），省级商务主管部门在许可证局的统一管理下，负责委托范围内两用物项和技术进出口许可证的发证工作。

2. 两用物项和技术进出口许可证的申领和签发

进出口经营者获相关行政主管部门批准文件后，凭批准文件到所在地发证机构申领两用物项和技术进口或者出口许可证（在京的中央企业向许可证局申领）。

（1）核、核两用品、生物两用品、有关化学品、导弹相关物项、易制毒化学品和计算机进出口的批准文件为商务主管部门签发的两用物项和技术进口或者出口批复单。其中，核材料的出口凭国防科工委的批准文件办理相关手续。外商投资企业进出口易制毒化学品凭《商务部外商投资企业易制毒化学品进口批复单》或《商务部外商投资企业易制毒化学品出口批复单》申领进出口许可证。

（2）监控化学品进出口的批准文件为国家履行禁止化学武器公约工作领导小组办公室签发的监控化学品进口或者出口核准单。监控化学品进出口经营者向许可证局申领两用物项和技术进出口许可证。

两用物项和技术进出口许可证实行网上申领。申领两用物项和技术进出口许可证时应提交下列文件。

（1）规定的相关行政主管部门批准文件。

（2）进出口经营者公函（介绍信）原件、进出口经营者领证人员的有效身份证明以及网上报送的两用物项和技术进出口许可证申领表。

如因异地申领等特殊情况，需要委托他人申领两用物项和技术进出口许可证的，被委托人应提供进出口经营者出具的委托公函（其中应注明委托理由和被委托人身份）原件和被委托人的有效身份证明。

发证机构收到相关行政主管部门批准文件（含电子文本、数据）和相关材料并经核对无误后，在3个工作日内签发两用物项和技术进口或者出口许可证。

两用物项和技术进口许可证实行"非一批一证"制和"一证一关"制，同时在两用物项和技术进口许可证备注栏内打印"非一批一证"字样。两用物项和技术出口许可证实行"一批一证"制和"一证一关"制。同一合同项下的同一商品如需分批办理出口许可证，出口经营者应在申领时提供相关行政主管部门签发的相应份数的两用物项和技术出口批准文件。同一次申领分批量最多不超过十二批。

两用物项和技术进出口许可证一式四联。第一联为办理海关手续联；第二联为海关留存核对联；第三联为银行办理结汇联；第四联为发证机构留存联。

3. 两用物项和技术进出口许可证的有效期

两用物项和技术进出口许可证有效期一般不超过一年。两用物项和技术进出口许可证跨年度使用时，在有效期内只能使用到次年3月31日，逾期发证机构将根据原许可证有效期换发许可证。两用物项和技术进出口许可证应在批准的有效期内使用，逾期自动失效，海关不予验放。两用物项和技术进出口许可证仅限于申领许可证的进出口经营者使用，不得买卖、转让、涂改、伪造和变造。

4. 特殊情况的处理

（1）《两用物项和技术进出口许可证管理办法》规定，实行"一批一证"制的大宗、散装的两用物项在报关时溢装数量不得超过两用物项和技术出口许可证所列出口数量的5%。"非一批一证"制的大宗、散装两用物项，每批进口时，按其实际进口数量进行核扣，最后一批进口物项报关时，其溢装数量按该两用物项和技术进口许可证实际剩余数量并在规定的溢装上限5%内计算。

（2）赴境外参加或举办展览会运出境外的展品，参展单位（出口经营者）应凭出境经济贸易展览会审批部门批准办展的文件，按规定申请两用物项和技术出口许可，并按《两用物项和技术进出口许可证管理办法》的规定办理两用物项和技术出口许可证。对于非卖展品，应在两用物项和技术出口许可证备注栏内注明"非卖展品"字样。参展单位应在展览会结束后 6 个月内，将非卖展品如数运回境内，由海关凭有关出境时的单证予以核销。在特殊情况下，可向海关申请延期，但延期最长不得超过 6 个月。

（3）运出境外的两用物项和技术的货样或实验用样品，视为正常出口，出口经营者应按规定申请两用物项和技术出口许可，并按《两用物项和技术进出口许可证管理办法》的规定办理两用物项和技术出口许可证。

（4）进出境人员随身携带药品类易制毒化学品药品制剂和高锰酸钾的，按照《易制毒化学品管理条例》中的规定执行，并接受海关监管。

（5）对于民用航空零部件等两用物项和技术以特定海关监管方式出口的管理另有规定的，依照其规定。

（6）凡两用物项和技术出口涉及国有贸易管理和出口配额管理商品的，出口经营者须具备相应的资格条件。

5. 两用物项和技术出口通用许可管理

为维护国家安全和社会公共利益，完善两用物项和技术出口管理，商务部制定了《两用物项和技术出口通用许可管理办法》。两用物项和技术出口通用许可是指商务部根据两用物项和技术出口经营者的申请，依照有关行政法规规章和本办法的规定进行审查，准予其持商务部签发的两用物项和技术出口通用许可批复，依据许可有效期和范围，在《两用物项和技术进出口许可证管理办法》规定的发证机构多次申领两用物项和技术出口许可证的行为。未取得两用物项和技术出口通用许可，出口经营者应当依据有关行政法规规章的规定，逐单申请出口许可。

商务部是全国两用物项和技术出口通用许可的主管部门。商务部委托的省级商务主管部门按照规定负责本地区两用物项和技术出口通用许可的日常监督管理。两用物项和技术出口通用许可分为甲类通用许可和乙类通用许可。甲类通用许可允许出口经营者在许可有效期内向一个或多个特定国家（或地区）的一个或多个最终用户，出口一种或多种特定两用物项和技术。乙类通用许可允许出口经营者在许可有效期内向同一特定国家（或地区）的固定最终用户多次出口同种类特定两用物项和技术。两用物项和技术出口通用许可有效期不超过三年。

国家对两用物项和技术出口通用许可的实施进行严格审查。两用物项和技术出口通用许可经营者应当满足以下条件：

- 是合法的对外贸易经营者；
- 建立企业两用物项和技术内部控制机制；
- 从事两用物项和技术出口业务 2 年以上（含 2 年）；
- 申请甲类通用许可的，应当连续 2 年以上（含 2 年）年申领两用物项和技术出口许可数量超过 40 份（含 40 份）；申请乙类通用许可的，应当连续 2 年以上（含 2 年）年申领同种类两用物项和技术出口许可数量超过 30 份（含 30 份）；
- 近 3 年内未受过刑事处罚或受过有关部门行政处罚；

- 有相对固定的两用物项和技术销售渠道及最终用户。

两用物项和技术通用许可经营者应当向商务部提出通用许可申请，并向商务部委托的省级商务主管部门提交下列申请材料：

- 两用物项和技术出口通用许可申请表；
- 企业两用物项和技术内部控制机制建立和运行情况说明及相关证明文件；
- 近3年内未受过刑事处罚或受过有关部门行政处罚的保证文书；
- 合法的对外贸易经营者的证明文件；
- 从事两用物项和技术出口业务情况说明，包括：近两年两用物项和技术出口许可证申领及使用情况说明；两用物项和技术销售渠道及用户情况说明，包括与交易各方关系、交易情况及进口商和最终用户说明；
- 拟申请出口通用许可的物项和技术的种类及相关技术说明文件；
- 依照有关行政法规规章规定，每份合同执行前向最终用户索取相关保证文书或最终用户和最终用途说明文件的保证文件；
- 主管部门要求提交的其他文件。

商务部委托的省级商务主管部门自收到规定的文件之日起 10 个工作日内将申请材料送至商务部。商务部自收到申请材料之日起，依照有关行政法规规章的规定进行审查或会同有关部门进行审查，并做出许可或者不予许可的决定。予以许可的，由商务部签发两用物项和技术出口通用许可批复；不予许可的，应当说明理由。在审查过程中，商务部或其委托的省级商务主管部门可以根据需要约谈企业主要管理人员，了解企业内部出口控制机制建立和执行情况。必要时，可对企业进行实地考察验证。在审查过程中，商务部可以委托专家咨询机构对企业内部出口控制机制的建立及运行情况进行评估。专家咨询机构由商务部确定，并以公告形式对外发布。下列情形不适用通用许可：

- 企业已建立完备的内部出口控制机制但无法确认其有效执行的；
- 有关行政主管部门认为出口存在扩散风险以及其他不适宜通用许可的。

通用许可经营者无法判断拟出口的物项和技术是否符合有关行政法规规章规定，或者无法判断拟出口的物项和技术是否属于通用许可范围，应当依照有关行政法规规章的规定，逐单申请出口许可。严禁伪造、变造、买卖或者转让两用物项和技术出口通用许可批复；严禁超出许可范围使用两用物项和技术出口通用许可批复或者利用两用物项和技术通用许可批复从事扰乱市场竞争秩序的违法违规行为。

通用许可经营者获得商务部签发的两用物项和技术出口通用许可批复后，凭加盖企业公章的批复文件到《两用物项和技术进出口许可证管理办法》规定的两用物项和技术出口许可证发证机构申领两用物项和技术出口许可证。两用物项和技术出口许可证申领的其他程序依照《两用物项和技术进出口许可证管理办法》执行。

（三）固体废物进口管理

固体废物，是指在生产、生活和其他活动中产生的丧失原有利用价值或者虽未丧失利用价值但被抛弃或者放弃的固态、半固态和置于容器中的气态的物品、物质以及法律、行政法规规定纳入固体废物管理的物品、物质。目前，我国禁止进口危险废物；禁止经中华人民共和国过境转移危险废物；禁止以热能回收为目的进口固体废物；禁止进口不能用作原料或者不能以无害化方式利用的固体废物；禁止进口境内产生量或者堆存量大且尚未得到充分利用的固体废物；禁止进口尚无适用国家环境保护控制标准或者相关技术规范等强制性要求的固体废物；禁止以凭指示交货（TO ORDER）方式承运固体废物入境。但国家对可以弥补境内资源短缺，且根据国家经济、技术条件能够以无害化方式利用的可用作原料的固体废物，按照其加工利用过程的污染排放强度，实行限制进口和非限制进口分类管理。

1. 管理机构和原则

国务院环境保护行政主管部门对全国固体废物进口环境管理工作实施统一监督管理。国务院商务主管部门、国务院经济综合宏观调控部门、海关总署和国务院质量监督检验检疫部门在各自的职责范围内负责固体废物进口相关管理工作。县级以上地方环境保护行政主管部门对本行政区域内固体废物进口环境管理工作实施监督管理。各级商务主管部门、经济综合宏观调控部门、海关、出入境检验检疫部门在各自职责范围内对固体废物进口实施相关监督管理。

国务院环境保护行政主管部门会同国务院商务主管部门、国务院经济综合宏观调控部门、海关总署、国务院质量监督检验检疫部门建立固体废物进口管理工作协调机制，实行固体废物进口管理信息共享，协调处理固体废物进口及经营活动监督管理工作的重要事务。同时，国务院环境保护行政主管部门会同国务院商务主管部门、国务院经济综合宏观调控部门、海关总署、国务院质量监督检验检疫部门制定、调整并公布禁止进口、限制进口和非限制进口的固体废物目录。

我国禁止进口列入禁止进口目录的固体废物。进口列入限制进口目录的固体废物，必须取得固体废物进口相关许可证。进口列入非限制进口类固体废物目录的固体废物的单位，无须向环境保护部申领相关固体废物进口许可证，海关部门无须验核非限制进口类固体废物进口许可证。进口固体废物应当采取防扬散、防流失、防渗漏或者其他防止污染环境的措施。进口固体废物的装运、申报应当符合海关规定。进口固体废物必须符合进口可用作原料的固体废物环境保护控制标准或者相关技术规范等强制性要求。经检验检疫，不符合进口可用作原料的固体废物环境保护控制标准或者相关技术规范等强制性要求的固体废物，不得进口。申请和审批进口固体废物，按照风险最小化原则，实行"就近口岸"报关。

国家对进口可用作原料的固体废物的国外供货商实行注册登记制度。向中国出口可用作原料的固体废物的国外供货商，应当取得国务院质量监督检验检疫部门颁发的注册登记证书。国家对进口可用作原料的固体废物的国内收货人实行注册登记制度。进口可用作原料的固体废物的国内收货人在签订对外贸易合同前，应当取得国务院质量监督检验检疫部门颁发的注册登记证书。国务院环境保护行政主管部门对加工利用进口废五金电器、废电线电缆、废电机等环境风险较大的固体废物的企业，实行定点企业资质认定管理。

国家鼓励限制进口的固体废物在设定的进口废物"圈区管理"园区内加工利用。进口废物"圈区管理"应当符合法律、法规和国家标准要求。进口废物"圈区管理"园区的建设规范和要求由国务院环境保护行政主管部门会同国务院商务主管部门、国务院经济综合宏观调控部门、海关总署、国务院质量监督检验检疫部门制定。

出口加工区内的进口固体废物利用企业以加工贸易方式进口固体废物的，必须持有固体废物进口相关许可证。出口加工区以外的进口固体废物利用企业以加工贸易方式进口固体废物的，必须持有商务主管部门签发的有效的《加工贸易业务批准证》、海关核发的有效的加工贸易手册（账册）和固体废物进口相关许可证。以加工贸易方式进口的固体废物或者加工成品因故无法出口需内销的，加工贸易企业无须再次申领固体废物进口相关许可证；未经加工的原进口固体废物仅限留作本企业自用。

2. 管理措施和规范

（1）固体废物进口许可管理。进口列入限制进口目录的固体废物，应当经国务院环境保护行政主管部门会同国务院对外贸易主管部门审查许可。固体废物进口相关许可证当年有效。固体废物进口相关许可证应当在有效期内使用，无论是否使用完毕逾期均自行失效。固体废物进口相关许可证因故在有效期内未使用完的，利用企业应当在有效期届满 30 日前向发证机关提出延期申请。发证机关扣除已使用的数量后，重新签发固体废物进口相关许可证，并在备注栏中注明"延期使用"和原证证号。固体废物进口相关许可证只能延期一次，延期最长不超过 60 日。

固体废物进口相关许可证实行"一证一关"管理。一般情况下固体废物进口相关许可证为"非一批一证"制，如要实行"一批一证"，应当同时在固体废物进口相关许可证备注栏内打印"一批一证"字样。"一证一关"指固体废物进口相关许可证只能在一个海关报关；"一批一证"指固体废物进口相关许可证在有效期内一次报关使用；"非一批一证"指固体废物进口相关许可证在有效期内可以多次报关使用，由海关逐批签注核减进口数量，最后一批进口时，允许溢装上限为固体废物进口相关许可证实际余额的 3%，且不论是否仍有余额，海关将在签注后留存正本存档。

固体废物进口相关许可证上载明的事项发生变化的，利用企业应当按照申请程序重新申请领取固体废物进口相关许可证。发证机关受理申请后，注销原证，并公告注销的证书编号。

（2）检验检疫与海关手续。进口固体废物的承运人在受理承运业务时，应当要求货运委托人提供下列证明材料：固体废物进口相关许可证；进口可用作原料的固体废物国内收货人注册登记证书；进口可用作原料的固体废物国外供货商注册登记证书；进口可用作原料的固体废物装运前检验证书。

对进口固体废物，由国务院质量监督检验检疫部门指定的装运前检验机构实施装运前检验；检验合格的，出具装运前检验证书。进口的固体废物运抵固体废物进口相关许可证列明的口岸后，国内收货人应当持固体废物进口相关许可证报检验检疫联、装运前检验证书以及其他必要单证，向口岸出入境检验检疫机构报检。出入境检验检疫机构经检验检疫，对符合国家环境保护控制标准或者相关技术规范等强制性要求的，出具《入境货物通关单》，并备注"经初步检验检疫，未发现不符合国家环境保护控制标准要求的物质"；对不符合国家环境保护控制标准或者相关技术规范等强制性要求的，出具检验检疫处理通知书，并及时通知口岸海关和口岸所在地省、自治区、直辖市环境保护行政主管部门。口岸所在地省、自治区、直辖市环境保护行政主管部门收到进口固体废物检验检疫不合格的通知后，应当及时通知利用企业所在地省、自治区、直辖市环境保护行政主管部门和国务院环境保护行政主管部门。对于检验结果不服的，申请人应当根据进出口商品复验工作的有关规定申请复验。国务院质量监督检验检疫部门或者出入境检验检疫机构可以根据检验工作的实际情况，会同同级环境保护行政主管部门共同实施复验工作。

除另有规定外，对限制进口类可用作原料的固体废物，应当持固体废物进口相关许可证和出入境检验检疫机构出具的《入境货物通关单》等有关单证向海关办理进口验放手续。进口者对海关将其所进口的货物纳入固体废物管理范围不服的，可以依法申请行政复议，也可以向人民法院提起行政诉讼。海关怀疑进口货物的收货人申报的进口货物为固体废物的，可以要求收货人送口岸检验检疫部门进行固体废物属性检验，必要时，海关可以直接送口岸检验检疫部门进行固体废物属性检验，并按照检验结果处理。口岸检验检疫部门应当出具检验结果，并注明是否属于固体废物。海关或者收货人对口岸所在地检验检疫部门的检验结论有异议的，国务院环境保护行政主管部门会同海关总署、国务院质量监督检验检疫部门指定专门鉴别机构对进口的货物、物品是否属于固体废物和固体废物类别进行鉴别。《固体废物鉴别导则》及有关鉴别程序和办法由国务院环境保护行政主管部门会同海关总署、国务院质量监督检验检疫部门制定。检验或者鉴别期间，海关不接受企业担保放行的申请。对货物在检验或者鉴别期间产生的相关费用以及损失，由进口货物的收货人自行承担。

将境外的固体废物进境倾倒、堆放、处置的，进口属于禁止进口的固体废物或者未经许可擅自进口固体废物的，以及检验不合格的进口固体废物，由口岸海关依法责令进口者或者承运人在规定的期限内将有关固体废物原状退运至原出口国，进口者或者承运人承担相应责任和费用，并不免除其办理海关手续的义务，进口者或者承运人不得放弃有关固体废物。收货人无法确认的进境固体废物，由承运人向海关提出退运申请或者可以由海关依法责令承运人退运。承运人承担相应责任和费用，并不免除其办理海关手续的义务。对当事人拒不退运或者超过 3 个月不退运出境的固体废物，口岸海关会同口岸出入境检验检疫机构和口岸所在地环境保护行政主管部门对进口者或者承运人采取强制措施予以退运。对确属无法退运出境或者海关决定不予退运的固体废物，经进口者向口岸海关申请（进口者不明时，由承运人或者负有连带责任的第三人申请），参考就近原则，由海关以拍卖或者委托方式移交省、自治区、直辖市环境保护行政主管部门认定的具有无害化利用或者处置能力的单位进行综合利用或者无害化处置，相关滞港费用和处置费用由进口者承担，进口者不明的由承运人承担。对委托综合利用或者无害化处置扣除处理费用后产生的收益，应当由具有无害化利用或者处置能力的单位交由海关上缴国库。各级海关未经批准，不得拍卖国家禁止进口的固体废物。海关应当将退运等后续处理情况通报出入境检验检疫机构和口岸所在地省、自治区、直辖市环境保护行政主管部门。口岸所在地省、自治区、直辖市环境保护行政主管部门应当通知进口固体废物利用企业所在地省、自治区、直辖市环境保护行政主管部门和国务院环境保护行政主管部门。出入境检验检疫机构和环境保护行政主管部门应当根据具体情况对有关单位做出处理。

（3）监督管理。进口的固体废物必须全部由固体废物进口相关许可证载明的利用企业作为原料利用。进口固体废物利用企业应当以环境无害化方式对进口的固体废物进行加工利用。由海关以拍卖或者委托方式移交处理的进口固体废物的利用或者处置单位，必须对所承担的进口固体废物全部进行综合利用或者无害化处置。

进口固体废物利用企业应当建立经营情况记录簿，如实记载每批进口固体废物的来源、种类、重量或者数量、去向，接收、拆解、利用、贮存的时间，运输者的名称和联系方式，进口固体废物加工利用后的残余物种类、重量或者数量、去向等情况。经营记录簿及相关单据、影像资料等原始凭证应当至少保存 5 年。进口固体废物利用企业应当对污染物排放进行日常定期监测。监测报告应当至少保存 5 年。进口固体废物利用企业应当按照国务院环境保护行政主管部门的规定，定期向所在地省、自治区、直辖市环境保护行政主管部门报告进口固体废物经营情况和环境监测情况。省、自治区、直辖市环境保护行政主管部门汇总后报国务院环境保护行政主管部门。固体废物的进口者、代理商、承运人等其他经营单位，应当记录所代理的进口固体废物的来源、种类、重量或者数量、去向等情况，并接受有关部门的监督检查。记录资料及相关单据、影像资料等原始凭证应当至少保存 3 年。

省、自治区、直辖市环境保护行政主管部门应当组织对进口固体废物利用企业进行实地检查和监督性监测，发现有下列情形之一的，应当在 5 个工作日内报知国务院环境保护行政主管部门：

- 隐瞒有关情况或者提供虚假材料申请固体废物进口相关许可证或者转让固体废物进口相关许可证；
- 超过国家或者地方规定的污染物排放标准，或者超过总量控制指标排放污染物；
- 对进口固体废物加工利用后的残余物未进行无害化利用或者处置；
- 未按规定报告进口固体废物经营情况和环境监测情况，或者在报告时弄虚作假。

国务院环境保护行政主管部门和省、自治区、直辖市环境保护行政主管部门应当将有关情况记录存档，作为审批固体废物进口相关许可证的依据。各级环境保护行政主管部门、商务主管部门、经济综合宏观调控部门、海关、出入境检验检疫部门，有权依据各自的职责对与进口固体废物有关的单位进行监督检查。被检查的单位应当如实反映情况，提供必要的材料。检察机关应当为被检查的单位保守技术秘密和业务秘密。检察机关进行现场检查时，可以采取现场监测、采集样品、查阅或者复制相关资料等措施。检查人员进行现场检查时，应当出示证件。

（4）海关特殊监管区域和场所的特别规定。固体废物从境外进入海关特殊监管区域和场所时，有关单位应当申领固体废物进口相关许可证，并申请检验检疫。固体废物从海关特殊监管区域和场所进口到境内区外或者在海关特殊监管区域和场所之间进出的，无须办理固体废物进口相关许可证。

海关特殊监管区域和场所内单位不得以转口货物为名存放进口固体废物。海关特殊监管区域和场所内单位产生的未复运出境的残次品、废品、边角料、受灾货物等，如属于限制进口的固体废物，其在境内与海关特殊监管区域和场所之间进出，或者在海关特殊监管区域和场所之间进出，免于提交固体废物进口相关许可证。出入境检验检疫机构不实施检验。

海关特殊监管区域和场所内单位产生的未复运出境的残次品、废品、边角料、受灾货物等，如属于禁止进口的固体废物，需出区进行利用或者处置的，应当由产生单位或者收集单位向海关特殊监管区域和场所行政管理部门和所在地设区的市级环境保护行政主管部门提出申请，并提交如下申请材料：转移固体废物出区申请书；申请单位和接收单位签订的合同；接收单位的经年检合格的营业执照；拟转移的区内固体废物的产生过程及工艺、成分分析报告、物理化学性质登记表；接收单位利用或者处置废物方式的说明，包括废物利用或者处置设施的地点、类型、处理能力及利用或者处置过程中产生的废气、废水、废渣的处理方法等的介绍资料；证明接收单位能对区内固体废物以环境无害化方式进行利用或者处置的材料；出区废物是危险废物的，须提供接收单位所持的《危险废物经营许可证》复印件，并加盖接收单位章。

海关特殊监管区域和场所行政管理部门和所在地设区的市级环境保护行政主管部门受理出区申请后，做出准予或者不准予出区的决定，批准文件有效期1年。出入境检验检疫机构凭海关特殊监管区域和场所行政管理部门和所在地设区的市级环境保护行政主管部门批准文件办理通关单，并对固体废物免于实施检验。海关凭海关特殊监管区域和场所行政管理部门和所在地设区的市级环境保护行政主管部门批准文件按规定办理有关手续。海关特殊监管区域和场所内单位产生的固体废物，出区跨省转移、贮存、处置的，须按照《中华人民共和国固体废物污染环境防治法》第二十三条的规定向有关省、自治区、直辖市环境保护行政主管部门提出申请。海关特殊监管区域和场所内单位产生的固体废物属于危险废物或者废弃电器电子产品的，出区时须依法执行危险废物管理或者废弃电器电子产品管理的有关制度。

目前，根据《中华人民共和国固体废物污染环境防治法》《控制危险废物越境转移及其处置巴塞尔公约》《固体废物进口管理办法》和有关法律法规，中华人民共和国环境保护部、商务部、国家发展和改革委员会、海关总署和国家质量监督检验检疫总局在2014年第80号公告中公布了调整和修订后的《禁止进口固体废物目录》《限制进口类可用作原料的固体废物目录》和《非限制进口类可用作原料的固体废物目录》（环境保护部、商务部、国家发展和改革委员会、海关总署和国家质量监督检验检疫总局在2015年第69号公告中将《进口废物管理目录》中原"自动许可进口类固体废物目录"修改为"非限制进口类固体废物目录"）。对于今后调整公布的进口废物管理目录，请参考国家环境保护部、商务部、国家发展和改革委员会、海关总署和国家质量监督检验检疫总局发布的相关公告。

（四）濒危野生动植物进出口管理

1. 管理机构

国务院林业、农业（渔业）主管部门（以下称国务院野生动植物主管部门）依据《中华人民共和国野生动物保护法》《中华人民共和国森林法》《中华人民共和国野生植物保护条例》和《濒危野生动植物种国际贸易公约》（以下简称公约）及其有关决议、决定等的规定，按照职责分工主管全国濒危野生动植物及其产品的进出口管理工作。

国家禁止进出口列入《禁止进出口货物目录》的野生动植物及其产品。依法进出口野生动植物及其产品的，实行野生动植物进出口证书管理。野生动植物进出口证书包括允许进出口证明书和物种证明，允许进出口证明书包括濒危野生动植物种国际贸易公约允许进出口证明书和中华人民共和国野生动植物允许进出口证明书。进出口列入《进出口野生动植物种商品目录》（以下简称商品目录）中公约限制进出口的濒危野生动植物及其产品、出口列入商品目录中国家重点保护的野生动植物及其产品的，实行允许进出口证明书管理。进出口列入商品目录中的其他野生动植物及其产品的，实行物种证明管理。商品目录由中华人民共和国濒危物种进出口管理办公室（以下简称国家濒管办）和海关总署共同制定、调整并公布。

允许进出口证明书和物种证明由国家濒管办核发；国家濒管办办事处代表国家濒管办核发允许进出口证明书和物种证明。国家濒管办办事处核发允许进出口证明书和物种证明的管辖区域由国家濒管办确定并予以公布。允许进出口证明书和物种证明由国家濒管办组织统一印制。国家濒管办及其办事处依法对被许可人使用允许进出口证明书和物种证明进出口野生动植物及其产品的情况进行监督检查。

2. 进出口濒危野生动植物的条件

《中华人民共和国濒危野生动植物进出口管理条例》规定，进口或者出口《濒危野生动植物种国际贸易公约》限制进出口的濒危野生动植物及其产品，出口国务院或者国务院野生动植物主管部门限制出口的野生动植物及其产品，应当经国务院野生动植物主管部门批准。进口濒危野生动植物及其产品的，必须具备下列条件：

（1）对濒危野生动植物及其产品的使用符合国家有关规定；

（2）具有有效控制措施并符合生态安全要求；

（3）申请人提供的材料真实有效；

（4）国务院野生动植物主管部门公示的其他条件。

出口濒危野生动植物及其产品的，必须具备下列条件：

（1）符合生态安全要求和公共利益；

（2）来源合法；

（3）申请人提供的材料真实有效；

（4）不属于国务院或者国务院野生动植物主管部门禁止出口的；

（5）国务院野生动植物主管部门公示的其他条件。

3. 进出口濒危野生动植物的申请和审批

进口或者出口濒危野生动植物及其产品的，申请人应当向其所在地的省、自治区、直辖市人民政府野生动植物主管部门提出申请，并提交下列材料：

（1）进口或者出口合同；

（2）濒危野生动植物及其产品的名称、种类、数量和用途；

（3）活体濒危野生动物装运设施的说明资料；

（4）国务院野生动植物主管部门公示的其他应当提交的材料。

省、自治区、直辖市人民政府野生动植物主管部门自收到申请之日起 10 个工作日内签署意见，并将全部申请材料转报国务院野生动植物主管部门。国务院野生动植物主管部门自收到申请之日起 20 个工作日内，做出批准或者不予批准的决定，并书面通知申请人。在 20 个工作日内不能做出决定的，经本行政机关负责人批准，可以延长 10 个工作日，延长的期限和理由应当通知申请人。

4. 进出口证明书的申请和核发

申请核发允许进出口证明书的，申请人应当根据申请的内容和国家濒管办公布的管辖区域向国家濒管办或者其办事处提出申请。申请人委托代理人代为申请的，应当提交代理人身份证明和委托代理合同；申请商业性进出口的，还应当提交申请人或者代理人允许从事对外贸易经营活动的资质证明。申请核发允许进出口证明书的，申请人应当提交下列材料。

- 允许进出口证明书申请表。申请人为单位的，应当加盖本单位印章；申请人为个人的，应当有本人签字或者印章。
- 国务院野生动植物主管部门的进出口批准文件。
- 进出口合同。但是以非商业贸易为目的的个人所有的野生动植物及其产品进出口的除外。
- 身份证明材料。申请人为单位的，应当提交营业执照复印件或者其他身份证明；申请人为个人的，应当提交身份证件复印件。
- 进出口含野生动植物成分的药品、食品等产品的，应当提交物种成分含量表和产品说明书。
- 出口野生动植物及其产品的，应当提交证明野外或者人工繁育等来源类型的材料。
- 国家濒管办公示的其他应当提交的材料。

申请进出口公约附录所列的野生动植物及其产品的，申请人还应当提交下列材料。

- 进口公约附录所列野生动植物及其产品的，应当提交境外公约管理机构核发的允许出口证明材料。公约规定由进口国先出具允许进口证明材料的除外。
- 进出口活体野生动物的，应当提交证明符合公约规定的装运条件的材料。其中，进口公约附录 I 所列活体野生动物的，还应当提交接受者在笼舍安置、照管等方面的文字和图片材料。
- 出口公约附录 I 所列野生动植物及其产品，或者进口后再出口公约附录 I 所列活体野生动植物的，应当提交境外公约管理机构核发的允许进口证明材料。公约规定由出口国先出具允许出口证明材料的除外。

与非公约缔约国之间进行野生动植物及其产品进出口的，申请人提交的证明材料应当是在公约秘书处注册的机构核发的允许进出口证明材料。

进口后再出口野生动植物及其产品的，应当提交经海关签注的允许进出口证明书复印件和海关进口货物报关单复印件。进口野生动植物原料加工后再出口的，还应当提交相关生产加工的转换计划及说明；以加工贸易方式进口后再出口野生动植物及其产品的，提交海关核发的加工贸易手册复印件或者电子化手册、电子账册相关内容（表头及相关表体部分）打印件。以加工贸易方式进口野生动植物及其产品的，应当提交海关核发的加工贸易手册复印件或者电子化手册、电子账册相关内容（表头及相关表体部分）打印件。

国家濒管办及其办事处在收到核发允许进出口证明书的申请后，对申请材料齐全、符合法定形式的，应当出具受理通知书；对申请材料不齐或者不符合法定形式的，应当出具补正材料通知书，并一次性告知申请人需要补正的全部内容。对依法应当不予受理的，应当告知申请人并说明理由，出具不予受理通知书。国家濒管办及其办事处核发允许进出口证明书，需要咨询国家濒危物种进出口科学机构意见的、需要向境外相关机构核实允许进出口证明材料的，或者需要对出口的野生动植物及其产品进行实地核查的，应当在出具受理通知书时，告知申请人。咨询意见、核实允许进出口证明材料和实地核查所需时间不计入核发允许进出口证明书工作日之内。有下列情形之一的，国家濒管办及其办事处不予核发允许进出口证明书。

- 申请内容不符合《中华人民共和国濒危野生动植物进出口管理条例》或者公约规定的。
- 申请内容与国务院野生动植物主管部门的进出口批准文件不符的。
- 经国家濒危物种进出口科学机构认定可能对本物种或者其他相关物种野外种群的生存造成危害的。
- 因申请人的原因，致使核发机关无法进行实地核查的。
- 提供虚假申请材料的。

国家濒管办及其办事处自收到申请之日起 20 个工作日内，对准予行政许可的，应当核发允许进出口证明书；对不予行政许可的，应当做出不予行政许可的书面决定，并说明理由，同时告知申请人享有的权利。国家濒管办及其办事处做出的不予行政许可的书面决定应当抄送国务院野生动植物主管部门。在法定期限内不能做出决定的，经国家濒管办负责人批准，可以延长 10 个工作日，并将延长期限的理由告知申请人。对准予核发允许进出口证明书的，申请人在领取允许进出口证明书时，应当按照国家规定缴纳野生动植物进出口管理费。允许进出口证明书的有效期不得超过 180 天。被许可人需要对允许进出口证明书上记载的进出口口岸、境外收发货人进行变更的，应当在允许进出口证明书有效期届满前向原发证机关提出书面变更申请。被许可人需要延续允许进出口证明书有效期的，应当在允许进出口证明书有效期届满 15 日前向原发证机关提出书面延期申请。原发证机关应当根据申请，在允许进出口证明书有效期届满前做出是否准予变更或者延期的决定。

允许进出口证明书损坏的，被许可人可以在允许进出口证明书有效期届满前向原发证机关提出补发的书面申请并说明理由，同时将已损坏的允许进出口证明书交回原发证机关。原发证机关应当根据申请，在允许进出口证明书有效期届满前做出是否准予补发的决定。进出口野生动植物及其产品的，被许可人应当在自海关放行之日起 30 日内，将海关验讫的允许进出口证明书副本和海关进出口货物报关单复印件交回原发证机关。进口野生动植物及其产品的，还应当同时交回境外公约管理机构核发的允许出口证明材料正本。未实施进出口野生动植物及其产品活动的，被许可人应当在允许进出口证明书有效期届满后 30 日内将允许进出口证明书退回原发证机关。有下列情形之一的，国家濒管办及其办事处应当注销允许进出口证明书。

- 允许进出口证明书依法被撤回、撤销的。
- 允许进出口证明书有效期届满未延续的。
- 被许可人死亡或者依法终止的。
- 因公约或者法律法规调整致使允许进出口证明书许可事项不能实施的。
- 因不可抗力致使允许进出口证明书许可事项无法实施的。

允许进出口证明书被注销的，申请人不得继续使用该允许进出口证明书从事进出口活动，并应当及时将允许进出口证明书交回原发证机关。

5. 物种证明的申请与核发

申请核发物种证明的，申请人应当根据申请的内容和国家濒管办公布的管辖区域向国家濒管办或者其办事处提出申请。申请人委托代理人代为申请的，应当提交代理人身份证明和委托代理合同；申请商业性进出口的，还应当提交申请人或者代理人允许从事对外贸易经营活动的资质证明。申请核发物种证明的，申请人应当提交下列材料。

- 物种证明申请表。申请人为单位的，应当加盖本单位印章；申请人为个人的，应当有本人签字或者加盖印章。
- 进出口合同。但是以非商业贸易为目的的个人所有的野生动植物及其产品进出口的除外。
- 身份证明材料。申请人为单位的，应当提交营业执照复印件或者其他身份证明；申请人为个人的，应当提交身份证件复印件。
- 进出口含野生动植物成分的药品、食品等产品的，应当提交物种成分含量表和产品说明书。
- 出口野生动植物及其产品的，应当提交合法来源证明材料。
- 进口野生动植物及其产品的，应当提交境外相关机构核发的原产地证明、植物检疫证明或者提货单等能够证明进口野生动植物及其产品真实性的材料。
- 进口的活体野生动物属于外来陆生野生动物的，应当提交国务院陆生野生动物主管部门同意引进的批准文件。
- 进口后再出口野生动植物及其产品的，应当提交加盖申请人印章并经海关签注的物种证明复印件或者海关进口货物报关单复印件。
- 国家濒管办公示的其他应当提交的材料。

国家濒管办及其办事处在收到核发物种证明的申请后，对申请材料齐全、符合法定形式的，应当出具受理通知书；对申请材料不齐或者不符合法定形式的，应当出具补正材料通知书，并一次性告知申请人需要补正的全部内容。对依法应当不予受理的，应当告知申请人并说明理由，出具不予受理通知书。有下列情形之一的，国家濒管办及其办事处不予核发物种证明。

- 不能证明其来源合法的。
- 提供虚假申请材料的。

国家濒管办及其办事处自收到申请之日起 20 个工作日内，对准予行政许可的，应当核发物种证明；对不予行政许可的，应当做出不予行政许可的书面决定，并说明理由，同时告知申请人享有的权利。在法定期限内不能做出决定的，经国家濒管办负责人批准，可以延长 10 个工作日，并将延长期限的理由告知申请人。物种证明分为一次使用和多次使用两种。对于同一物种、同一货物类型并在同一报关口岸多次进出口野生动植物及其产品的，申请人可以向国家濒管办指定的办事处申请核发多次使用物种证明；但属于下列情形的，不得申请核发多次使用物种证明：

- 出口国家保护的有益的或者有重要经济、科学研究价值的陆生野生动物及其产品的。

- 进口或者进口后再出口与国家保护的有益的或者有重要经济、科学研究价值的陆生野生动物同名的陆生野生动物及其产品的。
- 出口与国家重点保护野生植物同名的人工培植来源的野生植物及其产品的。
- 进口或者进口后再出口与国家重点保护野生动植物同名的野生动植物及其产品的。
- 进口或者进口后再出口非原产我国的活体陆生野生动物的。
- 国家濒管办公示的其他情形。

一次使用的物种证明有效期不得超过 180 天。多次使用的物种证明有效期不得超过 360 天。被许可人需要对物种证明上记载的进出口口岸、境外收发货人进行变更的，应当在物种证明有效期届满前向原发证机关提出书面变更申请。被许可人需要延续物种证明有效期的，应当在物种证明有效期届满 15 日前向原发证机关提出书面延期申请。原发证机关应当根据申请，在物种证明有效期届满前做出是否准予变更或者延期的决定。物种证明损坏的，被许可人可以在物种证明有效期届满前向原发证机构提出补发的书面申请并说明理由，同时将已损坏的物种证明交回原发证机关。原发证机关应当根据申请，在物种证明有效期届满前做出是否准予补发的决定。

6. 进出境监管

进出口商品目录中的野生动植物及其产品的，应当向海关主动申报并同时提交允许进出口证明书或者物种证明，并按照允许进出口证明书或者物种证明规定的种类、数量、口岸、期限完成进出口活动。进出口商品目录中的野生动植物及其产品的，其申报内容与允许进出口证明书或者物种证明中记载的事项不符的，由海关依法予以处理。但申报进出口的数量未超过允许进出口证明书或者物种证明规定，且其他申报事项一致的除外。

公约附录所列野生动植物及其产品需要过境、转运、通运的，不需申请核发野生动植物进出口证书。对下列事项有疑义的，货物进、出境所在地直属海关可以征求国家濒管办或者其办事处的意见。

- 允许进出口证明书或者物种证明的真实性、有效性。
- 境外公约管理机构核发的允许进出口证明材料的真实性、有效性。
- 野生动植物物种的种类、数量。
- 进出境货物或者物品是否为濒危野生动植物及其产品或者是否含有濒危野生动植物种成分。
- 海关质疑的其他情况。

国家濒管办或者其办事处应当及时回复意见。

海关在允许进出口证明书和物种证明中记载进出口野生动植物及其产品的数量，并在办结海关手续后，将允许进出口证明书副本返还持证者。

在境外与保税区、出口加工区等海关特殊监管区域、保税监管场所之间进出野生动植物及其产品的，申请人应当向海关交验允许进出口证明书或者物种证明。在境内与保税区、出口加工区等海关特殊监管区域、保税监管场所之间进出野生动植物及其产品的，或者在上述海关特殊监管区域、保税监管场所之间进出野生动植物及其产品的，无须办理允许进出口证明书或者物种证明。

（五）文物进出境管理

根据《中华人民共和国文物保护法》和《中华人民共和国文物保护法实施条例》的规定，目前我国文物进出境的主要管理措施和报关规范包括如下内容。

（1）国有文物、非国有文物中的珍贵文物和国家规定禁止出境的其他文物，不得出境；但是依照《中华人民共和国文物保护法》规定出境展览或者因特殊需要经国务院批准出境的除外。

（2）任何单位或者个人运送、邮寄、携带文物出境，应当经国务院文物行政部门指定的文物进出境审核机构审核。经审核允许出境的文物，由国务院文物行政主管部门发给文物出境许可证，并由文物进出境审核机构标明文物出境标识。经审核允许出境的文物，应当从国务院文物行政主管部门指定的口岸出境。海关查验文物出境标识后，凭文物出境许可证放行。

（3）文物出境展览的承办单位，应当在举办展览前6个月向国务院文物行政主管部门提出申请。国务院文物行政主管部门应当自收到申请之日起30个工作日内做出批准或者不批准的决定。决定批准的，发给批准文件；决定不批准的，应当书面通知当事人并说明理由。一级文物展品超过120件（套）的，或者一级文物展品超过展品总数的20%的，应当报国务院批准。一级文物中的孤品和易损品，禁止出境展览。禁止出境展览文物的目录，由国务院文物行政主管部门定期公布。未曾在国内正式展出的文物，不得出境展览。

（4）出境展览的文物出境，由文物进出境审核机构审核、登记。海关凭国务院文物行政部门或者国务院的批准文件放行。文物出境展览的期限不得超过1年。因特殊需要，经原审批机关批准可以延期；但是，延期最长不得超过1年。文物出境展览期间，出现可能危及展览文物安全情形的，原审批机关可以决定中止或者撤销展览。出境展览的文物复进境，由原文物进出境审核机构审核查验。

（5）临时进境的文物，应当向海关申报，经海关将文物加封后，交由当事人报文物进出境审核机构审核、登记。文物进出境审核机构查验海关封志完好无损后，对每件临时进境文物标明文物临时进境标识，并登记拍照。临时进境文物复出境时，应当由原审核、登记的文物进出境审核机构核对入境登记拍照记录，查验文物临时进境标识无误后标明文物出境标识，并由国务院文物行政主管部门发给文物出境许可证，海关凭文物出境许可证放行。

（六）药品进口管理

根据《中华人民共和国药品管理法》和《中华人民共和国药品管理法实施条例》的规定，目前我国有关药品进口的管理措施和报关规范主要包括如下内容。

（1）申请进口的药品，应当是在生产国家或者地区获得上市许可的药品；未在生产国家或者地区获得上市许可的，经国务院药品监督管理部门确认该药品品种安全、有效而且临床需要的，可以依照法律及条例的规定批准进口。

（2）进口药品，应当按照国务院药品监督管理部门的规定申请注册。国外企业生产的药品取得《进口药品注册证》，中国香港、澳门和台湾地区企业生产的药品取得《医药产品注册证》后，方可进口。医疗机构因临床急需进口少量药品的，应当持《医疗机构执业许可证》向国务院药品监督管理部门提出申请；经批准后，方可进口。进口的药品应当在指定医疗机构内用于特定医疗目的。

（3）药品必须从允许药品进口的口岸进口，并由进口药品的企业向口岸所在地药品监督管理部门登记备案。进口药品到岸后，进口单位应当持《进口药品注册证》或者《医药产品注册证》以及产地证明原件、购货合同副本、装箱单、运单、货运发票、出厂检验报告书、说明书等材料，向口岸所在地药品监督管理部门备案。口岸所在地药品监督管理部门经审查，对提交的材料符合要求的，发给《进口药品通关单》。进口单位凭《进口药品通关单》向海关办理报关验放手续。海关凭药品监督管理部门出具的《进口药品通关单》放行，无《进口药品通关单》的，海关不得放行。

（4）疫苗类制品、血液制品、用于血源筛查的体外诊断试剂以及国务院药品监督管理部门规定的其他生物制品进口时，应当按照国务院药品监督管理部门的规定进行检验或者审核批准；检验不合格或者未获批准的，不得进口。

（5）国务院药品监督管理部门核发的《进口药品注册证》《医药产品注册证》的有效期为5年。有效期届满，需要继续进口的，应当在有效期届满前6个月申请再注册。药品再注册时，应当按照国务院药品监督管理部门的规定报送相关资料。有效期届满，未申请再注册或者经审查不符合国务院药品监督管理部门关于再注册的规定的，注销其《进口药品注册证》或者《医药产品注册证》。

（七）印刷品及音像制品进出境管理

根据《中华人民共和国海关进出境印刷品及音像制品监管办法》的规定，目前我国有关印刷品及音像制品进口的管理措施和报关规范主要包括以下内容。

（1）进出境印刷品及音像制品的收发货人、所有人及其代理人，应当依法如实向海关申报，并且接受海关监管。

（2）载有下列内容之一的印刷品及音像制品，禁止进境：反对宪法确定的基本原则的；危害国家统一、主权和领土完整的；危害国家安全或者损害国家荣誉和利益的；攻击中国共产党，诋毁中华人民共和国政府的；煽动民族仇恨、民族歧视，破坏民族团结，或者侵害民族风俗、习惯的；宣扬邪教、迷信的；扰乱社会秩序，破坏社会稳定的；宣扬淫秽、赌博、暴力或者教唆犯罪的；侮辱或者诽谤他人，侵害他人合法权益的；危害社会公德或者民族优秀文化传统的；国家主管部门认定禁止进境的；法律、行政法规和国家规定禁止的其他内容。载有上述所列内容或者涉及国家秘密以及国家主管部门认定禁止出境的印刷品及音像制品，禁止出境。

（3）个人自用进境印刷品及音像制品在下列规定数量以内的，海关予以免税验放：单行本发行的图书、报纸、期刊类出版物每人每次10册（份）以下[①]；单碟（盘）发行的音像制品每人每次20盘以下；成套发行的图书类出版物，每人每次3套以下；成套发行的音像制品，每人每次3套以下。超出上述规定的数量，但是仍在合理数量以内的个人自用进境印刷品及音像制品，不属于按照进口货物依法办理相关手续规定情形的，海关应当按照《中华人民共和国进出口关税条例》有关进境物品进口税的征收规定对超出规定数量的部

---

① 包括本数在内，下同。

分予以征税放行。

（4）有下列情形之一的，海关对全部进境印刷品及音像制品按照进口货物依法办理相关手续：个人携带、邮寄单行本发行的图书、报纸、期刊类出版物进境，每人每次超过50册（份）的；个人携带、邮寄单碟（盘）发行的音像制品进境，每人每次超过100盘的；个人携带、邮寄成套发行的图书类出版物进境，每人每次超过10套的；个人携带、邮寄成套发行的音像制品进境，每人每次超过10套的；其他构成货物特征的。有上述所列情形的，进境印刷品及音像制品的收发货人、所有人及其代理人可以依法申请退运其进境印刷品及音像制品。

（5）印刷品及音像制品的进口业务，由国务院有关行政主管部门批准或者指定经营。未经批准或者指定，任何单位或者个人不得经营印刷品及音像制品进口业务。其他单位或者个人进口印刷品及音像制品，应当委托国务院相关行政主管部门指定的进口经营单位向海关办理进口手续。

（6）除国家另有规定外，进口报纸、期刊、图书类印刷品，经营单位应当持国务院新闻出版行政主管部门的进口批准文件、目录清单、有关报关单证及其他需要提供的文件向海关办理进口手续。进口音像制品成品或者用于出版的音像制品母带（盘）、样带（盘），经营单位应当持《中华人民共和国文化部进口音像制品批准单》、有关报关单证及其他需要提供的文件向海关办理进口手续。

（八）黄金及黄金制品进出境管理

中国人民银行和海关总署制定和发布的《黄金及黄金制品进出口管理办法》规定了黄金及黄金制品的进出境管理措施和报关规范，其中黄金是指未锻造金，黄金制品是指半制成金和金制成品等。

（1）中国人民银行是黄金及黄金制品进出口主管部门，对黄金及黄金制品进出口实行准许证制度。中国人民银行根据国家宏观经济调控需求，可以对黄金及黄金制品进出口的数量进行限制性审批。列入《黄金及黄金制品进出口管理目录》的黄金及黄金制品进口或出口通关时，应当向海关提交中国人民银行及其分支机构签发的《中国人民银行黄金及黄金制品进出口准许证》。中国人民银行会同海关总署制定、调整并公布《黄金及黄金制品进出口管理商品目录》。

（2）法人、其他组织以下列贸易方式进出口黄金及黄金制品的，应当办理《中国人民银行黄金及黄金制品进出口准许证》：

- 一般贸易；
- 加工贸易转内销及境内购置黄金原料以加工贸易方式出口黄金制品的；
- 海关特殊监管区域、保税监管场所与境内区外之间进出口的。

以下方式进出的黄金及黄金制品免予办理《中国人民银行黄金及黄金制品进出口准许证》，由海关实施监管：

- 通过加工贸易方式进出的；
- 海关特殊监管区域、保税监管场所与境外之间进出的；
- 海关特殊监管区域、保税监管场所之间进出的；

- 以维修、退运、暂时进出境方式进出境的。

个人、法人或者其他组织因公益事业捐赠进口黄金及黄金制品的，应当办理《中国人民银行黄金及黄金制品进出口准许证》。

（3）黄金进出口和公益事业捐赠黄金制品进口申请由中国人民银行受理和审批。黄金制品进出口申请由中国人民银行地市级以上分支机构受理；中国人民银行上海总部，各分行、营业管理部、省会（首府）城市中心支行，深圳市中心支行审批。

申请黄金进出口（除因公益事业捐赠进口黄金）的，应当具备法人资格，近2年内无相关违法违规行为，并且具备下列条件之一：

- 国务院批准的黄金交易所的金融机构会员或做市商，具备黄金业务专业人员、完善的黄金业务风险控制制度和稳定的黄金进出口渠道，所开展的黄金市场业务符合相关政策或管理规定，并且申请前两个年度黄金现货交易活跃、自营交易量排名前列；
- 国务院批准的黄金交易所的综合类会员，年矿产金10吨以上、其生产过程中的污染物排放达到国家环保标准，在境外黄金矿产投资规模达5 000万美元以上，取得境外金矿或者共生、伴生金矿开采权，已形成矿产金生产能力，所开展的业务符合国内外相关政策或管理规定，申请前两个年度黄金现货交易活跃，自营交易量排名前列的矿产企业；
- 在国内有连续3年且每年不少于2亿元人民币的纳税记录，在境外有色金属投资1亿美元以上，取得境外金矿或共生、伴生金矿开采权，已形成矿产金生产能力，所开展的业务符合国内外相关政策或管理规定的矿产企业；
- 承担国家贵金属纪念币生产任务进口黄金的生产企业；
- 取得国际黄金市场品牌认证资格进出口黄金的精炼企业。

申请黄金制品进出口（除因公益事业捐赠进口黄金制品）的，应当具备法人或其他组织资格，近2年内无相关违法违规行为，并且具备下列条件之一：

- 生产、加工或者使用相关黄金制品的企业，有必要的生产场所、设备和设施，生产过程中的污染物排放达到国家环保标准，有连续3年且年均不少于100万元人民币的纳税记录；
- 适用海关认证企业管理的外贸经营企业，有连续3年且年均不少于300万元人民币的纳税记录；
- 因国家科研项目、重点课题需要使用黄金制品的教育机构、科学研究机构等。

（4）申请黄金进出口的，应当向中国人民银行提交下列材料。

- 书面申请，应当载明申请人的名称、住所（办公场所）、企业概况、进出口黄金的用途和计划数量等业务情况说明。
- 《黄金及黄金制品进出口申请表》。
- 加盖公章的企业法人营业执照复印件。
- 黄金进出口合同及其复印件。
- 加盖公章的《中华人民共和国组织机构代码证》复印件。
- 申请人近2年有无违法行为的说明材料。
- 银行业金融机构还应当提供内部黄金业务风险控制制度有关材料；申请出口黄金的

还应当提交在国务院批准的黄金现货交易所实物黄金库存量证明。

- 黄金矿产的生产企业还应当提交省级环保部门出具的污染物排放许可证件和年度达标检测报告复印件、商务部门有关境外投资批复文件复印件、银行汇出汇款证明书复印件、境外国家或者地区开采黄金有关证明、企业近 3 年的纳税记录。申请出口黄金的还应当提交由行业主管部门或自律组织出具的黄金产能证明和在国务院批准的黄金现货交易所的登记证明。

申请黄金制品进出口的，应当向申请人住所地的中国人民银行地市级以上分支机构提交下列材料：

- 书面申请，应当载明申请人的名称、住所（办公场所）、企业概况、进出口黄金制品的用途和计划数量等业务情况说明；
- 《黄金及黄金制品进出口申请表》；
- 加盖公章的企业法人营业执照、事业单位法人证书等法定登记证书复印件；
- 黄金制品进出口合同复印件；
- 加盖备案登记章的《对外贸易经营者备案表》或《外商投资企业批准证书》；
- 申请人近 2 年有无违法行为的说明材料；
- 生产、加工或者使用黄金制品的企业还应当提交近 3 年的企业纳税记录，地市级环保部门出具的污染物排放许可证件和年度达标检测报告及其复印件；
- 从事外贸经营的企业还应当提交适用海关认证企业管理的有关证明材料、近 3 年的企业纳税记录；
- 教育机构、科学研究机构还应当提交承担国家科研项目、重点课题的证明材料；
- 出口黄金制品的企业还应当提交在国内取得黄金原料的增值税发票等证明材料。

（5）中国人民银行应当自受理黄金及黄金制品进出口申请之日起 20 个工作日内做出行政许可决定。中国人民银行地市级分支机构应当自受理黄金制品进出口申请之日起 20 个工作日内将初步审查意见和全部申请材料直接报送给上一级机构。上一级机构应当在收到初步审查意见和全部申请材料后 20 个工作日内做出行政许可决定。中国人民银行上海总部，各分行、营业管理部、省会（首府）城市中心支行，深圳市中心支行直接受理黄金制品进出口申请的，应当自受理之日起 20 个工作日内做出行政许可决定。需要对申请材料的实质内容进行核实的，中国人民银行及其分支机构可以对申请人进行核查，核查应当由两名以上工作人员进行。

（6）被许可人在办理黄金及黄金制品货物进出口时，凭《中国人民银行黄金及黄金制品进出口准许证》向海关办理有关手续。《中国人民银行黄金及黄金制品进出口准许证》实行一批一证，自签发日起 40 个工作日内使用。被许可人有正当理由需要延期的，可以在凭证有效期届满 5 个工作日前持原证向发证机构申请办理一次延期手续。中国人民银行及其分支机构有权对被许可人从事行政许可事项的活动进行监督检查，被许可人应当予以配合。被许可人应当按照中国人民银行及其分支机构的规定，及时上报黄金及黄金制品进出口许可的执行情况并且提供有关材料。

第六节 对外贸易救济措施

我国于 2001 年 12 月 11 日正式成为世界贸易组织（WTO）的成员国，世界贸易组织允许成员方在进口产品倾销、补贴和进口激增给其国内产业造成损害的情况下，可以使用反倾销、反补贴和保障措施手段以保护国内产业不受损害。

反倾销、反补贴和保障措施都属于贸易救济措施。反倾销和反补贴措施针对的是价格歧视这种不公平贸易行为，而保障措施针对的则是进口产品激增的情况。

为维护我国市场上国内外商品的自由贸易和公平竞争秩序，我国依据世贸组织的《反倾销协议》《补贴与反补贴措施协议》《保障措施协议》以及《中华人民共和国对外贸易法》的有关规定，制定颁布了《中华人民共和国反倾销条例》《中华人民共和国反补贴条例》和《中华人民共和国保障措施条例》，对反倾销、反补贴和保障措施做出了明确规定。

一、反倾销措施

《中华人民共和国反倾销条例》规定，进口产品以倾销方式进入中华人民共和国市场，并对已经建立的国内产业造成实质损害或者产生实质损害威胁，或者对建立国内产业造成实质阻碍的，依照条例的规定进行调查，采取反倾销措施。

（一）临时反倾销措施

《中华人民共和国反倾销条例》第二十八条规定，经反倾销调查，初裁决定确定倾销成立，并由此对国内产业造成损害的，可以采取下列临时反倾销措施：

（1）征收临时反倾销税；

（2）要求提供保证金、保函或者其他形式的担保。

临时反倾销税税额或者提供的保证金、保函或者其他形式担保的金额，应当不超过初裁决定确定的倾销幅度。

征收临时反倾销税，由商务部提出建议，国务院关税税则委员会根据商务部的建议做出决定，由商务部予以公告。要求提供保证金、保函或者其他形式的担保，由商务部做出决定并予以公告。海关自公告规定实施之日起执行。

临时反倾销措施实施的期限，自临时反倾销措施决定公告规定实施之日起，不超过 4 个月；在特殊情形下，可以延长至 9 个月。

自反倾销立案调查决定公告之日起 60 天内，不得采取临时反倾销措施。

（二）价格承诺

《中华人民共和国反倾销条例》第三十一条规定，倾销进口产品的出口经营者在反倾销调查期间，可以向商务部做出改变价格或者停止以倾销价格出口的价格承诺。

商务部可以向出口经营者提出价格承诺的建议，但商务部不得强迫出口经营者做出价格承诺。出口经营者不做出价格承诺或者不接受价格承诺的建议的，不妨碍对反倾销案件的调查和确定。出口经营者继续倾销进口产品的，商务部有权确定损害威胁更有可能出现。

商务部认为出口经营者做出的价格承诺能够接受并符合公共利益的，可以决定中止或者终止反倾销调查，不采取临时反倾销措施或者征收反倾销税。中止或者终止反倾销调查的决定由商务部予以公告。

商务部不接受价格承诺的，应当向有关出口经营者说明理由。商务部对倾销以及由倾销造成的损害做出肯定的初裁决定前，不得寻求或者接受价格承诺。

出口经营者违反其价格承诺的，商务部依照《中华人民共和国反倾销条例》的规定，可以立即决定恢复反倾销调查；根据可获得的最佳信息，可以决定采取临时反倾销措施，并可以对实施临时反倾销措施前 90 天内进口的产品追溯征收反倾销税，但违反价格承诺前进口的产品除外。

（三）反倾销税

《中华人民共和国反倾销条例》第三十七条规定，终裁决定确定倾销成立，并由此对国内产业造成损害的，可以征收反倾销税。征收反倾销税应当符合公共利益。

征收反倾销税，由商务部提出建议，国务院关税税则委员会根据商务部的建议做出决定，由商务部予以公告。海关自公告规定实施之日起执行。

反倾销税应当根据不同出口经营者的倾销幅度，分别确定。对未包括在审查范围内的出口经营者的倾销进口产品，需要征收反倾销税的，应当按照合理的方式确定对其适用的反倾销税。

反倾销税税额不超过终裁决定确定的倾销幅度。

终裁决定确定存在实质损害，并在此前已经采取临时反倾销措施的，反倾销税可以对已经实施临时反倾销措施的期间追溯征收。

终裁决定确定存在实质损害威胁，在先前不采取临时反倾销措施将会导致后来做出实质损害裁定的情况下已经采取临时反倾销措施的，反倾销税可以对已经实施临时反倾销措施的期间追溯征收。

终裁决定确定的反倾销税，高于已付或者应付的临时反倾销税或者为担保目的而估计的金额的，差额部分不予收取；低于已付或者应付的临时反倾销税或者为担保目的而估计的金额的，差额部分应当根据具体情况予以退还或者重新计算税额。

终裁决定确定不征收反倾销税的，或者终裁决定未确定追溯征收反倾销税的，已征收的临时反倾销税、已收取的保证金应当予以退还，保函或者其他形式的担保应当予以解除。

反倾销税的征收期限和价格承诺的履行期限不超过 5 年；但是，经复审确定终止征收反倾销税有可能导致倾销和损害的继续或者再度发生的，反倾销税的征收期限可以适当延长。

二、反补贴措施

《中华人民共和国反补贴条例》第二条规定，进口产品存在补贴，并对已经建立的国内产业造成实质损害或者产生实质损害威胁，或者对建立国内产业造成实质阻碍的，依照条例的规定进行调查，采取反补贴措施。

（一）临时反补贴措施

《中华人民共和国反补贴条例》第二十九条规定，初裁决定确定补贴成立，并由此对国内产业造成损害的，可以采取临时反补贴措施。

临时反补贴措施采取以保证金或者保函作为担保的征收临时反补贴税的形式。

采取临时反补贴措施，由商务部提出建议，国务院关税税则委员会根据商务部的建议做出决定，由商务部予以公告。海关自公告规定实施之日起执行。

临时反补贴措施实施的期限，自临时反补贴措施决定公告规定实施之日起，不超过 4 个月。

自反补贴立案调查决定公告之日起 60 天内，不得采取临时反补贴措施。

（二）承诺

在反补贴调查期间，出口国（地区）政府提出取消、限制补贴或者其他有关措施的承诺，或者出口经营者提出修改价格的承诺的，商务部应当予以充分考虑。

商务部可以向出口经营者或者出口国（地区）政府提出有关价格承诺的建议，但商务部不得强迫出口经营者做出承诺。出口经营者、出口国（地区）政府不做出承诺或者不接受有关价格承诺的建议的，不妨碍对反补贴案件的调查和确定。出口经营者继续补贴进口产品的，商务部有权确定损害威胁更有可能出现。

商务部认为承诺能够接受并符合公共利益的，可以决定中止或者终止反补贴调查，不采取临时反补贴措施或者征收反补贴税。中止或者终止反补贴调查的决定由商务部予以公告。

商务部不接受承诺的，应当向有关出口经营者说明理由。商务部对补贴以及由补贴造成的损害做出肯定的初裁决定前，不得寻求或者接受承诺。在出口经营者做出承诺的情况下，未经其本国（地区）政府同意的，商务部不得寻求或者接受承诺。

对违反承诺的，商务部依照《中华人民共和国反补贴条例》的规定，可以立即决定恢复反补贴调查；根据可获得的最佳信息，可以决定采取临时反补贴措施，并可以对实施临时反补贴措施前 90 天内进口的产品追溯征收反补贴税，但违反承诺前进口的产品除外。

（三）反补贴税

《中华人民共和国反补贴条例》第三十八条规定，在为完成磋商的努力没有取得效果的情况下，终裁决定确定补贴成立，并由此对国内产业造成损害的，可以征收反补贴税。征收反补贴税应当符合公共利益。

征收反补贴税，由商务部提出建议，国务院关税税则委员会根据商务部的建议做出决定，由商务部予以公告。海关自公告规定实施之日起执行。

反补贴税应当根据不同出口经营者的补贴金额，分别确定。对实际上未被调查的出口经营者的补贴进口产品，需要征收反补贴税的，应当迅速审查，按照合理的方式确定对其适用的反补贴税。

反补贴税税额不得超过终裁决定确定的补贴金额。

终裁决定确定存在实质损害，并在此前已经采取临时反补贴措施的，反补贴税可以对已经实施临时反补贴措施的期间追溯征收。

终裁决定确定存在实质损害威胁，在先前不采取临时反补贴措施将会导致后来做出实质损害裁定的情况下已经采取临时反补贴措施的，反补贴税可以对已经实施临时反补贴措施的期间追溯征收。

终裁决定确定的反补贴税，高于保证金或者保函所担保的金额的，差额部分不予收取；低于保证金或者保函所担保的金额的，差额部分应当予以退还。

终裁决定确定不征收反补贴税的，或者终裁决定未确定追溯征收反补贴税的，对实施临时反补贴措施期间已收取的保证金应当予以退还，保函应当予以解除。

反补贴税的征收期限和承诺的履行期限不超过 5 年；但是，经复审确定终止征收反补贴税有可能导致补贴和损害的继续或者再度发生的，反补贴税的征收期限可以适当延长。

三、保障措施

《中华人民共和国保障措施条例》规定，进口产品数量增加，并对生产同类产品或者直接竞争产品的国内产业造成严重损害或者严重损害威胁的，依照《中华人民共和国保障措施条例》的规定进行调查，采取保障措施。

有明确证据表明进口产品数量增加，在不采取临时保障措施将对国内产业造成难以补救的损害的紧急情况下，可以做出初裁决定，并采取临时保障措施。

临时保障措施采取提高关税的形式。

采取临时保障措施，由商务部提出建议，国务院关税税则委员会根据商务部的建议做出决定，由商务部予以公告。海关自公告规定实施之日起执行。在采取临时保障措施前，商务部应当将有关情况通知保障措施委员会。

临时保障措施的实施期限，自临时保障措施决定公告规定实施之日起，不超过 200 天。终裁决定确定进口产品数量增加，并由此对国内产业造成损害的，可以采取保障措施。实施保障措施应当符合公共利益。

保障措施可以采取提高关税、数量限制等形式。

保障措施采取提高关税形式的，由商务部提出建议，国务院关税税则委员会根据商务部的建议做出决定，由商务部予以公告；采取数量限制形式的，由商务部做出决定并予以公告。海关自公告规定实施之日起执行。商务部应当将采取保障措施的决定及有关情况及时通知保障措施委员会。

采取数量限制措施的，限制后的进口量不得低于最近 3 个有代表性年度的平均进口量；但是，有正当理由表明为防止或者补救严重损害而有必要采取不同水平的数量限制措施的除外。

采取数量限制措施，需要在有关出口国（地区）或者原产国（地区）之间进行数量分配的，商务部可以与有关出口国（地区）或者原产国（地区）就数量的分配进行磋商。

保障措施应当针对正在进口的产品实施，不区分产品来源国（地区）。采取保障措施应当限于防止、补救严重损害并便利调整国内产业所必要的范围内。

在采取保障措施前，商务部应当为与有关产品的出口经营者有实质利益的国家（地区）政府提供可以磋商的充分机会。

终裁决定确定不采取保障措施的，已征收的临时关税应当予以退还。

保障措施的实施期限不超过 4 年。但符合下列条件的，保障措施的实施期限可以适当延长：

- 按照《中华人民共和国保障措施条例》规定的程序确定保障措施对于防止或者补救严重损害仍然有必要；
- 有证据表明相关国内产业正在进行调整；
- 已经履行有关对外通知、磋商的义务；
- 延长后的措施不严于延长前的措施。

一项保障措施的实施期限及其延长期限，最长不超过 10 年。

保障措施实施期限超过 1 年的，应当在实施期间内按固定时间间隔逐步放宽。保障措施实施期限超过 3 年的，商务部应当在实施期间内对该项措施进行中期复审。复审的内容包括保障措施对国内产业的影响、国内产业的调整情况等。

对同一进口产品再次采取保障措施的，与前次采取保障措施的时间间隔应当不短于前次采取保障措施的实施期限，并且至少为 2 年。但符合下列条件的，对一产品实施的期限为 180 天或者少于 180 天的保障措施，不受上述时间间隔的限制：

- 自对该进口产品实施保障措施之日起，已经超过 1 年；
- 自实施该保障措施之日起 5 年内，未对同一产品实施 2 次以上保障措施。

本章重要概念

对外贸易经营者；禁止进出口；限制进出口；自由进出口；出（入）境货物通关单；通关单联网核查；进（出）口许可证；自动进口许可证；自动进口许可证通关作业无纸化；重点机电产品；两用物项和技术进出口许可证；固体废物进口许可证；允许进出口证明书；进口药品通关单；黄金及黄金制品进出口准许证；反倾销；反补贴；保障措施

本章小结

对外贸易经营者，是指依法办理工商登记或者其他执业手续，依照《中华人民共和国对外贸易法》和其他有关法律、行政法规的规定从事对外贸易经营活动的法人、其他组织或者个人。目前，我国对对外贸易经营者的管理，实行备案登记制。经备案登记后，对外贸易经营者即可在经营范围内从事货物进出口或者技术进出口业务，也可以接受他人的委托，在经营范围内代为办理对外贸易业务。

属于禁止进口或出口的货物、技术，不得进出口。国家对限制进口或者出口的货物，实行配额、许可证等方式管理；对限制进口或者出口的技术，实行许可证管理。自由进出口货物、技术的进出口不受限制，但基于监测进出口情况的需要，国家对部分属于自由进出口的货物实行自动进出口许可管理，对自由进出口的技术实行技术进出口合同登记管理。

国家进出口商品检验检疫部门依据我国有关法律、行政法规以及我国政府所缔结或者参加的国际条约、协定，对出入境的货物、物品及其包装物、交通运输工具、运输设备和出入境人员实施检验检疫和监督管理。进出口商品的收货人或者发货人办理报检手续，应当依法向出入境检验检疫机构备案。代理报检企业、出入境快件运营企业从事报检业务，应当依法经出入境检验检疫机构注册登记。未依法经出入境检验检疫机构注册登记的企业，不得从事报检业务。经检验或验证合格的进口或出口商品，由出入境检验检疫机构按照国家质检总局的规定签发《入境货物通关单》或《出境货物通关单》，海关凭此办理通关手续。

国家外汇管理局分支局对企业的贸易外汇管理方式由现场逐笔核销改变为非现场总量

核查。外汇局通过货物贸易外汇监测系统，全面采集企业货物进出口和贸易外汇收支逐笔数据，定期比对、评估企业货物流与资金流总体匹配情况，便利合规企业贸易外汇收支；对存在异常的企业进行重点监测，必要时应实施现场核查。

凡属于进出口许可证管理的货物，除国家另有规定外，对外贸易经营者应当在进出口前按规定向指定的发证机构申领进出口许可证，海关凭进出口许可证接受申报和验放。进口属于自动进口许可管理的货物，收货人在办理海关报关手续前，应向所在地或相应的发证机构提交自动进口许可证申请，并取得《自动进口许可证》，海关凭加盖自动进口许可证专用章的《自动进口许可证》办理验放手续。国家对机电产品进口实行分类管理，即分为禁止进口、限制进口和自由进口三类。基于进口监测需要，对部分自由进口的机电产品实行进口自动许可。以任何方式进口或出口《两用物项和技术进出口许可证管理目录》中的两用物项和技术，均应申领两用物项和技术进口或出口许可证，海关凭两用物项和技术进出口许可证接受申报并办理验放手续。国家对可以弥补境内资源短缺，且根据国家经济、技术条件能够以无害化方式利用的可用作原料的固体废物，按照其加工利用过程的污染排放强度，实行限制进口和非限制进口分类管理。进口列入限制进口目录的固体废物的，必须取得进口固体废物许可证，海关对进口的固体废物一律凭国务院环境保护行政主管部门签发的固体废物进口许可证和出入境检验检疫机构出具的《入境货物通关单》等有关单证验放。依法进出口野生动植物及其产品的，实行野生动植物进出口证书管理。野生动植物进出口证书包括允许进出口证明书和物种证明。经审核允许出境的文物，由国务院文物行政主管部门发给文物出境许可证，并由文物进出境审核机构标明文物出境标识。经审核允许出境的文物，应当从国务院文物行政主管部门指定的口岸出境。海关查验文物出境标识后，凭文物出境许可证放行。药品进口单位应当持《进口药品注册证》或者《医药产品注册证》以及产地证明原件、购货合同副本、装箱单、运单、货运发票、出厂检验报告书、说明书等材料，向口岸所在地药品监督管理部门备案。口岸所在地药品监督管理部门经审查，对提交的材料符合要求的，发给《进口药品通关单》。进口单位凭《进口药品通关单》向海关办理报关验放手续。进出境印刷品及音像制品的收发货人、所有人及其代理人，应当依法如实向海关申报，并且接受海关监管。中国人民银行是黄金及黄金制品进出口主管部门，对黄金及黄金制品进出口实行准许证制度。

在进口产品倾销、补贴和进口激增给国内产业造成损害的情况下，可以使用反倾销、反补贴和保障措施手段以保护国内产业不受损害。反倾销、反补贴和保障措施都属于贸易救济措施。反倾销和反补贴措施针对的是价格歧视这种不公平贸易行为，而保障措施针对的则是进口产品激增的情况。

本章思考题

1. 选择题

（1）我国目前对对外贸易经营者的管理实行（　　　）。

　　A. 自由进出制　　　B. 审批制　　　C. 备案登记制　　　D. 登记和核准制

（2）有权签发进出口许可证的机构包括（　　　）。

　　A. 商务部配额许可证事务局

　　B. 商务部驻各地特派员办事处

    C. 省、自治区、直辖市的商务主管部门

    D. 计划单列市和经商务部授权的其他省会城市的商务主管部门

  （3）货物、技术进出口许可管理制度是我国进出口许可管理制度的主体，其管理范围包括（ ）。

    A. 禁止进出口货物和技术   B. 限制进出口货物和技术

    C. 自由进出口的技术   D. 自由进出口中部分实行自动许可管理的货物

  （4）对下列实行自动进口许可管理的大宗、散装货物，溢装数量在货物总量 3%以内的，免予申领自动进口许可证的有（ ）。

    A. 钢材   B. 成品油   C. 原油   D. 化肥

  2. 判断题

  （1）对外贸易经营者只能在国家允许的范围内为本企业从事对外贸易经营活动，不可以接受他人的委托，在经营范围内代为办理对外贸易业务。（ ）

  （2）反倾销、反补贴和保障措施都属于贸易救济措施。反倾销和反补贴措施针对的是进口产品激增的情况，而保障措施针对的则是价格歧视这种不公平贸易行为。（ ）

  （3）固体废物进口相关许可证实行"一证一关"管理，一般情况下固体废物进口相关许可证为"一批一证"制。（ ）

  （4）出口许可证的有效期不得超过 6 个月，需要跨年度使用的，其有效期的截止日期不得超过次年 2 月底。（ ）

  （5）涉及动植物及其产品以及其他须依法提供检疫证明的货物，如需在申报前提取货样，应当按照国家的有关法律规定，向主管海关提交书面申请，并提供事先由检验检疫部门签发的书面批准证明。（ ）

  3. 哪些商品列入了《禁止进口货物目录》？

  4. 进出口濒危野生动植物及其产品必须具备哪些条件？

  5. 《货物自动进口许可管理办法》规定，以哪些方式进口自动许可货物的，可以免领《自动进口许可证》？

  6. 目前我国对于哪些印刷品及音像制品禁止进出境？

  7. 两用物项和技术出口通用许可经营者应当满足哪些条件？

  8. 临时反倾销措施、临时反补贴措施和临时保障措施的形式各有哪些？

  9. 简述自动进口许可证通关作业无纸化改革的内容。

  10. 哪些方式进出的黄金及黄金制品免予办理《中国人民银行黄金及黄金制品进出口准许证》？

第三篇 报关专业技能

第四章　货物报关程序和管理规范

本章学习目标

本章介绍了不同类型货物的报关程序和海关管理规范。通过本章的学习，重点应掌握一般进出口货物、保税货物、特定减免税货物以及暂准进出口货物的报关程序和规范。其他一些进出境货物，如转关运输货物、快件货物、过境、转运、通运货物、无代价抵偿货物、误卸或溢卸货物、放弃货物、超期未报关货物、退运货物和退关货物以及跨境贸易电子商务零售进出口商品的报关程序和海关管理规范也是需要掌握的内容。

报关程序是指进出口货物收发货人、进出境运输工具负责人、进出境物品所有人或者他们的代理人按照海关的规定，办理货物、运输工具、物品的进出境手续及相关海关事务的过程。

由于进出境运输工具和进出境物品的报关程序相对比较简单，第一章中已经有所说明，本章所讲的报关程序仅指进出境货物的报关程序。

根据《中华人民共和国海关法》规定，一般进出口货物的报关程序主要包括：报关单位向海关如实申报其进出境货物的情况，配合海关查验货物，对部分货物还需缴纳进出口税费，最后海关放行货物。除此以外，根据海关监管的要求，对于保税货物、特定减免税货物以及暂准进出口货物在向海关申报前还需办理备案申请、在海关放行后还需办理核销结案等其他海关手续。

第一节　一般进出口货物报关程序和管理规范

一、一般进出口货物的概念和特征

（一）概念

一般进出口货物是指在进出境环节缴纳了应征的进出口税费并办结了所有必要的海关手续，海关放行后不再进行监管的进出口货物。

（二）特征

一般进出口货物具有以下特征。

1. 进出境环节缴纳进出口税费

"进出境环节"是指进口货物办结海关手续提取以前，出口货物已向海关申报尚未装运离境时，处于海关监管之下的状态。在这一环节，进口货物的收货人，出口货物的发货人按照海关法和其他有关法律、法规的规定，向海关缴纳关税、海关代征税、规费及其他费用。

2. 进出口时提交相关的许可证件

货物进出口时受国家法律、法规管制的，进出口货物收发货人或其代理人应当向海关提交相关的进出口许可证件。

3. 海关放行即办结海关手续

海关征收了全额的税费，审核了相关的进出口许可证件以后，按规定签印放行。这时，进出口货物收发货人或其代理人才能办理提取进口货物或者装运出口货物的手续。对一般进出口货物来说，海关放行即意味着海关手续已经全部办结，就不再是海关的监管货物。

二、一般进出口货物的报关程序和管理规范

一般进出口货物报关程序包括 4 个基本环节，即进出口申报、配合查验、缴纳税费、提取或装运货物。

（一）进出口申报

"申报"是指进出口货物的收发货人、受委托的报关企业，依照《中华人民共和国海关法》以及有关法律、行政法规和规章的要求，在规定的期限、地点，采用电子数据报关单和纸质报关单形式，向海关报告实际进出口货物的情况，并接受海关审核的行为。如前所述，进出口货物的收发货人，可以自行向海关申报，也可以委托报关企业向海关申报。向海关办理申报手续的进出口货物的收发货人、受委托的报关企业应当预先在海关依法办理注册登记。为进出口货物的收发货人、受委托的报关企业办理申报手续的人员，应当是在海关备案的报关人员。

1. 申报地点

在一般情况下，进口货物的收货人或其代理人应当在货物的进境地向海关申报；出口货物的发货人或其代理人应当在货物的出境地向海关申报。

当进出口货物申请办理转关运输手续时，进口货物的收货人或其代理人应当在设有海关的货物指运地申报；出口货物的发货人或其代理人应当在设有海关的货物启运地申报。

以保税、展览及其他特殊使用目的等方式进境后，因故改变性质，或者改变使用目的转为实际进口的货物，进口货物的收货人或其代理人应当向货物的主管海关申报。

2. 申报期限

进口货物的收货人、受委托的报关企业应当自运输工具申报进境之日起十四日内向海关申报。

进口转关运输货物的收货人、受委托的报关企业应当自运输工具申报进境之日起十四日内，向进境地海关办理转关运输手续，有关货物应当自运抵指运地之日起十四日内向指运地海关申报。

出口货物发货人、受委托的报关企业应当在货物运抵海关监管区后、装货的二十四小时以前向海关申报。

超过规定时限未向海关申报的，海关按照《中华人民共和国海关征收进口货物滞报金

办法》征收滞报金。进口货物自装载货物的运输工具申报进境之日起超过 3 个月仍未向海关申报的，货物由海关依照《中华人民共和国海关法》的规定提取变卖处理。对属于不宜长期保存的货物，海关可以根据实际情况提前处理。

3. 申报单证

进出口货物的收发货人、受委托的报关企业到海关现场办理接单审核、征收税费及验放手续时，应当递交与电子数据报关单内容相一致的纸质报关单、国家实行进出口管理的许可证件以及海关要求的随附单证等。进口货物纸质报关单一式五联：海关作业联、海关留存联、企业留存联、海关核销联、证明联（进口付汇用）。出口货物纸质报关单一式六联：海关作业联、海关留存联、企业留存联、海关核销联、证明联（出口收汇用）、证明联（出口退税专用）。进、出口货物报关单应当随附的单证包括：合同、发票、装箱清单、载货清单（舱单）、提（运）单、代理报关授权委托协议、进出口许可证件等。

4. 申报方式

申报采用电子数据报关单申报形式和纸质报关单申报形式。电子数据报关单和纸质报关单均具有法律效力。

电子数据报关单申报形式是指进出口货物的收发货人、受委托的报关企业通过计算机系统按照《中华人民共和国海关进出口货物报关单填制规范》的要求向海关传送报关单电子数据并备齐随附单证的申报方式。纸质报关单申报形式是指进出口货物的收发货人、受委托的报关企业，按照海关的规定填制纸质报关单，备齐随附单证，向海关当面递交的申报方式。进出口货物的收发货人、受委托的报关企业应当以电子数据报关单形式向海关申报，与随附单证一并递交的纸质报关单的内容应当与电子数据报关单一致；特殊情况下经海关同意，允许先采用纸质报关单形式申报，电子数据事后补报，补报的电子数据应当与纸质报关单内容一致。在向未使用海关信息化管理系统作业的海关申报时可以采用纸质报关单申报形式。

不论以电子数据报关单方式申报还是以纸质报关单方式申报，海关只以接受申报数据的日期为接受申报的日期。以电子数据报关单方式申报的，申报日期为海关计算机系统接受申报数据时记录的日期，该日期将反馈给原数据发送单位，或者公布于海关业务现场，或者通过公共信息系统发布。以纸质报关单方式申报的，申报日期为海关接受纸质报关单并且对报关单进行登记处理的日期。电子数据报关单经过海关计算机检查被退回的，视为海关不接受申报，进出口货物收发货人、受委托的报关企业应当按照要求修改后重新申报，申报日期为海关接受重新申报的日期。海关已接受申报的报关单电子数据，人工审核确认需要退回修改的，进出口货物收发货人、受委托的报关企业应当在 10 日内完成修改并重新发送报关单电子数据，申报日期仍为海关接受原报关单电子数据的日期；超过 10 日的，原报关单无效，进出口货物收发货人、受委托的报关企业应当另行向海关申报，申报日期为海关再次接受申报的日期。

海关审结电子数据报关单后，进出口货物的收发货人、受委托的报关企业应当自接到海关"现场交单"或"放行交单"通知之日起 10 日内，持打印出的纸质报关单，备齐规定的随附单证并签名盖章，到货物所在地海关递交书面单证并办理相关海关手续。

5. 申报的修改或撤销

海关接受进出口货物申报后，报关单证及其内容不得修改或者撤销；符合规定情形的，可以修改或者撤销。进出口货物报关单修改或者撤销后，纸质报关单和电子数据报关单应当一致。进出口货物报关单的修改或者撤销，应当遵循修改优先原则；确实不能修改的，应当予以撤销。

有以下情形之一的，当事人可以向原接受申报的海关办理进出口货物报关单修改或者撤销手续，海关另有规定的除外：

- 出口货物放行后，由于装运、配载等原因造成原申报货物部分或者全部退关、变更运输工具的；
- 进出口货物在装载、运输、存储过程中发生溢短装，或者由于不可抗力造成灭失、短损等，导致原申报数据与实际货物不符的；
- 由于办理退补税、海关事务担保等其他海关手续而需要修改或者撤销报关单数据的；
- 根据贸易惯例先行采用暂时价格成交、实际结算时按商检品质认定或者国际市场实际价格付款方式需要修改申报内容的；
- 已申报进口货物办理直接退运手续，需要修改或者撤销原进口货物报关单的；
- 由于计算机、网络系统等技术原因导致电子数据申报错误的。

符合上述规定的，当事人应当向海关提交《进出口货物报关单修改/撤销表》和下列对应材料：

- 退关、变更运输工具证明材料；
- 商检机构或者相关部门出具的证明材料；
- 签注海关意见的相关材料；
- 全面反映贸易实际状况的发票、合同、提单、装箱单等单证，并如实提供与货物买卖有关的支付凭证以及证明申报价格真实、准确的其他商业单证、书面资料和电子数据；
- 《进口货物直接退运表》或者《责令进口货物直接退运通知书》；
- 计算机、网络系统运行管理方出具的说明材料；
- 其他证明材料。

当事人向海关提交材料符合规定并且齐全、有效的，海关应当及时进行修改或者撤销。

由于报关人员操作或者书写失误造成申报内容需要修改或者撤销的，当事人应当向海关提交《进出口货物报关单修改/撤销表》和下列材料：

- 可以证明进出口货物实际情况的合同、发票、装箱单、提运单或者载货清单等相关单证、证明文书；
- 详细情况说明；
- 其他证明材料。

海关未发现报关人员存在逃避海关监管行为的，可以修改或者撤销报关单。不予修改或者撤销的，海关应当及时通知当事人，并且说明理由。

海关发现进出口货物报关单需要修改或者撤销，可以采取以下方式主动要求当事人修

改或者撤销:

- 将电子数据报关单退回,并详细说明修改的原因和要求,当事人应当按照海关要求进行修改后重新提交,不得对报关单其他内容进行变更;
- 向当事人制发《进出口货物报关单修改/撤销确认书》,通知当事人要求修改或者撤销的内容,当事人应当在 5 日内对进出口货物报关单修改或者撤销的内容进行确认,确认后海关完成对报关单的修改或者撤销。

除不可抗力外,当事人有以下情形之一的,海关可以直接撤销相应的电子数据报关单:

- 海关将电子数据报关单退回修改,当事人未在规定期限内重新发送的;
- 海关审结电子数据报关单后,当事人未在规定期限内递交纸质报关单的;
- 出口货物申报后未在规定期限内运抵海关监管场所的;
- 海关总署规定的其他情形。

海关已经决定布控、查验以及涉嫌走私或者违反海关监管规定的进出口货物,在办结相关手续前不得修改或者撤销报关单及其电子数据。已签发报关单证明联的进出口货物,当事人办理报关单修改或者撤销手续时应当向海关交回报关单证明联。由于修改或者撤销进出口货物报关单导致需要变更、补办进出口许可证件的,当事人应当向海关提交相应的进出口许可证件。

为深化海关区域通关一体化改革和通关作业无纸化改革,海关总署已在全国开展了进出口货物报关单修改和撤销业务无纸化,进出口货物收发货人或者其代理人(统称当事人)符合《中华人民共和国海关进出口货物报关单修改和撤销管理办法》规定情形的,可通过中国电子口岸预录入系统"修撤单办理/确认"功能(简称预录入系统)向海关办理进出口货物报关单修改或者撤销手续。对于当事人申请办理报关单修改或者撤销手续的,当事人应在预录入系统录入报关单修改或者撤销相关事项并提交相关材料的电子数据。海关办理后通过预录入系统将办理情况反馈当事人,当事人可通过预录入系统查询已提交的修改或者撤销手续的办理进度。对于海关发现报关单需要修改或者撤销的,海关通过预录入系统向当事人发起报关单修改或者撤销确认。当事人应通过预录入系统及时查询并在 5 日内向海关确认"同意办理"或者"不同意办理"的意见。按照《中华人民共和国海关进出口货物报关单修改和撤销管理办法》规定,当事人应当向海关提交相关材料的,原则上通过预录入系统以电子方式上传,文件格式标准参照《通关作业无纸化报关单证电子扫描或转换文件格式标准》(海关总署公告 2014 年第 69 号)。当事人通过预录入系统办理报关单修改或者撤销手续的,视同当事人已向海关提交《进出口货物报关单修改/撤销表》或《进出口货物报关单修改/撤销确认书》。对于海关需要验核纸质材料的,当事人应当提交相关纸质材料。

6. 特殊申报

经海关批准,进出口货物的收发货人、受委托的报关企业可以在取得提(运)单或载货清单(舱单)数据后,向海关提前申报。进出口货物的收发货人、受委托的报关企业向海关提前申报的,应当符合以下规定。

- 进出口货物的收发货人、受委托的报关企业提前申报的,应当先取得提(运)单或载货清单（舱单）数据。其中，提前申报进口货物应于装载货物的进境运输工具启运后、运抵海关监管场所前向海关申报；提前申报出口货物应于货物运抵海关监管场所前3日内向海关申报。

- 进出口货物的收发货人、受委托的报关企业应当如实申报，并对申报内容的真实性、准确性、完整性和规范性承担相应法律责任。
- 进出口货物的收发货人、受委托的报关企业应当按照海关要求交验有关随附单证、进出口货物批准文件及其他需提供的证明文件。
- 进口提前申报货物因故未到或者所到货物与提前申报内容不一致的，进口货物的收货人或其代理人需向海关提交说明材料，有关报关单修改或撤销按照《中华人民共和国海关进出口货物报关单修改和撤销管理办法》（海关总署令第220号）及相关规定办理。出口提前申报货物因故未在海关规定的期限内运抵海关监管场所的，海关撤销原提前申报的报关单。因故运抵海关监管场所的货物与提前申报内容不一致的，出口货物的发货人或其代理人需向海关提交说明材料，有关报关单修改或撤销按照《中华人民共和国海关进出口货物报关单修改和撤销管理办法》及相关规定办理。
- 进出口货物许可证件在海关接受申报之日应当有效。货物提前申报之后、实际进出口之前国家贸易管制政策发生调整的，适用货物实际进出口之日的贸易管制政策。
- 提前申报的进口货物，应当适用装载该货物的运输工具申报进境之日实施的税率和汇率；提前申报的进口转关货物，应当适用装载该货物的运输工具抵达指运地之日实施的税率。提前申报的出口货物，适用海关接受申报之日实施的汇率和税率；提前申报的出口转关货物，应当适用启运地海关接受该货物申报出口之日实施的税率。

对于图书、报纸、期刊类出版物等时效性较强的货物和危险品或者鲜活、易腐、易失效等不宜长期保存的货物以及公路口岸进出境的保税货物，经海关备案，可以适用集中申报通关方式。以集中申报通关方式办理海关手续的进出口货物收发货人，应当在载运进口货物的运输工具申报进境之日起14日内，出口货物在运抵海关监管区后、装货的24小时前填制《中华人民共和国海关进口货物集中申报清单》或者《中华人民共和国海关出口货物集中申报清单》，向海关申报。收发货人应当自海关审结集中申报清单电子数据之日起3日内，持《集中申报清单》及随附单证到货物所在地海关办理交单验放手续。属于许可证件管理的，收发货人还应当提交相应的许可证件，海关应当在相关证件上批注并留存复印件。收发货人应当对1个月内以《集中申报清单》申报的数据进行归并，填制进出口货物报关单，一般贸易货物在次月10日之前、保税货物在次月底之前到海关办理集中申报手续。

为进一步适应区域经济发展的要求，充分体现守法便利的原则，简化海关手续，提高通关效率，我国海关还实施了跨关区"属地申报，口岸验放"通关模式（是指符合海关规定条件的企业进出口货物时，可自主选择向属地海关任一海关单位申报，在货物实际进出境地的口岸海关办理货物验放手续的一种通关方式）。凡进出口企业拟采用"属地申报，口岸验放"通关模式的，需向所在地直属海关提出书面申请。直属海关参照海关对企业分类管理标准等对申请企业进行审核，并提出是否同意的书面答复意见。口岸海关接受并确认进境运输工具负责人或其代理人申报的舱单电子数据后，进口货物的收货人或其代理人即可选择"属地申报，口岸验放"方式，录入《进口货物报关单》电子数据，向属地海关进行申报。除海关另有规定的以外，出口货物的发货人或其代理人在出口口岸订舱后，即可选择"属地申报，口岸验放"方式，录入《出口货物报关单》电子数据，向属地海关进行申报。出口货物运抵口岸海关监管场所后发生退关的，由发货人或其代理人向属地海关申请。属地海关审核无误后，出具出口退关证明，交发货人提交口岸海关办理退关手续。对因海关规定或国家许可证件①管理，须在属地或口岸进行申报并办理验放手续的进出口货物，不适用于"属地申报，口岸验放"通关模式。

为进一步提高通关效率，促进贸易便利化水平的提升，我国自 2014 年开始先后在京津冀地区、长江经济带、广东省内、丝绸之路经济带、东北地区以及海关特殊监管区域和保税监管场所实行了区域通关一体化改革和区区联动，打破管理区域界限，通过建立区域通关中心，打造统一的申报平台、风险防控平台、专业审单平台和现场作业平台，企业可以自主地选择申报、纳税、验放地点和通关模式，进一步简化手续，降低企业通关成本。

经电缆、管道、输送带或者其他特殊运输方式输送进出口的货物，经海关同意，可以定期向指定海关申报。

7. 补充申报

补充申报是指进出口货物的收发货人、受委托的报关企业依照海关有关行政法规和规章制度的要求，在《中华人民共和国海关进（出）口货物报关单》之外采用补充申报单的形式，向海关进一步申报为确定货物完税价格、商品归类、原产地等所需信息的行为。

有下列情形的，收发货人、报关企业应当向海关进行补充申报。

- 海关对申报时货物的价格、商品编码等内容进行审核时，为确定申报内容的完整性和准确性，要求进行补充申报的；海关对申报货物的原产地进行审核时，为确定货物原产地准确性，要求收发货人提交原产地证书，并进行补充申报的。
- 海关对已放行货物的价格、商品编码和原产地等内容进行进一步核实时，要求进行补充申报的。

进出口货物的收发货人、受委托的报关企业可以主动向海关进行补充申报，并在递交报关单时一并提交补充申报单。补充申报的申报单包括《中华人民共和国海关进出口货物价格补充申报单》《中华人民共和国海关进出口货物商品归类补充申报单》《中华人民共和国海关进出口货物原产地补充申报单》以及海关行政法规和规章规定的其他补充申报单证。

进出口货物的收发货人、受委托的报关企业应按要求如实、完整地填写补充申报单，并对补充申报内容的真实性、准确性承担相应的法律责任。补充申报的内容是对报关单申报内容的有效补充，不得与报关单填报的内容相抵触。

根据上述规定需要进行补充申报的，海关应当书面通知收发货人、报关企业，收发货人、报关企业应当在收到海关书面通知之日起 5 个工作日内向海关办理补充申报手续，海关行政法规和规章另有规定的除外。收发货人、报关企业在规定时限内未能按要求进行补充申报的，海关可根据已掌握的信息，按照有关规定确定进口货物的完税价格、商品编码和原产地。

为配合通关作业无纸化改革，提高通关效率，海关总署开发了补充申报管理系统，对

---

① "许可证件"不包括"入（出）境货物通关单"。

通关过程的补充申报进行电子化管理。进出口货物的收发货人、受委托的报关企业主动向海关进行补充申报的，应在向海关申报电子数据报关单时，一并通过系统向海关申报电子数据补充申报单。海关在对进出口货物申报时的价格、商品编码、原产地等内容审核的过程中，要求收发货人、报关企业进行补充申报的，可通过系统发送电子指令通知收发货人、报关企业向海关申报电子数据补充申报单。收发货人、报关企业应当在收到海关补充申报电子指令之日起 5 个工作日内，通过系统向海关申报电子数据补充申报单。法律、行政法规和海关规章另有规定的除外。电子数据补充申报单经海关审核通过后，收发货人、报关企业应当打印纸质补充申报单（一式两份），待签名盖章后递交现场海关。适用通关作业无纸化通关方式申报的补充申报单，无须递交纸质补充申报单。海关对已放行货物的价格、商品编码、原产地等内容进行进一步核实时，要求收发货人、报关企业进行补充申报的，应当制发《补充申报通知书》书面通知收发货人、报关企业。收发货人、报关企业采用纸质补充申报单进行申报。

（二）配合查验

查验是指海关为确定进出口货物收发货人向海关申报的内容是否与进出口货物的真实情况相符，或者为确定商品的归类、价格、原产地等，依法对进出口货物进行实际核查的执法行为。海关在对进出口货物实施查验时，进出口货物收发货人或者其代理人应当到场，负责按照海关要求搬移货物，开拆和重封货物的包装，并如实回答查验人员的询问以及提供必要的资料，配合查验。因进出口货物所具有的特殊属性，容易因开启、搬运不当等原因导致货物损毁，需要查验人员在查验过程中予以特别注意的，进出口货物收发货人或者其代理人应当在海关实施查验前声明。

1. 查验地点

查验应当在海关监管区内实施。因货物易受温度、静电、粉尘等自然因素影响，不宜在海关监管区内实施查验，或者因其他特殊原因，需要在海关监管区外查验的，经进出口货物收发货人或者其代理人书面申请，海关可以派负责人员到海关监管区外实施查验。

2. 查验方式

海关实施查验可以彻底查验，也可以抽查。彻底查验，是指逐件开拆包装、验核货物实际状况的查验方式。抽查，是指按照一定比例有选择地对一票货物中的部分货物验核实际状况的查验方式。按照操作方式，查验可以分为人工查验和机检查验，人工查验包括外形查验、开箱查验等方式。其中，外形查验是指对外部特征直观、易于判断基本属性的货物的包装、唛头和外观等状况进行验核的查验方式；开箱查验是指将货物从集装箱、货柜车箱等箱体中取出并拆除外包装后，对货物实际状况进行验核的查验方式；机检查验是指以利用技术检查设备为主，对货物实际状况进行验核的查验方式。

海关可以根据货物情况以及实际执法需要，确定具体的查验方式。实施查验时需要提取货样、化验，以进一步确定或者鉴别进出口货物的品名、规格等属性的，海关依照《中华人民共和国海关化验管理办法》等有关规定办理。

3. 查验记录

查验结束后，查验人员应当如实填写查验记录并签名。查验记录应当由在场的进出口货物收发货人或者其代理人签名确认。进出口货物收发货人或者其代理人拒不签名的，查验人员应当在查验记录中予以注明，并由货物所在监管场所的经营人签名证明。查验记录作为报关单的随附单证由海关保存。

4. 优先查验、复验和径行开验

《中华人民共和国海关进出口货物查验管理办法》规定，对于危险品或者鲜活、易腐、易烂、易失效、易变质等不宜长期保存的货物，以及因其他特殊情况需要紧急验放的货物，经进出口货物收发货人或者其代理人申请，海关可以优先安排查验。

有下列情形之一的，海关可以对已查验货物进行复验：

（1）经初次查验未能查明货物的真实属性，需要对已查验货物的某些性状做进一步确认的；

（2）货物涉嫌走私违规，需要重新查验的；

（3）进出口货物收发货人对海关查验结论有异议，提出复验要求并经海关同意的；

（4）其他海关认为必要的情形。

复验按照规定办理，查验人员在查验记录上应当注明"复验"字样。已经参加过查验的查验人员不得参加对同一票货物的复验。

有下列情形之一的，海关可以在进出口货物收发货人或者其代理人不在场的情况下，对进出口货物进行径行开验：

（1）进出口货物有违法嫌疑的；

（2）经海关通知查验，进出口货物收发货人或者其代理人届时未到场的。

海关径行开验时，存放货物的海关监管场所经营人、运输工具负责人应当到场协助，并在查验记录上签名确认。

5. 查验费用

海关在监管区内实施查验不收取费用。对集装箱、货柜车或者其他货物加施海关封志的，按照规定收取封志工本费。因查验而产生的进出口货物搬移、开拆或者重封包装等费用，由进出口货物收发货人承担。在海关监管区外查验货物，进出口货物收发货人或者其代理人应当按照规定向海关交纳规费。

6. 法律责任

进出口货物收发货人或者其代理人违反《中华人民共和国海关进出口货物查验管理办法》规定的，海关依照《中华人民共和国海关法》《中华人民共和国海关行政处罚实施条例》等有关规定予以处理。

海关在查验进出口货物时造成被查验货物损坏的，由海关按照《中华人民共和国海关法》《中华人民共和国海关行政赔偿办法》的规定承担赔偿责任。

查验人员在查验过程中，违反规定，利用职权为自己或者他人谋取私利，索取、收受贿赂，滥用职权，故意刁难，拖延查验的，应按照有关规定依法处理。

（三）缴纳税费

进出口货物收发货人或其代理人进行申报，海关对报关单进行审核，对需要查验的货物先由海关进行查验，然后计算应缴纳的关税、进口环节增值税、消费税、滞纳金、滞报金等税费，开具关税和代征税缴款书或收费专用票据。进出口货物收、发货人或其代理人在规定时间内，持缴款书或收费票据向海关指定银行办理缴纳税费手续，由银行将税费缴入海关专用账户。在部分试行中国电子口岸网上缴税和付费的海关，进出口货物收发货人或其代理人可以通过电子口岸接收海关发出的税款缴款书和收费票据，在网上向签有协议的银行进行电子支付税费。一旦收到银行缴款成功的信息，即可报请海关办理货物放行手续。

（四）提取或装运货物

对于一般进出口货物而言，海关在接受进出口货物的申报、审核电子数据报关单和纸质报关单及随附单证、查验货物、征收税费或接受担保以后，对进出口货物做出结束海关进出境现场监管决定，在进口货物提货凭证或者出口货物装货凭证上签盖"海关放行章"，进出口货物收发货人或其代理人签收进口提货凭证或者出口装货凭证，即可凭以提取进口货物或将出口货物装运到运输工具上离境。因此，对于一般进出口货物，海关放行即等于办结海关手续，就不再是海关监管货物了。

依据国家有关法律、行政法规、规章和国际公约的要求，海关在办结进口货物放行手续后，可以应进口货物收货人的申请签发《货物进口证明书》（简称证明书）。

有下列情况之一的，收货人可在办结进口货物放行手续后向海关申请签发证明书：

- 进口汽车和摩托车整车；
- 有特殊管理规定，明确需签发证明书的进口货物；
- 我国所加入或缔结的国际公约要求缔约国履行签发证明书义务的进口货物；
- 海关同意签发证明书的进口货物。

有下列情况之一的，海关不予签发证明书：

- 暂时进境、修理物品、加工贸易、租赁贸易等将复运出境的货物（包括进口汽车和摩托车整车，下同）；
- 复运进境的原出口货物；
- 自境外进入海关特殊监管区域或保税监管场所的保税货物；
- 海关特殊监管区域或保税监管场所之间进出的保税货物。

外国驻华使领馆、国际组织驻华代表机构及其人员、外商常驻机构及其常驻人员、其他非居民长期旅客等从境外进口的车辆，以及海关罚没、变卖的进口车辆仍按现行规定办理。

对进口汽车和摩托车整车，收货人可在向海关办理报关手续后，通过相同报关单预录入系统补充并提交汽车、摩托车具体数据，向海关申请签发证明书。汽车具体数据包括商品项号、商品名称、规格型号、动力类型、发动机号/电动机号、排气量/电动机功率、车辆识别代号、颜色、原产国、出厂日期；摩托车具体数据包括商品项号、商品名称、规格型号、发动机号、排气量、车辆识别代号、颜色、原产国、出厂日期。

海关办结货物进口放行手续后，对符合签发条件的进口货物，可应收货人申请签发证明书。进口汽车、摩托车整车证明书实行"一车一证"管理，即一辆汽车或摩托车仅签发一份证明书，证面签注内容获取自进口货物报关单和收货人向海关提交的补充数据；其他进口货物证明书实行"一批一证"管理，即一份进口报关单仅签发一份证明书，因报关单申报商品项较多而无法打印在一份证明书上的，实行分页签发。

收货人应自进口货物放行之日起 3 年内向海关提出签发证明书申请。因报关单申报或补传数据错误原因造成证明书数据错误的，收货人应当自证明书签发之日起 3 年内向原签发地海关提出换发申请。进口汽车、摩托车整车证明书因故遗失的，车辆合法所有人应当自证明书签发之日起 3 年内向原签发地海关提出补发申请，其他货物证明书一律不予补发。对于超出规定受理时限的，海关不予受理其申请。

进口汽车、摩托车整车证明书因故遗失的，当前合法所有人可向原签发地海关申请补发，并递交以下材料：

- 书面申请，申请中应如实说明车辆及证明书合法获得的来源，以及丢失的时间、地点和过程等有关情况；委托代理人的，应出具代理权限明确的《授权委托书》；
- 申请人为原进口货物报关单经营单位、收货单位或其代理人的，需提供原进口单证复印件，其他申请人需提供购车发票、合同、协议或其他合法获得证明；
- 公安部门报案丢失的受案证明；
- 在省级报纸上刊登的遗失声明；
- 申请人为法人或其他非法人组织的，应当提供营业执照、组织机构代码证副本或类似证明材料；申请人为自然人的，应当提供身份证明，委托他人办理补发手续的，还应当递交委托书及被委托人的身份证明材料；
- 海关认为必要的其他材料。

海关受理申请后对原进口事实和证明书签发情况进行核实，并向公安部门核查上牌信息，经核实无误的，海关向申请人补发相关证明书。

已签发证明书的进口货物因故需退运或复运出境的，收货人应将证明书交还原签发地海关，并由海关对证明书予以作废。

证明书一经签发，不得在证明书上面直接进行涂改，对于确需修改的，收货人应当在规定时间内向原签发地海关申请换发。证明书签发内容应与进口货物办结海关验放手续时的状态信息相符。货物在境内因故发生变化或更换部件，造成与证明书签发内容不符的，海关不予受理换发或更改申请。

进口汽车、摩托车整车证明书仅限于公安交通管理部门在办理核发进口汽车、摩托车牌证手续时使用，不作抵押等其他用途使用，也不具有作为其他行政管理机关管理依据的效力和作用。进口汽车、摩托车整车证明书和其他进口货物证明书的签发商品范围及相关管理要求，仍按海关总署、国家发改委、商务部 2005 年第 44 号公告执行。

三、货物分类通关及通关作业无纸化改革

以上介绍了一般进出口货物的通关程序。为进一步优化海关监管和服务，提高通关效率，海关总署先后实施开展了货物分类通关改革和通关作业无纸化改革。

货物分类通关是海关通过科学运用风险管理的理念和方法，以企业资信状况为基础，综合商品、物流等各类风险要素，按照风险高低对进出口货物实施分类通关作业。对诚信守法企业的低风险进出口货物，海关计算机系统对电子数据报关单完成电子审核后，快速放行。纸质报关单证有"事后交单"和"现场交单"两种方式供企业自主选择。"事后交单"

即经海关审核准予适用"事后交单"通关方式的企业采取"无纸报关"方式录入报关单向海关申报，经海关审核满足计算机自动放行条件的，货物放行后在规定期限内向海关递交纸质报关单证。"现场交单"即企业按照《中华人民共和国海关进出口货物申报管理规定》要求，在货物放行前向海关递交纸质报关单证。适用"事后交单"通关方式的企业应当自货物放行之日起10日内到海关办理交单验核等相关手续。

通关作业无纸化是指海关以企业分类管理和风险分析为基础，按照风险等级对进出口货物实施分类，运用信息化技术改变海关验核进出口企业递交纸质报关单及随附单证办理通关手续的做法，直接对企业通过中国电子口岸录入申报的报关单及随附单证的电子数据进行无纸审核、验放处理的通关作业方式。海关通关作业无纸化改革试点工作自2012年8月1日起开始实施，目前试点范围已扩大至全国海关的全部通关业务现场。企业经报关所在地直属海关同意，在与报关所在地直属海关、第三方认证机构（中国电子口岸数据中心）签订电子数据应用协议后，可在该海关范围内适用"通关作业无纸化"通关方式。经海关同意准予适用"通关作业无纸化"通关方式的进出口企业需要委托报关企业代理报关的，应当委托经海关准予适用"通关作业无纸化"通关方式的报关企业。经海关批准的企业可以自行选择有纸或无纸作业方式。选择无纸作业方式的企业在货物申报时，应在电子口岸录入端选择"通关无纸化"方式。企业向海关申报时，合同、发票、装箱清单、载货清单（舱单）等报关单随附单证可不提交，海关审核时如需要再提交。

第二节　保税货物报关程序和管理规范

一、保税货物的概念、特征和类型

（一）概念

根据《中华人民共和国海关法》的规定，保税货物是指经海关批准未办理纳税手续进境，在境内储存、加工、装配后复运出境的货物。根据这一定义可以看出，保税货物是一种有别于一般进出口的货物类型，是一种海关监管货物。

（二）特征

根据保税货物的概念，保税货物具有如下三方面的特征。

1. 经海关批准

任何货物，如不经过海关批准，都不能成为保税货物。不论是批准设立保税仓库，还是加工贸易合同备案，以及保税区和出口加工区某些进口货物的保税，都是海关在行使批准保税的权力和职责。只有海关批准保税，货物在进境时才可以暂不办理纳税手续。

2. 属于海关监管货物

由于保税货物是"未办理纳税手续进境"的货物，因此保税货物属于海关监管货物，自进境之日起就必须置于海关的监管之下，它在境内的储存、加工、装配等活动都必须接受海关监管，直到复运出境或改变性质办理正式进口手续为止。当保税货物失去保税条件时，海关有权依法对该保税货物做出相应处置。

3. 应复运出境

由于保税货物未按一般货物办理进口纳税手续，因此它在境内经过储存、加工、装配后应当复运出境。相反，如果海关批准保税进境的货物经过储存、加工、装配后最终不复运出境，那么就改变了保税货物的特性，不再符合保税条件，就应当按照留在境内的实际性质办理相应的进口手续。

（三）类型

按照海关实施监管的形式，保税货物可以划分为储存出境类保税货物、加工生产类保税货物和区域保税货物三种类型。

1. 储存出境类保税货物

储存出境类保税货物是指经海关批准保税进境，经过一段时间储存后又复运出境的货物，主要包括保税仓库货物、出口监管仓库货物、保税物流中心货物等。

2. 加工生产类保税货物

加工生产类保税货物是指专门为加工、装配、生产出口产品而从境外进口经海关批准保税的原材料、零部件，加工成半成品、成品后再复运出境的货物，主要包括加工贸易货物。

3. 区域保税货物

区域保税货物主要是指进出保税区、出口加工区、保税物流园区、保税港区（综合保税区）等海关特殊监管区域的货物。

二、储存出境类保税货物报关程序和管理规范

（一）保税仓库货物

保税仓库，是指经海关批准设立的专门存放保税货物及其他未办结海关手续货物的仓库。经海关批准可以存入保税仓库的货物包括：加工贸易进口货物；转口货物；供应国际航行船舶和航空器的油料、物料和维修用零部件；供维修外国产品所进口寄售的零配件；外商暂存货物；未办结海关手续的一般贸易货物；经海关批准的其他未办结海关手续的货物。

保税仓库应当按照海关批准的存放货物范围和商品种类开展保税仓储业务。保税仓库不得存放国家禁止进境货物，不得存放未经批准的影响公共安全、公共卫生或健康、公共道德或秩序的国家限制进境货物以及其他不得存入保税仓库的货物。

1. 保税仓库类型

保税仓库按照使用对象不同可以分为公用型保税仓库和自用型保税仓库。公用型保税仓库由主营仓储业务的中国境内独立企业法人经营，专门向社会提供保税仓储服务；自用型保税仓库由特定的中国境内独立企业法人经营，仅存储供本企业自用的保税货物。

保税仓库中专门用来存储具有特定用途或特殊种类商品的称为专用型保税仓库。专用型保税仓库包括液体危险品保税仓库、备料保税仓库、寄售维修保税仓库和其他专用型保税仓库。液体危险品保税仓库是指符合国家关于危险化学品仓储规定的，专门提供石油、成品油或者其他散装液体危险化学品保税仓储服务的保税仓库。备料保税仓库，是指加工贸易企业存储为加工复出口产品所进口的原材料、设备及其零部件的保税仓库，所存保税货物仅限于供应本企业。寄售维修保税仓库，是指专门存储为维修外国产品所进口寄售零配件的保税仓库。

新坐标国际贸易系列精品教材
进出口报关实务（第 3 版）

2. 保税仓库的设立条件和程序

根据《中华人民共和国海关对保税仓库及所存货物的管理规定》，保税仓库应当设立在设有海关机构、便于海关监管的区域。经营保税仓库的企业，应当具备下列条件：

（1）经工商行政管理部门注册登记，具有企业法人资格；

（2）具备向海关缴纳税款的能力；

（3）具有专门存储保税货物的营业场所；

（4）经营特殊许可商品存储的，应当持有规定的特殊许可证件；

（5）经营备料保税仓库的加工贸易企业，年出口额最低为 1 000 万美元；

（6）法律、行政法规、海关规章规定的其他条件。

保税仓库应当具备下列条件：

（1）符合海关对保税仓库布局的要求；

（2）具备符合海关监管要求的安全隔离设施、监管设施和办理业务必需的其他设施；

（3）具备符合海关监管要求的保税仓库计算机管理系统并与海关联网；

（4）具备符合海关监管要求的保税仓库管理制度、符合会计法要求的会计制度；

（5）符合国家土地管理、规划、交通、消防、安全、质检、环保等方面法律、行政法规及有关规定；

（6）公用型保税仓库面积最低为 2 000 平方米；

（7）液体危险品保税仓库容积最低为 5 000 立方米；

（8）寄售维修保税仓库面积最低为 2 000 平方米；

（9）法律、行政法规、海关规章规定的其他条件。

保税仓库由直属海关审批，报海关总署备案。企业申请设立保税仓库的，应当向仓库所在地主管海关提交书面申请，并备齐《中华人民共和国海关对保税仓库及所存货物的管理规定》中规定的设立条件的相关证明材料。申请材料齐全有效的，主管海关予以受理。申请材料不齐全或者不符合法定形式的，主管海关在 5 个工作日内一次性告知申请人需要补正的全部内容。主管海关自受理申请之日起 20 个工作日内提出初审意见并将有关材料报送直属海关审批。

直属海关自接到报送材料之日起 20 个工作日内审查完毕，对符合条件的，出具批准文件，批准文件的有效期为 1 年；对不符合条件的，书面告知申请人理由。

申请设立保税仓库的企业自海关出具保税仓库批准文件 1 年内向海关申请保税仓库验收，由直属海关按照《中华人民共和国海关对保税仓库及所存货物的管理规定》中规定的条件进行审核验收。申请企业无正当理由逾期未申请验收或者保税仓库验收不合格的，该保税仓库的批准文件自动失效。

保税仓库验收合格后，经海关注册登记并核发《中华人民共和国海关保税仓库注册登记证书》，即可投入正式运营。

3. 保税仓库货物的报关手续和管理规范

保税仓储货物入库时，收发货人或其代理人持有关单证向海关办理货物报关入库手续，海关根据核定的保税仓库存放货物范围和商品种类对报关入库货物的品种、数量、金额进行审核，并对入库货物进行核注登记。入库货物的进境口岸不在保税仓库主管海关的，经海关批准，按照海关转关的规定或者在口岸海关办理相关手续。

保税仓储货物在仓库内可以进行包装、分级分类、加刷唛码、分拆、拼装等简单加工，不得进行实质性加工。未经海关批准，保税仓库货物不得擅自出售、转让、抵押、质押、留置、移作他用或者进行其他处置。保税仓储货物存储期限为1年。确有正当理由的，经海关同意可予以延期；除特殊情况外，延期不得超过1年。

下列情形之一的保税仓储货物，经海关批准可以办理出库手续，海关按照相应的规定进行管理和验放：

（1）运往境外的；

（2）运往境内保税区、出口加工区或者调拨到其他保税仓库继续实施保税监管的；

（3）转为加工贸易进口的；

（4）转入国内市场销售的；

（5）海关规定的其他情形。

下列保税仓储货物出库时依法免征关税和进口环节代征税：

（1）用于在保修期限内免费维修有关外国产品并符合无代价抵偿货物有关规定的零部件；

（2）用于国际航行船舶和航空器的油料、物料；

（3）国家规定免税的其他货物。

保税仓储货物出库运往境内其他地方的，收发货人或其代理人应当填写进口报关单，并随附出库单据等相关单证向海关申报，保税仓库向海关办理出库手续并凭海关签印放行的报关单发运货物。从异地提取保税仓储货物出库的，可以在保税仓库主管海关报关，也可以按照海关规定办理转关手续。

保税仓储货物出库复运往境外的，发货人或其代理人应当填写出口报关单，并随附出库单据等相关单证向海关申报，保税仓库向海关办理出库手续并凭海关签印放行的报关单发运货物。出境货物出境口岸不在保税仓库主管海关的，经海关批准，可以在口岸海关办理相关手续，也可以按照海关规定办理转关手续。

出库保税仓储货物批量少、批次频繁的，经海关批准可以办理集中报关手续。

4. 海关对保税仓库的管理措施

（1）保税仓库不得转租、转借给他人经营，不得下设分库。

（2）海关对保税仓库实施计算机联网管理，并可以随时派员进入保税仓库检查货物的收、付、存情况及有关账册。海关认为必要时，可以会同保税仓库经营企业双方共同对保税仓库加锁或者直接派相关人员驻库监管，保税仓库经营企业应当为海关提供办公场所和必要的办公条件。保税仓库经营企业负责人和保税仓库管理人员应当熟悉海关有关法律、法规，遵守海关监管规定，接受海关培训。

（3）保税仓库经营企业应当如实填写有关单证、仓库账册，真实记录并全面反映其业务活动和财务状况，编制仓库月度收、付、存情况表和年度财务会计报告，并定期以计算机电子数据和书面形式报送主管海关。

（4）保税仓库经营企业需变更企业名称、组织形式、法定代表人等事项的，应当在变更前向直属海关提交书面报告，说明变更事项、事由和变更时间；变更后，海关按照《中华人民共和国海关对保税仓库及所存货物的管理规定》中规定的条件对其进行重新审核。保税仓库需变更名称、地址、仓储面积（容积）、所存货物范围和商品种类等事项的，应当经直属海关批准。直属海关将保税仓库经营企业及保税仓库的变更情况报海关总署备案。

（5）保税仓库无正当理由连续 6 个月未经营保税仓储业务的，保税仓库经营企业应当向海关申请终止保税仓储业务。经营企业未申请的，海关注销其注册登记，并收回《中华人民共和国海关保税仓库注册登记证书》。保税仓库不参加年审或者年审不合格的，海关注销其注册登记，并收回《中华人民共和国海关保税仓库注册登记证书》。保税仓库因其他事由终止保税仓储业务的，由保税仓库经营企业提出书面申请，经海关审核后，交回《中华人民共和国海关保税仓库注册登记证书》，并办理注销手续。

5. 法律责任

（1）保税仓储货物在存储期间发生损毁或者灭失的，除不可抗力外，保税仓库应当依法向海关缴纳损毁、灭失货物的税款，并承担相应的法律责任。

（2）保税仓储货物在保税仓库内存储期满，未及时向海关申请延期或者延长期限届满后既不复运出境也不转为进口的，海关应当按照《中华人民共和国海关关于超期未报关进口货物、误卸或者溢卸的进境货物和放弃进口货物的处理办法》第五条的规定处理，征收滞报金，超过三个月仍未办理相关手续的，货物由海关提取依法变卖处理。

（3）海关在保税仓库设立、变更、注销后，发现原申请材料不完整或者不准确的，应当责令经营企业限期补正，发现企业有隐瞒真实情况、提供虚假资料等违法情形的，依法予以处罚。

（4）保税仓库经营企业有下列行为之一的，海关责令其改正，可以给予警告，或者处 1 万元以下的罚款；有违法所得的，处违法所得 3 倍以下的罚款，但最高不得超过 3 万元：

① 未经海关批准，在保税仓库擅自存放非保税货物的；

② 私自设立保税仓库分库的；

③ 保税货物管理混乱，账目不清的；

④ 经营事项发生变更，未按规定办理海关手续的。

（二）出口监管仓库货物

出口监管仓库，是指经海关批准设立，对已办结海关出口手续的货物进行存储、保税物流配送、提供流通性增值服务的海关专用监管仓库。出口监管仓库分为出口配送型仓库和国内结转型仓库。出口配送型仓库是指存储以实际离境为目的的出口货物的仓库。国内结转型仓库是指存储用于国内结转的出口货物的仓库。经海关批准，出口监管仓库可以存入下列货物：一般贸易出口货物；加工贸易出口货物；从其他海关特殊监管区域、场所转入的出口货物；出口配送型仓库可以存放为拼装出口货物而进口的货物，以及为改换出口监管仓库货物包装而进口的包装物料；其他已办结海关出口手续的货物。出口监管仓库不得存放下列货物：国家禁止进出境货物；未经批准的国家限制进出境货物；海关规定不得存放的其他货物。

1. 出口监管仓库的设立

《中华人民共和国海关对出口监管仓库及所存货物的管理办法》规定，出口监管仓库的设立应当符合区域物流发展和海关对出口监管仓库布局的要求，符合国家土地管理、规划、交通、消防、安全、环保等有关法律、行政法规的规定。出口监管仓库的设立，由出口监管仓库所在地主管海关受理，报直属海关审批。

申请设立出口监管仓库的经营企业，应当具备下列条件：

（1）已经在工商行政管理部门注册登记，具有企业法人资格；

（2）具有进出口经营权和仓储经营权；

（3）具备向海关缴纳税款的能力；

（4）具有专门存储货物的场所，其中出口配送型仓库的面积不得低于 5 000 平方米，国内结转型仓库的面积不得低于 1 000 平方米。

企业申请设立出口监管仓库，应当向仓库所在地主管海关递交以下书面材料和证件：

（1）《出口监管仓库申请书》；

（2）《出口监管仓库申请事项表》；

（3）申请设立出口监管仓库企业的申请报告及可行性报告；

（4）申请设立出口监管仓库企业成立批文或者有关主管部门批准开展有关业务的批件复印件；

（5）申请设立出口监管仓库企业工商营业执照和税务登记证复印件；

（6）申请设立出口监管仓库企业《进出口货物收发货人注册登记证书》或者《报关企业注册登记证书》复印件；

（7）出口监管仓库库址土地使用权证明文件或者租赁仓库的租赁协议复印件；

（8）仓库地理位置示意图及平面图。

上述所列文件凡提供复印件的，应当同时提交原件以供海关核对。

海关依据《中华人民共和国行政许可法》和《中华人民共和国海关实施〈中华人民共和国行政许可法〉办法》的规定，受理、审查设立出口监管仓库的申请。对于符合条件的，做出准予设立出口监管仓库的行政许可决定，并出具批准文件；对于不符合条件的，做出不予设立出口监管仓库的行政许可决定，并应当书面告知申请企业。

申请设立出口监管仓库的企业应当自海关出具批准文件之日起 1 年内向海关申请验收出口监管仓库。申请验收应当符合以下条件：

（1）具有专门存储货物的场所，其中出口配送型仓库的面积不得低于 5 000 平方米，国内结转型仓库的面积不得低于 1 000 平方米；

（2）具有符合海关监管要求的安全隔离设施、监管设施和办理业务必需的其他设施；

（3）具有符合海关监管要求的计算机管理系统，并与海关联网；

（4）建立了出口监管仓库的章程、机构设置、仓储设施及账册管理和会计制度等仓库管理制度；

（5）自有仓库的，具有出口监管仓库的产权证明；租赁仓库的，具有租赁期限 5 年以上的租赁合同；

（6）消防验收合格。

企业无正当理由逾期未申请验收或者验收不合格的，该出口监管仓库的批准文件自动失效。出口监管仓库验收合格后，经直属海关注册登记并核发《中华人民共和国海关出口监管仓库注册登记证书》，可以投入运营。《中华人民共和国海关出口监管仓库注册登记证书》有效期为 3 年。

2. 出口监管仓库的管理措施

出口监管仓库必须专库专用，不得转租、转借给他人经营，不得下设分库。

海关对出口监管仓库实施计算机联网管理。海关可以随时派员进入出口监管仓库检查货物的进、出、转、存情况及有关账册、记录。海关可以会同出口监管仓库经营企业共同对出口监管仓库加锁或者直接派员驻库监管。海关对出口监管仓库实行分类管理及延期审查制度。

出口监管仓库经营企业负责人和出口监管仓库管理人员应当熟悉和遵守海关有关规定，并接受海关培训。出口监管仓库经营企业应当如实填写有关单证、仓库账册、真实记录并全面反映其业务活动和财务状况，编制仓库月度进、出、转、存情况表和年度财务会计报告，并定期报送主管海关。

出口监管仓库经营企业需变更企业名称、组织形式、法定代表人等事项的，应当在变更前向直属海关提交书面报告，说明变更事项、事由和变更时间。变更后，主管海关按照《中华人民共和国海关对出口监管仓库及所存货物的管理办法》第九条的规定对其进行重新审核。出口监管仓库变更类型的，按照上述出口监管仓库的设立的有关规定办理。出口监管仓库需变更名称、地址、仓储面积等事项的，应当经直属海关批准。

出口监管仓库有下列行为之一的，海关注销其注册登记，并收回《出口监管仓库注册登记证书》：

- 无正当理由连续 6 个月未开展业务的；
- 无正当理由逾期未申请延期审查或者延期审查不合格的；
- 仓库经营企业书面申请变更出口监管仓库类型的；
- 仓库经营企业书面申请终止出口监管仓库仓储业务的；
- 仓库经营企业丧失上述规定的申请设立条件的。

3. 海关对出口监管仓库货物的管理措施

出口监管仓库所存货物存储期限为 6 个月。经主管海关同意可以延期，但延期不得超过 6 个月。货物存储期满前，仓库经营企业应当通知发货人或者其代理人办理货物的出境或者进口手续。

存入出口监管仓库的货物不得进行实质性加工。经主管海关同意，可以在仓库内进行品质检验、分级分类、分拣分装、加刷唛码、刷贴标志、打膜、改换包装等流通性增值服务。对经批准享受入仓即予退税政策的出口监管仓库，海关在货物入仓结关后予以签发出口货物报关单证明联。对不享受入仓即予退税政策的出口监管仓库，海关在货物实际离境后签发出口货物报关单证明联。

经转入、转出方所在地主管海关批准，并按照规定办理相关手续后，出口监管仓库之间、出口监管仓库与保税港区、保税区、出口加工区、保税物流园区、保税物流中心、保税仓库等特殊监管区域、场所之间可以进行货物流转。货物流转涉及出口退税的，按照国家有关规定办理。

存入出口监管仓库的出口货物，按照国家规定应当提交许可证件或者缴纳出口关税的，发货人或者其代理人应当提交许可证件或者缴纳税款。出口货物存入出口监管仓库时，发货人或者其代理人应当向主管海关申报。发货人或者其代理人除按照海关规定提交有关单证外，还应当提交仓库经营企业填制的《出口监管仓库货物入仓清单》。海关对报关入仓货物的品种、数量、金额等进行审核、核注和登记。经主管海关批准，对批量少、批次频繁的入仓货物，可以办理集中报关手续。

出仓货物出口时，仓库经营企业或者其代理人应当向主管海关申报。仓库经营企业或者其代理人除按照海关规定提交有关单证外，还应当提交仓库经营企业填制的《出口监管仓库货物出仓清单》。出仓货物出境口岸不在仓库主管海关的，经海关批准，可以在口岸所在地海关办理相关手续，也可以在主管海关办理相关手续。

出口监管仓库货物转进口的，应当经海关批准，按照进口货物有关规定办理相关手续。对已存入出口监管仓库因质量等原因要求更换的货物，经仓库所在地主管海关批准，可以更换货物。被更换货物出仓前，更换货物应当先行入仓，并应当与原货物的商品编码、品名、规格型号、数量和价值相同。出口监管仓库货物，因特殊原因确需退运、退仓，应当经海关批准，并按照有关规定办理相关手续。

4. 相关法律责任

出口监管仓库所存货物在存储期间发生损毁或者灭失的，除不可抗力外，仓库应当依法向海关缴纳损毁、灭失货物的税款，并承担相应的法律责任。企业以隐瞒真实情况、提供虚假资料等不正当手段取得设立出口监管仓库行政许可的，由海关依法予以撤销。

出口监管仓库经营企业有下列行为之一的，海关责令其改正，可以给予警告，或者处1万元以下的罚款；有违法所得的，处违法所得3倍以下的罚款，但最高不得超过3万元：

- 未经海关批准，在出口监管仓库擅自存放非出口监管仓库货物；
- 出口监管仓库货物管理混乱，账目不清的；
- 违反《中华人民共和国海关对出口监管仓库及所存货物的管理办法》第十四条规定的；
- 经营事项发生变更，未按照相关规定办理海关手续的。

（三）保税物流中心货物

1. 保税物流中心（A型）

保税物流中心（A型）是指经海关批准，由中国境内企业法人经营、专门从事保税仓储物流业务的海关监管场所。经海关批准可以存入保税物流中心（A型）的货物包括：国内出口货物；转口货物和国际中转物资；外商暂存货物；加工贸易进出口货物；供应国际航行船舶和航空器的物料、维修用零部件；供维修外国产品所进口寄售的零配件；未办结海关手续的一般贸易进口货物；经海关批准的其他未办结海关手续的货物。保税物流中心（A型）经营企业按照海关批准的存储货物范围和商品种类开展保税仓储物流业务。

（1）保税物流中心（A型）的分类。保税物流中心（A型）按照服务范围分为公用型保税物流中心（A型）和自用型保税物流中心（A型）。公用型保税物流中心（A型）是指由专门从事仓储物流业务的中国境内企业法人经营，向社会提供保税仓储物流综合服务的海关监管场所；自用型保税物流中心（A型）是指中国境内企业法人经营，仅向本企业或者本企业集团内部成员提供保税仓储物流服务的海关监管场所。

（2）保税物流中心（A型）的设立条件和程序。保税物流中心（A型）应当设在国际物流需求量较大，交通便利且便于海关监管的地方。保税物流中心（A型）经营企业应当具备下列资格条件：

① 经工商行政管理部门注册登记，具有独立的企业法人资格；

② 具备向海关缴纳税款和履行其他法律义务的能力；

③ 具有专门存储货物的营业场所，拥有营业场所的土地使用权。租赁他人土地、场所经营的，租期不得少于3年；

④ 经营特殊许可商品存储的，应当持有规定的特殊经营许可批件；

⑤ 经营自用型保税物流中心（A型）的企业，年进出口金额（含深加工结转）东部地区不低于2亿美元，中西部地区不低于5 000万美元；

⑥ 具有符合海关监管要求的管理制度和符合会计法规定的会计制度。

保税物流中心（A型）经营企业申请设立保税物流中心（A型）应当具备下列条件：

① 符合海关对保税物流中心（A型）的监管规划建设要求；

② 公用型保税物流中心（A型）的仓储面积，东部地区不低于20 000平方米，中西部地区不低于5 000平方米；

③ 自用型保税物流中心（A型）的仓储面积（含堆场），东部地区不低于4 000平方米，中西部地区不低于2 000平方米；

④ 建立符合海关监管要求的计算机管理系统，提供供海关查阅数据的终端设备，并按照海关规定的认证方式和数据标准，通过"电子口岸"平台与海关联网，以便海关在统一平台上与国税、外汇管理等部门实现数据交换及信息共享；

⑤ 设置符合海关监管要求的安全隔离设施、视频监控系统等监管、办公设施；

⑥ 符合国家土地管理、规划、消防、安全、质检、环保等方面的法律、行政法规、规章及有关规定。

申请设立保税物流中心（A型）的企业应当向直属海关提出书面申请，并递交以下加盖企业印章的材料：申请书；市级（设区的市）人民政府意见书（附可行性研究报告）；企业章程复印件；企业法人营业执照复印件；法定代表人的身份证明复印件；税务登记证复印件；开户银行证明复印件；保税物流中心（A型）内部管理制度；选址符合土地利用总体规划的证明文件及地理位置图、平面规划图；报关单位报关注册登记证书复印件。

设立保税物流中心（A型）的申请由直属海关受理，报海关总署审批。企业自海关总署出具批准其筹建保税物流中心（A型）文件之日起1年内向直属海关申请验收，由直属海关会同省级税务、外汇管理等部门按照规定的条件进行审核验收。

保税物流中心（A型）验收合格后，由海关总署向企业核发《保税物流中心（A型）验收合格证书》和《保税物流中心（A型）注册登记证书》，颁发保税物流中心（A型）标牌。保税物流中心（A型）在验收合格后方可开展有关业务。

获准设立保税物流中心（A型）的企业确有正当理由未按时申请验收的，经直属海关同意可以延期验收，但延期不得超过 6 个月。如果有特殊情况需要二次延期的，报海关总署批准。获准设立保税物流中心（A 型）的企业无正当理由逾期未申请验收或者验收不合格的，视同其撤回设立物流中心的申请。

（3）保税物流中心（A 型）的经营管理规范。保税物流中心（A 型）负责人及其工作人员应当熟悉海关有关法律、行政法规，遵守海关监管规定。保税物流中心（A 型）不得转租、转借他人经营，不得下设分中心。

保税物流中心（A 型）经营企业可以开展以下业务：

① 保税存储进出口货物及其他未办结海关手续货物；

② 对所存货物开展流通性简单加工和增值服务；

③ 全球采购和国际分拨、配送；

④ 转口贸易和国际中转业务；

⑤ 经海关批准的其他国际物流业务。

保税物流中心（A 型）经营企业在物流中心内不得开展下列业务：

① 商业零售；

② 生产和加工制造；

③ 维修、翻新和拆解；

④ 存储国家禁止进出口货物，以及危害公共安全、公共卫生或者健康、公共道德或者秩序的国家限制进出口货物；

⑤ 法律、行政法规明确规定不能享受保税政策的货物；

⑥ 其他与保税物流中心（A 型）无关的业务。

（4）海关对保税物流中心（A 型）进出货物的监管措施。

① 保税物流中心（A 型）与境外间的进出货物。保税物流中心（A 型）与境外间进出的货物，应当在保税物流中心（A 型）主管海关办理相关手续。保税物流中心（A 型）与口岸不在同一主管海关的，经主管海关批准，可以在口岸海关办理相关手续。

保税物流中心（A 型）与境外间进出的货物，除实行出口被动配额管理和中华人民共和国参加或者缔结的国际条约及国家另有明确规定的以外，不实行进出口配额、许可证件管理。

从境外进入保税物流中心（A 型）内的货物，其关税和进口环节海关代征税，按照下列规定办理：

A. 经海关批准存入保税物流中心（A 型）的货物，包括国内出口货物、转口货物和国际中转货物、外商暂存货物、加工贸易进出口货物、供应国际航行船舶和航空器的物料、维修使用零部件、供维修外国产品所进口寄售的零配件、未办结海关手续的一般贸易进口货物以及经海关批准的其他未办结海关手续的货物，予以保税；

B. 保税物流中心（A 型）企业进口自用的办公用品、交通、运输工具、生活消费用品等，以及保税物流中心（A 型）开展综合物流服务所需进口的机器、装卸设备、管理设备等，按照进口货物的有关规定和税收政策办理相关手续。

② 保税物流中心（A 型）与境内间的进出货物。保税物流中心（A 型）内货物跨关区

提取，可以在保税物流中心（A 型）主管海关办理手续，也可以按照海关其他规定办理相关手续。

企业根据需要经主管海关批准，可以分批进出货物，并按照海关规定办理月度集中报关，但集中报关不得跨年度办理。

保税物流中心（A 型）货物进入境内视同进口，按照货物实际贸易方式和实际状态办理进口报关手续；货物属许可证件管理商品的，企业还应当向海关出具有效的许可证件；实行集中申报的进出口货物，应当适用每次货物进出口时海关接受申报之日实施的税率、汇率。货物从境内进入保税物流中心（A 型）视同出口，办理出口报关手续。如需缴纳出口关税的，应当按照规定纳税；属许可证件管理商品，还应当向海关出具有效的出口许可证件。

从境内运入保税物流中心（A 型）的原进口货物，境内发货人应当向海关办理出口报关手续，经主管海关验放；已经缴纳的关税和进口环节海关代征税，不予退还；对于是否签发出口货物报关单证明联，除法律、行政法规另有规定外，按照以下规定办理。

A. 对于货物从境内进入保税物流中心（A 型）已办结报关手续的；转关出口货物，启运地海关在已收到保税物流中心（A 型）主管海关确认转关货物进入物流中心的转关回执后；以及境内运入保税物流中心（A 型）供物流中心企业自用的国产的机器设备、装卸设备、管理设备、检验检测设备等情况，海关给予签发用于办理出口退税的出口货物报关单证明联。

B. 对于境内运入保税物流中心（A 型）供物流中心企业自用的生活消费用品、交通运输工具；境内运入保税物流中心（A 型）供物流中心企业自用的进口的机器设备、装卸设备、管理设备、检验检测设备等；以及保税物流中心（A 型）之间，保税物流中心（A 型）与出口加工区、保税物流园区、保税物流中心（B 型）和已实行国内货物入仓环节出口退税政策的出口监管仓库等海关特殊监管区域或者海关保税监管场所的货物往来等情况，海关不予签发用于办理出口退税的出口货物报关单证明联。

下列货物从保税物流中心（A 型）进入境内时依法免征关税和进口环节海关代征税：

A. 用于在保修期限内免费维修有关外国产品并符合无代价抵偿货物有关规定的零部件；

B. 用于国际航行船舶和航空器的物料；

C. 国家规定免税的其他货物。

（5）海关对保税物流中心（A 型）的监管规定。

① 海关采取联网监管、视频监控、实地核查等方式对进出保税物流中心（A 型）的货物、物品、运输工具等实施动态监管。

海关对保税物流中心（A 型）实施计算机联网监管。保税物流中心（A 型）应当建立符合海关监管要求的计算机管理系统并与海关联网，形成完整真实的货物进、出、转、存电子数据，保证海关开展对有关业务数据的查询、统计、采集、交换和核查等监管工作。主管海关通过视频监控系统对保税物流中心（A 型）实施远程监管。

② 《保税物流中心（A 型）注册登记证书》有效期为 2 年。保税物流中心（A 型）经营企业应当在《保税物流中心（A 型）注册登记证书》每次有效期满 30 日前向直属海关办

理延期审查申请手续。经营企业办理延期审查申请需提交经会计师事务所审计的本年度资产负债和损益表复印件、报关注册登记证书正本、企业进出口业务情况报告书以及海关要求的其他说明材料，并在材料上加盖企业印章。对海关审查合格的企业准予延期 2 年。

③ 保税物流中心（A 型）需变更经营单位名称、地址、仓储面积等事项的，经营企业申请并由直属海关报海关总署审批。其他变更事项报直属海关备案。

④ 保税物流中心（A 型）经营企业无正当理由连续 6 个月未开展业务的，视同保税物流中心（A 型）经营企业撤回物流中心设立申请。由直属海关报海关总署办理注销手续，并收回《保税物流中心（A 型）验收合格证书》和《保税物流中心（A 型）注册登记证书》。保税物流中心（A 型）经营企业因故终止业务的，由保税物流中心（A 型）提出书面申请，经海关总署审批后，办理注销手续并交回《保税物流中心（A 型）验收合格证书》和《保税物流中心（A 型）注册登记证书》。

⑤ 保税物流中心（A 型）内货物保税存储期限为 1 年。确有正当理由的，经主管海关同意可以予以延期，除特殊情况外，延期不得超过 1 年。

⑥ 保税仓储货物在存储期间发生损毁或者灭失的，除不可抗力外，保税物流中心（A 型）经营企业应当依法向海关缴纳损毁、灭失货物的税款，并承担相应的法律责任。

2. 保税物流中心（B 型）

保税物流中心（B 型）是指经海关批准，由中国境内一家企业法人经营，多家企业进入并从事保税仓储物流业务的海关集中监管场所。经海关批准可以存入保税物流中心（B 型）的货物包括：国内出口货物；转口货物和国际中转货物；外商暂存货物；加工贸易进出口货物；供应国际航行船舶和航空器的物料、维修使用零部件；供维修外国产品所进口寄售的零配件；未办结海关手续的一般贸易进口货物；经海关批准的其他未办结海关手续的货物。保税物流中心（B 型）内企业按照海关批准的存储货物范围和商品种类开展保税物流业务。

（1）保税物流中心（B 型）及中心内企业的设立条件及程序。

① 保税物流中心（B 型）的设立条件及程序。设立保税物流中心（B 型）应当具备下列条件：

A. 保税物流中心（B 型）仓储面积，东部地区不低于 10 万平方米，中西部地区不低于 5 万平方米；

B. 符合海关对保税物流中心（B 型）的监管规划建设要求；

C. 选址在靠近海港、空港、陆路交通枢纽及内陆国际物流需求量较大，交通便利，设有海关机构且便于海关集中监管的地方；

D. 经省级人民政府确认，符合地方经济发展总体布局，满足加工贸易发展对保税物流的需求；

E. 建立符合海关监管要求的计算机管理系统，提供供海关查阅数据的终端设备，并按照海关规定的认证方式和数据标准，通过"电子口岸"平台与海关联网，以便海关在统一平台上与国税、外汇管理等部门实现数据交换及信息共享；

F. 设置符合海关监管要求的安全隔离设施、视频监控系统等监管、办公设施。

保税物流中心（B 型）经营企业应当具备下列资格条件：

A. 经工商行政管理部门注册登记，具有独立企业法人资格；

B. 具备对中心内企业进行日常管理的能力；

C. 具备协助海关对进出保税物流中心（B型）的货物和中心内企业的经营行为实施监管的能力。

申请设立保税物流中心（B型）的企业应当向直属海关提出书面申请，并递交申请书、省级人民政府意见书（附可行性研究报告）、企业章程复印件、企业法人营业执照复印件、法定代表人的身份证明复印件、税务登记证复印件、物流中心所用土地使用权的合法证明及地理位置图、平面规划图等材料，并在材料上加盖企业印章。

设立保税物流中心（B型）的申请由直属海关受理，报海关总署审批。企业自海关总署出具批准其筹建保税物流中心（B型）文件之日起1年内向海关总署申请验收，由海关总署会同国家税务总局、国家外汇管理总局等部门或者委托被授权的机构按照规定进行审核验收。

保税物流中心（B型）验收合格后，由海关总署向保税物流中心（B型）经营企业核发《保税物流中心（B型）验收合格证书》和《保税物流中心（B型）注册登记证书》，颁发标牌。保税物流中心（B型）在验收合格后方可开展有关业务。

获准设立保税物流中心（B型）的企业确有正当理由未按时申请验收的，经海关总署同意可以延期验收；无正当理由逾期未申请验收或者验收不合格的，视同其撤回设立保税物流中心（B型）的申请。

经批准设立保税物流中心（B型）的经营企业具有以下责任和义务：

A. 设立管理机构负责保税物流中心（B型）的日常管理工作；

B. 遵守海关法及有关管理规定；

C. 遵守国家土地管理、规划、消防、安全、质检、环保等方面法律、行政法规及有关规定；

D. 制定完善的保税物流中心（B型）管理制度，协助海关实施对进出物流中心的货物及中心内企业经营行为的监管；

E. 保税物流中心（B型）经营企业不得在本物流中心内直接从事保税仓储物流的经营活动；

F. 保税物流中心（B型）内只能设立仓库、堆场和海关监管工作区，不得建立商业性消费设施。

②中心内企业的设立条件和程序。向海关申请进入保税物流中心（B型）开展保税仓储物流业务的企业应当具备下列条件：

A. 具有独立的法人资格或者特殊情况下的中心外企业的分支机构；

B. 具备向海关缴纳税款和履行其他法律义务的能力；

C. 建立符合海关监管要求的计算机管理系统并与海关联网；

D. 在保税物流中心（B型）内有专门存储海关监管货物的场所。

企业申请进入保税物流中心（B型）应当向所在地主管海关提出书面申请，并递交申请书、企业内部管理制度、企业法人营业执照复印件、法定代表人的身份证明复印件、税务登记证复印件、股权结构证明书（合资、合作企业）和投资主体各方的注册登记文件的复印件、开户银行证明复印件、物流中心内所承租仓库位置图、仓库布局图及承租协议、报关单位报关注册登记证书等材料，并在材料上加盖企业印章。

主管海关受理申请后报直属海关审批。直属海关对经批准的企业核发《中华人民共和国海关保税物流中心（B 型）企业注册登记证书》。

（2）保税物流中心（B 型）的经营管理规范。保税物流中心（B 型）经营企业及中心内企业负责人及其工作人员应当熟悉海关有关法律、法规，遵守海关监管规定。保税物流中心（B 型）不得转租、转借他人经营，不得下设分中心。

保税物流中心（B 型）内企业可以开展以下业务：

① 保税存储进出口货物及其他未办结海关手续货物；

② 对所存货物开展流通性简单加工和增值服务（是指对货物进行分级分类、分拆分拣、分装、计量、组合包装、打膜、加刷唛码、刷贴标志、改换包装、拼装等辅助性简单作业的总称）；

③ 全球采购和国际分拨、配送；

④ 转口贸易和国际中转；

⑤ 经海关批准的其他国际物流业务。

保税物流中心（B 型）内企业不得在物流中心内开展下列业务：

① 商业零售；

② 生产和加工制造；

③ 维修、翻新和拆解；

④ 存储国家禁止进出口货物，以及危害公共安全、公共卫生或者健康、公共道德或者秩序的国家限制进出口货物；

⑤ 法律、行政法规明确规定不能享受保税政策的货物；

⑥ 其他与保税物流中心（B 型）无关的业务。

（3）海关对保税物流中心（B 型）进出货物的监管措施。

① 保税物流中心（B 型）与境外间的进出货物。

保税物流中心（B 型）与境外间进出的货物，应当在物流中心主管海关办理相关手续。保税物流中心（B 型）与口岸不在同一主管海关的，经主管海关批准，可以在口岸海关办理相关手续。

保税物流中心（B 型）与境外之间进出的货物，除实行出口被动配额管理和中华人民共和国参加或者缔结的国际条约及国家另有明确规定的以外，不实行进出口配额、许可证件管理。

从境外进入保税物流中心（B 型）内的货物，其关税和进口环节海关代征税，按照下列规定办理：

A. 经海关批准存入保税物流中心（B 型）的货物，包括国内出口货物、转口货物和国际中转货物、外商暂存货物、加工贸易进出口货物、供应国际航行船舶和航空器的物料、维修使用零部件、供维修外国产品所进口寄售的零配件、未办结海关手续的一般贸易进口货物以及经海关批准的其他未办结海关手续的货物，予以保税；

B. 保税物流中心（B 型）内企业进口自用的办公用品、交通、运输工具、生活消费用品等，以及企业在物流中心内开展综合物流服务所需的进口机器、装卸设备、管理设备等，按照进口货物的有关规定和税收政策办理相关手续。

② 保税物流中心（B 型）与境内间的进出货物。保税物流中心（B 型）货物跨关区提取，可以在物流中心主管海关办理手续，也可以按照海关其他规定办理相关手续。保税物流中心（B 型）内企业根据需要经主管海关批准，可以分批进出货物，并按照海关规定办理月度集中报关，但集中报关不得跨年度办理。

保税物流中心（B 型）货物进入境内视同进口，按照货物实际贸易方式和实际状态办理进口报关手续；货物属许可证件管理商品的，企业还应当向海关出具有效的许可证件；实行集中申报的进出口货物，应当适用每次货物进出口时海关接受申报之日实施的税率、汇率。

货物从境内进入保税物流中心（B 型）视同出口，办理出口报关手续，如需缴纳出口关税的，应当按照规定纳税；属许可证件管理商品，还应当向海关出具有效的出口许可证件。

从境内运入保税物流中心（B 型）的原进口货物，境内发货人应当向海关办理出口报关手续，经主管海关验放；已经缴纳的关税和进口环节海关代征税，不予退还；对于是否签发出口货物报关单证明联，除法律、行政法规另有规定外，需按照以下规定办理。

A. 对于货物从境内进入保税物流中心（B 型）已办结报关手续的；转关出口货物，启运地海关在已收到保税物流中心（B 型）主管海关确认转关货物进入物流中心的转关回执后；以及境内运入保税物流中心（B 型）供中心内企业自用的国产的机器设备、装卸设备、管理设备、检验检测设备等情况，海关给予签发用于办理出口退税的出口货物报关单证明联。

B. 对于境内运入保税物流中心（B 型）供中心内企业自用的生活消费用品、交通运输工具；境内运入保税物流中心（B 型）供中心内企业自用的进口的机器设备、装卸设备、管理设备、检验检测设备等；以及保税物流中心（B 型）之间，保税物流中心（B 型）与出口加工区、保税物流园区、物流中心（A 型）和已实行国内货物入仓环节出口退税政策的出口监管仓库等海关特殊监管区域或者海关保税监管场所的货物往来等情况，海关不予签发用于办理出口退税的出口货物报关单证明联。

下列货物从保税物流中心（B 型）进入境内时依法免征关税和进口环节海关代征税：

A. 用于在保修期限内免费维修有关外国产品并符合无代价抵偿货物有关规定的零部件；

B. 用于国际航行船舶和航空器的物料；

C. 国家规定免税的其他货物。

③ 保税物流中心（B 型）内企业间的货物流转。保税物流中心（B 型）内货物可以在中心内企业之间进行转让、转移并办理相关海关手续。未经海关批准，中心内企业不得擅自将所存货物抵押、质押、留置、移作他用或者进行其他处置。

（4）海关对保税物流中心（B 型）及中心内企业的监管规定。

① 海关采取联网监管、视频监控、实地核查等方式对进出保税物流中心（B 型）的货

物、物品、运输工具等实施动态监管。

海关对保税物流中心（B型）及中心内企业实施计算机联网监管。保税物流中心（B型）及中心内企业应当建立符合海关监管要求的计算机管理系统并与海关联网，形成完整真实的货物进、出、转、存电子数据，保证海关开展对有关业务数据的查询、统计、采集、交换和核查等监管工作。主管海关通过视频监控系统对保税物流中心（B型）实施远程监管。

② 《保税物流中心（B型）注册登记证书》有效期为3年。保税物流中心（B型）经营企业应当在《保税物流中心（B型）注册登记证书》每次有效期满30日前向直属海关办理延期审查申请手续。经营企业办理延期审查申请需提交经会计师事务所审计的本年度资产负债表和损益表复印件以及海关要求的其他说明材料，并在材料上加盖企业印章。对海关审查合格的企业准予延期3年。

③ 保税物流中心（B型）需变更名称、地址、面积及所有权等事项的，由直属海关受理报海关总署审批。其他变更事项报直属海关备案。中心内企业需变更有关事项的，由主管海关受理后报直属海关审批。

④ 保税物流中心（B型）经营企业无正当理由连续1年未开展业务的，视同撤回物流中心设立申请。由直属海关报海关总署办理注销手续并收回标牌和《保税物流中心（B型）验收合格证书》。保税物流中心（B型）经营企业因故终止业务的，经营企业向直属海关提出书面申请，经海关总署审批后，办理注销手续并交回标牌和《保税物流中心（B型）验收合格证书》。

⑤ 保税物流中心（B型）内企业无正当理由连续6个月未开展业务的，视同其撤回进入保税物流中心的申请，由主管海关报直属海关办理注销并收回《保税物流中心（B型）企业注册登记证书》。

⑥ 保税物流中心（B型）内货物保税存储期限为2年。确有正当理由的，经主管海关同意可以予以延期，除特殊情况外，延期不得超过1年。

⑦ 保税仓储货物在存储期间发生损毁或者灭失的，除不可抗力外，保税物流中心（B型）内企业应当依法向海关缴纳损毁、灭失货物的税款，并承担相应的法律责任。

三、加工生产类保税货物报关程序和管理规范

加工生产类保税货物主要是指加工贸易货物。加工贸易是我国对外贸易和开放型经济的重要组成部分，对于推动产业升级、稳定就业发挥了重要作用。国务院于2016年1月印发了《关于促进加工贸易创新发展的若干意见》，提出要深化加工贸易行政审批改革，建立加工贸易新型管理体系，优化监管方式，加快推进内销便利化，加快海关特殊监管区域整合优化等要求。

加工贸易是指经营企业进口全部或者部分原辅材料、零部件、元器件、包装物料（简称料件），经加工或者装配后，将制成品复出口的经营活动，包括来料加工和进料加工。来料加工，是指进口料件由境外企业提供，经营企业不需要付汇进口，按照境外企业的要求进行加工或者装配，只收取加工费，制成品由境外企业销售的经营活动。进料加工，是指进口料件由经营企业付汇进口，制成品由经营企业外销出口的经营活动。

　　加工贸易货物，是指加工贸易项下的进口料件、加工成品以及加工过程中产生的边角料、残次品、副产品等。加工贸易货物的报关程序除了进出境阶段的手续外，在向海关申报前还需办理加工贸易货物手册设立、在海关放行后还需办理核销结案等其他海关手续。

（一）加工贸易货物手册设立手续

　　经营企业应当向加工企业所在地主管海关办理加工贸易货物的手册设立手续。经营企业是指负责对外签订加工贸易进出口合同的各类进出口企业和外商投资企业，以及经批准获得来料加工经营许可的对外加工装配服务公司。加工企业是指接受经营企业委托，负责对进口料件进行加工或者装配，并且具有法人资格的生产企业，以及由经营企业设立的虽不具有法人资格，但是实行相对独立核算并已经办理工商营业证（执照）的工厂。经营企业与加工企业不在同一直属海关管辖的区域范围的，应当按照海关对异地加工贸易的管理规定办理手册设立手续。

　　除另有规定外，经营企业办理加工贸易货物的手册设立，应当向海关如实申报贸易方式、单耗、进出口口岸，以及进口料件和出口成品的商品名称、商品编号、规格型号、价格和原产地等情况，并且提交下列单证：

- 主管部门签发的同意开展加工贸易业务的有效批准文件；
- 经营企业自身有加工能力的，应当提交主管部门签发的《加工贸易加工企业生产能力证明》；
- 经营企业委托加工的，应当提交经营企业与加工企业签订的委托加工合同、主管部门签发的加工企业《加工贸易加工企业生产能力证明》；
- 经营企业对外签订的合同；
- 海关认为需要提交的其他证明文件和材料。

　　经营企业按照规定提交齐全、有效的单证材料，申报设立手册的，海关应当自接受企业手册设立申报之日起 5 个工作日内完成加工贸易手册设立手续。需要办理担保手续的，经营企业按照规定提供担保后，海关办理手册设立手续。有下列情形之一的，海关应当在经营企业提供相当于应缴税款金额的保证金或者银行、非银行金融机构保函后办理手册设立手续：

- 涉嫌走私，已经被海关立案侦查，案件尚未审结的；
- 由于管理混乱被海关要求整改，在整改期内的。

　　有下列情形之一的，海关可以要求经营企业在办理手册设立手续时提供相当于应缴税款金额的保证金或者银行、非银行金融机构保函：

- 租赁厂房或者设备的；
- 首次开展加工贸易业务的；
- 加工贸易手册延期两次（含两次）以上的；
- 办理异地加工贸易手续的；
- 涉嫌违规，已经被海关立案调查，案件尚未审结的。

　　加工贸易企业有下列情形之一的，不得办理手册设立手续：

- 进口料件或者出口成品属于国家禁止进出口的；

- 加工产品属于国家禁止在我国境内加工生产的；
- 进口料件不宜实行保税监管的；
- 经营企业或者加工企业属于国家规定不允许开展加工贸易的；
- 经营企业未在规定期限内向海关报核已到期的加工贸易手册，又重新申报设立手册的。

经营企业办理加工贸易货物的手册设立，申报内容、提交单证与事实不符的，海关应当按照下列规定进行处理：

- 货物尚未进口的，海关注销其手册；
- 货物已进口的，责令企业将货物退运出境。在此情形下，经营企业可以向海关申请提供相当于应缴税款金额的保证金或者银行、非银行金融机构保函，并且继续履行合同。

已经办理加工贸易货物的手册设立手续的经营企业可以向海关领取加工贸易手册分册、续册。加工贸易货物手册设立内容发生变更的，经营企业应当在加工贸易手册有效期内办理变更手续。需要报原审批机关批准的，还应当报原审批机关批准，另有规定的除外。

（二）加工贸易货物的进出口和加工

经营企业进口加工贸易货物，可以从境外或者海关特殊监管区域、保税监管场所进口，也可以通过深加工结转方式转入。深加工结转是指加工贸易企业将保税进口料件加工的产品转至另一加工贸易企业进一步加工后复出口的经营活动。经营企业出口加工贸易货物，可以向境外或者海关特殊监管区域、保税监管场所出口，也可以通过深加工结转方式转出。

经营企业应当凭加工贸易手册、加工贸易进出口货物专用报关单等有关单证办理加工贸易货物进出口报关手续。

加工贸易企业开展深加工结转的，转入企业、转出企业应当向各自的主管海关申报，办理实际收发货以及报关手续。有下列情形之一的，加工贸易企业不得办理深加工结转手续：

- 不符合海关监管要求，被海关责令限期整改，在整改期内的；
- 有逾期未报核手册的；
- 由于涉嫌走私已经被海关立案调查，尚未结案的。

加工贸易企业未按照海关规定进行收发货的，不得再次办理深加工结转手续。

经营企业开展外发加工业务，应当按照外发加工的相关管理规定自外发之日起 3 个工作日内向海关办理备案手续。外发加工是指经营企业委托承揽者对加工贸易货物进行加工，在规定期限内将加工后的产品最终复出口的行为。经营企业开展外发加工业务，不得将加工贸易货物转卖给承揽者；承揽者不得将加工贸易货物再次外发。经营企业将全部工序外发加工的，应当在办理备案手续的同时向海关提供相当于外发加工货物应缴税款金额的保证金或者银行、非银行金融机构保函。外发加工的成品、剩余料件以及生产过程中产生的边角料、残次品、副产品等加工贸易货物，经营企业向所在地主管海关办理相关手续后，可以不运回本企业。

海关对加工贸易货物实施监管的，经营企业和承揽者应当予以配合。加工贸易货物应当专料专用。经海关核准，经营企业可以在保税料件之间、保税料件与非保税料件之间进行串换，但是被串换的料件应当属于同一企业，并且应当遵循同品种、同规格、同数量、不牟利的原则。来料加工保税进口料件不得串换。

由于加工工艺需要使用非保税料件的，经营企业应当事先向海关如实申报使用非保税料件的比例、品种、规格、型号、数量。经营企业按照规定向海关申报的，海关核销时应当在出口成品总耗用量中予以扣除。经营企业进口料件由于质量存在瑕疵、规格型号与合同不符等原因，需要返还原供货商进行退换，以及由于加工贸易出口产品售后服务需要而出口未加工保税料件的，可以直接向口岸海关办理报关手续。已经加工的保税进口料件不得进行退换。

（三）加工贸易货物核销手续

加工贸易货物核销是指加工贸易经营企业加工复出口或者办理内销等海关手续后，凭规定单证向海关报核，海关按照规定进行核查以后办理解除监管手续的行为。

经营企业应当在规定的期限内将进口料件加工复出口，并且自加工贸易手册项下最后一批成品出口或者加工贸易手册到期之日起 30 日内向海关报核。经营企业对外签订的合同提前终止的，应当自合同终止之日起 30 日内向海关报核。

经营企业报核时应当向海关如实申报进口料件、出口成品、边角料、剩余料件、残次品、副产品以及单耗等情况，并且按照规定提交相关单证。经营企业按照规定向海关报核，单证齐全、有效的，海关应当受理报核。

海关核销可以采取纸质单证核销、电子数据核销的方式，必要时可以下厂核查，企业应当予以配合。海关应当自受理报核之日起 30 日内予以核销。特殊情况需要延长的，经直属海关关长或者其授权的隶属海关关长批准可以延长 30 日。

加工贸易保税进口料件或者成品因故转为内销的，海关凭主管部门准予内销的有效批准文件，对保税进口料件依法征收税款并且加征缓税利息，另有规定的除外。进口料件属于国家对进口有限制性规定的，经营企业还应当向海关提交进口许可证件。经营企业因故将加工贸易进口料件退运出境的，海关凭有关退运单证核销。经营企业在生产过程中产生的边角料、剩余料件、残次品、副产品和受灾保税货物，按照海关对加工贸易边角料、剩余料件、残次品、副产品和受灾保税货物的管理规定办理，海关凭有关单证核销。

经营企业遗失加工贸易手册的，应当及时向海关报告。海关按照有关规定处理后对遗失的加工贸易手册予以核销。对经核销结案的加工贸易手册，海关向经营企业签发《核销结案通知书》。经营企业已经办理担保的，海关在核销结案后按照规定解除担保。加工贸易货物的手册设立和核销单证自加工贸易手册核销结案之日起留存 3 年。

加工贸易企业出现分立、合并、破产、解散或者其他停止正常生产经营活动情形的，应当及时向海关报告，并且办结海关手续。加工贸易货物被人民法院或者有关行政执法部门封存的，加工贸易企业应当自加工贸易货物被封存之日起 5 个工作日内向海关报告。

（四）加工贸易银行保证金台账制度

根据《中华人民共和国海关加工贸易货物监管办法》的规定，经营企业申报设立加工贸易手册时，需要办理担保手续的，经营企业按照规定提供担保后，海关办理手册设立手续。加工贸易货物担保手续主要就是指加工贸易银行保证金台账制度。加工贸易银行保证金台账制度是指经营企业对外签订了加工贸易合同，首先取得外经贸主管部门签发的批准文件，然后向海关办理申报设立加工贸易手册手续，需要办理担保的，向指定银行申请设立加工贸易保证金台账，加工成品在规定期限内全部出口，向海关办理核销手续后，再由银行核销保证金台账的管理制度。

1. 银行保证金台账的开设、变更和核销程序

经营企业签订加工贸易合同后，先到外经贸主管部门办理合同审批，然后向海关办理申报设立加工贸易手册手续，海关开出《银行保证金台账开设联系单》，交经营企业向指定银行办理保证金台账设立手续，保证金"实转"的需到银行会计部门办理保证金收取手续，银行设立保证金台账后开出《银行保证金台账登记通知单》，由经营企业带回海关进行核注，最后海关为企业设立加工贸易手册。

加工贸易货物手册设立后部分合同内容申请变更导致进口总值发生变化，或者合同因故不能在原有效期内执行完毕而在海关申请变更有效期（展期）时，经海关审批并开出《银行保证金台账变更联系单》，交经营企业向指定银行办理保证金台账变更手续，银行开出《银行保证金台账变更通知单》，由经营企业带回海关进行核注。

加工贸易合同执行完毕后，经营企业向海关报核加工贸易手册，领取《银行保证金台账核销联系单》，向银行申请核销保证金台账，银行开出《银行保证金台账核销通知单》，由经营企业带回海关进行核注，加工贸易货物通关手续到此全部完结。

为简化和完善加工贸易银行保证金台账管理制度，我国海关逐步推进了保证金台账电子化联网管理。银行与海关间采用保证金台账电子化联网管理模式后，在上述有关业务流程不变的同时，企业无须再往返于海关与银行之间传递单证，有关单证的电子数据均实现网上传输。企业在预录入端收到海关开出《银行保证金台账开设联系单》回执后，直接凭银行签发的电子《银行保证金台账登记通知单》《银行保证金台账变更通知单》《银行保证金台账核销通知单》向海关办理加工贸易手册设立、变更和核销手续。

2. 加工贸易银行保证金台账制度的具体内容

加工贸易银行保证金台账制度实行按企业和商品分类管理办法。如前所述，海关根据企业信用状况将企业认定为高级认证企业、一般认证企业、一般信用企业和失信企业。企业按照海关信用管理分类缴纳台账保证金，在规定期限内加工成品出口并办理核销结案手续后，保证金及利息予以退还。同时，加工贸易商品也分为禁止类、限制类和允许类进行管理。

目前，商务部、海关总署在2014年第90号公告中公布了调整后的《加工贸易禁止类商品目录》，共计包括1 871项商品编码。另外对于以下情况，虽然没有在加工贸易禁止类商品目录中单列，但按照加工贸易禁止类进行管理：

- 为种植、养殖等出口产品而进口种子、种苗、种畜、化肥、饲料、添加剂、抗生素等；
- 生产出口的仿真枪支；
- 属于国家已经发布的禁止进口货物目录和禁止出口货物目录的商品。

商务部、海关总署在 2015 年第 63 号公告中公布了调整后的《加工贸易限制类商品目录》，共计 451 项商品编码，其中限制出口 95 项商品编码，限制进口 356 项商品编码。不属于禁止类和限制类商品即为加工贸易允许类商品。

任何企业不得从事禁止类商品加工贸易业务。对管理方式为"实转"的 81 个限制类商品编码，高级认证企业与一般认证企业实行"空转"管理（即无须缴纳台账保证金），东部地区①一般信用企业缴纳按实转商品项下保税进口料件应缴进口关税和进口环节增值税之和 50%的保证金；对其他 370 个限制类商品编码，高级认证企业、一般认证企业与一般信用企业均实行"空转"管理。经营企业及其加工企业同时属于中西部地区的，开展限制类商品加工贸易业务，高级认证企业、一般认证企业和一般信用企业实行银行保证金台账"空转"管理。失信企业开展限制类商品加工贸易业务均须缴纳 100%台账保证金。

对于今后根据我国经济运行状况对银行保证金台账管理制度以及加工贸易禁止类和限制类商品目录进行的调整，请参考商务部、海关总署发布的相关公告。

（五）异地加工贸易的管理措施

"异地加工贸易"是指加工贸易经营单位将进口料件委托另一直属海关关区内加工生产企业开展的加工业务。不包括加工出口产品过程中某一加工工序的外发加工业务。

1. 异地加工贸易办理手续

经营单位开展异地加工贸易，应当凭其所在地外经贸主管部门核发的《加工贸易业务批准证》和加工企业所在地外经贸主管部门出具的《加工贸易加工企业生产能力证明》，填制《中华人民共和国海关异地加工贸易申报表》（简称《申报表》），向经营单位主管海关办理异地加工手续。

经营单位主管海关在办理异地加工手续时，对于办理过异地加工贸易业务的经营单位，应当查阅由加工企业主管海关反馈的《中华人民共和国海关异地加工贸易回执》（简称《回执》）。经核实合同执行情况正常的，在《申报表》（一式二联）内批注签章，与《加工贸易业务批准证》《加工贸易加工企业生产能力证明》一并制作关封，交经营单位凭以向加工企业主管海关办理手册设立手续。

加工企业主管海关凭经营单位提供的《加工贸易业务批准证》、委托加工合同、《加工贸易加工企业生产能力证明》《申报表》以及其他有关单证办理手册设立手续。由加工企业向海关办理手册设立手续的，应当持有经营单位出具的委托书。

2. 异地加工贸易其他管理规定

- 经营单位与加工企业开展异地加工业务，双方须签订符合《中华人民共和国合同法》规定的"委托加工合同"。经营单位与加工企业双方必须遵守国家对加工贸易管理的有关规定，经营单位不得将保税进口料件转卖给加工企业。

- 海关对开展异地加工贸易的经营单位和加工企业实行分类管理，如果两者的管理类别不相同，按其中较低类别采取监管措施。如需实行保证金台账"实转"的，经营单位应按规定交付备案进口料件税款等额的台账保证金。经营单位不得委托按失信

---

① 东部地区包括北京市、天津市、上海市、辽宁省、河北省、山东省、江苏省、浙江省、福建省、广东省。

企业管理的加工企业开展异地加工贸易。

- 异地加工贸易合同执行过程中，如有走私违规行为或无法正常核销结案的，加工企业主管海关应负责将台账保证金转税和罚款。台账保证金转税数额不足的，由加工企业主管海关负责向经营单位追缴税款，经营单位主管海关应予协助。

- 对违反《中华人民共和国海关关于异地加工贸易的管理办法》，构成走私、违规的，由海关依照《中华人民共和国海关法》及《中华人民共和国海关行政处罚实施条例》有关规定处理。经营单位和加工企业在执行海关各项规定时，负有共同责任。对其违法行为，海关可根据实际情况分别追究法律责任。

- 经营单位与加工企业不在同一直属关区，但属同一法人开展异地加工贸易业务的，也适用上述各项规定。

（六）加工贸易单耗管理规范

1. 单耗和单耗标准

加工贸易单耗是指加工贸易企业在正常加工条件下加工单位成品所耗用的料件量，单耗包括净耗和工艺损耗。净耗，是指在加工后，料件通过物理变化或者化学反应存在或者转化到单位成品中的量。工艺损耗，是指因加工工艺原因，料件在正常加工过程中除净耗外所必需耗用、但不能存在或者转化到成品中的量，包括有形损耗和无形损耗。单耗=净耗/（1−工艺损耗率），其中工艺损耗率是指工艺损耗占所耗用料件的百分比。下列情况不列入工艺损耗范围：

① 因突发停电、停水、停气或者其他人为原因造成保税料件、半成品、成品的损耗；
② 因丢失、破损等原因造成的保税料件、半成品、成品的损耗；
③ 因不可抗力造成保税料件、半成品、成品灭失、损毁或者短少的损耗；
④ 因进口保税料件和出口成品的品质、规格不符合合同要求，造成用料量增加的损耗；
⑤ 因工艺性配料所用的非保税料件所产生的损耗；
⑥ 加工过程中消耗性材料的损耗。

加工贸易企业应当在加工贸易手册设立环节向海关进行单耗备案。单耗管理应当遵循如实申报、据实核销的原则。

单耗标准是指供通用或者重复使用的加工贸易单位成品耗料量的准则。单耗标准设定最高上限值，其中出口应税成品单耗标准增设最低下限值。单耗标准由海关根据有关规定会同相关部门制定，并应当以海关公告形式对外发布。单耗标准适用于海关特殊监管区域、保税监管场所外的加工贸易企业，海关特殊监管区域、保税监管场所内的加工贸易企业不适用单耗标准。海关特殊监管区域、保税监管场所外的加工贸易企业应当在单耗标准内向海关进行单耗备案或者单耗申报。海关特殊监管区域、保税监管场所外的加工贸易企业申报的单耗在单耗标准内的，海关按照申报的单耗对保税料件进行核销；申报的单耗超出单耗标准的，海关按照单耗标准的最高上限值或者最低下限值对保税料件进行核销。尚未公布单耗标准的，加工贸易企业应当如实向海关申报单耗，海关按照加工贸易企业的实际单耗对保税料件进行核销。

2. 单耗的申报和审核

加工贸易企业应当在成品出口、深加工结转或者内销前如实向海关申报单耗。加工贸易企业确有正当理由无法按期申报单耗的，应当留存成品样品以及相关单证，并在成品出口、深加工结转或者内销前提出书面申请，经主管海关批准的，加工贸易企业可以在报核前申报单耗。加工贸易企业申报单耗应当包括以下内容：加工贸易项下料件和成品的商品名称、商品编号、计量单位、规格型号和品质；加工贸易项下成品的单耗；加工贸易同一料件有保税和非保税料件的，应当申报非保税料件的比例、商品名称、计量单位、规格型号和品质。

加工贸易企业应当采取纸质或者电子数据形式申报单耗。加工贸易企业可以向海关申请办理单耗变更或者撤销手续，但下列情形除外：保税成品已经申报出口的；保税成品已经办理深加工结转的；保税成品已经申请内销的；海关已经对单耗进行核定的；海关已经对加工贸易企业立案调查的。

海关对加工贸易企业申报的单耗进行审核，符合规定的，接受加工贸易企业的申报。海关对加工贸易企业申报单耗的真实性、准确性有疑问的，应当制发《中华人民共和国海关加工贸易单耗质疑通知书》，将质疑理由书面告知加工贸易企业的法定代表人或者其代理人。加工贸易企业的法定代表人或者其代理人应当自收到《单耗质疑通知书》之日起 10 个工作日内，以书面形式向海关提供有关资料。加工贸易企业未能在海关规定期限内提供有关资料、提供的资料不充分或者提供的资料无法确定单耗的，海关应当对单耗进行核定。海关可以单独或者综合使用技术分析、实际测定、成本核算等方法对加工贸易企业申报的单耗进行核定。单耗核定前，加工贸易企业缴纳保证金或者提供银行担保，并经海关同意的，可以先行办理加工贸易料件和成品的进出口、深加工结转或者内销等海关手续；加工贸易企业实行银行保证金台账实转，且台账实转金额不低于应缴税款金额的，可以免予提供担保。

加工贸易企业对隶属海关做出的单耗核定结果有异议，可以在收到单耗核定结果之日起 5 个工作日内向直属海关提出书面复核申请；对直属海关做出的单耗核定结果有异议，可以在收到单耗核定结果之日起 5 个工作日内向海关总署提出书面复核申请。加工贸易企业对海关做出的单耗核定结果有异议的，也可以在收到单耗核定结果之日起 60 日内直接向做出单耗核定海关的上一级海关申请行政复议。直属海关受理单耗复核的部门为保税监管职能管理部门；海关总署受理单耗复核的部门为海关总署加工贸易及保税监管司。单耗复核的申请人是提出单耗复核申请的加工贸易经营企业；单耗复核的被申请人是做出单耗核定结论的海关。申请人申请单耗复核，应填写《加工贸易单耗复核申请表》，并提供相关资料。单耗复核决定做出前，申请人提出撤回单耗复核书面申请，经单耗复核部门审查同意后，制发《中华人民共和国海关加工贸易单耗复核撤销通知书》，告知申请人和被申请人。单耗复核机关应在收到复核申请之日起 45 日内做出单耗复核决定，并制发《中华人民共和国海关加工贸易单耗复核决定书》，告知申请人和被申请人。申请人对单耗复核结果不服，可以在收到复核决定书之日起 60 日内向海关总署申请行政复议。

（七）加工贸易边角料、剩余料件、残次品、副产品和受灾保税货物的管理规定

边角料是指加工贸易企业从事加工复出口业务，在海关核定的单位耗料量（即单耗）

内、加工过程中产生的、无法再用于加工该合同项下出口制成品的数量合理的废料、碎料及下脚料。剩余料件是指加工贸易企业在从事加工复出口业务过程中剩余的、可以继续用于加工制成品的加工贸易进口料件。残次品是指加工贸易企业从事加工复出口业务，在生产过程中产生的有严重缺陷或者达不到出口合同标准，无法复出口的制品（包括完成品和未完成品）。副产品是指加工贸易企业从事加工复出口业务，在加工生产出口合同规定的制成品（即主产品）过程中同时产生的，且出口合同未规定应当复出口的一个或者一个以上的其他产品。受灾保税货物是指加工贸易企业从事加工出口业务中，因不可抗力原因或者其他经海关审核认可的正当理由造成灭失、短少、损毁等导致无法复出口的保税进口料件和制品。

（1）加工贸易保税进口料件加工后产生的边角料、剩余料件、残次品、副产品及受灾保税货物属海关监管货物，未经海关许可，任何企业、单位、个人不得擅自销售或者移作他用。

（2）加工贸易企业申请内销边角料的，商务主管部门免予审批，企业直接报主管海关核准并办理内销有关手续。海关按照加工贸易企业向海关申请内销边角料的报验状态归类后适用的税率和审定的边角料价格计征税款，免征缓税利息；海关按照加工贸易企业向海关申请内销边角料的报验状态归类后，属于发展改革委员会、商务部、环保总局及其授权部门进口许可证件管理范围的，免于提交许可证件。

（3）加工贸易企业申报将剩余料件结转到另一个加工贸易合同使用，限同一经营企业、同一加工企业、同样进口料件和同一加工贸易方式。凡具备条件的，海关按规定核定单耗后，企业可以办理该合同核销及其剩余料件结转手续。剩余料件转入合同已经商务主管部门审批的，由原审批部门按变更方式办理相关手续，如剩余料件的转入量不增加已批合同的进口总量，则免于办理变更手续；转入合同为新建合同的，由商务主管部门按现行加工贸易审批管理规定办理。

加工贸易企业申报剩余料件结转有下列情形之一的，企业缴纳不超过结转保税料件应缴纳税款金额的风险担保金后，海关予以办理：

- 同一经营企业申报将剩余料件结转到另一加工企业的；
- 剩余料件转出金额达到该加工贸易合同项下实际进口料件总额50%及以上的；
- 剩余料件所属加工贸易合同办理两次及两次以上延期手续的。

剩余料件结转涉及不同主管海关的，在双方海关办理相关手续，并由转入地海关收取风险担保金。前述所列须缴纳风险担保金的加工贸易企业有下列情形之一的，免于缴纳风险担保金：

- 适用加工贸易认证企业管理的；
- 已实行台账实转的合同，台账实转金额不低于结转保税料件应缴税款金额的；
- 原企业发生搬迁、合并、分立、重组、改制、股权变更等法律规定的情形，且现企业继承原企业主要权利义务或者债权债务关系的，剩余料件结转不受同一经营企业、同一加工企业、同一贸易方式限制。

（4）加工贸易企业申请内销剩余料件或者内销用剩余料件生产的制成品，按照下列情况予以办理。

① 剩余料件金额占该加工贸易合同项下实际进口料件总额 3%以内（含 3%）且总值在人民币 1 万元以下（含 1 万元）的，商务主管部门免予审批，企业直接报主管海关核准，由主管海关对剩余料件按照规定计征税款和税款缓税利息后予以核销。剩余料件属于发展改革委员会、商务部、环保总局及其授权部门进口许可证件管理范围的，免于提交许可证件。

② 剩余料件金额占该加工贸易合同项下实际进口料件总额 3%以上或者总值在人民币 1 万元以上的，由商务主管部门按照有关内销审批规定进行审批，海关凭商务主管部门批件对合同内销的全部剩余料件按照规定计征税款和缓税利息。剩余料件属于进口许可证件管理的，企业还须按照规定向海关提交有关进口许可证件。

③ 使用剩余料件生产的制成品需内销的，海关根据其对应的进口料件价值，按照前述第①项或者第②项的规定办理。

（5）加工贸易企业需内销残次品的，根据其对应的进口料件价值，比照前述内销剩余料件或者内销用剩余料件生产的制成品的规定办理。

（6）加工贸易企业在加工生产过程中产生或者经回收能够提取的副产品，未复出口的，加工贸易企业在向海关办理手册设立或者核销手续时应当如实申报。加工贸易企业需内销的副产品，由商务主管部门按照副产品实物状态列明内销商品名称，并按加工贸易有关内销规定审批，海关凭商务主管部门批件办理内销有关手续。对需内销的副产品，海关按照加工贸易企业向海关申请内销副产品的报验状态归类后的适用税率和审定的价格，计征税款和缓税利息。海关按照加工贸易企业向海关申请内销副产品的报验状态归类后，如属进口许可证件管理的，企业还须按照规定向海关提交有关进口许可证件。

（7）加工贸易受灾保税货物（包括边角料、剩余料件、残次品、副产品）在运输、仓储、加工期间发生灭失、短少、损毁等情况的，加工贸易企业应当及时向主管海关报告，海关可以视情况派员核查取证。

① 因不可抗力因素造成的加工贸易受灾保税货物，经海关核实，对受灾保税货物灭失或者虽未灭失，但完全失去使用价值且无法再利用的，海关予以免税核销；对受灾保税货物虽失去原使用价值，但可以再利用的，海关按照审定的受灾保税货物价格、其对应进口料件适用的税率计征税款和税款缓税利息后核销。受灾保税货物对应的原进口料件，属于发展改革委员会、商务部、环保总局及其授权部门进口许可证件管理范围的，免于提交许可证件。企业在规定的核销期内报核时，应当提供商务主管部门的签注意见、保险公司出具的保险赔款通知书或者检验检疫部门出具的有关检验检疫证明文件以及海关认可的其他有效证明文件。

② 除不可抗力因素外，加工贸易企业因其他经海关审核认可的正当理由导致加工贸易保税货物在运输、仓储、加工期间发生灭失、短少、损毁等情况的，海关凭商务主管部门的签注意见、有关主管部门出具的证明文件和保险公司出具的保险赔款通知书或者检验检疫部门出具的有关检验检疫证明文件，按照规定予以计征税款和缓税利息后办理核销手续。受灾保税货物对应的原进口料件如属进口许可证件管理范围的，企业须按照规定向海关提交有关进口许可证件，前述规定免于提交进口许可证件的除外。

（8）加工贸易企业因故申请将边角料、剩余料件、残次品、副产品或者受灾保税货物退运出境的，海关按照退运的有关规定办理，凭有关退运证明材料办理核销手续。

（9）加工贸易企业因故无法内销或者退运的边角料、剩余料件、残次品、副产品或者受灾保税货物，由加工贸易企业委托具有法定资质的单位进行销毁处置，海关凭相关单证、处置单位出具的接收单据和处置证明等资料办理核销手续。海关可以派相关人员监督处置，加工贸易企业以及有关处置单位应当给予配合。加工贸易企业因处置获得的收入，应当向海关如实申报，海关比照边角料内销征税的管理规定办理征税手续。

（10）对实行进口关税配额管理的边角料、剩余料件、残次品、副产品和受灾保税货物，按照下列情况予以办理。

① 边角料按照加工贸易企业向海关申请内销的报验状态归类属于实行关税配额管理商品的，海关按照关税配额税率计征税款。

② 副产品按照加工贸易企业向海关申请内销的报验状态归类属于实行关税配额管理的，企业如能按照规定向海关提交有关进口配额许可证件，海关按照关税配额税率计征税款；企业如未按照规定向海关提交有关进口配额许可证件，海关按照有关规定办理。

③ 剩余料件、残次品对应进口料件属于实行关税配额管理的，企业如能按照规定向海关提交有关进口配额许可证件，海关按照关税配额税率计征税款；企业如未按照规定向海关提交有关进口配额许可证件，海关按照有关规定办理。

④ 因不可抗力因素造成的受灾保税货物，其对应进口料件属于实行关税配额管理商品的，海关按照关税配额税率计征税款；因其他经海关审核认可的正当理由造成的受灾保税货物，其对应进口料件属于实行关税配额管理的，企业如能按照规定向海关提交有关进口配额许可证件，海关按照关税配额税率计征税款；企业如未按照规定向海关提交有关进口配额许可证件，按照有关规定办理。

（11）属于加征反倾销税、反补贴税、保障措施关税或者报复性关税（统称特别关税）的，按照下列情况予以办理。

① 边角料按照加工贸易企业向海关申请内销的报验状态归类属于加征特别关税的，海关免于征收需加征的特别关税；

② 副产品按照加工贸易企业向海关申请内销的报验状态归类属于加征特别关税的，海关按照规定征收需加征的特别关税；

③ 剩余料件、残次品对应进口料件属于加征特别关税的，海关按照规定征收需加征的特别关税；

④ 因不可抗力因素造成的受灾保税货物，如失去原使用价值的，其对应进口料件属于加征特别关税的，海关免于征收需加征的特别关税；因其他经海关审核认可的正当理由造成的受灾保税货物，其对应进口料件属于加征特别关税的，海关按照规定征收需加征的特别关税。

（12）加工贸易企业办理剩余料件、残次品以及受灾保税货物内销的进出口通关手续时，按照其加工贸易的原进口料件品名进行申报；办理边角料以及副产品内销的进出口通关手续时，企业按照向海关申请内销的报验状态申报。

（八）加工贸易企业联网监管措施

为了规范海关对加工贸易企业的管理，海关对加工贸易企业实施联网监管。联网监管是指加工贸易企业通过数据交换平台或者其他计算机网络方式向海关报送能满足海关监管要求的物流、生产经营等数据，海关对数据进行核对、核算，并结合实物进行核查的一种加工贸易海关监管方式。

（1）实施联网监管的条件。根据《中华人民共和国海关加工贸易企业联网监管办法》的规定，海关实施联网监管的加工贸易企业应当具备以下条件：

① 具有加工贸易经营资格；

② 在海关注册；

③ 属于生产型企业。

海关特殊监管区域、保税监管场所内的加工贸易企业不适用《中华人民共和国海关加工贸易企业联网监管办法》的规定。

加工贸易企业需要实施联网监管的，可以向主管海关提出申请；经审核符合规定条件的，海关应当对其实施联网监管。联网企业通过数据交换平台或者其他计算机网络方式向海关报送数据前，应当进行加工贸易联网监管身份认证。

（2）实施联网监管的方法和措施。联网企业应当将开展加工贸易业务所需进口料件、出口成品清单及对应的商品编号报送主管海关，必要时还应当按照海关要求提供确认商品编号所需的相关资料。主管海关应当根据监管需要，按照商品名称、商品编码和计量单位等条件，将联网企业内部管理的料号级商品与电子底账备案的项号级商品进行归并或者拆分，建立一对多或者多对一的对应关系。

联网企业应当在料件进口、成品出口前，分别向主管海关办理进口料件、出口成品的备案、变更手续。同时，联网企业应当根据海关总署的有关规定向海关办理单耗备案、变更手续。

海关应当根据联网企业报送备案的资料建立电子底账（电子底账是指海关根据联网企业申请，为其建立的用于记录加工贸易备案、进出口、核销等资料的电子数据库），对联网企业实施电子底账管理。电子底账包括电子账册和电子手册。电子账册是海关以企业为单元为联网企业建立的电子底账；实施电子账册管理的，联网企业只设立一个电子账册。海关应当根据联网企业的生产情况和海关的监管需要确定核销周期，按照核销周期对实行电子账册管理的联网企业进行核销管理。电子手册是海关以加工贸易合同为单元为联网企业建立的电子底账；实施电子手册管理的，联网企业的每个加工贸易合同设立一个电子手册。海关应当根据加工贸易合同的有效期限确定核销日期，对实行电子手册管理的联网企业进行定期核销管理。

联网企业应当如实向海关报送加工贸易货物物流、库存、生产管理以及满足海关监管需要的其他动态数据。联网企业的外发加工实行主管海关备案制。加工贸易企业开展外发加工前应当将外发加工承接企业、货物名称和周转数量向主管海关备案。

海关可以采取数据核对和下厂核查等方式对联网企业进行核查。下厂核查包括专项核查和盘点核查。专项核查是指海关根据监管需要，对联网企业就某一项或者多项内容实施的核查行为。盘点核查则是指海关在联网企业盘点时，对一定期间的部分保税货物进行实物核对、数据核查的一种监管方式。

经主管海关批准，联网企业可以按照月度集中办理内销补税手续；联网企业内销加工贸易货物后，应当在当月集中办理内销补税手续。联网企业加工贸易货物内销后，应当按照规定向海关缴纳缓税利息。缴纳缓税利息的终止日期为海关签发税款缴款书之日，起始日期则按照以下办法确定：

① 实行电子手册管理的，起始日期为内销料件或者制成品所对应的加工贸易合同项下首批料件进口之日；

② 实行电子账册管理的，起始日期为内销料件或者制成品对应的电子账册最近一次核销之日。没有核销日期的，起始日期为内销料件或者制成品对应的电子账册首批料件进口之日。

联网企业应当在海关确定的核销期结束之日起 30 日内完成报核。确有正当理由不能按期报核的，经主管海关批准可以延期，但延长期限不得超过 60 日。

联网企业实施盘点前，应当告知海关；海关可以结合企业盘点实施核查核销。海关结合企业盘点实施核查核销时，应当将电子底账核算结果与联网企业实际库存量进行对比，并分别进行以下处理：

① 实际库存量多于电子底账核算结果的，海关应当按照实际库存量调整电子底账的当期余额；

② 实际库存量少于电子底账核算结果且联网企业可以提供正当理由的，对短缺的部分，海关应当责令联网企业申请内销处理；

③ 实际库存量少于电子底账核算结果且联网企业不能提供正当理由的，对短缺的部分，海关除责令联网企业申请内销处理外，还可以按照《中华人民共和国海关行政处罚实施条例》对联网企业予以处罚。

采用电子账册模式进行联网监管的，不实行银行保证金台账制度；采用电子手册模式进行联网监管的，仍实行银行保证金台账制度。

联网企业有下列情形之一的，海关可以要求其提供保证金或者银行保函作为担保：

① 企业管理类别下调的；

② 未如实向海关报送数据的；

③ 海关核查、核销时拒不提供相关账册、单证、数据的；

④ 未按照规定时间向海关办理报核手续的；

⑤ 未按照海关要求设立账册、账册管理混乱或者账目不清的。

对于违反《中华人民共和国海关加工贸易企业联网监管办法》的规定，构成走私或者违反海关监管规定行为的，由海关依照《中华人民共和国海关法》和《中华人民共和国海关行政处罚实施条例》的有关规定予以处理；构成犯罪的，应依法追究刑事责任。

（九）加工贸易电子化手册管理

电子化手册是海关为适应当前加工贸易新形势、新发展的需要，从提高效率、方便企业的角度出发，运用现代信息技术和先进的管理理念，以加工贸易手册为管理对象，在加工贸易手册备案、通关、核销等环节采用"电子化手册＋自动核算"的模式取代现有的纸质手册，并逐步通过与相关部委的联网取消纸质单证作业，最终实现"电子申报、网上备案、无纸通关、无纸报核"的新监管模式。我国海关在推行 H2000 电子手册系统的基础上，开发了 H2000 电子化手册系统，现已在全国范围面向广大中小型企业推广应用。在海关注册备案的所有加工贸易企业（实施电子账册管理的企业以及海关特殊监管区域内企业和保税场所除外）均需实施电子化手册管理模式。

（1）电子化手册管理的特点。

① 电子身份认证。电子化手册以电子数据取代纸质的《加工贸易手册》，提供了全国统一的电子身份认证系统和数据传输安全保障机制，企业使用 IC 卡或 I-Key 卡进行身份认证和业务操作。

② 备案资料库管理。电子化手册管理对现有的加工贸易备案模式进行改革，通过对加工贸易料件及成品进行预归类，建立企业备案资料库，企业在进行通关手册备案时可直接调用备案资料库数据，以此减少企业在办理电子化手册通关时的审批时间。

③ 网上作业。若采用企业端录入方式，企业的备案资料库数据、电子化手册数据、报核数据通过网络办理，在企业本地即可完成，仅当企业需要提交资料、样品或领取相关单证时，才需要到海关业务现场，从而可以缩短业务操作周期，增强操作效率，降低企业成本、提高效益。

电子化手册模式与纸质手册模式相比的优点如表 4-1 所示。

表 4-1　电子化手册模式与纸质手册模式相比的优点

环节类别	纸质手册模式	电子化手册模式
身份认证	无身份认证，安全性差	通过企业操作员 IC 卡或 I-KEY 卡进行身份认证，安全性强
合同备案或变更	需核发纸质手册，企业负有保管职责	不核发纸质手册
	逐本合同进行审核	备案资料库管理，一次性预归类审核
	企业到海关次数较多	若采用企业端录入方式，实行联网作业，企业到海关的次数减少
货物进出口通关	企业报关需要提供纸质手册，不可在多个口岸同时履行报关手续，异地邮递纸质手册易发生遗失，企业办事效率低	企业在各地口岸报关时无须提供纸质手册，通过授权，可在多个口岸同时履行报关手续，海关不再进行手册核注
合同报核和核销	企业到海关次数较多	若采用企业端录入方式，实行联网作业，企业到海关的次数减少
	人工审批，八小时工作	计算机二十四小时电子审核
	人工核对核算、耗时费力，容易出错	自动核对核算，准确快速

（2）电子化手册业务的基本流程。

① 备案资料库备案。加工贸易企业通过代理或自理录入模式录入企业料件、成品等数据信息，建立备案资料库，用于今后企业备案电子化手册时调用有关数据资料。料件、成品等数据信息包括货号、商品编码、商品名称、计量单位，是否主料等数据。海关审批通过后，向企业返回备案资料库编号。企业备案资料库可办理数据变更手续。

② 电子化手册备案。企业建立备案资料库后，可依据签订的加工贸易合同和有关部门的批准文件向海关申请备案电子化手册。企业通过代理或自理录入模式，录入电子化手册表头信息，表体料件和成品的货号、商品编码、商品名称、计量单位等信息可以调用备案资料库数据，进出口数量、价格、单耗等信息依据合同录入。海关审核通过后系统生成电子化手册。

③ 通关数据申报。企业通过代理录入报关单通关数据，办理电子化手册货物的通关手续。

④ 电子化手册报核。企业加工贸易合同执行完成后，通过代理或自理录入模式录入电子化手册报核数据，向海关办理核销手续。

（3）电子化手册模式下加工贸易银行保证金台账电子化联网管理。

为进一步简化和完善现行加工贸易银行保证金台账管理，在不改变台账管理流程基础上，我国海关对采用电子化手册管理的加工贸易企业实行台账电子化联网管理，增加办理台账手续银行，以方便加工贸易企业办理台账业务，提高台账管理质量和效率。

各海关关区内采用电子化手册管理的加工贸易企业可以在与各海关关区对应的中国银行或中国工商银行辖属分支机构办理台账手续。企业在首次办理台账开设手续时，应向银行办理台账保证金专用账户的设立手续。企业在申请电子化手册备案时，应在海关手册录入环节选择拟开设台账账户的银行，并在录入端收到海关已开出《银行保证金台账开设联系单》的回执后，持《企业法人营业执照》《海关注册登记证明》及其他相关材料至所选择的银行办理台账账户设立手续。对此前已在中国银行网点设立过台账保证金专用账户的企业，也应凭《海关注册登记证明》向中国银行进行一次性备案登记。同一加工贸易合同项下，企业在录入时选择的台账银行（中国银行或中国工商银行）以及实转台账缴纳方式（保证金或税款保付保函）不得变更。

银行与海关间采用台账电子化联网管理模式后，在有关业务流程不变的同时，企业勿须再往返于海关与银行之间传递单证，有关单证的电子数据均实现网上传输。企业在预录入端收到回执后，直接凭银行签发的电子《银行保证金台账登记通知单》《银行保证金台账变更通知单》《银行保证金台账核销通知单》向海关办理加工贸易备案、合同变更和核销手续。

实转台账开设或变更需缴纳保证金的，企业应按照主管海关签发的《开设联系单》或《银行保证金台账变更联系单》向台账开户银行办理保证金缴纳或补缴手续。选择以税款保付保函方式进行实转的，企业可在向银行申请开立或变更后，选择自行或由银行将税款保付保函正本或修改函正本送交主管海关留存。对因特殊情况海关出具《税款保付保函展期通知单》的，企业须持通知单第三、四联、税款保付保函展期申请书及有关材料，向银行申请税款保付保函展期。

挂账、停账的联系单和通知单全部采用电子方式进行传输。挂账待销和停账待销期间，银行不向企业退还该笔台账业务项下的保证金。对海关向银行签发的《银行保证金台账核销联系单》中注有"停设台账"的，银行在确认该笔台账保证金账户余额已经为零后，根据海关联系单办理关闭账户手续，并出具《银行保证金台账账户关闭通知单》。如该笔台账项下保证金尚有余款，且企业无欠缴税款情况，主管海关与银行应按照共同商定的意见进行处理，再办理关闭账户手续。如该笔台账保证金账户采用的是税款保付保函方式，则税款保付保函在核销结案后自动失效。

若因企业原因提出对海关发送的《变更联系单》做出修改时，企业凭银行出具的《企业未缴款证明》向海关申请更改并重新发送《变更联系单》。对于采用台账电子化联网管理的加工贸易业务，如银行因技术原因未收到台账联系单，海关可打印纸质台账联系单并加盖海关台账专用章交企业办理保证金台账业务。对于采用台账电子化联网管理的加工贸易业务，如海关因技术原因未收到台账通知单，银行可打印纸质台账通知单并加盖银行台账专用章交企业办理台账登记手续。

上述《开设联系单》《变更联系单》《核销联系单》《登记通知单》《变更通知单》《核销通知单》《银行保证金台账挂账待销通知单》《银行保证金台账停账待销通知单》《关闭通知单》均以电子报文的形式由海关、银行通过电子口岸平台直接发送对方。企业应在电子报文发出后 3 日内（最后一日逢法定节假日顺延）办理有关台账业务。《开设联系单》的有效期为自出具之日起 80 天（含 80 天），超过 80 天自动失效。海关对失效的《开设联系单》及对应手册进行删除处理。

税款保付保函及其修改函（企业选择由银行传送的）、索赔函，《税款保付保函遗失补办申请书》《保证金台账联网异常情况处理联系单》，以及"停账待销"和"关闭台账"情况下的《税款缴纳扣划通知书》《海关×××专用缴款书》等纸质单证由主管海关、银行直接送交对方。其他纸质单证由申请设立台账的企业及时传送至主管海关和银行。

（十）加工贸易工单式核销

工单式核销是指加工贸易企业向海关报送报关单、报关清单数据，以及企业 ERP 系统（企业资源计划系统）中工单数据，海关以报关单对应的报关清单料号级数据和企业生产工单作为料件耗用依据生成电子底账，并根据料号级料件、半成品以及成品的进、出、耗、转、存的情况，对加工贸易料件、半成品以及成品进行核算核销的海关管理制度。实施工单式核销的加工贸易企业应具备以下条件：

- 信用状况为一般信用及以上企业；
- 使用 ERP 等系统对企业采购、生产、库存和销售等过程实行全程信息化管理，通过工单可实现生产加工成品对耗用进口保税料件的追溯管理，并以电子工单方式记录生产加工、检测维修成品的实际使用料件情况；
- 建立符合海关监管要求的计算机管理系统，能够通过数据交换平台或者其他计算机网络，按照海关规定的认证方式与海关辅助系统（平台）联网，向海关报送能够满足海关监管要求的相关数据；
- 保税物料与非保税物料分开管理；
- 工单内容应包含企业生产的日期、产品、用料、数量及状态等信息。

实施工单式核销的加工贸易企业应根据海关监管要求定期报送 ERP 系统中的工单数据。实施工单式核销的加工贸易企业应在海关确定的核销周期结束之日起 30 日内完成报核。确有正当理由不能按期报核的，经主管海关核批可以延期，但延长期限不得超过 60 日。核销周期由主管海关按实际监管需要确定，最长不得超过 1 年。

海关将加工贸易企业核销期截止日的料号级实际库存数与辅助系统中的料号级法定计算库存数进行比对后，视情况分别进行以下处理：

- 实际库存数多于法定计算库存数，且企业可以提供正当理由的，海关按照实际库存数确认当期结余；
- 实际库存数少于法定计算库存数，且企业可以提供正当理由的，海关按照实际库存数确认当期结余；对于短缺部分，海关应当责令企业办理后续补税手续，边角料按照实际报验状态确定归类并征税。

加工贸易企业内部管理混乱或存在违法情况的，海关可停止其实施工单式核销。

（十一）加工贸易货物销毁处置监管

加工贸易货物销毁处置，是指加工贸易企业对因故无法内销或者退运的边角料、剩余料件、残次品、副产品或者受灾保税货物，向海关申报，委托具有法定资质的单位，采取焚烧、填埋和用其他无害化方式，改变货物物理、化学和生物等特性的处置活动。

加工贸易企业应委托工商营业执照的经营范围中列明废物处理的单位进行销毁处置；法律、行政法规对废物处置资质有特殊规定的，从其规定。

加工贸易企业向海关申报办理加工贸易货物销毁处置，应提交以下单证资料：

- 《海关加工贸易货物销毁处置申报表（销毁处置后有收入）》《海关加工贸易货物销毁处置申报表（销毁处置后无收入）》及销毁处置方案；
- 申报销毁处置的加工贸易货物无法内销或退运的说明；
- 销毁处置单位的资质证明，及企业与该单位签订的委托合同；
- 海关认为需要提供的其他资料。

申报销毁处置来料加工货物的，应同时提交货物所有人的销毁声明；申报销毁处置残次品的，应同时提交残次品单耗资料以及根据单耗折算的残次品所耗用的原进口料件清单。

企业应明确销毁处置时限，及时完成货物销毁处置，并在手册有效期或电子账册核销周期内办理报关手续。

- 企业销毁处置加工贸易货物未获得收入，销毁处置货物为料件、残次品的，报关适用监管方式为"料件销毁（代码0200）"（残次品按照单耗关系折成料件，以料件进行申报）；销毁处置货物为边角料、副产品的，报关适用监管方式为"边角料销毁（代码0400）"。
- 企业销毁处置加工贸易货物获得收入的，按销毁处置后的货物报验状态向海关申报，报关适用的监管方式为"进料边角料内销（代码0844）"或"来料边角料内销（代码0845）"。海关比照边角料内销征税的管理规定办理征税手续。

报关单备注栏内应注明"海关加工贸易货物销毁处置申报表编号"。海关可以派员监督销毁处置加工贸易货物，企业及销毁处置单位应当给予配合。

加工贸易企业报核时应当向海关提交《海关加工贸易货物销毁处置申报表》、处置单位出具的接收单据、《加工贸易货物销毁处置证明》及报关单等单证，海关按照规定办理核销手续。

- 企业未获得销毁处置收入的，海关凭销毁处置报关单证进行核算核销。

- 企业获得销毁处置收入，且销毁处置货物为边角料、副产品的，凭《海关加工贸易货物销毁处置申报表》所列明的货物清单及报关单证进行核销。
- 企业获得销毁处置收入，且销毁处置货物为料件、残次品需按料件核扣手（账）册的，按照《海关加工贸易货物销毁处置申报表》所列明的货物清单及报关单证以料件或折料进行核算核销。

企业未如实申报加工贸易货物销毁处置的，海关按照《中华人民共和国海关法》和《中华人民共和国海关行政处罚实施条例》的有关规定进行处理。

四、区域保税货物报关程序和管理规范

我国的区域保税货物主要包括进出保税区、出口加工区、保税物流园区、保税港区以及综合保税区等海关特殊监管区域的货物。

（一）保税区货物

保税区是指经国务院批准在中国境内设立的具有保税仓储、加工、转口功能的海关监管的特定区域。保税区是海关监管的特定区域，海关依照《保税区海关监管办法》对进出保税区的货物、运输工具、个人携带物品实施监管。保税区的主要功能是仓储、加工和转口。凡为仓储、出口加工和转口贸易而进口的货物，在保税区内均可以保税。

1. 海关对保税区的监管规范

（1）在中华人民共和国境内设立保税区，必须经国务院批准。保税区与中华人民共和国境内的其他地区（简称非保税区）之间，应当设置符合海关监管要求的隔离设施。保税区内仅设置保税区行政管理机构和企业。除安全保卫人员外，其他人员不得在保税区内居住。

（2）在保税区内设立的企业（简称区内企业），应当向海关办理注册手续。区内企业应当依照国家有关法律、行政法规的规定设置账簿、编制报表，凭合法、有效凭证记账并进行核算，记录有关进出保税区货物和物品的库存、转让、转移、销售、加工、使用和损耗等情况。

（3）保税区实行海关稽查制度。区内企业应当与海关实行电子计算机联网，进行电子数据交换。海关对进出保税区的货物、物品、运输工具、人员及区内有关场所，有权依照海关法的规定进行检查、查验。国家禁止进出口的货物、物品，不得进出保税区。

2. 海关对保税区与境外之间进出货物的监管措施

海关对保税区与境外之间进出的货物实施简便、有效的监管。保税区与境外之间进出的货物，由货物的收货人、发货人或其代理人向海关备案。对保税区与境外之间进出的货物，除实行出口被动配额管理的外，不实行进出口配额、许可证管理。

从境外进入保税区的货物，其进口关税和进口环节税收，除法律、行政法规另有规定外，按照下列规定办理：

① 区内生产性的基础设施建设项目所需的机器、设备和其他基建物资，予以免税；

② 区内企业自用的生产、管理设备和自用合理数量的办公用品及其所需的维修用零配件，生产用燃料，建设生产厂房、仓储设施所需的物资、设备，予以免税；

③ 保税区行政管理机构自用合理数量的管理设备和办公用品及其所需的维修用零配件，予以免税；

④ 区内企业为加工出口产品所需的原材料、零部件、元器件、包装物件，予以保税。

上述四项规定范围之外的货物或者物品从境外进入保税区，应当依法纳税。转口货物和在保税区内储存的货物按照保税货物管理。

3. 海关对保税区与境内非保税区之间进出货物的监管措施

从保税区进入境内非保税区的货物，按照进口货物办理手续；从非保税区进入保税区的货物，按照出口货物办理手续，出口退税按照国家有关规定办理。海关对保税区与非保税区之间进出的货物，按照国家有关进出口管理的规定实施监管。

从非保税区进入保税区供区内使用的机器、设备、基建物资和物品，使用单位应当向海关提供上述货物或者物品的清单，经海关查验后放行。如果货物或者物品已经缴纳进口关税和进口环节税收，已纳税款不予退还。

保税区的货物需从非保税区口岸进出口或者保税区内的货物运往另一保税区的，应当事先向海关提出书面申请，经海关批准后，按照海关转关运输及有关规定办理。

4. 海关对保税区内货物的监管措施

保税区的货物可以在区内企业之间转让、转移；双方当事人应当就转让、转移事项向海关备案。

保税区内的转口货物可以在区内仓库或者区内其他场所进行分级、挑选、刷贴标志、改换包装形式等简单加工。

区内企业在保税区内举办境外商品和非保税区商品的展示活动，展示的商品应当接受海关监管。

5. 海关对保税区加工贸易货物的管理规范

区内加工企业应当向海关办理所需料、件进出保税区备案手续。区内加工企业生产属于被动配额管理的出口产品，应当事先经国务院有关部门批准。

区内加工企业加工的制成品及其在加工过程中产生的边角余料运往境外时，应当按照国家有关规定向海关办理手续；除法律、行政法规另有规定外，免征出口关税。区内加工企业将区内加工的制成品、副产品或者在加工过程中产生的边角余料运往非保税区时，应当按照国家有关规定向海关办理进口报关手续，并依法纳税。

区内加工企业全部用境外运入料、件加工的制成品销往非保税区时，海关按照进口制成品征税。用含有境外运入料、件加工的制成品销往非保税区时，海关对其制成品按照所含境外运入料、件征税；对所含境外运入料、件的品名、数量、价值申报不实的，海关按照进口制成品征税。

区内加工企业委托非保税区企业或者接受非保税区企业委托进行加工业务，应当事先经海关批准，并符合下列条件：

① 在区内拥有生产场所，并已经正式开展加工业务；

② 委托非保税区企业的加工业务，主要工序应当在区内进行；

③ 委托非保税区企业加工业务的期限为 6 个月；有特殊情况需要延长期限的，应当向

海关申请展期，展期期限为 6 个月。在非保税区加工完毕的产品应当运回保税区；需要从非保税区直接出口的，应当向海关办理核销手续；

④接受非保税区企业委托加工的，由区内加工企业向海关办理委托加工料、件的备案手续，委托加工的料、件及产品应当与区内企业的料、件及产品分别建立账册并分别使用；加工完毕的产品应当运回非保税区企业，并由区内加工企业向海关销案。

海关对区内加工企业来料加工、进料加工业务，不实行加工贸易银行保证金台账制度。委托非保税区企业进行加工业务的，由非保税区企业向当地海关办理合同登记备案手续，并实行加工贸易银行保证金台账制度。

6. 海关对进出保税区运输工具和个人携带物品的监管措施

运输工具和人员进出保税区，应当经由海关指定的专用通道，并接受海关检查。

进出保税区的运输工具的负责人，应当持保税区主管机关批准的证件连同运输工具的名称、数量、牌照号码及驾驶员姓名等清单，向海关办理登记备案手续。未经海关批准，从保税区到非保税区的运输工具和人员不得运输、携带保税区内的免税货物、物品，保税货物，以及用保税料、件生产的产品。

（二）出口加工区货物

出口加工区是指设在已经国务院批准的中华人民共和国境内现有的经济技术开发区内，并由省（自治区、直辖市）人民政府报国务院批准的专门从事保税加工的海关监管特定区域。出口加工区是国家为防止重复建设，对加工贸易管理从分散管理向集中管理过渡的一种形式。

1. 海关对出口加工区的监管规范

（1）出口加工区是海关监管的特定区域。海关在加工区内设立机构，并依照《中华人民共和国海关对出口加工区监管的暂行办法》，对进、出加工区的货物及区内相关场所实行 24 小时监管。加工区与中华人民共和国境内的其他地区（简称区外）之间，须设置符合海关监管要求的隔离设施及闭路电视监控系统。经海关总署对加工区的隔离设施验收合格后，方可开展加工区有关业务。

（2）出口加工区内设置加工区管理委员会和出口加工企业、专为出口加工企业生产提供服务的仓储企业以及经海关核准专门从事加工区内货物进、出口的运输企业。除安全保卫人员和企业值班人员外，其他人员不得在加工区内居住。不得建立营业性的生活消费设施。出口加工区内不得经营商业零售、一般贸易、转口贸易及其他与加工区无关的业务。

（3）在出口加工区内设立的企业（简称区内企业），应向海关办理注册手续。区内企业应当依据《中华人民共和国会计法》及国家有关法律、法规的规定，设置符合海关监管要求的账簿、报表。凭合法、有效凭证记账并进行核算，记录本企业有关进、出加工区货物和物品的库存、转让、转移、销售、加工、使用和损耗等情况。

（4）出口加工区实行计算机联网管理和海关稽查制度。区内企业应建立符合海关监管要求的电子计算机管理数据库，并与海关实行电子计算机联网，进行电子数据交换。区内企业开展加工贸易业务不实行加工贸易银行保证金台账制度，海关不实行加工贸易手册管理。

（5）海关对进、出加工区的货物、物品、运输工具、人员及区内有关场所，有权依照

《中华人民共和国海关法》的规定进行检查、查验。国家对区内加工产品不征收增值税。国家禁止进、出口的货物、物品，不得进、出加工区。从境外运入加工区的货物和从加工区运出境外的货物列入进、出口统计；从区外运入加工区和从加工区运往区外的货物，实施单项统计。

2. 海关对出口加工区与境外之间进出货物的监管措施

出口加工区与境外之间进、出的货物，由货主或其代理人根据加工区管理委员会的批件，填写进、出境货物备案清单，向主管海关备案。备案清单由海关总署统一制发。

海关对加工区与境外之间进、出口的货物，按照直通式或转关运输的办法进行监管。加工区与境外之间进、出口的货物，除实行出口被动配额管理的外，不实行进出口配额、许可证件管理。

从境外进入加工区的货物，其进口关税和进口环节税，除法律、法规另有规定外，按照下列规定办理：

（1）区内生产性的基础设施建设项目所需的机器、设备和建设生产厂房、仓储设施所需的基建物资，予以免税；

（2）区内企业生产所需的机器、设备、模具及其维修用零配件，予以免税；

（3）区内企业为加工出口产品所需的原材料、零部件、元器件、包装物料及消耗性材料，予以保税；

（4）区内企业和行政管理机构自用合理数量的办公用品，予以免税；

（5）区内企业和行政管理机构自用的交通运输工具、生活消费用品，按进口货物的有关规定办理报关手续，海关予以照章征税。

除法律、法规另有规定外，区内企业加工的制成品及其在加工生产过程中产生的边角料、余料、残次品、废品等销往境外的，免征出口关税。

3. 海关对出口加工区与区外之间进出货物的监管措施

对出口加工区运往区外的货物，海关按照对进口货物的有关规定办理报关手续，并按照制成品征税。如属许可证件管理商品，还应向海关出具有效的进口许可证件。

出口加工区内企业的加工产品和在加工生产过程中产生的边角料、残次品、废品等应复运出境。因特殊情况需要运往区外时，由企业申请，经主管海关核准后，按内销时的状态确定归类并征税。如属进口许可证件管理商品，免领进口许可证件。如属《限制进口类可用作原料的废物目录》所列商品，应按现行规定向环保部门申领进口许可证件。对无商业价值的边角料和废品，需运往区外销毁的，应凭加工区管理委员会和环保部门的批件，向主管海关办理出区手续，海关予以免进口许可证件、免税。

出口加工区内企业在确有需要时，可将有关模具、半成品等运往区外进行加工。经加工区主管海关关长批准，由接受委托的区外企业向加工区主管海关缴纳货物应征关税和进口环节增值税等值保证金或保函后办理出区手续。委托区外企业加工的期限由加工区主管海关参照合同期限核定。货物加工完毕后应按期运回区内。区内企业凭出区时填写的委托区外加工申请书及有关单证，向加工区主管海关办理验放核销手续。加工区主管海关在办理验放核销手续后，应及时退还保证金或保函。

出口加工区内企业销往区外的机器、设备、模具等，按照国家现行进口政策及有关规定办理。区内企业经主管海关批准，可在区外进行产品的测试、检验和展示活动。测试、检验和展示的产品，应比照海关对暂时进口货物的管理规定办理出区手续。

出口加工区内使用的机器、设备、模具和办公用品等，须运往区外进行维修、测试或检验时，区内企业或管理机构应填写《出口加工区货物运往区外维修查验联系单》，向主管海关提出申请，并经主管海关核准、登记、查验后，方可将机器、设备、模具和办公用品等运往区外维修、测试或检验。区内企业将模具运往区外维修、测试或检验时，应留存模具所生产产品的样品，以备海关对运回区内的模具进行核查。运往区外维修、测试或检验的机器、设备、模具和办公用品等，不得用于区外加工生产和使用。运往区外维修、测试或检验的机器、设备、模具和办公用品等，应自运出之日起 2 个月内运回加工区。因特殊情况不能如期运回的，区内企业应于期限届满前 7 天内，向主管海关说明情况，并申请延期。申请延期以 1 次为限，延长期限不得超过 1 个月。运往区外维修的机器、设备、模具和办公用品等，运回区内时，要以海关能辨认其为原物或同一规格的新零件、配件或附件为限，但更换新零件、配件或附件的，原零件、配件或附件应一并运回区内。

从区外进入加工区的货物视同出口，办理出口报关手续。其出口退税，除法律、法规另有规定外，按照以下规定予以办理。

（1）从区外进入加工区供区内企业使用的国产机器、设备、原材料、零部件、元器件、包装物料以及建造基础设施、加工企业和行政管理部门生产、办公用房所需合理数量的基建物资等，海关按照对出口货物的有关规定办理报关手续，并签发出口退税报关单。区外企业凭报关单出口退税联向税务部门申请办理出口退（免）税手续。

（2）从区外进入加工区供区内企业和行政管理机构使用的生活消费用品、交通运输工具等，海关不予签发出口退税报关单。

（3）从区外进入加工区的进口机器、设备、原材料、零部件、元器件、包装物料、基建物资等，区外企业应当向海关提供上述货物或物品的清单，并办理出口报关手续，经海关查验后放行。上述货物或物品，已经缴纳的进口环节税，不予退还。

（4）因国内技术无法达到产品要求、须将国家禁止出口或统一经营商品运至加工区内进行某项工序加工的，应报经商务部批准，海关比照出料加工管理办法进行监管，其运入加工区的货物，不予签发出口退税报关单。

（5）从区外进入加工区的货物、物品，应运入加工区内海关指定仓库或地点，区外企业填写出口报关单，并持境内购货发票、装箱单，向加工区的主管海关办理报关手续。从区外进入加工区的货物，须经区内企业进行实质性加工后，方可运出境外。

4. 对出口加工区之间往来货物的监管措施

出口加工区之间货物的往来，应由收、发货物双方联名向转出区主管海关提出申请。经海关核准后，按照转关运输的有关规定办理。货物转关至其他加工区时，转入区主管海关在核对封志完整及单货相符后，即予放行入厂或入库。

加工区之间往来的货物不能按照转关运输办理的，转入区主管海关应向收货企业收取货物等值的担保金。货物运抵转入区并经海关核对无误后，主管海关应在 10 个工作日内，将担保金退还企业。

5. 对出口加工区内货物的监管

出口加工区内企业进、出加工区的货物须向其主管海关如实申报，海关依据备案清单及有关单证，对区内企业进、出加工区的货物进行查验、放行和核销。海关对进、出加工区货物的备案、报关、查验、放行、核销手续应在区内办理。

出口加工区内的货物可在区内企业之间转让、转移，双方当事人须事先将转让、转移货物的具体品名、数量、金额等有关事项向海关备案。

出口加工区内加工企业，不得将未经实质性加工的进口原材料、零部件销往区外。区内从事仓储服务的企业，不得将仓储的原材料、零部件提供给区外企业。

出口加工区内企业自开展出口加工业务或仓储业务之日起，每半年持本企业账册和有关单据，向其主管海关办理一次核销手续。

进入出口加工区的货物，在加工、储存期间，因不可抗力造成短少、损毁的，区内加工企业或仓储企业应自发现之日起 10 日内报告主管海关，并说明理由。经海关核实确认后，允许其在账册内减除。

6. 出口加工区货物出区深加工结转管理办法

出口加工区货物出区深加工结转是指区内加工企业（简称转出企业）按照《中华人民共和国海关对出口加工区监管的暂行办法》的有关规定办理报关手续，将本企业加工生产的产品直接或者通过保税仓储企业转入其他出口加工区、保税区等海关特殊监管区域内及区外加工贸易企业（以下简称转入企业）进一步加工后复出口的经营活动。

转出企业未经实质性加工的保税料件不得进行出区深加工结转。出口加工区企业加工生产的产品转入其他出口加工区、保税区等海关特殊监管区域企业深加工的，不列入海关统计。出口加工区企业加工生产的产品转至区外加工贸易企业深加工的，列入海关单项统计。

（1）出口加工区货物出区深加工结转的条件。根据《中华人民共和国海关出口加工区货物出区深加工结转管理办法》的规定，转入企业、转出企业有下列情形之一的，不得开展出口加工区货物出区深加工结转：

① 不符合海关监管要求，被海关责令限期整改，在整改期内的；

② 涉嫌走私已被海关立案调查、侦查，尚未结案的；

③ 有逾期未报核《加工贸易手册》的；

④ 专营维修、设计开发的；

⑤ 其他不符合深加工结转监管条件的。

（2）出口加工区货物出区深加工结转的程序。出口加工区企业开展深加工结转时，转出企业凭出口加工区管委会的批复，向转出企业所在地的出口加工区海关办理海关备案手续后，方可开展货物的实际结转。

对转入其他出口加工区、保税区等海关特殊监管区域的，转入企业凭其所在区管委会的批复；对转入出口加工区、保税区等海关特殊监管区域外加工贸易企业的，转入企业凭商务（外经贸）主管部门的批复，按照前述规定办理结转手续。

对结转至其他出口加工区、保税区等海关特殊监管区域外的加工贸易企业的货物，海关按照对加工贸易进口货物的有关规定办理手续，结转产品如果属于加工贸易项下进口许可证件管理商品的，企业应当向海关提供相应的有效进口许可证件。

转出企业、转入企业可以采用"分批送货、集中报关"的方式办理结转手续。

对转入其他出口加工区、保税区等海关特殊监管区域的，转出企业、转入企业分别在主管海关办理结转手续；对转至其他出口加工区、保税区等海关特殊监管区域外加工贸易企业的，转出企业、转入企业在转出地主管海关办理结转手续。

出口加工区货物出区深加工结转除特殊情况外，对转入其他出口加工区、保税区等海关特殊监管区域的，比照转关运输等有关规定办理海关手续。转出企业生产的产品结转至其他出口加工区或者保税区等特殊监管区域，不能比照转关运输监管方式办理结转手续的，在向转出地或者转入地主管海关提供相应的担保后，由企业自行运输。

出口加工区企业加工生产的产品转至其他出口加工区、保税区等海关特殊监管区域外加工贸易企业的，转出企业、转入企业向海关申报结转计划时应当提交《中华人民共和国海关出口加工区货物出区深加工结转申请表》（简称《申请表》），并按照要求如实填写《申请表》的各项内容。一份《申请表》只能对应一个转出企业和一个转入企业，但可对应转入企业多本《加工贸易手册》。

转入企业、转出企业应当按照以下规定办理结转计划备案手续：

① 转入企业在《申请表》（一式四联）中填写本企业的转入计划，凭《申请表》向转入地海关备案；

② 转入地海关备案后，留存《申请表》第一联，其余三联退转入企业交转出企业；

③ 转出企业自转入地海关备案之日起三十日内，持《申请表》其余三联，填写本企业的相关内容后，向转出地海关办理备案手续。转出企业向海关递交《申请表》的内容如果不符合海关规定的，海关应当当场或者在签收《申请表》后五日内一次告知转出企业需要补正的全部内容。不予受理的应当制发《海关行政许可申请不予受理决定书》，并告知申请人享有依法申请行政复议或者提起行政诉讼的权利。转出企业、转入企业应当重新填报和办理备案手续；

④ 转出地海关审核后，将《申请表》第二联留存，第三联、第四联交转出企业、转入企业凭以办理结转收发货登记及报关手续。

转出企业、转入企业办理结转备案手续后，应当按照经双方海关核准后的《申请表》进行实际收发货。转出企业的每批次发货记录应当在一式三联的《出口加工区货物实际结转情况登记表》（简称《登记表》）上进行如实登记。由海关在转出地卡口签注《登记表》后货物出区。

转出企业、转入企业每批实际发货、收货后，转出企业、转入企业可以凭《申请表》和转出地卡口签注的《登记表》分批或者集中办理报关手续。转出、转入企业每批实际发货、收货后，应当在实际发货、收货之日起 30 日内办结该批货物的报关手续。

一份结转进口报关单对应一份结转出口备案清单。转出、转入企业应当按照海关规定如实、准确地向海关申报结转货物的品名、商品编号、规格、数量、价格等项目。转出地海关、转入地海关应当对申报数据进行审核。

区内转出的货物因质量不符等原因发生退运、退换的，转入企业为出口加工区、保税区等海关特殊监管区域外加工贸易企业的，由转出地主管海关按照退运、退换的有关规定办理相关手续，并将实际退运、退换情况在《登记表》中进行登记，注明"退运"或者"退换"字样；转入企业为其他出口加工区、保税区等海关特殊监管区域内企业的，转入企业、转出企业分别在其主管海关办理退运和退换手续。区内转出的货物因质量不符等原因需要返回区内维修的，比照上述退换规定办理手续。

转出企业对以深加工结转方式出区的货物一律开具出口发票。转入企业、转出企业应当以外币计价结算，海关按照有关规定签发报关单外汇核销证明联。

出口加工区出区深加工结转货物应当全部加工复出口，对确有特殊原因需要内销或者转用于生产内销产品的，区外加工贸易企业应当按照国家相关规定办理手续。

实行计算机联网管理的企业可以通过网络办理结转手续。

7. 海关对进、出加工区运输工具和个人携带物品的监管措施

运输工具和人员应经海关指定的专用通道进、出加工区。从出口加工区运往境外的加工产品及由加工区运往区外的货物，经海关查验放行后，应交由经海关核准、并由设立于区内的专营运输企业承运。下列货物经主管海关查验后，可由企业指派专人携带或自行运输：

（1）价值1万美元及以下的小额物品；

（2）因品质不合格复运区外退换的物品；

（3）已办理进口纳税手续的物品；

（4）其他经海关核准的物品。

进、出加工区货物的运输工具的负责人，应持企业法人营业执照和运输工具的名称、数量、牌照号码及驾驶员姓名等清单，向海关办理登记备案手续。承运加工区货物进、出加工区或转关运输的所有运输企业的经营人，应遵守海关有关运输工具及其所载货物的管理规定，并承担相关的法律责任。未经海关批准，从加工区到区外的运输工具和人员不得运输、携带加工区内货物出区。

（三）保税物流园区货物

保税物流园区是指经国务院批准，在保税区规划面积或者毗邻保税区的特定港区内设立的、专门发展现代国际物流业的海关特殊监管区域。

1. 海关对保税物流园区的监管要求

海关在保税物流园区派驻机构，依照《中华人民共和国海关对保税物流园区的管理办法》对进出园区的货物、运输工具、个人携带物品及园区内相关场所实行24小时监管。保税物流园区与中华人民共和国境内的其他地区（简称区外）之间，应当设置符合海关监管要求的卡口、围网隔离设施、视频监控系统及其他海关监管所需的设施。

保税物流园区内设立仓库、堆场、查验场和必要的业务指挥调度操作场所，不得建立工业生产加工场所和商业性消费设施。海关、园区行政管理机构及其经营主体、在园区内设立的企业（以下简称园区企业）等单位的办公场所应当设置在园区规划面积内、围网外的园区综合办公区内（园区综合办公区是指园区行政管理机构或者其经营主体在园区规划面积内、围网外投资建立，供海关、园区企业和其他有关机构使用的具有办公、商务、报

关、商品展示等功能的场所）。除安全保卫人员和相关部门、企业值班人员外，其他人员不得在保税物流园区内居住。

经海关总署会同国务院有关部门对《中华人民共和国海关对保税物流园区的管理办法》规定的有关设施、场所验收合格后，保税物流园区可以开展有关业务。保税物流园区可以开展的业务包括：

（1）存储进出口货物及其他未办结海关手续货物；

（2）对所存货物开展流通性简单加工和增值服务；

（3）国际转口贸易；

（4）国际采购、分销和配送；

（5）国际中转；

（6）检测、维修；

（7）商品展示；

（8）经海关批准的其他国际物流业务。

保税物流园区内不得开展商业零售、加工制造、翻新、拆解及其他与园区无关的业务。有下列情形之一的，园区企业应当在规定的时间内书面报告园区主管海关并办理相关手续：

（1）遭遇不可抗力等灾害；

（2）海关监管货物被行政执法部门或者司法机关采取查封、扣押等强制措施；

（3）海关监管货物被盗窃；

（4）法律、行政法规规定的其他情形。

上述情形的报告时间，第（1）项在发生之日起 5 个工作日内，第（2）~第（4）项在发生之日起 3 个工作日内。

对保税物流园区与区外之间进出的海关监管货物，园区主管海关可以要求企业提供相应的担保。但法律、行政法规禁止进出口的货物、物品不得进出园区。

2. 海关对园区企业的管理制度

园区企业应当具有企业法人资格。园区企业在开展业务前，应当按照《中华人民共和国海关对报关单位注册登记管理规定》及相关规定向海关办理注册登记手续。特殊情况下，经直属海关批准，区外法人企业可以依法在园区内设立分支机构。

园区企业应当具备下列条件：

（1）具有向海关缴纳税款及履行其他法定义务的能力；

（2）在园区内拥有专门的营业场所。

园区企业变更营业场所面积、地址等事项的，应当报经直属海关批准；变更名称、组织机构、性质、法定代表人、注册资本等注册登记内容的，应当在变更后 5 个工作日内报直属海关备案；园区企业有其他变更情形的，应当按照法律、行政法规的有关规定向园区主管海关报告并办理相关手续。

海关对园区企业实行电子账册监管制度和计算机联网管理制度。

园区行政管理机构或者其经营主体应当在海关指导下通过"电子口岸"建立供海关、园区企业及其他相关部门进行电子数据交换和信息共享的计算机公共信息平台。园区企业应当建立符合海关监管要求的计算机管理系统，提供供海关查阅数据的终端设备，按照海关规定的认证方式和数据标准与海关进行联网。

园区企业应当依照《中华人民共和国会计法》及有关法律、行政法规的规定，规范财务管理，设置符合海关监管要求的账簿、报表，记录本企业的财务状况和有关进出园区货物、物品的库存、转让、转移、销售、简单加工、使用等情况，如实填写有关单证、账册，凭合法、有效的凭证记账和核算。园区企业应当编制月度货物进、出、转、存情况表和年度财务会计报告，并定期报送园区主管海关。

3. 海关对进出保税物流园区货物的监管措施

（1）对园区与境外之间进出货物的监管。海关对保税物流园区与境外之间进、出的货物实行备案制管理，但园区自用的免税进口货物、国际中转货物或者法律、行政法规另有规定的货物除外。境外货物到港后，园区企业（或者其代理人）可以先凭舱单将货物直接运至园区，再凭进境货物备案清单向园区主管海关办理申报手续。

园区与境外之间进出的货物应当向园区主管海关申报。园区货物的进出境口岸不在园区主管海关管辖区域的，经园区主管海关批准，可以在口岸海关办理申报手续。

园区内开展整箱进出、二次拼箱（拼箱是指从境外启运的国际集装箱中转货物，在中转港存放期间由园区企业根据收发货人指令单独进行流通性简单加工和增值服务，或者与中转港所在国、地区的其他进口或者出口货物重新组合拼箱后，再次装船集中运往境外同一目的港的物流活动）等国际中转业务的，由开展此项业务的企业向海关发送电子舱单数据，园区企业向园区主管海关申请提箱、集运等，凭舱单等单证办理进出境申报手续。

园区与境外之间进出的货物，不实行进出口许可证件管理，但法律、行政法规、规章另有规定的除外。从园区运往境外的货物，除法律、行政法规另有规定外，免征出口关税。

下列货物、物品从境外进入园区，海关予以办理免税手续：

① 园区的基础设施建设项目所需的设备、物资等；

② 园区企业为开展业务所需的机器、装卸设备、仓储设施、管理设备及其维修用消耗品、零配件及工具；

③ 园区行政管理机构及其经营主体和园区企业自用合理数量的办公用品。

下列货物从境外进入园区，海关予以办理保税手续：

① 园区企业为开展业务所需的货物及其包装物料；

② 加工贸易进口货物；

③ 转口贸易货物；

④ 外商暂存货物；

⑤ 供应国际航行船舶和航空器的物料、维修用零配件；

⑥ 进口寄售货物；

⑦ 进境检测、维修货物及其零配件；

⑧ 供看样订货的展览品、样品；

⑨ 未办结海关手续的一般贸易货物；

⑩ 经海关批准的其他进境货物。

园区行政管理机构及其经营主体和园区企业从境外进口的自用交通运输工具、生活消费用品，按一般贸易进口货物的有关规定向海关办理申报手续。

（2）对园区与区外之间进出货物的监管。保税物流园区与区外之间进出的货物，由园区企业或者区外收、发货人（或者其代理人）在园区主管海关办理申报手续。园区企业在区外从事进出口贸易业务且货物不实际进出园区的，可以在收、发货人所在地的主管海关或者货物实际进出境口岸的海关办理申报手续。

保税物流园区货物运往区外视同进口，园区企业或者区外收货人（或者其代理人）按照进口货物的有关规定向园区主管海关申报，海关按照货物出园区时的实际监管方式的有关规定办理。园区企业跨关区配送货物或者异地企业跨关区到园区提取货物的，可以在园区主管海关办理申报手续，也可以按照海关规定办理进口转关手续。

除法律、行政法规、规章规定不得集中申报的货物外，园区企业少批量、多批次进、出货物的，经园区主管海关批准可以办理集中申报手续，并适用每次货物进出口时海关接受该货物申报之日实施的税率、汇率。集中申报的期限不得超过 1 个月，且不得跨年度办理。

区外货物运入园区视同出口，由园区企业或者区外发货人（或者其代理人）向园区主管海关办理出口申报手续。属于应当征收出口关税的商品，海关按照有关规定征收出口关税；属于许可证件管理的商品，应当同时向海关出具有效的出口许可证件，但法律、行政法规、规章另有规定在出境申报环节提交出口许可证件的除外。

用于办理出口退税的出口货物报关单证明联的签发手续，按照下列规定予以办理。

① 从区外进入保税物流园区供园区企业开展业务的国产货物及其包装物料，由园区企业或者区外发货人（或者其代理人）填写出口货物报关单，海关按照对出口货物的有关规定办理，签发出口货物报关单证明联；货物转关出口的，启运地海关在收到园区主管海关确认转关货物已进入园区的电子回执后，签发出口货物报关单证明联。

② 从区外进入保税物流园区供园区行政管理机构及其经营主体和园区企业使用的国产基建物资、机器、装卸设备、管理设备等，海关按照对出口货物的有关规定办理，并签发出口货物报关单证明联。

③ 从区外进入保税物流园区供园区行政管理机构及其经营主体和园区企业使用的生活消费用品、办公用品、交通运输工具等，海关不予签发出口货物报关单证明联。

④ 从区外进入保税物流园区的原进口货物、包装物料、设备、基建物资等，区外企业应当向海关提供上述货物或者物品的清单，按照出口货物的有关规定办理申报手续，海关不予签发出口货物报关单证明联，原已缴纳的关税、进口环节增值税和消费税不予退还。

从保税物流园区到区外的货物涉及免税的，海关按照进口免税货物的有关规定办理。

经保税物流园区主管海关批准，园区企业可以在园区综合办公区专用的展示场所举办商品展示活动。展示的货物应当在园区主管海关备案，并接受海关监管。园区企业在区外其他地方举办商品展示活动的，应当比照海关对暂时进口货物的管理规定办理有关手续。

园区行政管理机构及其经营主体和园区企业使用的机器、设备和办公用品等，需要运往区外进行检测、维修的，应当向园区主管海关提出申请，经园区主管海关核准、登记后可以运往区外。运往区外检测、维修的机器、设备和办公用品等不得留在区外使用，并自运出之日起 60 日内运回园区。因特殊情况不能如期运回的，园区行政管理机构及其经营主体和园区企业应当于期满前 10 日内，以书面形式向园区主管海关申请延期，延长期限不得超过 30 日。检测、维修完毕运回园区的机器、设备等应当为原物。有更换新零配件或者附件的，原零配件或者附件应当一并运回园区。对在区外更换的国产零配件或者附件，如需退税，由园区企业或者区外企业提出申请，园区主管海关按照出口货物的有关规定办理，并签发出口货物报关单证明联。区外原进口货物需要退运出境或者原出口货物需要复运进境的，不得经过园区进出境或者进入园区存储。根据无代价抵偿货物规定进行更换的区外原进口货物，留在区外不退运出境的，也不得进入园区。

（3）对园区内货物的监管。园区内货物可以自由流转。园区企业转让、转移货物时应当将货物的具体品名、数量、金额等有关事项向海关进行电子数据备案，并在转让、转移后向海关办理报核手续。未经园区主管海关许可，园区企业不得将所存货物抵押、质押、留置、移作他用或者进行其他处置。前述按照《中华人民共和国海关对保税物流园区的管理办法》规定免税进入园区的货物、物品，也适用这一规定。

园区企业可以对所存货物开展流通性简单加工和增值服务，包括分级分类、分拆分拣、分装、计量、组合包装、打膜、加刷唛码、刷贴标志、改换包装、拼装等具有商业增值的辅助性作业。

申请在园区内开展维修业务的企业应当具有企业法人资格，并在园区主管海关登记备案。园区企业所维修的产品及其零配件仅限于来自境外，检测维修后的产品、更换的零配件以及维修过程中产生的物料等应当复运出境。

园区企业自开展业务之日起，应当每年向园区主管海关办理报核手续。园区主管海关应当自受理报核申请之日起 30 日内予以核库（核库是指经企业申请，由海关盘查企业实际库存，并对海关及企业电子账册进、出、转、存的数据进行比对确认的行为）。企业有关账册、原始数据应当自核库结束之日起至少保留 3 年。

进入保税物流园区的国内出口货物尚未办理退税手续的，因品质或者规格原因需要退还出口企业时，园区企业应当在货物申报进入园区之日起 1 年内提出申请，并提供出口企业所在地主管税务部门出具的未办理出口退税证明，经园区主管海关批准后，可以办理退运手续，且无须缴纳进口关税、进口环节增值税和消费税；海关已征收出口关税的，应当予以退还。货物以转关方式进入园区的，园区企业出具启运地海关退运联系单后，园区主管海关办理相关手续。进境货物未经流通性简单加工，需原状退运出境的，园区企业可以向园区主管海关申请办理退运手续。已办理出口退税的货物或者已经流通性简单加工的货物（包括进境货物）如需退运，按照进出口货物的有关规定办理海关手续。除已经流通性简单加工的货物外，区外进入园区的货物，因质量、规格型号与合同不符等原因，需原状返还出口企业进行更换的，园区企业应当在货物申报进入园区之日起 1 年内向园区主管海关申请办理退换手续，海关按照《中华人民共和国海关进出口货物征税管理办法》的有关规定办理。更换的货物进入园区时，可以免领出口许可证件，免征出口关税，但海关不予签发出口货物报关单证明联。

园区企业需要开展危险化工品和易燃易爆物品存储业务的，应当取得安全生产管理、消防、环保等相关部门的行政许可，并报园区主管海关备案。有关储罐、装置、设备等设施应当符合海关的监管要求。通过管道进出园区的货物，应当配备计量检测装置和其他便于海关监管的设施、设备。

除法律、行政法规规定不得声明放弃的货物外，园区企业可以申请放弃货物。放弃货物由园区主管海关依法提取变卖，变卖收入由海关按照有关规定处理。依法变卖后，企业凭放弃该批货物的申请和园区主管海关提取变卖该货物的有关单证办理核销手续；确因无使用价值无法变卖并经海关核准的，由企业自行处理，园区主管海关直接办理核销手续。放弃货物在海关提取变卖前所需的仓储等费用，由企业自行承担。对按照规定应当销毁的放弃货物，由企业负责销毁，园区主管海关可以派员监督。园区主管海关凭有关主管部门的证明材料办理核销手续。

因不可抗力造成园区货物损坏、损毁、灭失的，园区企业应当及时书面报告园区主管海关，说明理由并提供保险、灾害鉴定部门的有关证明。经园区主管海关核实确认后，按照下列规定予以处理。

① 货物灭失，或者虽未灭失但完全失去使用价值的，海关予以办理核销和免税手续。

② 进境货物损坏、损毁，失去原使用价值但可以再利用的，园区企业可以向园区主管海关办理退运手续。如不退运出境并要求运往区外的，由园区企业提出申请，并经园区主管海关核准，根据受灾货物的使用价值进行估价、征税后运出园区外。

③ 区外进入园区的货物损坏、损毁，失去原使用价值但可以再利用，且需向出口企业进行退换的，可以退换为与损坏货物同一品名、规格、数量、价格的货物，并向园区主管海关办理退运手续。

需退运到区外的，如属于尚未办理出口退税手续的，可以向园区主管海关办理退运手续；如属已经办理出口退税手续的，由园区企业提出申请，并经园区主管海关核准，根据受灾货物的使用价值进行估价、征税后运出园区外。

因保管不善等非不可抗力因素造成货物损坏、损毁、灭失的，按下列规定办理：

① 对于从境外进入保税物流园区的货物，园区企业应当按照一般贸易进口货物的规定，以货物进入园区时海关接受申报之日适用的税率、汇率，依法向海关缴纳损毁、灭失货物原价值的关税、进口环节增值税和消费税；

② 对于从区外进入园区的货物，园区企业应当重新缴纳因出口而退还的国内环节有关税收，海关据此办理核销手续。

园区货物不设存储期限。

（4）对园区与其他海关特殊监管区域、保税监管场所之间往来货物的监管。海关对于园区与海关特殊监管区域或者保税监管场所之间往来的货物，继续实行保税监管，不予签发出口货物报关单证明联。但货物从未实行国内货物入区（仓）环节出口退税制度的海关特殊监管区域或者保税监管场所转入园区的，按照货物实际离境的有关规定办理申报手续，由转出地海关签发出口货物报关单证明联。

园区与其他海关特殊监管区域、保税监管场所之间的货物交易、流转，不征收进出口环节和国内流通环节的有关税收。

根据《中华人民共和国海关对保税物流园区的管理办法》规定，除国际中转货物和其他另有规定的货物外，从境外运入园区的货物和从园区运往境外的货物列入海关进出口统计。从区外运入园区和从园区运往区外的货物，列入海关单项统计。园区企业之间转让、转移的货物，以及园区与其他海关特殊监管区域或者保税监管场所之间往来的货物，不列入海关统计。

（5）海关对进出园区运输工具和人员携带货物、物品的监管。运输工具和人员应当经海关指定的专用通道进出保税物流园区。

对园区和其他口岸、海关特殊监管区域或者保税监管场所之间进出的货物，应当由经海关备案或者核准的运输工具承运。承运人应当遵守海关有关运输工具及其所载货物的管理规定。园区与区外非海关特殊监管区域或者保税监管场所之间货物的往来，企业可以使用其他非海关监管车辆承运。承运车辆进出园区通道时应当经海关登记，海关可以对货物和承运车辆进行查验、检查。

下列货物进出保税物流园区时，按照海关规定办理相关手续并经园区主管海关查验后，可以由园区企业指派专人携带或者自行运输：

① 价值1万美元及以下的小额货物；
② 因品质不合格复运区外退换的货物；
③ 已办理进口纳税手续的货物；
④ 企业不要求出口退税的货物；
⑤ 其他经海关核准的货物。

（四）保税港区货物

保税港区是指经国务院批准，设立在国家对外开放的口岸港区和与之相连的特定区域内，具有口岸、物流、加工等功能的海关特殊监管区域。[①]

1. 海关对保税港区的监管要求

保税港区实行封闭式管理。保税港区与中华人民共和国关境内的其他地区（以下称区外）之间，应当设置符合海关监管要求的卡口、围网、视频监控系统以及海关监管所需的其他设施。保税港区内不得居住人员。除保障保税港区内人员正常工作、生活需要的非营利性设施外，保税港区内不得建立商业性生活消费设施和开展商业零售业务。海关及其他行政管理机构的办公场所应当设置在保税港区规划面积以内、围网以外的保税港区综合办公区内。保税港区管理机构应当建立信息共享的计算机公共信息平台，并通过"电子口岸"实现区内企业及相关单位与海关之间的电子数据交换。保税港区的基础和监管设施、场所等应当符合《海关特殊监管区域基础和监管设施验收标准》。经海关总署会同国务院有关部门验收合格后，保税港区可以开展有关业务。保税港区内可以开展下列业务：

• 存储进出口货物和其他未办结海关手续的货物；
• 国际转口贸易；

---

① 综合保税区是经国务院批准设立在内陆地区的具有保税港区功能的海关特殊监管区域，集保税区、出口加工区、保税物流园区和港口的功能于一身，可以开展国际中转、配送、采购、转口贸易以及出口加工等业务，由海关参照保税港区有关规定对综合保税区进行管理。

- 国际采购、分销和配送；
- 国际中转；
- 检测和售后服务维修；
- 商品展示；
- 研发、加工、制造；
- 港口作业；
- 经海关批准的其他业务。

2. 海关对保税港区内企业的管理制度

保税港区内企业（以下简称区内企业）应当具有法人资格，具备向海关缴纳税款以及履行其他法定义务的能力。特殊情况下，经保税港区主管海关核准，区外法人企业可以依法在保税港区内设立分支机构，并向海关备案。

海关对区内企业实行计算机联网管理制度和海关稽查制度。区内企业应当应用符合海关监管要求的计算机管理系统，提供供海关查阅数据的终端设备和计算机应用的软件接口，按照海关规定的认证方式和数据标准与海关进行联网，并确保数据真实、准确、有效。海关依法对区内企业开展海关稽查，监督区内企业规范管理和守法自律。

区内企业应当依照《中华人民共和国会计法》及有关法律、行政法规的规定，规范财务管理，设置符合海关监管要求的账册和报表，记录本企业的财务状况和有关进出保税港区货物、物品的库存、转让、转移、销售、加工和使用等情况，如实填写有关单证、账册，凭合法、有效的凭证记账和核算。保税港区内港口企业、航运企业的经营和相关活动应当符合有关法律、行政法规和海关监管的规定。国家禁止进出口的货物、物品不得进出保税港区。区内企业的生产经营活动应当符合国家产业发展要求，不得开展高耗能、高污染和资源性产品以及列入《加工贸易禁止类商品目录》商品的加工贸易业务。

3. 海关对进出保税港区货物的监管措施

（1）对保税港区与境外之间进出货物的监管。保税港区与境外之间进出的货物应当在保税港区主管海关办理海关手续；进出境口岸不在保税港区主管海关辖区内的，经保税港区主管海关批准，可以在口岸海关办理海关手续。

海关对保税港区与境外之间进出的货物实行备案制管理，货物的收发货人或者代理人应当如实填写进出境货物备案清单，向海关备案。除另有规定的情形外，对从境外进入保税港区的货物予以保税。

除法律、行政法规另有规定外，下列货物从境外进入保税港区，海关免征进口关税和进口环节海关代征税：

- 区内生产性的基础设施建设项目所需的机器、设备和建设生产厂房、仓储设施所需的基建物资；
- 区内企业生产所需的机器、设备、模具及其维修使用零配件；
- 区内企业和行政管理机构自用合理数量的办公用品。

从境外进入保税港区，供区内企业和行政管理机构自用的交通运输工具、生活消费用品，按进口货物的有关规定办理报关手续，海关按照有关规定征收进口关税和进口环节海关代征税。

从保税港区运往境外的货物免征出口关税，但法律、行政法规另有规定的除外。

保税港区与境外之间进出的货物，不实行进出口配额、许可证件管理，但法律、行政法规和规章另有规定的除外。对于同一配额、许可证件项下的货物，海关在进区环节已经验核配额、许可证件的，在出境环节不再要求企业出具配额、许可证件原件。

（2）对保税港区与区外之间进出货物的监管。保税港区与区外之间进出的货物，区内企业或者区外收发货人按照进出口货物的有关规定向保税港区主管海关办理申报手续。需要征税的，区内企业或者区外收发货人应按照货物进出区时的实际状态缴纳税款；属于配额、许可证件管理商品的，区内企业或者区外收发货人还应当向海关出具配额、许可证件。对于同一配额、许可证件项下的货物，海关在进境环节已经验核配额、许可证件的，在出区环节不再要求企业出具配额、许可证件原件。

区内企业在区外从事对外贸易业务且货物不实际进出保税港区的，可以在收发货人所在地或者货物实际进出境口岸地海关办理申报手续。海关监管货物从保税港区与区外之间进出的，保税港区主管海关可以要求提供相应的担保。

区内企业在加工生产过程中产生的边角料、废品，以及加工生产、储存、运输等过程中产生的包装物料，区内企业提出书面申请并且经海关批准的，可以运往区外，海关按出区时的实际状态征税。属于进口配额、许可证件管理商品的，免领进口配额、许可证件；属于列入《禁止进口废物目录》的废物以及其他危险废物需出区进行处置的，有关企业凭保税港区行政管理机构以及所在地的市级环保部门批件等材料，向海关办理出区手续。区内企业在加工生产过程中产生的残次品、副产品出区内销的，海关按内销时的实际状态征税。属于进口配额、许可证件管理的，企业应当向海关出具进口配额、许可证件。

经保税港区运往区外的优惠贸易协定项下货物，符合海关总署相关原产地管理规定的，可以申请享受协定税率或者特惠税率。

经海关核准，区内企业可以办理集中申报手续。实行集中申报的区内企业应当对1个自然月内的申报清单数据进行归并，填制进出口货物报关单，在次月月底前向海关办理集中申报手续。集中申报适用报关单集中申报之日实施的税率、汇率，集中申报不得跨年度办理。

区外货物进入保税港区的，按照货物出口的有关规定办理缴税手续，并按照下列规定签发用于出口退税的出口货物报关单证明联。

- 从区外进入保税港区供区内企业开展业务的国产货物及其包装物料，海关按照对出口货物的有关规定办理，签发出口货物报关单证明联。货物转关出口的，启运地海关在收到保税港区主管海关确认转关货物已进入保税港区的电子回执后，签发出口货物报关单证明联。
- 从区外进入保税港区供保税港区行政管理机构和区内企业使用的国产基建物资、机器、装卸设备、管理设备、办公用品等，海关按照对出口货物的有关规定办理，签发出口货物报关单证明联。
- 从区外进入保税港区供保税港区行政管理机构和区内企业使用的生活消费用品和

交通运输工具，海关不予签发出口货物报关单证明联。

- 从区外进入保税港区的原进口货物、包装物料、设备、基建物资等，区外企业应当向海关提供上述货物或者物品的清单，按照出口货物的有关规定办理申报手续，海关不予签发出口货物报关单证明联，原已缴纳的关税、进口环节海关代征税不予退还。

经保税港区主管海关批准，区内企业可以在保税港区综合办公区专用的展示场所举办商品展示活动。展示的货物应当在海关备案，并接受海关监管。区内企业在区外其他地方举办商品展示活动的，应当比照海关对暂时进境货物的管理规定办理有关手续。

保税港区内使用的机器、设备、模具和办公用品等海关监管货物，可以比照进境修理货物的有关规定，运往区外进行检测、维修。区内企业将模具运往区外进行检测、维修的，应当留存模具所生产产品的样品或者图片资料。运往区外进行检测、维修的机器、设备、模具和办公用品等，不得在区外用于加工生产和使用，并且应当自运出之日起 60 日内运回保税港区。因特殊情况不能如期运回的，区内企业或者保税港区行政管理机构应当在期限届满前 7 日内，以书面形式向海关申请延期，延长期限不得超过 30 日。检测、维修完毕运回保税港区的机器、设备、模具和办公用品等应当为原物。有更换新零件、配件或者附件的，原零件、配件或者附件应当一并运回保税港区。对在区外更换的国产零件、配件或者附件，需要退税的，由区内企业或者区外企业提出申请，保税港区主管海关按照出口货物的有关规定办理手续，签发出口货物报关单证明联。

区内企业需要将模具、原材料、半成品等运往区外进行加工的，应当在开展外发加工前，凭承揽加工合同或者协议、承揽企业营业执照复印件和区内企业签章确认的承揽企业生产能力状况等材料，向保税港区主管海关办理外发加工手续。委托区外企业加工的期限不得超过 6 个月，加工完毕后的货物应当按期运回保税港区。在区外开展外发加工产生的边角料、废品、残次品、副产品不运回保税港区的，海关应当按照实际状态征税。区内企业凭出区时委托区外加工申请书以及有关单证，向海关办理验放核销手续。

（3）对保税港区内货物的监管。保税港区内货物可以自由流转。区内企业转让、转移货物的，双方企业应当及时向海关报送转让、转移货物的品名、数量、金额等电子数据信息。

区内企业不实行加工贸易银行保证金台账和合同核销制度，海关对保税港区内加工贸易货物不实行单耗标准管理。区内企业应当自开展业务之日起，定期向海关报送货物的进区、出区和储存情况。

申请在保税港区内开展维修业务的企业应当具有企业法人资格，并在保税港区主管海关登记备案。区内企业所维修的产品仅限于我国出口的机电产品售后维修，维修后的产品、更换的零配件以及维修过程中产生的物料等应当复运出境。区内企业需要开展危险化工品和易燃易爆物品生产、经营和运输业务的，应当取得安全监督、交通等相关部门的行政许可，并报保税港区主管海关备案。有关储罐、装置、设备等设施应当符合海关的监管要求。通过管道进出保税港区的货物，应当配备计量检测装置和其他便于海关监管的设施、设备。

区内企业申请放弃的货物，经海关及有关主管部门核准后，由保税港区主管海关依法提取变卖，变卖收入由海关按照有关规定处理，但法律、行政法规和海关规章规定不得放弃的货物除外。

因不可抗力造成保税港区货物损毁、灭失的，区内企业应当及时书面报告保税港区主管海关，说明情况并提供灾害鉴定部门的有关证明。经保税港区主管海关核实确认后，按照下列规定予以处理。

- 货物灭失，或者虽未灭失但完全失去使用价值的，海关予以办理核销和免税手续。
- 进境货物损毁，失去部分使用价值的，区内企业可以向海关办理退运手续。如不退运出境并要求运往区外的，由区内企业提出申请，经保税港区主管海关核准，按照海关审定的价格进行征税。
- 区外进入保税港区的货物损毁，失去部分使用价值，且需向出口企业进行退换的，可以退换为与损毁货物相同或者类似的货物，并向保税港区主管海关办理退运手续。需退运到区外的，属于尚未办理出口退税手续的，可以向保税港区主管海关办理退运手续；属于已经办理出口退税手续的，按照前述进境货物运往区外的有关规定办理。

因保管不善等非不可抗力因素造成货物损毁、灭失的，区内企业应当及时书面报告保税港区主管海关，并说明情况。经保税港区主管海关核实确认后，按照下列规定予以办理：

- 从境外进入保税港区的货物，区内企业应当按照一般贸易进口货物的规定，按照海关审定的货物损毁或灭失前的完税价格，以货物损毁或灭失之日适用的税率、汇率缴纳关税、进口环节海关代征税；
- 从区外进入保税港区的货物，区内企业应当重新缴纳因出口而退还的国内环节有关税收，海关据此办理核销手续，已缴纳出口关税的，不予退还。

保税港区货物不设存储期限。但存储期限超过2年的，区内企业应当每年向海关备案。因货物性质和实际情况等原因，在保税港区继续存储会影响公共安全、环境卫生或者人体健康的，海关应当责令企业及时办结相关海关手续，将货物运出保税港区。

（4）对保税港区与其他海关特殊监管区域、保税监管场所之间往来货物的监管。海关对于保税港区与其他海关特殊监管区域或者保税监管场所之间往来的货物，实行保税监管，不予签发用于办理出口退税的出口货物报关单证明联。但货物从未实行国内货物入区（仓）环节出口退税制度的海关特殊监管区域或者保税监管场所转入保税港区的，视同货物实际离境，由转出地海关签发用于办理出口退税的出口货物报关单证明联。保税港区与其他海关特殊监管区域或者保税监管场所之间的流转货物，不征收进出口环节的有关税收。承运保税港区与其他海关特殊监管区域或者保税监管场所之间往来货物的运输工具，应当符合海关监管要求。

（5）对直接进出口货物以及进出保税港区运输工具和人员携带货物、物品的监管。通过保税港区直接进出口的货物，海关按照进出口的有关规定进行监管；出口货物的发货人或者其代理人可以在货物运抵保税港区前向海关申报；出口货物运抵保税港区，海关接受申报并放行结关后，按照有关规定签发出口货物报关单证明联。

运输工具和个人进出保税港区的，应当接受海关监管和检查。进出境运输工具服务人员及进出境旅客携带个人物品进出保税港区的，海关按照进出境旅客行李物品的有关规定进行监管。保税港区与区外之间进出的下列货物，经海关批准，可以由区内企业指派专人携带或者自行运输：

- 价值 1 万美元以下的小额货物；
- 因品质不合格复运区外退换的货物；
- 已办理进口纳税手续的货物；
- 企业不要求出口退税的货物；
- 其他经海关批准的货物。

（五）海关特殊监管区域内保税维修业务管理规定

海关总署在 2015 年第 59 号公告中对于保税区、出口加工区、保税物流园区、保税港区、综合保税区、珠澳跨境工业区珠海园区以及中哈霍尔果斯边境合作中心中方配套区等海关特殊监管区域内开展以下保税维修业务时做出了以下相关规定：

- 以保税方式将存在部件损坏、功能失效、质量缺陷等问题的货物（以下统称"待维修货物"）从境外运入区域内进行检测、维修后复运出境；
- 待维修货物从境内（区域外）运入区域内进行检测、维修后复运回境内（区域外）。

海关特殊监管区域内企业可开展以下保税维修业务：

- 法律、法规和规章允许的；
- 国务院批准和国家有关部门批准同意开展的；
- 区域内企业内销产品包括区域内企业自产或本集团内其他境内企业生产的在境内（区域外）销售的产品的返区维修。

除国务院和国家有关部门特别准许外，不得开展国家禁止进出口货物的维修业务。

企业开展保税维修业务，应当开设 H 账册，建立待维修货物、已维修货物（包括经检测维修不能修复的货物）、维修用料件的电子底账。设立保税维修账册应当符合以下几个条件。

- 建立符合海关监管要求的管理制度和计算机管理系统，能够实现对维修耗用等信息的全程跟踪。
- 与海关之间实行计算机联网并能够按照海关监管要求进行数据交换。
- 能够对待维修货物、已维修货物、维修用料件、维修过程中替换下的坏损零部件（以下简称"维修坏件"）、维修用料件在维修过程中产生的边角料（以下简称"维修边角料"）进行专门管理。

按照法律、法规和规章规定须由区域管理部门批准的，企业应当提供有关批准文件。企业应当向海关如实申报保税维修货物的进、出、转、存和耗用情况，并向海关办理核销手续。

待维修货物从境外运入区域内进行检测、维修（包括经检测维修不能修复的）后应当复运出境。待维修货物从境外进入区域和已维修货物复运出境，区域内企业应当填报进（出）境货物备案清单，监管方式为"保税维修"（代码 1371）。待维修货物从境内（区域外）进入区域，区域外企业或区域内企业应当填报出口货物报关单，监管方式为"修理物品"（代码 1300），同时区域内企业应当填报进境货物备案清单，监管方式为"保税维修"（代码 1371）。

已维修货物复运回境内（区域外），区域外企业或区域内企业应当填报进口货物报关单，监管方式为"修理物品"（代码1300），已维修货物和维修费用分列商品项填报。已维修货物商品项数量为实际出区域数量，征减免税方式为"全免"；维修费用商品项数量为0.1，征减免税方式为"照章征税"，商品编号栏目按已维修货物的编码填报；适用海关接受已维修货物申报复运回境内（区域外）之日的税率、汇率。

区域内企业应当填报出境货物备案清单，监管方式为"保税维修"（代码1371），商品名称按已维修货物的实际名称填报。企业应当向海关提交维修合同（或含有保修条款的内销合同）、维修发票等单证。保税维修业务产生的维修费用完税价格以耗用的保税料件费和修理费为基础审查确定。对外发至区域外进行部分工序维修时发生的维修费用，如能单独列明的，可以从完税价格中予以扣除。

待维修货物从境内（区域外）进入区域和已维修货物复运回境内（区域外）需要进行集中申报的，企业应当参照《中华人民共和国海关保税港区管理暂行办法》（海关总署令第191号）有关规定办理手续。

维修用料件按照保税货物实施管理，企业应当按照《海关特殊监管区域进出口货物报关单、进出境货物备案清单填制规范》和《中华人民共和国海关进出口货物报关单填制规范》对维修用料件进出境、进出区域、结转等进行申报。

对从境外进入区域的待维修货物产生的维修坏件和维修边角料原则上应复运出境，监管方式为"进料边角料复出"（代码0864）或"来料边角料复出"（代码0865）。确实无法复运出境的，可参照海关总署、环境保护部、商务部、质检总局《关于出口加工区边角料、废品、残次品出区处理问题的通知》（署加发〔2009〕172号）办理运至境内（区域外）的相关手续。对从境内（区域外）进入区域的待维修货物产生的维修坏件和维修边角料，可通过辅助管理系统登记后运至境内（区域外）。维修坏件和维修边角料属于固体废物的，应当按照环境保护部、商务部、发展改革委、海关总署、质检总局联合制发的《固体废物进口管理办法》（环境保护部令第12号）有关规定予以办理。

在进出境申报时，企业应当按进出境实际运输方式填报进（出）境货物备案清单的运输方式栏目。在自境内进出区申报时，企业应当按《海关特殊监管区域进出口货物报关单、进出境货物备案清单填制规范》的规定填报进出口货物报关单、进（出）境货物备案清单的运输方式栏目。维修业务开展过程中，由于部分工艺受限等原因，区域内企业需将维修货物外发至区域外进行部分工序维修时，可比照《中华人民共和国海关保税港区管理暂行办法》（海关总署令第191号）第28条规定办理有关手续，并遵守有关规定。

保税维修业务账册核销周期不超过两年。有下列情形之一的，企业应当予以整改。整改期间，海关不受理新的保税维修业务：

- 不符合上述保税维修业务开展条件的；
- 涉嫌走私被海关立案调查的；
- 一年内两次发生违规的；
- 未能在规定期限内（"规定期限"由主管海关根据保税维修合同和实际情况予以确定）将已维修货物、待维修货物、维修坏件或维修边角料按规定处置的。

企业完成整改，并将整改结果报主管海关认可后，企业方可开展新的保税维修业务。

（六）海关特殊监管区域间保税货物结转管理规定

海关特殊监管区域间保税货物流转，按照转关运输的有关规定办理，符合要求的也可以按照区间结转方式办理。区间结转是指海关特殊监管区域内企业（简称转出企业）将保税货物转入其他海关特殊监管区域内企业（简称转入企业）的经营活动。区间结转企业可以采用"分批送货、集中报关"的方式办理海关手续，收发货可采用企业自行运输或者比照转关运输的方式进行。区间结转企业应当根据海关对区间结转业务信息化管理的有关规定与海关联网，建立企业保税货物电子底账，并在规定的时限内，通过信息化管理系统，向海关如实申报结转备案、收发货、报关等信息。

企业开展区间结转业务，应当按照以下流程向主管海关申报《海关特殊监管区域保税货物结转申报表》（简称《申报表》），办理区间结转备案手续。

- 转入企业填报《申报表》转入信息向转入地主管海关申报。
- 转入地主管海关确认后，转出企业填报《申报表》相应的转出信息向转出地主管海关申报，转出地主管海关进行确认。
- 《申报表》从转出地主管海关确认之日起生效，企业可以按照经海关确认后的《申报表》进行实际收发货，办理报关手续。

《申报表》应符合以下要求。

- 一份《申报表》对应转出企业一本电子账册和转入企业一本电子账册。
- 《申报表》中区间结转保税货物品名、商品编号和计量单位等信息应与企业对应电子账册一致。
- 区间结转双方对应商品申报计量单位和申报数量应当一致，申报计量单位不一致的法定数量应当一致。
- 区间结转双方的商品编号前8位应当一致。
- 《申报表》有效期一般为半年，最长不超过1年，逾期不能发货。
- 《申报表》由转入地主管海关进行登记编号，编号办法为："S"（代表区间结转）+转入关别4位+年份2位+顺序号5位。
- 《申报表》备案后已备案商品不能变更。

企业有下列情形之一的，企业申报的《申报表》海关不予受理：

- 不符合海关监管要求，被海关责令限期整改，在整改期内的；
- 涉嫌走私、违规已被海关立案调查，尚未结案的（经海关同意，并已收取担保金的涉案企业除外）；
- 未按规定要求报关或者收发货的；
- 企业电子账册被海关暂停进出口的；
- 其他不符合海关监管条件的。

备案后如发生上述情况，海关可对《申报表》进行暂停处理，在暂停期间企业不能进行收发货，但《申报表》项下已实际收发货的，允许办理报关手续。

企业办理区间结转备案手续后，应当按照《申报表》进行实际收发货。企业的每批次收发货，应向海关如实申报，海关予以登记。

- 转出企业按照《申报表》向转出地主管海关申报区间结转出区核放单，转出地主管海关卡口核放确认后，海关登记发货信息。
- 转入企业按照《申报表》向转入地主管海关申报对应的区间结转入区核放单，转入地主管海关卡口核放确认后，海关登记收货信息。

符合海关监管要求的，区间结转保税货物可由企业自行运输。进出卡口的企业自行运输工具应经海关备案，并遵守海关对运输工具及其所载货物管理的规定。转出企业可以使用转入企业自行运输工具进行运输。企业自行运输的线路、时间、在运输途中换装运输工具等事项，需提前向海关报备。区间结转保税货物比照转关运输方式实际收发的，应按转关运输有关规定使用海关监管车辆运输，施加海关封志。

转出、转入企业每次实际发货、收货后，应当在每次实际发货、收货之日起30日内在各自主管海关按照先报进、后报出的顺序办结集中报关手续，转出与转入报关数据应对碰一致。集中报关手续不得跨年度办理。转入企业应在结转进口报关之日起2个工作日内将报关情况通知转出企业。企业实际收发货后，应当按照以下规定办理结转报关手续。

- 企业按照《申报表》项下实际收货逐批或者多批次合并向主管海关办理报关手续。
- 企业填制备案清单时，应当按照海关规定如实、准确地向海关申报结转保税货物的品名、商品编号、规格、数量、价格等项目。一份结转进区备案清单对应一份结转出区备案清单，进区、出区备案清单之间对应的申报序号、商品编号前8位、价格、数量（或折算后数量）应当一致。出区备案清单中"关联报关单号"栏应填写所对应的进区备案清单号。备案清单所填写的"关联备案"栏应相互对应，进区备案清单的"关联备案"栏应填写出区企业备案的账册号，出区备案清单的"关联备案"栏应填写进区企业备案的账册号。随附单证代码填写"K"（深加工结转），进区、出区备案清单随附单证的单证编号栏内填写对应《申报表》编号。运输方式应当填写"其他"（代码"9"）。以来料加工贸易方式结转的，企业监管方式应当填写"来料深加工结转"（代码"0255"）；以进料加工贸易方式结转的，企业监管方式应当填写"进料深加工结转"（代码"0654"）。启抵国（地区）应当填写"中国"（代码"142"）。
- 企业逐批或者多批次合并向主管海关办理报关手续时，应根据结转双方实际收发数量确定结转报关数量。实际收货数量与实际发货数量相同的，结转双方按相同数量报关；实际收货数量少于实际发货数量的，结转双方按实际收货数量进行报关，实际发货数量与报关数量差异部分由转出企业向转出地主管海关办理补税手续，如属许可证件管理商品，还应向海关出具有效的进口许可证件；实际收货数量大于实际发货数量的，结转双方按实际发货数量进行报关，实际收货数量与报关数量差异部分由转入企业向转入地海关申报入区备案清单，办理货物入区报关手续。
- 企业发生申报不实等违规行为的结转货物，经海关按照相关规定做出处罚或者经海关办案部门同意并收取足额担保金后，可以办理报关手续。
- 企业电子账册核销时，结转双方进出区备案清单应对碰一致，进出区备案清单不能

——对应的，海关不予接受报核。

因质量不符等原因发生退运、退换的，转入企业、转出企业分别在其主管海关按退运、退换的有关规定办理相关手续。

（七）海关特殊监管区域内销货物适用优惠税率管理规定

根据《中华人民共和国海关进出口货物优惠原产地管理规定》（海关总署令第181号）第二十九条的有关规定，海关特殊监管区域（简称区域）和保税监管场所（简称场所）内销货物可以申请适用协定税率或者特惠税率。对于出区域（场所）内销时申请适用协定税率或者特惠税率的进口货物，其收货人或者代理人（统称进口人）应在货物从境外首次申报入区域（场所）时按照《中华人民共和国海关进出口货物报关单填制规范》的有关要求填制进口报关单或者进境货物备案清单，并以"有纸报关"方式录入电子数据报关单和备案清单。同时进口人须向区域（场所）所在地海关（简称所在地海关）提出内销申请，并提交下列单证：

- 有效的原产地证书（正本或者正本及第二副本）或者原产地声明；
- 商业单证和运输单证；
- 《入区域（场所）优惠贸易协定项下货物内销申请登记表》（简称《登记表》）；
- 海关认为必要的其他证明文件。

经所在地海关审核，原产地证书（原产地声明）真实有效、货物属于"同一批次"["同一批次"进口货物是指由同一运输工具同时运抵同一口岸，并且属于同一收货人，使用同一提单的进口货物。对于客观原因导致有关进口货物在运抵中国关境（运抵口岸）前必须分批运输的情况，不影响同一批次的认定。]进口且货物运输符合有关"直接运输"要求的，所在地海关应在原产地证书（原产地声明）正本上进行批注，并填写《登记表》有关内容，同时在原产地证书（原产地声明）正本和《登记表》上加盖骑缝章后退还进口人，作为所在地海关同意进口人内销申请的凭证。

对于原产地证书的真实性或者对货物是否原产于优惠贸易协定成员方存疑的，所在地海关将留存原产地证书（原产地声明）正本，并按照有关程序开展原产地对外核查，同时填写《登记表》并在原产地证书（原产地声明）正本复印件和《登记表》上加盖骑缝章后退还进口人。由于不可抗力等客观原因，进口人在货物首次申报入区域（场所）提出内销申请时无法提交原产地证书的，应按照海关有关规定进行原产地补充申报。同时所在地海关填写《登记表》并在原产地补充申报单复印件和《登记表》上加盖骑缝章后退还进口人。

货物出区域（场所）内销时，进口人应向所在地海关提交上述已加盖骑缝章的有关单证和填写完"企业填写（内销环节）"栏目有关内容的《登记表》，按照《中华人民共和国海关进出口货物报关单填制规范》的有关要求填制进口报关单。经所在地海关审核无误的，有关货物可适用相应的协定税率或者特惠税率。所在地海关同时收回原产地证书（原产地声明）正本和《登记表》。

对于进口人申请分批内销有关货物的，所在地海关将在有关货物首次内销时收回原产地证书（原产地声明）正本，同时在《登记表》上签章后，在原产地证书（原产地声明）正本复印件和《登记表》上加盖骑缝章后退还进口人。货物再次申请内销时，所在地海关在《登记表》上签章后，将已加盖骑缝章的原产地证书（原产地声明）正本复印件和《登记表》退还进口人。当原产地证书（原产地声明）所列货物内销完毕或者办理最后一次内销申请时，进口人应将《登记表》正本交所在地海关。

货物出区（场所）内销时，如进口人仍无法补充提交符合要求的原产地证书或者正在开展原产地对外核查的，进口人应向所在地海关提出凭担保放行的申请，所在地海关应进口人的申请可以按照有关规定收取相当于应缴税款的等值保证金后办理货物放行手续。进口人及时补充提交符合要求的原产地证书或者经核查有关货物的原产地真实无误的，所在地海关可准予适用相应的协定税率或者特惠税率，已收取保证金的，同时办理保证金转退手续。

具有下列情形之一的，货物出区域（场所）内销时不能适用协定税率或者特惠税率：

- 进口人在货物首次申报入区域（场所）时未向所在地海关提出内销申请或者内销申请未获得批准的；
- 内销时进口人提交的有关单证上所在地海关施加的骑缝章有缺失的；
- 内销时原产地证书超出有效期的；
- 内销时货物的实际报验状态超出相关优惠贸易协定原产地管理办法中所述的微小加工或处理范围的；
- 其他海关认定的情形。

对于《中国—新西兰自由贸易协定》项下特殊保障措施农产品，如从境外首次申报入区域（场所）时相关农产品已达到当年触发水平的，除在途农产品外，相关农产品不论在当年还是跨年度内销时，均不能享受协定税率。

第三节　特定减免税货物报关程序和管理规范

一、特定减免税货物的概念、特征和适用范围

（一）特定减免税货物的概念

特定减免税货物是指海关根据国家的政策规定准予减免税进境，专门使用于特定地区或特定用途的货物。特定地区是指我国境内由行政法规规定的某一特定区域，如保税区、出口加工区、保税物流园区等，享受减免税优惠的进口货物只能在这一特定区域内使用。特定用途是指国家规定可以享受减免税优惠的进口货物只能用于行政法规专门规定的用途，如鼓励发展的国内投资项目、利用外资项目、用于科研和教学的设备、残疾人专用品等。

（二）特定减免税货物的特征

特定减免税货物具有以下特征。

1. 特定条件下减免税

特定减免税是我国关税优惠政策的重要组成部分，其目的是优先发展保税区、出口加工区等特定地区的经济，促进教育、科学、文化、卫生事业的发展，等等。因而，这种减免税优惠具有鲜明的特定性，只能在国家行政法规规定的特定条件下使用。以特定地区享

受减免税优惠进口的货物只能在规定的特定地区里面使用，将货物移至特定地区以外使用的，必须经海关批准并依法缴纳关税；以特定用途享受减免税优惠进口的货物只能用于规定的用途，将该货物用于其他用途的，必须经海关批准并依法缴纳关税。

2. 不豁免进口许可证件

特定减免税货物是实际进口货物。按照国家有关进出境管理的法律、法规，凡属于进口配额许可证管理、进口自动许可管理等进口管制的，以及纳入国家检验检疫范围的进口货物，进口收货人或其代理人都应当在进口申报时向海关提交进口许可证件。

3. 特定的海关监管期限

海关放行特定减免税进口货物，该货物进入关境后有条件地在境内使用。进口货物享受特定减免税的条件之一就是在规定的期限内，只能在规定的地区、用途范围内使用，并接受海关的监管。《中华人民共和国海关进出口货物征税管理办法》规定，特定地区或者有特定用途的特定减免税进口货物的海关监管年限为：船舶、飞机，8 年；机动车辆，6 年；其他货物，5 年。在特定减免税进口货物的监管年限内，纳税义务人应当自减免税货物放行之日起每年一次向主管海关报告减免税货物的状况；除经海关批准转让给其他享受同等税收优惠待遇的项目单位外，纳税义务人在补缴税款并办理解除监管手续后，方可转让或者进行其他处置。

（三）特定减免税货物的适用范围

特定减免税货物主要包括特定地区或者有特定用途的进口货物。

1. 特定地区进口货物

（1）保税区进口区内生产性的基础设施建设项目所需的机器、设备和其他基建物资；区内企业自用的生产、管理设备和自用合理数量的办公用品及其所需的维修用零配件，生产用燃料，建设生产厂房、仓储设施所需的物资、设备；以及保税区行政管理机构自用合理数量的管理设备和办公用品及其所需的维修用零配件，均予以免税。

（2）出口加工区进口区内生产性的基础设施建设项目所需的机器、设备和建设生产厂房、仓储设施所需的基建物资；区内企业生产所需的机器、设备、模具及其维修用零配件；以及区内企业和行政管理机构自用合理数量的办公用品，均予以免税。

（3）从境外进入保税物流园区的货物，包括园区的基础设施建设项目所需的设备、物资等；园区企业为开展业务所需的机器、装卸设备、仓储设施、管理设备及其维修用消耗品、零配件及工具；以及园区行政管理机构及其经营主体和园区企业自用合理数量的办公用品等，海关予以办理免税手续。

（4）从境外进入保税港区内生产性的基础设施建设项目所需的机器、设备和建设生产厂房、仓储设施所需的基建物资；区内企业生产所需的机器、设备、模具及其维修用零配件；以及区内企业和行政管理机构自用合理数量的办公用品，海关免征进口关税和进口环节海关代征税。

（5）对境内区外进入所有海关特殊监管区域用于建区和企业厂房基础建设的，属于取消出口退税或加征出口关税的基建物资，入区时不予退税，海关办理登记手续，不征收出口关税。对具有保税加工功能的出口加工区、保税港区、综合保税区、珠澳跨境工业区（珠海园区）和中哈霍尔果斯国际边境合作中心（中方配套区域）的区内生产企业在国内（境内区外）采购用于生产出口产品的原材料，进区时不征收出口关税。

2. 特定用途进口货物

（1）国内投资项目。符合《产业结构调整指导目录》鼓励类的国内投资项目，在投资总额内进口的自用设备以及按照合同规定随设备进口的技术及配套件、备件，除《国内投资项目不予免税的进口商品目录》和《进口不予免税的重大技术装备和产品目录》所列商品外，免征关税。

（2）利用外资项目。对属于《外商投资产业指导目录（2015 年修订）》鼓励类范围的外商投资项目（包括增资项目），在投资总额内进口的自用设备以及按照合同随上述设备进口的技术和配套件、备件，除《外商投资项目不予免税的进口商品目录》和《进口不予免税的重大技术装备和产品目录》所列商品外，按照《国务院关于调整进口设备税收政策的通知》（国发〔1997〕37 号）、海关总署公告 2008 年第 103 号及其他相关规定，免征关税。外国政府贷款和国际金融组织贷款项目、外商提供不作价进口设备的加工贸易企业、中西部地区外商投资优势产业项目以及外商投资企业和外商投资设立的研究中心利用自有资金进行技术改造项目进口自用设备以及按照合同随上述设备进口的技术及配套件、备件，除《外商投资项目不予免税的进口商品目录》和《进口不予免税的重大技术装备和产品目录》所列商品外，免征关税。

（3）外国政府、国际组织的无偿援助项目、扶贫、救灾、慈善捐赠项目进口的物资免征关税和进口环节增值税、消费税。

（4）科研单位和学校在自用合理数量范围内进口国内不能生产的、直接用于教学和科研的设备和用品免征进口关税和进口环节增值税、消费税。

（5）进口的残疾人专用物品和专用设备免征进口关税和进口环节增值税、消费税。

（6）国有公益性收藏单位以从事永久收藏、展示和研究等公益性活动为目的，以接受境外捐赠（指境外机构、个人将合法所有的藏品无偿捐献给国有公益性收藏单位的行为）、归还（指境外机构、个人将持有的原系从中国劫掠、盗窃、走私或以其他方式非法出境的藏品无偿交还给国有公益性收藏单位的行为）、追索（指国家主管文化文物行政管理部门依据有关国际公约从境外索回原系从中国劫掠、盗窃、走私或以其他方式非法出境的藏品的行为）和购买（指国有公益性收藏单位通过合法途径从境外买入藏品的行为）等方式进口的藏品，免征关税和进口环节增值税、消费税。

（7）为提高我国企业的核心竞争力及自主创新能力，促进装备制造业的发展，符合规定条件的国内企业为生产《国家支持发展的重大技术装备和产品目录》中所列装备或产品而确有必要进口《重大技术装备和产品进口关键零部件及原材料商品目录》中所列商品，免征关税和进口环节增值税。

二、特定减免税货物的报关程序和管理措施

特定减免税货物的报关程序主要包括办理减免税备案申请、办理货物进口报关以及办理申请海关解除监管等手续和环节。

（一）减免税备案和审批

减免税申请人按照有关进出口税收优惠政策的规定申请减免税进出口相关货物，海关需要事先对减免税申请人的资格或者投资项目等情况进行确认的，减免税申请人应当在申请办理减免税审批手续前，向主管海关申请办理减免税备案手续，并同时提交下列材料：

- 《进出口货物减免税备案申请表》；
- 企业营业执照或者事业单位法人证书、国家机关设立文件、社团登记证书、民办非企业单位登记证书、基金会登记证书等证明材料；
- 相关政策规定的享受进出口税收优惠政策资格的证明材料；
- 海关认为需要提供的其他材料。

减免税申请人按照规定提交证明材料的，应当交验原件，同时提交加盖减免税申请人有效印章的复印件。

海关收到减免税申请人的减免税备案申请后，应当审查确认所提交的申请材料是否齐全、有效，填报是否规范。减免税申请人的申请材料符合规定的，海关应当予以受理，海关收到申请材料之日为受理之日；减免税申请人的申请材料不齐全或者不符合规定的，海关应当一次性告知减免税申请人需要补正的有关材料，海关收到全部补正的申请材料之日为受理之日。不能按照规定向海关提交齐全、有效材料的，海关不予受理。

海关受理减免税申请人的备案申请后，应当对其主体资格、投资项目等情况进行审核。经审核符合有关进出口税收优惠政策规定的，应当准予备案；经审核不予备案的，应当书面通知减免税申请人。海关应当自受理之日起 10 个工作日内做出是否准予备案的决定。因政策规定不明确或者涉及其他部门管理职责需与相关部门进一步协商、核实有关情况等原因在 10 个工作日内不能做出决定的，海关应当书面向减免税申请人说明理由，并且应当自上述情形消除之日起 15 个工作日内做出是否准予备案的决定。

减免税申请人要求变更或者撤销减免税备案的，应当向主管海关递交申请。经审核符合相关规定的，海关应当予以办理。变更或者撤销减免税备案应当由项目审批部门出具意见的，减免税申请人应当在申请变更或者撤销时一并提供。

减免税申请人应当在货物申报进出口前，向主管海关申请办理进出口货物减免税审批手续，并同时提交下列材料：

- 《进出口货物征免税申请表》；
- 企业营业执照或者事业单位法人证书、国家机关设立文件、社团登记证书、民办非企业单位登记证书、基金会登记证书等证明材料；
- 进出口合同、发票以及相关货物的产品情况资料；
- 相关政策规定的享受进出口税收优惠政策资格的证明材料；
- 海关认为需要提供的其他材料。

减免税申请人按照规定提交证明材料的，应当交验原件，同时提交加盖减免税申请人有效印章的复印件。

海关收到减免税申请人的减免税审批申请后，应当审核确认所提交的申请材料是否齐全、有效，填报是否规范。对应当进行减免税备案的，还应当审核是否已经按照规定办理备案手续。减免税申请人的申请材料符合规定的,海关应当予以受理,海关收到申请材料之日为受理之日;减免税申请人提交的申请材料不齐全或者不符合规定的,海关应当一次性告知减免税申请人需要补正的有关材料,海关收到全部补正的申请材料之日为受理之日。不能按照规定向海关提交齐全、有效材料,或者未按照规定办理减免税备案手续的,海关不予受理。

海关受理减免税申请人的减免税审批申请后,应当对进出口货物相关情况是否符合有关进出口税收优惠政策规定、进出口货物的金额、数量等是否在减免税额度内等情况进行审核。对应当进行减免税备案的,还需要对减免税申请人、进出口货物等是否符合备案情况进行审核。经审核符合相关规定的,应当做出进出口货物征税、减税或者免税的决定,并签发《中华人民共和国海关进出口货物征免税证明》(以下简称《征免税证明》)。

海关应当自受理减免税审批申请之日起 10 个工作日内做出是否准予减免税的决定。有下列情形之一,不能在受理减免税审批申请之日起 10 个工作日内做出决定的,海关应当书面向减免税申请人说明理由:

- 政策规定不明确或者涉及其他部门管理职责需要与相关部门进一步协商、核实有关情况的;
- 需要对货物进行化验、鉴定以确定是否符合减免税政策规定的;
- 因其他合理原因不能在规定期限内做出决定的。

有上述规定情形之一的,海关应当自情形消除之日起 15 个工作日内做出是否准予减免税的决定。

减免税申请人申请变更或者撤销已签发的《征免税证明》的,应当在《征免税证明》有效期内向主管海关提出申请,说明理由,并提交相关材料。经审核符合规定的,海关准予变更或者撤销。准予变更的,海关应当在变更完成后签发新的《征免税证明》,并收回原《征免税证明》。准予撤销的,海关应当收回原《征免税证明》。

减免税申请人应当在《征免税证明》有效期内办理有关进出口货物通关手续。不能在有效期内办理,需要延期的,应当在《征免税证明》有效期内向海关提出延期申请。经海关审核同意,准予办理延长《征免税证明》有效期手续。《征免税证明》可以延期一次,延期时间自有效期届满之日起算,延长期限不得超过 6 个月。海关总署批准的特殊情况除外。《征免税证明》有效期限届满仍未使用的,该《征免税证明》效力终止。减免税申请人需要减免税进出口该《征免税证明》所列货物的,应当重新向海关申请办理。

减免税申请人遗失《征免税证明》需要补办的,应当在《征免税证明》有效期内向主管海关提出申请。经核实原《征免税证明》尚未使用的,主管海关应当重新签发《征免税证明》,原《征免税证明》同时作废。原《征免税证明》已经使用的,不予补办。

除国家政策调整等原因并经海关总署批准外,货物征税放行后,减免税申请人申请补办减免税审批手续的,海关不予受理。

(二) 货物进口报关

进口单位或其代理人应凭《征免税证明》及有关报关单证在进口地海关办理减免税货物进口报关手续,程序包括进口申报、配合查验、提取货物等环节。特定减免税货物一般不豁免进出口许可证件，但对某些外商投资和某些许可证件种类，国家规定有特殊优惠政策的，可以豁免进口许可证件。

有下列情形之一的，减免税申请人可以向海关申请凭税款担保先予办理货物放行手续：

- 主管海关按照规定已经受理减免税备案或者审批申请，尚未办理完毕的；
- 有关进出口税收优惠政策已经国务院批准，具体实施措施尚未明确，海关总署已确认减免税申请人属于享受该政策范围的；
- 其他经海关总署核准的情况。

减免税申请人需要办理税款担保手续的，应当在货物申报进出口前向主管海关提出申请，并按照有关进出口税收优惠政策的规定向海关提交相关材料。主管海关应当在受理申请之日起7个工作日内，做出是否准予担保的决定。准予担保的，应当出具《中华人民共和国海关准予办理减免税货物税款担保证明》（以下简称《准予担保证明》）；不准予担保的，应当出具《中华人民共和国海关不准予办理减免税货物税款担保决定》。进出口地海关凭主管海关出具的《准予担保证明》，办理货物的税款担保和验放手续。国家对进出口货物有限制性规定，应当提供许可证件而不能提供的，以及法律、行政法规规定不得担保的其他情形，进出口地海关不得办理减免税货物凭税款担保放行手续。

税款担保期限不超过6个月，经直属海关关长或者其授权人批准可以予以延期，延期时间自税款担保期限届满之日起算，延长期限不超过6个月。特殊情况仍需要延期的，应当经海关总署批准。海关依照规定延长减免税备案、审批手续办理时限的，减免税货物税款担保时限可以相应延长，主管海关应当及时通知减免税申请人向海关申请办理减免税货物税款担保延期的手续。

减免税申请人在减免税货物税款担保期限届满前未取得《征免税证明》，申请延长税款担保期限的，应当在《准予担保证明》规定期限届满的10个工作日以前向主管海关提出申请。主管海关应当在受理申请后7个工作日内，做出是否准予延长担保期限的决定。准予延长的，应当出具《中华人民共和国海关准予办理减免税货物税款担保延期证明》（以下简称《准予延期证明》）；不准予延长的，应当出具《中华人民共和国海关不准予办理减免税货物税款担保延期决定》。

减免税申请人按照海关要求申请延长减免税货物税款担保期限的，比照上述规定办理。进出口地海关凭《准予延期证明》办理减免税货物税款担保延期手续。

减免税申请人在减免税货物税款担保期限届满前取得《征免税证明》的，海关应当解除税款担保，办理征免税进出口手续。担保期限届满，减免税申请人未按照规定申请办理减免税货物税款担保延期手续的，海关应当要求担保人履行相应的担保责任或者将税款保证金转为税款。

（三）减免税货物的处置和管理

在进口减免税货物的海关监管年限内，未经海关许可，减免税申请人不得擅自将减免税货物转让、抵押、质押、移作他用或者进行其他处置。按照国家有关规定在进口时免予提交许可证件的进口减免税货物，减免税申请人向海关申请进行转让、抵押、质押、移作他用或者其他处置时，按照规定需要补办许可证件的，应当补办有关许可证件。

在海关监管年限内，减免税申请人将进口减免税货物转让给进口同一货物享受同等减免税优惠待遇的其他单位的，应当按照下列规定办理减免税货物结转手续。

① 减免税货物的转出申请人持有关单证向转出地主管海关提出申请，转出地主管海关审核同意后，通知转入地主管海关。

② 减免税货物的转入申请人向转入地主管海关申请办理减免税审批手续。转入地主管海关审核无误后签发《征免税证明》。

③ 转出、转入减免税货物的申请人应当分别向各自的主管海关申请办理减免税货物的出口、进口报关手续。转出地主管海关办理转出减免税货物的解除监管手续。结转减免税货物的监管年限应当连续计算。转入地主管海关在剩余监管年限内对结转减免税货物继续实施后续监管。

在海关监管年限内，减免税申请人将进口减免税货物转让给不享受进口税收优惠政策或者进口同一货物不享受同等减免税优惠待遇的其他单位的，应当事先向减免税申请人主管海关申请办理减免税货物补缴税款和解除监管手续。

在海关监管年限内，减免税申请人需要将减免税货物移作他用（包括将减免税货物交给减免税申请人以外的其他单位使用；未按照原定用途、地区使用减免税货物；未按照特定地区、特定企业或者特定用途使用减免税货物的其他情形）的，应当事先向主管海关提出申请。经海关批准，减免税申请人可以按照海关批准的使用地区、用途、企业将减免税货物移作他用。

除海关总署另有规定外，按照上述规定将减免税货物移作他用的，减免税申请人还应当按照移作他用的时间补缴相应税款；移作他用时间不能确定的，应当提交相应的税款担保，税款担保不得低于剩余监管年限应补缴税款总额。

在海关监管年限内，减免税申请人要求以减免税货物向金融机构办理贷款抵押的，应当向主管海关提出书面申请。经审核符合有关规定的，主管海关可以批准其办理贷款抵押手续。减免税申请人不得以减免税货物向金融机构以外的公民、法人或者其他组织办理贷款抵押。减免税申请人以减免税货物向境内金融机构办理贷款抵押的，应当向海关提供下列形式的担保：

- 与货物应缴税款等值的保证金；
- 境内金融机构提供的相当于货物应缴税款的保函；
- 减免税申请人、境内金融机构共同向海关提交《进口减免税货物贷款抵押承诺保证书》，书面承诺当减免税申请人抵押贷款无法清偿需要以抵押物抵偿时，抵押人或者抵押权人先补缴海关税款，或者从抵押物的折（变）价款中优先偿付海关税款。

减免税申请人以减免税货物向境外金融机构办理贷款抵押的，应当向海关提交与货物应缴税款等值的保证金或者相当于货物应缴税款的保函形式的担保。

海关在收到贷款抵押申请材料后，应当审核申请材料是否齐全、有效，必要时可以实地核查减免税货物情况，了解减免税申请人经营状况。经审核同意的，主管海关应当出具《中华人民共和国海关准予进口减免税货物贷款抵押通知》。海关同意以进口减免税货物办理贷款抵押的，减免税申请人应当于正式签订抵押合同、贷款合同之日起30日内将抵押合同、贷款合同正本或者复印件交海关备案。提交复印件备案的，减免税申请人应当在复印件上标注"与正本核实一致"，并予以签章。抵押合同、贷款合同的签订日期不是同一日的，按照后签订的日期计算规定的备案时限。贷款抵押需要延期的，减免税申请人应当在贷款期限届满前 20 日内向主管海关申请办理贷款抵押的延期手续。经审核同意的，主管海关签发准予延期通知，并出具《中华人民共和国海关准予办理进口减免税货物贷款抵押延期通知》。

除海关总署另有规定外，在海关监管年限内，减免税申请人应当按照海关规定保管、使用进口减免税货物，并依法接受海关监管。进口减免税货物的监管年限为：船舶、飞机，8 年；机动车辆，6 年；其他货物，5 年。监管年限自货物进口放行之日起计算。

在海关监管年限内，减免税申请人应当自进口减免税货物放行之日起，在每年的第 1 季度向主管海关递交《减免税货物使用状况报告书》，报告减免税货物使用状况。减免税申请人未按照规定向海关报告其减免税货物状况，向海关申请办理减免税备案、审批手续的，海关不予受理。

在海关监管年限内，减免税货物应当在主管海关核准的地点使用。需要变更使用地点的，减免税申请人应当向主管海关提出申请，说明理由，经海关批准后方可变更使用地点。减免税货物需要移出主管海关管辖地使用的，减免税申请人应当事先持有关单证以及需要异地使用的说明材料向主管海关申请办理异地监管手续，经主管海关审核同意并通知转入地海关后，减免税申请人可以将减免税货物运至转入地海关管辖地，转入地海关确认减免税货物情况后进行异地监管。减免税货物在异地使用结束后，减免税申请人应当及时向转入地海关申请办结异地监管手续，经转入地海关审核同意并通知主管海关后，减免税申请人应当将减免税货物运回主管海关管辖地。

在海关监管年限内，减免税申请人发生分立、合并、股东变更、改制等变更情形的，权利义务承受人应当自营业执照颁发之日起 30 日内，向原减免税申请人的主管海关报告主体变更情况及原减免税申请人进口减免税货物的情况。经海关审核，需要补征税款的，承受人应当向原减免税申请人主管海关办理补税手续；可以继续享受减免税待遇的，承受人应当按照规定申请办理减免税备案变更或者减免税货物结转手续。在海关监管年限内，因破产、改制或者其他情形导致减免税申请人终止，没有承受人的，原减免税申请人或者其他依法应当承担关税及进口环节海关代征税缴纳义务的主体应当自资产清算之日起 30 日内向主管海关申请办理减免税货物的补缴税款和解除监管手续。

在海关监管年限内，减免税申请人要求将进口减免税货物退运出境或者出口的，应当报主管海关核准。减免税货物退运出境或者出口后，减免税申请人应当持出口报关单向主管海关办理原进口减免税货物的解除监管手续。减免税货物退运出境或者出口的，海关不再对退运出境或者出口的减免税货物补征相关税款。

减免税货物海关监管年限届满的，应自动解除监管。在海关监管年限内的进口减免税货物，减免税申请人书面申请提前解除监管的，应当向主管海关申请办理补缴税款和解除监管手续。按照国家有关规定在进口时免予提交许可证件的进口减免税货物，减免税申请人还应当补交有关许可证件。减免税申请人需要海关出具解除监管证明的，可以自办结补缴税款和解除监管等相关手续之日或者自海关监管年限届满之日起 1 年内，向主管海关申请领取解除监管证明。海关审核同意后出具《中华人民共和国海关进口减免税货物解除监管证明》。在海关监管年限及其后 3 年内，海关依照《海关法》和《中华人民共和国海关稽查条例》有关规定对减免税申请人进口和使用减免税货物情况实施稽查。

减免税货物转让给进口同一货物享受同等减免税优惠待遇的其他单位的，不予恢复减免税货物转出申请人的减免税额度（是指根据有关进出口税收优惠政策规定确定的减免税申请人可以减税或者免税进出口货物的金额、数量，或者可以减征、免征的进出口关税及进口环节海关代征税的税款），减免税货物转入申请人的减免税额度按照海关审定的货物结转时的价格、数量或者应缴税款予以扣减。减免税货物因品质或者规格原因原状退运出境，减免税申请人以无代价抵偿方式进口同一类型货物的，不予恢复其减免税额度；未以无代价抵偿方式进口同一类型货物的，减免税申请人在原减免税货物退运出境之日起 3 个月内向海关提出申请，经海关批准，可以恢复其减免税额度。对于其他提前解除监管的情形，不予恢复减免税额度。

减免税货物因转让或者其他原因需要补征税款的，补税的完税价格以海关审定的货物原进口时的价格为基础，按照减免税货物已进口时间与监管年限的比例进行折旧，其计算公式为

$$补税的完税价格 = \frac{海关审定的货物}{原进口时的价格} \times \left(1 - \frac{减免税货物已进口时间}{监管年限 \times 12}\right)$$

减免税货物已进口时间自减免税货物的放行之日起按月计算。不足 1 个月但超过 15 日的按 1 个月计算；不超过 15 日的，不予计算。

按照上述规定计算减免税货物补征税款的，已进口时间的截止日期按以下规定确定：

- 转让减免税货物的，应当以海关接受减免税申请人申请办理补税手续之日作为计算其已进口时间的截止之日；
- 减免税申请人未经海关批准，擅自转让减免税货物的，应当以货物实际转让之日作为计算其已进口时间的截止之日；转让之日不能确定的，应当以海关发现之日作为截止之日；
- 在海关监管年限内，减免税申请人发生破产、撤销、解散或者其他依法终止经营情形的，已进口时间的截止日期应当为减免税申请人破产清算之日或者被依法认定终止生产经营活动的日期。

减免税申请人将减免税货物移作他用，应当补缴税款的，税款的计算公式为

$$补缴税款 = \frac{海关审定的货物}{原进口时的价格} \times 税率 \times \left(\frac{需补缴税款的时间}{监管年限 \times 12 \times 30}\right)$$

上述计算公式中的税率，应当按照《关税条例》的有关规定，采用相应的适用税率；需补缴税款的时间是指减免税货物移作他用的实际时间，按日计算，每日实际生产不满 8 小时或者超过 8 小时的均按 1 日计算。

海关在办理减免税货物异地监管、结转、主体变更、退运出口、解除监管、贷款抵押等后续管理事务时，应当自受理申请之日起 10 个工作日内做出是否同意的决定。因特殊情形不能在 10 个工作日内做出决定的，海关应当书面向申请人说明理由。海关总署对重大减

免税事项实施备案管理。

第四节　暂准进出口货物报关程序和管理规范

一、暂准进出口货物的概念、特征和适用范围

（一）暂准进出口货物的概念

暂准进出口货物属于海关监管货物，是指为了特定的目的暂时进口或暂时出口，有条件暂时免纳进出口关税并豁免进出口许可证件，在特定的期限内除因使用过程中正常的损耗外按原状复运出口或复运进口的货物。

（二）暂准进出口货物的特征

暂准进出口货物主要有以下几个特征。

1. 有条件暂时免予缴纳税费

暂准进出口货物在向海关申报进出境时，可以有条件的暂时免予缴纳进出口税费。只要进口收货人或出口发货人向海关保证，暂准进出口的货物只用于海关法规、规章认可的特定使用目的，并且在规定的期限之内，除因使用过程中正常的损耗外按原状将货物复运出境或复运进境，即可免于缴纳进出口税费。一旦进口收货人或出口发货人改变了货物特定的使用目的，或超过了规定的期限货物仍未复运出境或复运进境，海关即可对货物补征进出口税费，并且视进出口人是否违反海关法规、规章，可能对进出口人做出相应的处罚。

2. 豁免进出口许可证件

暂准进出口货物不是实际进出口的货物，因而当海关放行后，不能在一国关境内或关境外自由流通。因此，一国的贸易管制措施就不适用于这些货物。只要按照暂准进出口货物的海关法规、规章办理进出境手续，可以免予提交进出口许可证件。但是，如果暂准进出口货物属于除进出口许可证、配额以外的其他限制进出口范围的，如基于公共道德或秩序、公共安全、公共卫生保健、动植物检疫、濒危野生动植物保护或知识产权方面的考虑而实施的限制措施，进出口货物的收发货人仍应按照有关规定办理相关手续，向海关提交进出境许可证件。

3. 特定的进出境目的

暂准进出口货物都具有其特定的进出境目的。一国海关允许货物进境、出境而不征收税费，不要求提交许可证件，其根本原因就在于这些货物是为了某一特定目的进出一国关境。这一特定目的是国家法律、法规所允许的，并且有利于该国的对外经济、文化交流，比如展览品的暂时进出境，进出境修理物品，为合作拍摄电影、录像片、纪录片而需要暂时进出境的专业器材等。

4. 规定期限内按原状复运出境

暂准进出口货物是为了特定的目的进出境，一旦达到目的，货物即应当复运出境或复运进境。因此，在各国海关对暂时进出口的管理规定中，都根据不同的货物暂时进出境目

的，规定不同的暂时进出境期限，规定必须按货物原状复运出境或复运进境。一旦货物未按原状复运进出境，其性质就发生了变化，海关可以按照规定对货物采取追缴税款，要求提交许可证件、罚款等措施。

5. **按货物实际使用情况办结海关手续**

暂准进出口货物是海关监管货物，所有的暂准进出口货物都必须在规定期限内，由货物的进出口人根据货物不同的情况向海关办理核销结关手续。对暂准进出口货物，尽管有在规定期限内按原状复运进出境的严格限制，但无论是在国际公约中，还是在我国海关的法规、规章中，都规定这些货物可以在法规、规章允许，并经海关批准的情况下，改变货物"特定进出境目的"，转变性质成为一般进出口货物、保税加工货物或特定减免税货物。比如展览品在展览会结束后，有人购买，只要购买者在展览品规定的暂时进口期限内，向海关申报，提交进口许可证件，缴纳关税，该展览品转变成为一般进出口货物。如果购买者可以享受特定减免税优惠，并且办妥了减免税证明，提交了有关许可证件，该展览品就转变成为特定减免税货物。

（三）暂准进出口货物的适用范围

1. **暂时进出境货物**

暂时进出境货物是指经海关批准，暂时进出关境并且在规定的期限内复运出境、进境的货物，包括：

- 在展览会、交易会、会议及类似活动中展示或者使用的货物；
- 文化、体育交流活动中使用的表演、比赛用品；
- 进行新闻报道或者摄制电影、电视节目使用的仪器、设备及用品；
- 开展科研、教学、医疗活动使用的仪器、设备和用品；
- 在上述所列活动中使用的交通工具及特种车辆；
- 货样；
- 慈善活动使用的仪器、设备及用品；
- 供安装、调试、检测、修理设备时使用的仪器及工具；
- 盛装货物的容器；
- 旅游用自驾交通工具及其用品；
- 工程施工中使用的设备、仪器及用品；
- 海关批准的其他暂时进出境货物。

其中，展览会、交易会、会议及类似活动是指：

- 贸易、工业、农业、工艺展览会以及交易会、博览会；
- 因慈善目的而组织的展览会或者会议；
- 为促进科技、教育、文化、体育交流，开展旅游活动或者民间友谊而组织的展览会或者会议；
- 国际组织或者国际团体组织代表会议；
- 政府举办的纪念性代表大会。

在商店或者其他营业场所以销售国外货物为目的而组织的非公共展览会不属于上述展

览会、交易会、会议及类似活动的范围。

使用货物暂准进口单证册（即 ATA 单证册）暂时进境的货物限于我国加入的有关货物暂准进口的国际公约中规定的货物。暂准进口单证册，简称 ATA 单证册（ATA 是由法语 Admission Temporaire（暂准进口）和英语 Temporary Admission（暂准进口）的第一个字母的组合，表示"暂准进口"），是指世界海关组织通过的《货物暂准进口公约》及其附约 A 和《关于货物暂准进口的 ATA 单证册海关公约》（简称《ATA 公约》）中规定使用的，用于替代各缔约方海关暂准进出口货物报关单和税费担保的国际性通关文件。由于暂准进出口货物种类繁多，各国海关存在不同的监管制度和海关手续。为了协调各国海关对暂准进出口货物的规定，简化手续，便利进出口通关，世界海关组织及其前身海关合作理事会从 1954 年到 1972 年签订了 12 个有关各种货物暂时进出口的国际公约和《ATA 公约》。1990 年世界海关组织将上述 13 个国际公约修改合并后通过了《货物暂准进口公约》（伊斯坦布尔公约）。《货物暂准进口公约》和《ATA 公约》建立了一种为各成员国海关、货物所有人、有关团体共同遵守的简单、有效的系统，以此来简化货物暂时进出各成员国的各种进出境手续，为货物的暂时进出口提供最大限度的便利。ATA 单证册系统之所以能够起到有效简化货物暂时进出口的各种烦琐手续，是因为实施了以下两个措施。

（1）使用了 ATA 单证册。ATA 单证册是国际统一通用的海关申报单证，如一国商人要将一批展览品运送到另一个国家去参加展览会，该商人只需在本国申领一份 ATA 单证册，就可以持该单证册向本国海关申报暂时出口，无须填制报关单；该商人持该份单证册向进口国海关申报暂时进口，也无须填制报关单，甚至无须办理海关担保手续，也不必缴纳保证金；当展览会结束，展览品复运出口时，也可持该份单证册申报出境；展览品返回本国，该商人仍持该份单证册向本国海关申报。甚至当展览品在其他第三国临时过境时，其一进一出也不必向第三国海关另外办理填制报关单、提供担保等手续。因此，ATA 单证册实际上是暂时进出口货物在各缔约国（地区）之间自由进出的通行证。

（2）建立了国际连环担保系统。这种连环担保系统是由各国担保协会，一般是各国指定商会组成，并由国际商会国际局（IBCC）进行统一管理，通常被称为"ATA/IBCC 连环担保系统"。ATA/IBCC 连环担保系统的担保协会成员，作为对各成员国海关的担保人，担保的标的是在 ATA 单证册项下的货物可能支付的进口关税和其他税费。公约的各缔约方都有一个担保协会，称为国家担保协会，一般担保协会同样也是出证协会，负责签发本国的 ATA 单证册。该担保协会必须既得到该国海关的批准，也要得到国际商会国际局的批准，才能成为 ATA/IBCC 连环担保系统的成员。

ATA 单证册和 ATA/IBCC 连环担保系统的结合，就形成了 ATA 单证册系统。这一系统保证了 ATA 单证册项下的货物暂时进出成员国手续的便利。在 ATA 单证册系统下，ATA 单证册的正常使用过程为：持证人向本国出证协会提出申请，缴纳一定的手续费，并按出证协会的规定提供担保。出证协会审核后签发 ATA 单证册；持证人凭 ATA 单证册将货物在出口国暂时出口，又暂时进口到进口国，进口国海关经查验签章放行；货物完成暂时进口的特定使用目的后，从进口国复运出口，又复运进口到原出口国；持证人将使用过的，经各海关签注的 ATA 单证册交还给原出证协会。ATA 单证册的整个使用过程到此结束。ATA

单证册未正常使用一般包括两种情况：一是货物未在规定的期限内复运出口，产生了暂时进口国海关对货物征税的问题；二是 ATA 单证册持证人未遵守暂时进口国海关有关规定，产生了暂时进口国海关对持证人罚款的问题。在这两种情况下，暂时进口国海关可以向本国担保协会提出索赔；暂时进口国担保协会代持证人垫付税款、罚款等款项后，可以向暂时出口国担保协会进行追偿；暂时出口国担保协会垫付款项后，可以向持证人追偿，持证人偿付款项后，ATA 单证册的整个使用过程到此结束。如果一个国家的出证协会和担保协会是两个不同的单位，则暂时进口国担保协会先向暂时出口国担保协会追偿，担保协会再向该国出证协会追偿。如果持证人拒绝偿付款项，则担保协会或出证协会可要求持证人的担保银行或保险公司偿付款项。如果后者也拒付，则可以采取法律行动。

我国于 1993 年加入《ATA 公约》及与其相关的《展览会、交易会公约》《货物暂准进口公约》及其附约 A《关于暂准进口单证的附约》和附约 B1《关于在展览会、交易会、会议及类似活动中供陈列或使用的货物的附约》。因此，我国适用暂准进口单证册（ATA 单证册）的暂时进境货物，限于我国加入的上述公约及附约中规定的展览会、交易会、会议或类似活动项下的货物。

2. 进出境修理物品

进出境修理物品是指运出境或运进境维护修理后复运进出境的货物、物品，海关将其作为暂时进出口货物进行管理。修理物品分为原进口产品运出境修理和原我国出口产品运进境修理两类。原进口产品运出境修理类又可以分为两种情况：一是原进口产品在保修期内运出境修理；二是原进口产品在保修期外运出境修理。

3. 进出境集装箱箱体

集装箱箱体既是一种运输设备，又是一种货物。当货物用集装箱装载进出口时，集装箱箱体就作为一种运输设备；当一企业购买进口或销售出口集装箱时，集装箱箱体又与普通的进出口货物一样了。集装箱箱体在同一时间里可能既是运输设备，又是进出口货物。这时，购买进口或销售出口的集装箱同时装载着进出口货物进出境。集装箱箱体作为货物进出口是一次性的，而在通常情况下，是作为运输设备暂时进出境的，属于暂准进出口货物。

二、暂准进出口货物的报关程序和管理措施

暂准进出口货物的报关程序主要包括进出境阶段办理货物暂时进口或暂时出口的申报手续以及货物复运进出境后办理核销结关手续，或者特定的进出境目的改变以后，按货物实际用途补办进出口申报、纳税或者减免税手续。

（一）暂时进出境货物

1. 暂时进出境货物管理的总体原则

（1）除我国缔结或者参加的国际条约、协定及国家法律、行政法规和海关总署规章另有规定外，暂时进出境货物可以免于交验许可证件。

（2）暂时进出境货物的进境、出境申请由直属海关或者经直属海关授权的隶属海关核准。暂时进出境货物除因正常使用而产生的折旧或者损耗外，应当按照原状复运出境、进境。暂时进出境货物应当在进出境之日起 6 个月内复运出境或者复运进境。因特殊情况需

要延长期限的，ATA单证册持证人、非ATA单证册项下暂时进出境货物收发货人应当向主管地海关提出延期申请，经直属海关批准可以延期，延期最多不超过3次，每次延长期限不超过6个月。延长期届满应当复运出境、进境或者办理进出口手续。国家重点工程、国家科研项目使用的暂时进出境货物以及参加展期在24个月以上展览会的展览品，在18个月延长期届满后仍需要延期的，由主管地直属海关报海关总署审批。

（3）ATA单证册项下暂时出境货物，由中国国际商会向海关总署提供总担保。除另有规定外，非ATA单证册项下暂时进出境货物收发货人应当按照海关要求向主管地海关提交相当于税款的保证金或者海关依法认可的其他担保。在海关指定场所或者海关派专人监管的场所举办展览会的，经主管地直属海关批准，可以就参展的展览品免于向海关提交担保。

（4）暂时进出境货物因不可抗力的原因受损，无法原状复运出境、进境的，ATA单证册持证人、非ATA单证册项下暂时进出境货物收发货人应当及时向主管地海关报告，可以凭有关部门出具的证明材料办理复运出境、进境手续；因不可抗力的原因灭失或者失去使用价值的，经海关核实后可以视为该货物已经复运出境、进境。暂时进出境货物因不可抗力以外其他原因灭失或者受损的，ATA单证册持证人、非ATA单证册项下暂时进出境货物收发货人应当按照货物进出口的有关规定办理海关手续。

（5）异地复运出境、进境的暂时进出境货物，ATA单证册持证人、非ATA单证册项下暂时进出境货物收发货人应当持主管地海关签章的海关单证向复运出境、进境地海关办理手续。货物复运出境、进境后，主管地海关凭复运出境、进境地海关签章的海关单证办理核销结案手续。

2. 暂时进出境货物的核准

货物暂时进出境申请应当向主管地海关提出。ATA单证册持证人向海关提出货物暂时进出境申请时，应当提交真实有效的ATA单证册正本、准确的货物清单以及其他相关商业单据或者证明。非ATA单证册项下的暂时进出境货物收发货人向海关提出货物暂时进出境申请时，应当按照海关要求提交《货物暂时进/出境申请书》、暂时进出境货物清单、发票、合同或者协议以及其他相关单据。

海关就ATA单证册项下暂时进出境货物的暂时进出境申请批准同意的，应当在ATA单证册上予以签注，否则不予签注。海关就非ATA单证册项下暂时进出境货物的暂时进出境申请做出是否批准的决定后，应当制发《中华人民共和国海关货物暂时进/出境申请批准决定书》或者《中华人民共和国海关货物暂时进/出境申请不予批准决定书》。

暂时进出境货物申请延长复运出境、进境期限的，ATA单证册持证人、非ATA单证册项下暂时进出境货物收发货人应当在规定期限届满30日前向货物暂时进出境申请核准地海关提出延期申请，并提交《货物暂时进／出境延期申请书》以及相关申请材料。直属海关受理延期申请的，应当于受理申请之日起20日内制发《中华人民共和国海关货物暂时进／出境延期申请批准决定书》或者《中华人民共和国海关货物暂时进／出境延期申请不予批准决定书》。隶属海关受理延期申请的，应当于受理申请之日起10日内根据法定条件和程序对申请进行全面审查，并将审查意见和全部申请材料及时报送直属海关。直属海关应当于收到审查意见之日起10日内做出决定并制发相应的决定书。

属于国家重点工程、国家科研项目使用的暂时进出境货物以及参加展期在 24 个月以上展览会的展览品，在 18 个月延长期届满后仍需要延期的，ATA 单证册持证人、非 ATA 单证册项下暂时进出境货物收发货人应当向主管地直属海关提出申请。直属海关应当于受理延期申请之日起 10 日内根据法定条件和程序对申请进行全面审查，并将审查意见和全部申请材料及时报送海关总署。海关总署应当自收到审查意见之日起 10 日内做出决定。

3. 暂时进出境货物的监管

ATA 单证册项下暂时进出境货物申报时，ATA 单证册持证人应当向海关提交有效的 ATA 单证册。非 ATA 单证册项下暂时进出境货物申报时，货物收发货人应当填制海关进出口报关单，并向海关提交货物清单、《中华人民共和国海关货物暂时进/出境申请批准决定书》和其他相关单证。

境内展览会的办展人以及出境举办或者参加展览会的办展人、参展人应当在展览品（是指展览会展示的货物；为了示范展览会展出机器或者器具所使用的货物；设置临时展台的建筑材料及装饰材料；宣传展示货物的电影片、幻灯片、录像带、录音带、说明书、广告、光盘、显示器材等；以及其他用于展览会展示的货物）进境或者出境 20 日前，向主管地海关提交有关部门备案证明或者批准文件及展览品清单等相关单证办理备案手续。展览会不属于有关部门行政许可项目的，办展人、参展人应当向主管地海关提交展览会邀请函、展位确认书等其他证明文件以及展览品清单办理备案手续。

展览会需要在我国境内两个或者两个以上关区内举办的，进境展览品应当按照转关监管的有关规定办理转关手续。进境展览品由最后展出地海关负责核销，由出境地海关办理复运出境手续。

展览会需要延期的，办展人、参展人应当在展期届满前持原批准部门同意延期的批准文件向备案地海关办理有关手续。展览会不属于有关部门行政许可项目的，办展人、参展人应当在展期届满前持相关证明文件在备案地海关办理有关手续。

办展人、参展人应当于进出境展览品办结海关手续后 30 日内向备案地海关申请展览会结案。

下列在境内展览会期间供消耗、散发的用品（以下简称展览用品），由海关根据展览会的性质、参展商的规模、观众人数等情况，对其数量和总值进行核定，在合理范围内的，按照有关规定免征进口关税和进口环节税：

① 在展览活动中的小件样品，包括原装进口的或者在展览期间用进口的散装原料制成的食品或者饮料的样品；

② 为展出的机器或者器件进行操作示范被消耗或者损坏的物料；

③ 布置、装饰临时展台消耗的低值货物；

④ 展览期间免费向观众散发的有关宣传品；

⑤ 供展览会使用的档案、表格及其他文件。

上述第①项所列货物，应当符合以下条件：

• 由参展人免费提供并在展览期间专供免费分送给观众使用或者消费的；

• 单价较低，做广告样品用的；

- 不适用于商业用途，并且单位容量明显小于最小零售包装容量的；
- 食品及饮料的样品虽未按照单位容量明显小于最小零售包装容量的包装分发，但确实是在活动中消耗掉的。

展览用品中的酒精饮料、烟草制品及燃料不适用有关免税的规定。

展览用品属于国家实行许可证件管理的，应当向海关交验相关证件，办理进口手续。

在展览活动中的小件样品，包括原装进口的或者在展览期间用进口的散装原料制成的食品或者饮料的样品超出限量进口的，超出部分应当依法征税；为展出的机器或者器件进行操作示范被消耗或者损坏的物料、布置、装饰临时展台消耗的低值货物以及展览期间免费向观众散发的有关宣传品，未使用或者未被消耗完的，应当复运出境，不复运出境的，应当按照规定办理进口手续。

进境展览品在非展出期间应当存放在海关指定的监管场所，未经海关批准，不得移出。因特殊原因确需移出的，应当经主管地直属海关批准。进境展览品经海关批准同意移出指定监管场所，但是进境时未向海关提交担保的，应当另外提供相应担保。

海关派员进驻展览场所执行监管任务时，展览会主办人或者承办人应当提供办公场所和必需的办公设备，为海关工作人员执行公务提供便利。

为了举办交易会、会议或者类似活动而暂时进出境的货物，按照上述对展览品监管的有关规定进行监管。

暂时进出境货物确需进出口的，暂时进出境货物收发货人应当在货物复运出境、进境期限届满30日前向主管地海关申请，经主管地直属海关批准后，按照规定办理进出口手续。

4. ATA 单证册的管理

我国海关只接受用中文或者英文填写的 ATA 单证册。中国国际商会是我国 ATA 单证册的出证和担保机构，负责签发出境 ATA 单证册，向海关报送所签发单证册的中文电子文本，协助海关确认 ATA 单证册的真伪，并且向海关承担 ATA 单证册持证人因违反暂时进出境规定而产生的相关税费、罚款。

海关总署在北京海关设立 ATA 核销中心。ATA 核销中心对 ATA 单证册的进出境凭证进行核销、统计以及追索，应成员国担保人的要求，依据有关原始凭证，提供 ATA 单证册项下暂时进出境货物已经进境或者从我国复运出境的证明，并且对全国海关 ATA 单证册的有关核销业务进行协调和管理。ATA 核销中心在业务活动中统一使用《ATA 单证册追索通知书》《ATA 单证册核销通知书》《ATA 单证册缴款通知书》。

进境 ATA 单证册在进境后发生毁坏、灭失等情况的，ATA 单证册持证人应当持原出证机构补发的 ATA 单证册到主管地直属海关进行确认。补发的 ATA 单证册所填项目应当与原 ATA 单证册相同。

ATA 单证册项下暂时进境货物申请延长期限超过 ATA 单证册有效期的，ATA 单证册持证人应当向原出证机构申请续签 ATA 单证册。续签的 ATA 单证册经主管地直属海关确认后可替代原 ATA 单证册。续签的 ATA 单证册只能变更单证册有效期限，其他项目均应当与原单证册一致。续签的 ATA 单证册启用时，原 ATA 单证册失效。

对 ATA 单证册项下的过境、转运、通运货物，海关凭 ATA 单证册中的过境联办理进出境手续。ATA 单证册持证人需要对 ATA 单证册项下暂时进出境货物转关的，海关凭 ATA 单证册中的过境联办理转关手续。

ATA 单证册项下暂时进境货物未能按照规定复运出境或者过境的，ATA 核销中心应当向中国国际商会提出追索。自提出追索之日起 9 个月内，中国国际商会向海关提供货物已经在规定期限内复运出境或者已经办理进口手续证明的，ATA 核销中心可以撤销追索；9 个月期满后未能提供上述证明的，中国国际商会应当向海关支付税款和罚款。

ATA 单证册项下暂时进境货物复运出境时，因故未经我国海关核销、签注的，ATA 核销中心凭由另一缔约国海关在 ATA 单证上签注的该批货物从该国进境或者复运进境的证明，或者我国海关认可的能够证明该批货物已经实际离开我国境内的其他文件，作为已经从我国复运出境的证明，对 ATA 单证册予以核销。

（二）进出境修理物品

我国原出口货物需要运进境维修的，由原出口货物所有人或其代理人向海关申报，提交进口货物报关单、维修合同或协议、原出口货物报关单及发票等文件和资料，并向海关提供担保。海关经过查验，确实是我国原出口货物的，收取保证金后放行入境。

原进口货物需要运出境维修的，要区分两种情况：仍在合同规定保修期内的产品运出境维修，出口货物发货人或其代理人在申报时应当向海关提交出口货物报关单、保修协议、售后服务合同、原进口货物报关单及发票等文件和资料；已超过合同规定保修期的产品运出境维修，出口货物发货人或其代理人在申报时应当向海关提交出口货物报关单、维修合同或协议、原进口货物报关单及发票等文件和资料。海关经过查验，确定是原进口货物的，对其中属于出口许可证管理或应征收出口关税的，收取保证金后放行出境。

修理物品应自运出境或运进境之日起 6 个月内复运进出境。如果需要延长复运进出境的期限，经批准可以延长，延长期限最长不超过 6 个月。

原出口货物在境内维修完毕后，在海关规定的暂时进境期限内复运出境，出口货物发货人或其代理人应当向海关提交出口货物报关单、申报进境维修的进口货物报关单等。海关经过查验，确定为入境修理的原出口货物的，予以放行出境。

原进口货物在境外维修完毕后，应当在海关规定的暂时出境期限内复运进境。保修期内的产品复运进境时，进口货物收货人或其代理人向海关提交进口货物报关单、申报出境维修的出口货物报关单等。海关经查验确认定为出境修理的原进口货物的，予以放行入境。保修期外的产品复运进境时，进口货物收货人或其代理人向海关提交进口货物报关单，申报出境维修的出口货物报关单，同时应当申报产品的修理费和材料费。海关经查验确认为出境修理的原进口货物，并对修理费和材料费进行审核后，以修理费和材料费以及货物复运进境的运费、保险费及其他有关费用估定完税价格征收关税以及海关代征税。

原出口货物进境修理后复运出境，原进口货物出境修理后复运进境以后，货物的所有人或其代理人应当持海关签注的复运出境或复运进境的报关单，向海关办理修理物品的核销结关手续。海关将收取的保证金退还，将保证函销案，结束对修理物品的监管。

（三）进出境集装箱箱体

暂时进境的外国集装箱箱体，包括向国外租借暂时进境的，一般是装载着货物一起由船舶、飞机载运进境的，也有可能是空箱体单独被载运进境。无论是装货箱还是空箱体，集装箱进口经营单位或其代理人都应当单独填写进口货物报关单向海关申报进境，并提供担保保证在6个月内复运出境。海关对集装箱箱体，特别是空箱箱体进行查验后准予进境。

从国外购买集装箱进口，一般也是装载着货物一起进境的。进口货物收货人或其代理人应当分别填制进口报关单申报集装箱箱体、所载的货物进口，缴纳关税和海关代征税。有些集装箱是进口货物的自备箱，即进口货物的收货人既购买了货物，也购买了装货的集装箱，或国外发货人将集装箱作为包装箱，与货物一起卖给收货人。这时，集装箱箱体也应当与货物分开报关、纳税进口。

购买进口的和国内生产的集装箱投入国际运输时，集装箱所有人应当向海关办理注册登记手续。海关在集装箱适当部位刷贴"中国海关"标志，再次进出口时，可凭以免办有关手续。

暂时进境的集装箱箱体在海关规定的期限内复运出境，一般也是装载着货物一起出境的，集装箱进口经营单位或其代理人应当单独填写出口货物报关单向海关申报出境。

暂时进境的集装箱箱体应当在6个月内复运出境，如因特殊情况不能在规定期限内复运出境的，可以向海关申请延期，但累计延长时间超过3个月仍不能复运出境的，集装箱进口经营单位或其代理人应当向海关办理申报、纳税手续。

集装箱箱体复运出境后，或者向海关补办申报、纳税手续后，集装箱进口经营单位或其代理人应当持海关签注的报关单或税款缴款书，向海关办理集装箱箱体的担保销案、核销结关手续。

第五节　其他进出境货物报关程序和管理规范

一、转关运输货物

（一）转关运输货物的概念和限制范围

1. 转关运输货物的概念

根据《中华人民共和国海关关于转关货物监管办法》的规定，转关运输货物是指：

（1）由进境地入境，向海关申请转关、运往另一设关地点办理进口海关手续的货物；

（2）在启运地已办理出口海关手续运往出境地，由出境地海关监管放行的货物；

（3）从境内一个设关地点运往境内另一个设关地点，需经海关监管的货物。

在上述概念中，进境地是指货物进入关境的口岸；出境地是指货物离开关境的口岸；指运地是指进口转关货物运抵报关的地点；启运地是指出口转关货物报关发运的地点；承运人是指经海关核准，承运转关货物的企业。

2. 转关运输货物的限制范围

《限制转关物品清单》中规定限制转关运输的货物包括：汽车整车（包括成套散件及二类底盘）[①]；消耗臭氧层物质、化学武器关键前体、可作为化学武器的化学品、化学武器

---

① 海关总署2012年第45号公告中取消了汽车整车（包括整套散件及二类底盘）出口转关限制。

原料、易制毒化学品；动物废料、冶炼渣、木制品废料、纺织品废物、贱金属及其制品的废料、各种废旧五金、废电机、废电器产品、废运输设备、废塑料、碎料及下脚料等。

（二）转关运输货物的转关方式

转关运输货物的收发货人或其代理人，可采取以下三种方式办理货物转关手续。

（1）在指运地或启运地海关以提前报关方式办理货物转关手续。提前报关方式即在指运地或启运地海关提前以电子数据录入的方式申报进出口，待计算机自动生成《转关货物申报单》，并传输至进境地海关或货物运抵启运地海关监管现场后，办理货物进口和出口转关手续。

（2）在进境地或启运地海关以直接填报《转关货物申报单》的直转方式办理货物转关手续。

（3）以由境内承运人或其代理人统一向进境地或启运地海关申报的中转方式办理货物转关手续。中转方式即在收发货人或其代理人向指运地或启运地海关办理进出口报关手续后，由境内承运人或其代理人统一向进境地或启运地海关办理货物进口或出口转关手续。

（三）进口转关运输货物的报关程序和监管措施

转关货物应当自运输工具申报进境之日起14天内向进境地海关办理转关手续，在海关限定期限内运抵指运地海关之日起14天内，向指运地海关办理报关手续。逾期按规定征收滞报金。

1. 提前报关方式

提前报关的转关货物，进口货物收货人或其代理人在进境地海关办理进口货物转关手续前，向指运地海关录入《进口货物报关单》电子数据，指运地海关提前受理电子申报，货物运抵指运地海关监管场所后，办理转关核销和接单验放等手续。

提前报关的转关货物，其收货人或代理人向指运地海关填报录入《进口货物报关单》后，计算机自动生成《进口转关货物申报单》并传输至进境地海关。提前报关的转关货物收货人或代理人，应向进境地海关提供《进口转关货物申报单》编号，并提交下列单证办理转关手续：

（1）《进口转关货物核放单》；广东省内公路运输的，交验《进境汽车载货清单》。

（2）《中华人民共和国海关境内汽车载运海关监管货物载货登记簿》（简称《汽车载货登记簿》）或《船舶监管簿》。

（3）提货单。

提前报关的进口转关货物应在电子数据申报之日起的5日内，向进境地海关办理转关手续。超过期限仍未到进境地海关办理转关手续的，指运地海关撤销提前报关的电子数据。

2. 直转方式

直转的转关货物，货物收货人或代理人在进境地录入转关申报数据，直接办理转关手续。

直转的转关货物，货物收货人或代理人应持以下单证向进境地海关办理转关手续：

（1）《进口转关货物申报单》；广东省内公路运输的，交验《进境汽车载货清单》。

（2）《汽车载货登记簿》或《船舶监管簿》。

3. 中转方式

具有全程提运单、需换装境内运输工具的中转转关货物，收货人或其代理人向指运地海关办理进口报关手续后，由境内承运人或其代理人，批量办理货物转关手续。

中转的转关货物，运输工具代理人应持以下单证向进境地海关办理转关手续：

（1）《进口转关货物申报单》。

（2）《进口货物中转通知书》。

（3）进口中转货物按指运地目的港分列的纸质舱单。

以空运方式进境的中转货物，提交联程运单。

进口转关货物，按货物到达指运地海关之日的税率和汇率征税。提前报关的，其适用的税率和汇率是指运地海关接收到进境地海关传输的转关放行信息之日的税率和汇率。如货物运输途中税率和汇率发生重大调整的，以转关货物运抵指运地海关之日的税率和汇率计算。

（四）出口转关运输货物的报关程序和监管措施

1. 提前报关方式和直转方式

出口提前报关的转关货物，由货物发货人或其代理人在货物未运抵启运地海关监管场所前，向启运地海关填报录入《出口货物报关单》电子数据，启运地海关提前受理电子申报。货物应于电子数据申报之日起 5 日内，运抵启运地海关监管场所，办理转关和验放等手续。超过期限的，启运地海关撤销提前报关的电子数据。

出口直转的转关货物，由货物发货人或其代理人在货物运抵启运地海关监管场所后，向启运地海关填报录入《出口货物报关单》电子数据，启运地海关受理电子申报，办理转关和验放等手续。

提前报关和直转的出口转关货物，其发货人或代理人应在启运地填报录入《出口货物报关单》，在启运地海关办理出口通关手续后，计算机自动生成《出口转关货物申报单》数据，传送至出境地海关。

提前报关和直转的出口转关货物发货人或代理人应持以下单证在启运地海关办理出口转关手续：

（1）《出口货物报关单》。

（2）《汽车载货登记簿》或《船舶监管簿》。

（3）广东省内公路运输的，还应递交《出境汽车载货清单》。

提前报关和直转的出口转关货物到达出境地后，发货人或代理人应持《汽车载货登记簿》或《船舶监管簿》和启运地海关签发的《出口货物报关单》和《出口转关货物申报单》或《出境汽车载货清单》（广东省内公路运输），向出境地海关办理转关货物的出境手续。

2. 中转方式

具有全程提运单、需换装境内运输工具的出口中转货物，发货人向启运地海关办理出口报关手续后，由承运人或其代理人按出境运输工具分列舱单，批量办理货物转关手续。

出口中转货物，其发货人或代理人向启运地海关办理出口通关手续后，运输工具代理人向启运地海关录入并提交下列单证：

（1）《出口转关货物申报单》。

（2）按出境运输工具分列的电子或纸质舱单。

（3）《汽车载货登记簿》或《船舶监管簿》。

经启运地海关核准后，签发《出口货物中转通知书》。出境地海关验核上述单证，办理中转货物的出境手续。对需运抵出境地后才能确定出境运输工具，或原定的运输工具名称、航班（次）、提单号发生变化的，可在出境地补录或修改相关数据，办理出境手续。

（五）转关运输货物核销

进口转关货物在运抵指运地海关监管场所后，指运地海关方可办理转关核销。对于进口大宗散装转关货物分批运输的，在第一批货物运抵指运地海关监管场所后，指运地海关办理整批货物的转关核销手续，发货人或代理人同时办理整批货物的进口报关手续。指运地海关按规定办理余下货物的验放。最后一批货物到齐后，指运地海关完成整批货物核销。

出口转关货物在运抵出境地海关监管场所后，出境地海关方可办理转关核销。货物实际离境后，出境地海关核销清洁舱单并反馈启运地海关，启运地海关凭以签发有关报关单证明联。

转关运输工具未办结转关核销的，不得再次承运转关货物。

（六）海关对转关运输货物的其他监管措施

（1）转关货物是海关监管货物，除前述限制转关运输货物外，进出口货物均可办理转关手续。海关对进出口转关货物施加海关封志。但对内支线船舶中转和铁路承运的转关、过境集装箱货物，在其商业封志完好条件下，海关可不必施加封志。

（2）转关货物应由已在海关注册登记的承运人承运。从事转关运输货物承运企业的条件包括：从事货物运输业务1年以上；按照《中华人民共和国海关法》的规定，有具有履行海关事务担保能力的法人、其他组织或者公民提供的担保；企业财务制度和账册管理符合国家有关规定；企业资信良好，在从事运输业务中没有违法前科。

海关对转关运输货物限定路线范围，限定途中运输时间，承运人应当按海关要求将货物运抵指定的场所。海关根据工作需要，可以派员押运转关货物，货物收发货人或其代理人、承运人应当按规定向海关缴纳规费，并提供方便。

（3）转关货物的指运地或启运地应当设有经海关批准的监管场所。转关货物的存放、装卸、查验应在海关监管场所内进行。特殊情况需要在海关监管场所以外存放、装卸、查验货物的，应向海关事先提出申请，海关按规定监管。海关对转关货物的查验，由指运地或启运地海关实施。进、出境地海关认为必要时也可查验或者复验。

（4）转关货物未经海关许可，不得开拆、提取、交付、发运、调换、改装、抵押、质押、留置、转让、更换标记、移作他用或者进行其他处置。转关货物在国内储运中发生损坏、短少、灭失情况时，除不可抗力外，承运人、货物所有人、存放场所负责人均应承担税赋责任。

（5）转关货物申报的电子数据与书面单证具有同等的法律效力。对确因填报或者传输错误的数据，符合进出口货物报关单修改和撤销管理相关规定的，可以进行修改或者撤销。对海关已经决定查验的转关货物，不再允许修改或者撤销申报内容。广东省内公路运输的

《进境汽车载货清单》或《出境汽车载货清单》视同转关申报书面单证，具有法律效力。

（6）转关货物运输途中因交通意外等原因需更换运输工具或驾驶员的，承运人或驾驶员应通知附近海关；附近海关核实同意后，监管换装并书面通知进境地、指运地海关或出境地、启运地海关。

（7）提前报关的转关货物，进境地海关因故无法调阅进口转关数据时，可以按直转货物的规定办理转关手续。

二、进出境快件

（一）进出境快件的概念和分类

1. 进出境快件的概念

进出境快件是指进出境快件运营人以向客户承诺的快速商业运作方式承揽、承运的进出境货物、物品。

2. 进出境快件的分类

进出境快件可分为文件类、个人物品类和货物类三类。

文件类进出境快件是指法律、法规规定予以免税且无商业价值的文件、单证、票据及资料。

个人物品类进出境快件是指海关法规规定自用、合理数量范围内的进出境的旅客分离运输行李物品、亲友间相互馈赠物品和其他个人物品。

货物类进出境快件是指除文件类和个人物品类以外的快件。

（二）进出境快件运营人的备案登记

进出境快件运营人是指在中华人民共和国境内依法注册，在海关登记备案的从事进出境快件运营业务的国际货物运输代理企业。

运营人申请办理进出境快件代理报关业务的，应当按照海关对国际货物运输代理企业的注册管理规定在所在地海关办理登记手续。运营人在所在地海关办理登记手续应具备下列条件。

（1）内资国际货物运输代理企业及其分支机构已经获得国务院对外贸易主管部门或者其委托的备案机构办理的《国际货运代理企业备案表》；外商投资国际货物运输代理企业已经获得国务院对外贸易主管部门颁发的《外商投资企业批准证书》，获准经营进出境快件业务；外商投资国际货物运输代理企业分公司已经获得国务院对外贸易主管部门的批准文件，获准经营进出境快件业务。

（2）已经领取工商行政管理部门颁发的《企业法人营业执照》，准予或者核定其经营进出境快件业务。

（3）已经在海关办理报关企业注册登记手续。

（4）具有境内、外进出境快件运输网络和二个以上境外分支机构或代理人。

（5）具有本企业专用进出境快件标识、运单，运输车辆符合海关监管要求并经海关核准备案。

（6）具备实行电子数据交换方式报关的条件。

（7）快件的外包装上应标有符合海关自动化检查要求的条形码。

（8）与境外合作者（包括境内企业法人在境外设立的分支机构）的合作运输合同或协议。

进出境快件运营人不再具备上述所列条件之一或者在一年内没有从事进出境快件运营业务的，海关注销该运营人从事进出境快件报关的资格。

运营人不得承揽、承运《中华人民共和国禁止进出境物品表》所列物品，如有发现，不得擅作处理，应当立即通知海关并协助海关进行处理。未经中华人民共和国邮政部门批准，运营人不得承揽、承运私人信件。同时，运营人不得以任何形式出租、出借、转让本企业的进出境快件报关权，不得代理非本企业承揽、承运的货物、物品的报关。

（三）进出境快件的报关程序和监管措施

进出境快件通关应当在经海关批准的专门监管场所内进行，如因特殊情况需要在专门监管场所以外进行的，需事先征得所在地海关同意。运营人应当在海关对进出境快件的专门监管场所内设有符合海关监管要求的专用场地、仓库和设备。未经海关许可，未办结海关手续的进出境快件不得移出海关监管场所，不得进行装卸、开拆、重换包装、更换标记、提取、派送和发运等作业。

进出境快件通关应当在海关正常办公时间内进行，如需在海关正常办公时间以外进行的，需事先征得所在地海关同意。

运营人应当按照海关的要求采用纸质文件方式或电子数据交换方式向海关办理进出境快件的报关手续。进境快件自运输工具申报进境之日起14日内，出境快件在运输工具离境3小时之前，应当向海关申报。

运营人应向海关传输或递交进出境快件舱单或清单，海关确认无误后接受申报；运营人需提前报关的，应当提前将进出境快件运输和抵达情况书面通知海关，并向海关传输或递交舱单或清单，海关确认无误后接受预申报。

海关查验进出境快件时，运营人应派相关人员到场，并负责进出境快件的搬移、开拆和重封包装。海关对进出境快件中的个人物品实施开拆查验时，运营人应通知进境快件的收件人或出境快件的发件人到场，收件人或发件人不能到场的，运营人应向海关提交其委托书，代理收/发件人的义务，并承担相应法律责任。海关认为必要时，可对进出境快件予以径行开验、复验或者提取货样。

除另有规定外，运营人办理进出境快件报关手续时，应当按《中华人民共和国海关对进出境快件监管办法》的分类规定分别向海关提交有关报关单证并办理相应的报关、纳税手续。

文件类进出境快件报关时，运营人应当向海关提交《中华人民共和国海关进出境快件KJ1报关单》、总运单（副本）和海关需要的其他单证。

个人物品类进出境快件报关时，运营人应当向海关提交《中华人民共和国海关进出境快件个人物品申报单》、每一进出境快件的分运单、进境快件收件人或出境快件发件人身份证件影印件和海关需要的其他单证。快件渠道进出境个人物品的限值、免税额、完税价格、税则归类等事宜按照《中华人民共和国海关法》《中华人民共和国进出口关税条例》及海关总署关于进出境个人邮递物品相关规定办理。

货物类进境快件报关时，运营人应当按下列情形分别向海关提交报关单证。

对关税税额在《中华人民共和国进出口关税条例》规定的关税起征数额以下的货物和海关规定准予免税的货样、广告品，应提交《中华人民共和国海关进出境快件 KJ2 报关单》、每一进境快件的分运单、发票和海关需要的其他单证。

对应予征税的货样、广告品（法律、法规规定实行许可证件管理的、需进口付汇的除外），应提交《中华人民共和国海关进出境快件 KJ3 报关单》、每一进境快件的分运单、发票和海关需要的其他单证。快件企业向海关申报时，在报关单"货物名称"栏应当申报规格、型号、数量和计量单位等内容。

对上述规定以外的货物，按照海关对进口货物通关的规定办理。

货物类出境快件报关时，运营人应按下列情形分别向海关提交报关单证。

对货样、广告品（法律、法规规定实行许可证件管理的、应征出口关税的、需出口收汇的、需出口退税的除外），应提交《中华人民共和国海关进出境快件 KJ2 报关单》、每一出境快件的分运单、发票和海关需要的其他单证。除此之外的其他货物，按照海关对出口货物通关的规定办理。

（四）进出境专差快件的管理措施

进出境专差快件是指运营人以专差押运方式承运进出境的空运快件。

运营人从事进出境专差快件经营业务，除应当按前述有关规定办理登记手续外，还应当将进出境专差快件的进出境口岸、时间、路线、运输工具航班、专差本人的详细情况、标识等向所在地海关登记。如有变更，应当于变更前 5 个工作日向所在地海关登记。对符合条件的，所在地海关核发《中华人民共和国海关进出境专差快件登记证书》，运营人凭以办理进出境专差快件报关业务。

进出境专差快件应按行李物品方式托运，使用专用包装，并在总包装的显著位置标注运营人名称和"进出境专差快件"字样。

三、过境、转运、通运货物

（一）过境货物

过境货物系指由境外启运，通过中国境内陆路继续运往境外的货物。世界海关组织为促进各国经济贸易交流，协调各国海关管理，于 1973 年在日本京都主持签订了《关于简化和协调海关制度的国际公约》（《京都公约》）。该公约要求各国海关简化过境货物的通关手续，提供便利，免征过境货物进口关税，除了为维护过境安全、公共卫生、公共道德外，一般免予查验过境货物，免予提交进口管理和限制证件。我国根据《京都公约》和《中华人民共和国海关法》的规定，制定了《中华人民共和国海关对过境货物监管办法》，据此对过境货物进行管理。

1. 过境货物的范围

对同我国签有过境货物协定的国家的过境货物，或属于同我国签有铁路联运协定国家收、发货的，按有关协定准予过境；对于同我国未签有上述协定国家的过境货物，应当经国家经贸、运输主管部门批准并向入境地海关备案后准予过境。

下列货物禁止过境。

（1）来自或运往我国停止或禁止贸易的国家和地区的货物。

（2）各种武器、弹药、爆炸物品及军需品（通过军事途径运输的除外）。

（3）各种烈性毒药、麻醉品和鸦片、吗啡、海洛因、可卡因等毒品。

（4）我国法律、法规禁止过境的其他货物、物品。

2. 过境货物的经营人、承运人及其责任

过境货物的经营人是指经国家经贸主管部门批准、认可，具有国际货物运输代理业务经营权并拥有过境货物运输代理业务经营范围（国际多式联运）的企业。过境货物的承运人则是指经国家运输主管部门批准从事过境货物运输业务的企业。

过境货物的经营人应当持主管部门的批准文件和工商行政管理部门颁发的营业执照，向海关申请办理报关注册登记手续。经海关核准后，才能负责办理报关事宜。

装载过境货物的运输工具，应当具有海关认可的加封条件和装置。海关认为必要时，可以对过境货物及其装载装置加封。运输部门和经营人，应当负责保护海关封志的完整，任何人不得擅自开启或损毁。

3. 过境货物的报关程序

过境货物进境时，经营人应当向进境地海关如实申报，并递交下列单证。

（1）《中华人民共和国海关过境货物报关单》（一式四份）。

（2）过境货物运输单据（运单、装载清单、载货清单等）。

（3）海关需要的其他单证（发票、装箱清单等）。

海关认为必要时，可以查验过境货物。海关在查验过境货物时，经营人或承运人应当到场，按照海关的要求负责搬移货物，开拆和重封货物的包装，并在海关查验记录上签字。

过境货物经进境地海关审核无讹后，海关在运单上加盖"海关监管货物"戳记，并将二份《过境货物报关单》和过境货物清单制作关封后加盖"海关监管货物"专用章，连同上述运单一并交经营人。经营人或承运人应当负责将进境地海关签发的关封完整及时地带交出境地海关。

过境货物自进境之日起超过三个月未向海关申报的，海关视其为进口货物，按《中华人民共和国海关法》的规定提取变卖处理。

过境货物应当自进境之日起六个月内运输出境；在特殊情况下，经海关同意，可以延期，但延长期不得超过三个月。过境货物在规定时间内不能出境的，海关按《中华人民共和国海关行政处罚实施条例》的有关规定处罚。

过境货物在进境以后、出境之前，应当按照运输主管部门规定的路线运输，运输主管部门没有规定的，由海关指定。根据实际情况，海关需要派相关人员押运过境货物时，经营人或承运人应免费提供交通工具和执行监管任务的便利，并按照规定缴纳规费。过境货物进境后因换装运输工具等原因需卸地储存时，应当经海关批准并在海关监管下存入经海关指定或同意的仓库或场所。

过境货物出境时，经营人应当向出境地海关申报，并交验进境地海关签发的关封和海关需要的其他单证。如货物有变动情况，经营人还应当提交书面证明。过境货物经出境地海关审核有关单证、关封或货物无讹后，由海关在运单上加盖放行章，在海关监管下出境。

过境货物，由于不可抗力的原因，被迫在运输途中换装运输工具，起卸货物或遇有意外情况时，经营人或承运人应当立即报告所在地海关或附近海关，接受海关监管。

过境货物自进境起到出境止属海关监管货物，应当接受海关监管。未经海关许可，任何单位和个人不得开拆、提取、交付、发运、调换、改装、抵押、转让，或者更换标记。过境货物在境内发生灭失和短少时（除不可抗力的原因外），应当由经营人负责向出境地海关补办进口纳税手续。

（二）转运货物

转运货物是指由境外启运，通过我国境内设立海关的地点换装运输工具，而不通过境内陆路运输，继续运往境外的货物。

1. 转运货物的条件

进境运输工具装载的货物具备下列条件之一的，可办理转运手续。

（1）持有转运或联运提单的。

（2）进口载货清单上注明是转运货物的。

（3）持有普通提单，但在起卸前向海关声明转运的。

（4）误卸的进口货物，经运输工具负责人提供确实证明的。

（5）因特殊原因申请转运，经海关批准的。

2. 转运货物的报关程序

载有转运货物的运输工具进境后，承运人应当在《进口载货清单》上列明转运货物的名称、数量、起运地和到达地，并向主管海关申报进境；申报经海关同意后，在海关指定的地点换装运输工具，并在规定时间内运送出境。

海关对转运货物实施监管的主要目的在于防止货物在口岸换装过程中混卸进口或混装出口，因此，转运货物的承运人就有保证货物运往境外并接受海关全程监管的义务。外国转运货物在中国口岸存放期间，不得开拆、换包装或进行加工；口岸海关对转运的外国货物有权进行开箱查验，但是如果没有发现有违法或可疑情况的，一般仅对转运货物做外形查验。

转运货物必须在 3 个月之内办理海关有关手续并转运出境，超出规定期限 3 个月，海关将按有关规定提取变卖处理。

（三）通运货物

通运货物是指由境外启运，由船舶、航空器载运进境并由原运输工具载运出境的货物。海关对此类货物管理的主要目的是防止通运货物与其他货物的混卸、误卸，监管其继续运往境外。

运输工具进境时，运输工具的负责人应凭注明通运货物名称和数量的《船舶进口报告书》或国际民航机使用的《进口载货舱单》向进境地海关申报；进境地海关在接受申报后，在运输工具抵、离境时对申报的货物予以核查，并监管货物实际离境。通运货物自进境起至出境止，属于海关监管货物，未经海关许可不得从运输工具上卸下。运输工具因装卸其他货物需搬运或倒装卸下通运货物时，应向海关申请并在海关的监管下进行，并如数装回原运输工具。

四、无代价抵偿货物

无代价抵偿货物是指进口货物在征税或免税放行后，发现货物有残损、短少或品质不良等状况，而由境外承运人、发货人或保险公司无偿提供进口补偿或更换的同类货物。

无代价抵偿货物的基本特征主要包括以下几点。

第一，无代价抵偿货物是执行合同过程中发生的损害赔偿。

进口货物买卖双方在执行合同中，我方根据货物损害的事实状态向对方索赔，而由对方进行的赔偿。如果违反了有关进口管理规定而索赔进口的，不能按无代价抵偿货物办理。

第二，海关对原申报进口的货物已经放行。

被抵偿货物的原有货物已经办理了海关的相关手续，并已经按规定缴纳了关税或者享受减免税的优惠政策，经海关放行后，发现了损害而索赔进口。

第三，抵偿货物是对直接损失部分进行赔偿。

根据国际惯例，除合同另有规定外，抵偿一般只限于在成交商品所发生的直接损失方面（如货物残损、短少或品质不良等方面的问题）以及合同规定的有关方面（如对迟交货物罚款等）。对于所发生的间接损失（如因设备损坏发生延误投产而造成的经济损失等）一般不能包括在抵偿范围之内。

常见的无代价抵偿的形式有：补缺，即补足短缺部分；更换错发货物，即退运错发货物，换进应发货物；更换不良货物，即退运品质不良货物，调换质量合格货物；贬值，即因品质不良而削价补偿；补偿备价，即对残损进行补偿，由我方自行修理；修理，即因残损，原货退运境外修理后再进口。

在无代价抵偿货物征免税方面，如原进口货物短少，其短少部分已经征税，或者原进口货物因质量原因已经退运出境或已经放弃交由海关处理，原征税款又未退还的，所进口的无代价抵偿货物可免税；原进口货物因残损或质量问题，如不退运境外，其进口的无代价抵偿货物应予照章征税，但对未退运境外的原进口货物应凭商检部门出具的残损或品质不良程度证书予以重新估价计税，原多征税款准予退还。

对于不属于国家限制进口商品的无代价抵偿货物进口时，收货人应凭原进口货物报关单、税款缴纳凭证、商检证书和与境外发货人签订的索赔协议向海关申报。对原货已退运境外的，还应附有经海关签章的出口货物报关单。如果无代价抵偿货物进口时不向海关报明货物已退运出口或虽已报明货物已退运出口，但无法提供相应的出口证明，则海关应按一般进口货物办理有关通关手续。

对于属于国家限制进口商品的无代价抵偿货物的报关程序与不属于国家限制进口商品的无代价抵偿货物的报关程序是一致的，但还应注意的是：如无代价抵偿货物与原进口的货物在品名、数量、价值及贸易性质等方面完全一致的，可以在原进口货物已经退运出口的条件下，免领有关进口许可证件免税放行；如原进口货物未退运出境或无法提供相应单证说明原进口货物已经退运出境的，则无代价抵偿货物应补办相关进口许可证件征税放行。

五、误卸或溢卸的进境货物、放弃进口货物和超期未报关进口货物

（一）误卸或溢卸的进境货物

由进境运输工具载运进境并因故卸至海关监管区或者其他经海关批准的场所，未列入进口载货清单、运单向海关申报进境的误卸或者溢卸的进境货物，经海关审定确实的，由载运该货物的原运输工具负责人，自该运输工具卸货之日起 3 个月内，向海关办理直接退运出境手续；或者由该货物的收发货人，自该运输工具卸货之日起 3 个月内，向海关办理退运或者申报进口手续。经载运该货物的原运输工具负责人，或者该货物的收发货人申请，海关批准，可以延期 3 个月办理退运出境或者申报进口手续。超过上述规定的期限，未向海关办理退运出境或申报进口手续的，由海关提取依法变卖处理。如果货物属于危险品或者鲜活、易腐、易烂、易失效、易变质、易贬值等不宜长期保存的货物，海关可以根据实际情况，提前提取依法变卖处理。

误卸或者溢卸的进境货物属于《出入境检验检疫机构实施检验检疫的进出境商品目录》范围的，由海关在变卖前提请出入境检验检疫机构进行检验、检疫，检验、检疫的费用与其他变卖处理实际支出的费用从变卖款中支付。

由海关提取依法变卖处理的误卸或者溢卸进境货物的所得价款，在优先拨付变卖处理实际支出的费用后，按照下列顺序扣除相关费用和税款：

（1）运输、装卸、储存等费用；

（2）进口关税；

（3）进口环节海关代征税；

（4）滞报金。

所得价款不足以支付同一顺序的相关费用的，按照比例支付。

扣除相关费用和税款后，尚有余款的，自货物依法变卖之日起一年内，经进口货物收货人申请，予以发还。其中属于国家限制进口的，应当提交许可证件而不能提供的，不予发还；不符合进口货物收货人资格、不能证明对进口货物享有权利的，申请不予受理。逾期无进口货物收货人申请、申请不予受理或者不予发还的，余款上缴国库。

（二）放弃进口货物

进口货物的收货人或其所有人声明放弃的进口货物，由海关提取依法变卖处理。

国家禁止或限制进口的废物、对环境造成污染的货物不得声明放弃。除符合国家规定，并办理申报进口手续，准予进口的外，由海关责令货物的收货人或其所有人、载运该货物进境的运输工具负责人退运出境；无法退运的，由海关责令其在海关和有关主管部门监督下予以销毁或者进行其他妥善处理，销毁和处理的费用由收货人承担，收货人无法确认的，由相关运输工具负责人及承运人承担；违反国家有关法律、法规的，由海关依法予以处罚，构成犯罪的，应依法追究其刑事责任。

放弃进口货物属于《出入境检验检疫机构实施检验检疫的进出境商品目录》范围的，由海关在变卖前提请出入境检验检疫机构进行检验、检疫，检验、检疫的费用与其他变卖处理实际支出的费用从变卖款中支付。

按照规定由海关提取依法变卖处理的放弃进口货物的所得价款，优先拨付变卖处理实际支出的费用后，再扣除运输、装卸、储存等费用。所得价款不足以支付上述运输、装卸、储存等费用的，按比例支付。按照规定扣除相关费用后尚有余款的，上缴国库。

企业申请放弃加工贸易货物，除按规定提交有关单证、材料外，还需提供经政府价格主管部门认定资质的价格评估机构出具的关于拟放弃的加工贸易货物的价值证明。

由海关按规定作变卖处理的加工贸易放弃货物，企业应当在海关做出准予放弃之日起15日内将加工贸易放弃货物全部运至海关指定的仓库，并与该指定仓库的经营者办理放弃货物的交接入库手续。按照规定需要进行销毁处理的加工贸易放弃货物，企业应当在实施销毁3个工作日前向主管海关报送销毁方案，并自海关做出准予放弃之日起15日内完成全部放弃货物的销毁工作。企业应当向主管海关提供放弃货物的销毁清单、销毁报告以及销毁过程的全程录像光盘。其中，需要销毁的加工贸易放弃货物为原进口料件或成品的，应当在海关认可的销毁机构实施销毁，并提供销毁机构出具的接收单据和处置证明等销毁证明材料。海关可以派相关人员监督加工贸易放弃货物的交接入库和销毁工作，企业及有关销毁机构应当给予配合。

企业完成加工贸易放弃货物交接入库、销毁或者经海关批准自行处理后5个工作日内凭相关证明材料办理加工贸易放弃货物的进口报关手续。

① 加工贸易放弃货物报关适用监管方式代码："0200"简称"料件放弃"，"0400"简称"成品放弃"。

② 企业放弃半成品、残次品、副产品的，应按单耗关系折成料件，按"料件放弃"报关。

③ 企业放弃进口料件、半成品、残次品、副产品的，按照或折成原进口料件价格申报；放弃成品的，按照合同备案价格申报。

④ 企业放弃半成品、残次品、副产品的，应在报关单备注栏注明"半成品""残次品""副产品"相关字样。

⑤ 加工贸易放弃货物通过销毁处理的，企业应在报关单备注栏注明"销毁"字样；经海关批准由企业自行处理的，应在报关单备注栏注明"自行处理"字样，例如，放弃半成品并销毁处理，应注明"半成品/销毁"。

⑥ 其他栏目按《中华人民共和国海关进出口货物报关单填制规范》的有关要求填报。

企业凭加工贸易放弃货物的报关单及其他有关单证向海关办理放弃货物的报核手续。

（三）超期未报关进口货物

超期未报关进口货物是指进口货物收货人自运输工具申报进境之日起，在规定时间内未向海关申报的进口货物。

进口货物的收货人应当自运输工具申报进境之日起14日内向海关申报。进口货物的收货人超过上述规定期限向海关申报的，由海关按照《中华人民共和国海关征收进口货物滞报金办法》的规定，征收滞报金；超过3个月未向海关申报的，其进口货物由海关提取依法变卖处理。如果货物属于危险品或者鲜活、易腐、易烂、易失效、易变质、易贬值等不宜长期保存的货物，海关可以根据实际情况，提前提取依法变卖处理。

保税货物、暂时进口货物超过规定的期限3个月，未向海关办理复运出境或者其他海关有关手续的；过境、转运和通运货物超过规定的期限 3 个月，未运输出境的，货物由海关提取依法变卖处理。如果货物属于危险品或者鲜活、易腐、易烂、易失效、易变质、易贬值等不宜长期保存的货物，海关可以根据实际情况，提前提取依法变卖处理。

超期未报关进口货物属于《出入境检验检疫机构实施检验检疫的进出境商品目录》范围的，由海关在变卖前提请出入境检验检疫机构进行检验、检疫，检验、检疫的费用与其他变卖处理实际支出的费用从变卖款中支付。

由海关提取依法变卖处理的超期未报关进口货物的所得价款，在优先拨付变卖处理实际支出的费用后，按照下列顺序扣除相关费用和税款：

（1）运输、装卸、储存等费用；

（2）进口关税；

（3）进口环节海关代征税；

（4）滞报金。

所得价款不足以支付同一顺序的相关费用的，按照比例支付。

扣除相关费用和税款后，尚有余款的，自货物依法变卖之日起一年内，经进口货物收货人申请，予以发还。其中属于国家限制进口的，应当提交许可证件而不能提供的，不予发还；不符合进口货物收货人资格、不能证明对进口货物享有权利的，申请不予受理。逾期无进口货物收货人申请、申请不予受理或者不予发还的，余款上缴国库。

进口货物的收货人自运输工具申报进境之日起三个月后、海关决定提取依法变卖处理前申请退运或者进口超期未报进口货物的，应当经海关审核同意，并按照有关规定向海关申报。申报进口的，应按照《中华人民共和国海关征收进口货物滞报金办法》的规定，缴纳滞报金，自运输工具申报进境之日的第 15 日起至货物申报进口之日止计算滞报时间。

六、退运进出口货物和出口退关货物

（一）退运进出口货物

退运进出口货物是指货物因质量不良或交货时间延误等原因，被国内外买方拒收退运或因错发、错运造成的溢装、漏卸而退运的货物。

1. 退运进口货物

原出口货物退运进境时，若该批出口货物已收汇、核销，原发货人或其代理人应填写进口货物报关单向进境地海关申报，并提供原货物出口时的出口报关单，现场海关应凭报关单出口退税专用联正本或国税局"出口商品退运已补税证明"、保险公司证明或承运人溢装、漏卸的证明等有关资料办理退运进口手续，同时签发一份进口货物报关单。

原出口货物退运进口时，若出口未收汇，原发货人或其代理人在办理退运手续时，凭原出口报关单、报关单退税联向进口地海关申报退运进口，应同时填制一份进口货物报关单；若出口货物部分退运进口，海关在原出口报关单上应批注实际退运数量、金额后退回企业并留存复印件，海关核实无误后，验放有关货物进境。

因品质或者规格原因，出口货物自出口之日起 1 年内原状复运进境的，经海关核实后不予征收进口税；原出口时已经征收出口税的，只要重新缴纳因出口而退还的国内环节有关税收，纳税义务人自缴纳出口税款之日起 1 年内，可以申请退还已缴纳出口税。

2. 退运出口货物

因故退运出口的进口货物，原收货人或其代理人应填写出口货物报关单申报出境，并提供原货物进口时的进口报关单、保险公司证明或承运人溢装、漏卸的证明等有关资料，经海关核实无误后，验放有关货物出境。

因品质或者规格原因，进口货物自进口之日起 1 年内原状复运出境的，经海关核实后可以免征出口税；已征收的进口税，纳税义务人自缴纳进口税款之日起 1 年内，可以申请退还。

3. 直接退运货物

直接退运货物是指在货物进境后、办结海关放行手续前，进口货物收发货人、原运输工具负责人或者其代理人（以下统称当事人）将全部或者部分货物直接退运境外，或者海关根据国家有关规定责令直接退运。

货物进境后、办结海关放行手续前，有下列情形之一的，当事人可以向货物所在地海关办理直接退运手续：

- 因为国家贸易管理政策调整，收货人无法提供相关证件的；
- 属于错发、误卸或者溢卸货物，能够提供发货人或者承运人书面证明文书的；
- 收发货人双方协商一致同意退运，能够提供双方同意退运的书面证明文书的；
- 有关贸易发生纠纷，能够提供已生效的法院判决书、仲裁机构仲裁决定书或者无争议的有效货物所有权凭证的；
- 货物残损或者国家检验检疫不合格，能够提供国家检验检疫部门出具的相关检验证明文书的。

办理直接退运手续的进口货物未向海关申报的，当事人应当向海关提交《进口货物直接退运表》以及证明进口实际情况的合同、发票、装箱清单、提运单或者载货清单等相关单证、证明文书，按照规定填制报关单，办理直接退运的申报手续。

办理直接退运手续的进口货物已向海关申报的，当事人应当向海关提交《进口货物直接退运表》、原报关单或者转关单以及证明进口实际情况的合同、发票、装箱清单、提运单或者载货清单等相关单证、证明文书，先行办理报关单或者转关单删除手续。海关依法删除原报关单或者转关单数据的，当事人应当按照规定填制报关单，办理直接退运的申报手续。

对海关已经确定布控、查验或者认为有走私违规嫌疑的货物，不予办理直接退运。布控、查验或者案件处理完毕后，按照海关有关规定处理。

货物进境后、办结海关放行手续前，有下列情形之一的，海关应当责令当事人将进口货物直接退运境外：

- 货物属于国家禁止进口的货物，已经海关依法处理的；
- 违反国家检验检疫政策法规，已经国家检验检疫部门处理并且出具《检验检疫处理通知书》或者其他证明文书的；
- 未经许可擅自进口属于限制进口的固体废物，已经海关依法处理的；
- 违反国家有关法律、行政法规，应当责令直接退运的其他情形。

责令进口货物直接退运的，由海关根据相关政府行政主管部门出具的证明文书，向当事人制发《海关责令进口货物直接退运通知书》（以下简称《责令直接退运通知书》）。当事人收到《责令直接退运通知书》之日起 30 日内，应当按照海关要求向货物所在地海关办理进口货物直接退运的申报手续。

当事人办理进口货物直接退运申报手续的，除另有规定外，应当先行填写出口报关单向海关申报，然后填写进口报关单办理直接退运申报手续，进口报关单应当在"关联报关单"栏填报出口报关单号。

进口货物直接退运的，除《中华人民共和国海关进出口货物报关单填制规范》外，还应当按照下列要求填制进出口货物报关单：

- "监管方式"栏均填写"直接退运"（代码"4500"）；
- "备注"栏填写《进口货物直接退运表》或者《责令直接退运通知书》编号。

直接退运的货物，海关不验核进出口许可证或者其他监管证件，免予征收进出口环节税费及滞报金，不列入海关统计。由于承运人的责任造成货物错发、误卸或者溢卸的，当事人办理直接退运手续时可以免予填制报关单。进口货物直接退运应当从原进境地口岸退运出境。由于运输原因需要改变运输方式或者由另一口岸退运出境的，应当经由原进境地海关批准后，以转关运输方式出境。

（二）出口退关货物

出口退关货物是指出口货物在向海关申报出口后被海关放行，因故未能装上运输工具，发货单位请求将货物退运出海关监管区域不再出口的行为。

对于出口退关货物，出口货物的发货人及其代理人应当在得知出口货物未装上运输工具，并决定不再出口之日起 3 日内，向海关申请退关，经海关核准且撤销出口申报后方能将货物运出海关监管场所。已缴纳出口税的退关货物，可以在缴纳税款之日起 1 年内，提出书面申请，向海关申请退税。

七、跨境电子商务零售进出口商品

电子商务企业（是指通过自建或者利用第三方电子商务交易平台开展跨境电子商务业务的企业）、个人通过电子商务交易平台实现零售进出口商品交易，并根据海关要求传输相关交易电子数据的，按照海关总署 2016 年第 26 号公告接受海关监管。

（一）企业管理

参与跨境电子商务业务的企业（是指参与跨境电子商务业务的电子商务企业、电子商务交易平台企业、支付企业、物流企业等）应当事先向所在地海关提交以下材料：

- 企业法人营业执照副本复印件；
- 组织机构代码证书副本复印件（以统一社会信用代码注册的企业不需要提供）；
- 企业情况登记表，具体包括企业组织机构代码或统一社会信用代码、中文名称、工商注册地址、营业执照注册号，法定代表人（负责人）、身份证件类型、身份证件号码，海关联系人、移动电话、固定电话，跨境电子商务网站网址等。

企业按照上述规定提交复印件的，应当同时向海关交验原件。

如需向海关办理报关业务，应当按照海关对报关单位注册登记管理的相关规定办理注册登记。

（二）通关管理

跨境电子商务零售进口商品申报前，电子商务企业或电子商务交易平台企业（是指提供电子商务进出口商品交易、支付、配送服务的平台企业）、支付企业、物流企业应当分别通过跨境电子商务通关服务平台（是指由电子口岸搭建，实现企业、海关以及相关管理部门之间数据交换与信息共享的平台，以下简称服务平台）如实向海关传输交易、支付、物流等电子信息。

进出境快件运营人、邮政企业可以受电子商务企业、支付企业委托，在书面承诺对传输数据真实性承担相应法律责任的前提下，向海关传输交易、支付等电子信息。

跨境电子商务零售出口商品申报前，电子商务企业或其代理人、物流企业应当分别通过服务平台如实向海关传输交易、收款、物流等电子信息。

电子商务企业或其代理人应提交《中华人民共和国海关跨境电子商务零售进出口商品申报清单》（以下简称《申报清单》），出口采取"清单核放、汇总申报"方式办理报关手续，进口采取"清单核放"方式办理报关手续。

《申报清单》与《中华人民共和国海关进（出）口货物报关单》具有同等法律效力。

电子商务企业应当对购买跨境电子商务零售进口商品的个人（订购人）身份信息进行核实，并向海关提供由国家主管部门认证的身份有效信息。无法提供或者无法核实订购人身份信息的，订购人与支付人应当为同一人。

跨境电子商务零售商品出口后，电子商务企业或其代理人应当于每月 10 日前（当月10 日是法定节假日或者法定休息日的，顺延至其后的第一个工作日，第 12 月的清单汇总应当于当月最后一个工作日前完成），将上月（12 月为当月）结关的《申报清单》依据清单表头同一收发货人、同一运输方式、同一运抵国、同一出境口岸，以及清单表体同一 10位海关商品编码、同一申报计量单位、同一币制规则进行归并，汇总形成《中华人民共和国海关出口货物报关单》向海关申报。

除特殊情况外，《申报清单》《中华人民共和国海关进（出）口货物报关单》应当采取通关无纸化作业方式进行申报。

《申报清单》的修改或者撤销，参照海关《中华人民共和国海关进（出）口货物报关单》修改或者撤销有关规定办理。

（三）税收征管

根据《财政部、海关总署、国家税务总局关于跨境电子商务零售进口税收政策的通知》（财关税〔2016〕18 号）的有关规定，跨境电子商务零售进口商品按照货物征收关税和进口环节增值税、消费税，完税价格为实际交易价格，包括商品零售价格、运费和保险费。[①]

---

① 目前跨境电子商务零售进口商品的单次交易限值为人民币 2 000 元，个人年度交易限值为人民币 20 000 元。在限值以内进口的跨境电子商务零售进口商品，关税税率暂设为 0%；进口环节增值税、消费税取消免征税额，暂按法定应纳税额的 70%征收。超过单次限值、累加后超过个人年度限值的单次交易，以及完税价格超过 2 000 元限值的单个不可分割商品，均按照一般贸易方式全额征税。

订购人为纳税义务人。在海关注册登记的电子商务企业、电子商务交易平台企业或物流企业作为税款的代收代缴义务人，代为履行纳税义务。

代收代缴义务人应当如实、准确向海关申报跨境电子商务零售进口商品的商品名称、规格型号、税则号列、实际交易价格及相关费用等税收征管要素。

跨境电子商务零售进口商品的申报币制为人民币。

为审核确定跨境电子商务零售进口商品的归类、完税价格等，海关可以要求代收代缴义务人按照有关规定进行补充申报。

海关对满足监管规定的跨境电子商务零售进口商品按时段汇总计征税款，代收代缴义务人应当依法向海关提交足额有效的税款担保。

海关放行后 30 日内未发生退货或修撤单的，代收代缴义务人在放行后第 31 日至第 45 日内向海关办理纳税手续。

（四）物流监控

跨境电子商务零售进出口商品监管场所必须符合海关相关规定。监管场所经营人、仓储企业应当建立符合海关监管要求的计算机管理系统，并按照海关要求交换电子数据。

跨境电子商务零售进出口商品的查验、放行均应当在监管场所内实施。海关实施查验时，电子商务企业或其代理人、监管场所经营人、仓储企业应当按照有关规定提供便利，配合海关查验。

电子商务企业或其代理人、物流企业、监管场所经营人、仓储企业发现涉嫌违规或走私行为的，应当及时主动报告海关。

（五）退货管理

在跨境电子商务零售进口模式下，允许电子商务企业或其代理人申请退货，退回的商品应当在海关放行之日起 30 日内原状运抵原监管场所，相应税款不予征收，并调整个人年度交易累计金额。

在跨境电子商务零售出口模式下，退回的商品按照现行规定办理有关手续。

（六）其他事项

在海关注册登记的电子商务企业、电子商务交易平台企业、支付企业、物流企业等应当接受海关后续管理。

以保税模式从事跨境电子商务零售进口业务的，应当在海关特殊监管区域和保税物流中心（B 型）内开展，除另有规定外，参照上述规定予以监管。

本章重要概念

报关程序；一般进出口货物；集中申报；提前申报；区域通关一体化；通关作业无纸化；报关单修改或者撤销；货物进口证明书；工单式核销；保税货物；保税仓库；出口监管仓库；保税物流中心；加工贸易；加工贸易手册；保证金台账；电子化手册；深加工结转；异地加工贸易；内销；单耗；联网监管；加工贸易货物销毁处置；保税区；出口加工区；保税物流园区；保税港区；综合保税区；保税维修业务；区间结转；特定减免税货物；

监管期限；ATA 单证册；暂时进出口货物；转关运输；快件货物；过境、转运、通运；无代价抵偿货物；放弃货物；超期未报关货物；直接退运；退关货物；跨境电子商务

本章小结

一般进出口货物是指在进出境环节缴纳了应征的进出口税费并办结了所有必要的海关手续，海关放行后不再进行监管的进出口货物。一般进出口货物报关程序包括 4 个基本环节，即进出口申报、配合查验、缴纳税费、提取或装运货物。

保税货物是指经海关批准未办理纳税手续进境，在境内储存、加工、装配后复运出境的货物。按照海关实施监管的形式，保税货物可以划分为储存出境类保税货物、加工生产类保税货物和区域保税货物三种类型。储存出境类保税货物是指经海关批准保税进境，经过一段时间储存后又复运出境的货物，主要包括保税仓库货物、出口监管仓库货物和保税物流中心货物等。加工生产类保税货物是指专门为加工、装配、生产出口产品而从境外进口经海关批准保税的原材料、零部件，加工成半成品、成品后再复运出境的货物，主要包括加工贸易货物。区域保税货物主要是指进出保税区、出口加工区、保税物流园区等海关特殊监管区域的货物。

保税仓库，是指经海关批准设立的专门存放保税货物及其他未办结海关手续货物的仓库。保税仓库按照海关批准的存放货物范围和商品种类开展保税仓储业务。保税仓储货物入库时，收发货人或其代理人持有关单证向海关办理货物报关入库手续；保税仓储货物出库时，收发货人或其代理人应当根据不同情况填写报关单，并随附出库单据等相关单证向海关申报，保税仓库向海关办理出库手续并凭海关签印放行的报关单发运货物。出口监管仓库是经海关批准设立，对已办结海关出口手续的货物进行存储、保税物流配送、提供流通性增值服务的海关专用监管仓库。保税物流中心（A 型）是指经海关批准，由中国境内企业法人经营、专门从事保税仓储物流业务的海关监管场所。保税物流中心（A 型）经营企业按照海关批准的存储货物范围和商品种类开展保税仓储物流业务。保税物流中心（A 型）进出货物需要根据不同情况在海关办理相关手续。保税物流中心（B 型）是指经海关批准，由中国境内一家企业法人经营，多家企业进入并从事保税仓储物流业务的海关集中监管场所。保税物流中心（B 型）内企业按照海关批准的存储货物范围和商品种类开展保税物流业务。保税物流中心（B 型）进出货物需要根据不同情况在海关办理相关手续。

加工贸易货物是指加工贸易项下的进口料件、加工成品以及加工过程中产生的边角料、残次品、副产品等。加工贸易货物的报关程序除了进出境阶段的手续外，在向海关申报前还需办理加工贸易货物手册设立、在海关放行后还需办理核销结案等其他海关手续。

保税区是指经国务院批准在中国境内设立的具有保税仓储、加工、转口功能的海关监管的特定区域。保税区的主要功能是仓储、加工和转口。凡为仓储、出口加工和转口贸易而进口的货物，在保税区内均可以保税。出口加工区是指设在已经国务院批准的中华人民共和国境内现有的经济技术开发区内，并由省（自治区、直辖市）人民政府报国务院批准的专门从事保税加工的海关监管特定区域。出口加工区进、出的货物需要根据不同情况在海关办理相关手续。出口加工区内加工企业（转出企业）可以办理货物出区深加工结转，即转出企业按照有关规定办理报关手续，将本企业加工生产的产品直接或者通过保税仓储企业转入其他出口加工区、保税区等海关特殊监管区域内及区外加工贸易企业（转入企业）进一步加工后复出口。保税物流园区是指经国务院批准，在保税区规划面积或者毗邻保税区的特定港区内设立的、专门发展现代国际物流业的海关特殊监管区域。保税物流园区进、出货物需要根据不同情况在海关办理相关手续。保税港区是指经国务院批准，设立在国家

对外开放的口岸港区和与之相连的特定区域内，具有口岸、物流、加工等功能的海关特殊监管区域。保税港区内的企业和进出保税港区的货物需要符合海关的监管要求。

特定减免税货物是指海关根据国家的政策规定准予减免税进境，专门使用于特定地区和特定用途的货物。特定减免税货物的报关程序主要包括办理减免税备案申请、办理货物进口报关以及办理申请海关解除监管等手续和环节。

暂准进出口货物属于海关监管货物，是指为了特定的目的暂时进口或暂时出口，有条件暂时免纳进出口关税并豁免进出口许可证件，在特定的期限内除因使用中正常的损耗外按原状复运出口或复运进口的货物。暂准进出口货物的报关程序主要包括进出境阶段办理货物暂时进口或暂时出口的申报手续以及货物复运进出境后办理核销结关手续，或者特定的进出境目的改变以后，按货物实际用途补办进出口申报、纳税或者减免税手续。对于进口展览品，报关手续还包括申报进口前向海关办理举办展览会的报批备案手续。

转关货物应当自运输工具申报进境之日起14日内向进境地海关办理转关手续，在海关限定期限内运抵指运地海关之日起14日内，向指运地海关办理报关手续。转关运输货物可以采取提前报关方式、直转方式或中转方式。

进出境快件运营人应当按照海关的要求采用纸质文件方式或电子数据交换方式向海关办理进出境快件的报关手续。进境快件自运输工具申报进境之日起14日内，出境快件在运输工具离境3小时之前，应当向海关申报。

过境货物是指由境外启运，通过中国境内陆路继续运往境外的货物；转运货物是指由境外启运，通过我国境内设立海关的地点换装运输工具，而不通过境内陆路运输，继续运往境外的货物；通运货物是指由境外启运，由船舶、航空器载运进境并由原运输工具载运出境的货物。它们在进出境时均需在海关办理相关手续。

无代价抵偿货物是指进口货物在征税或免税放行后，发现货物有残损、短少或品质不良等状况，而由境外承运人、发货人或保险公司无偿提供进口补偿或更换的同类货物。无代价抵偿货物进口时，需根据不同情况在海关办理通关手续。

误卸或溢卸的进境货物需要向海关申请办理退运或者申报进口手续。进口货物的收货人或其所有人声明放弃的进口货物，由海关提取依法变卖处理。进口货物的收货人应当自运输工具申报进境之日起14日内向海关申报，超过规定期限向海关申报的，由海关征收滞报金；超过三个月未向海关申报的，其进口货物由海关提取依法变卖处理。

退运进出口货物是指货物因质量不良或交货时间延误等原因，被国内外买方拒收退运或因错发、错运造成的溢装、漏卸而退运的货物，需要在海关办理退运进出口手续。对于出口退关货物，出口货物的发货人及其代理人应当及时向海关申请退关，经海关核准且撤销出口申报后方能将货物运出海关监管场所。

电子商务企业或其代理人应提交《中华人民共和国海关跨境电子商务零售进出口商品申报清单》，出口采取"清单核放、汇总申报"方式办理报关手续，进口采取"清单核放"方式办理报关手续。跨境电子商务零售进口商品按照货物征收关税和进口环节增值税、消费税，完税价格为实际交易价格，包括商品零售价格、运费和保险费。

本章思考题

1. 选择题

（1）进出口货物收发货人或其代理人配合海关查验的工作主要包括（　　　　）。

A. 负责搬移货物，开拆和重封货物的包装

B. 回答查验关员的询问

C. 负责提供查验必要的资料

D. 签字确认查验记录

（2）向海关报关时适用保税区进境货物备案清单的是（　　　）。

A. 保税区从境外进口的加工贸易料件

B. 保税区区内企业从境外进口自用的机器设备

C. 保税区销往国内非保税区的货物

D. 保税区管理机构从境外进口的办公用品

（3）下列进口的废物中，可以申请转关运输的是（　　　）。

A. 木制品废料

B. 废电机、电器产品

C. 废纸

D. 纺织品废物

（4）下列关于进境快件适用报关单证的表述，正确的有（　　　）。

A. 文件类应当适用 KJ1 报关单

B. 海关规定准予保税的货样、广告品应当适用 KJ2 报关单

C. 个人物品类应当适用快件个人物品报关单

D. 对应予征税的货样、广告品应当适用 KJ3 报关单

（5）采用直转方式转关的进口货物应当在海关限定期限内运抵指运地海关之日起
（　　　）内，向指运地海关办理报关手续。

    A. 7 日   B. 14 日   C. 15 日   D. 30 日

（6）下列关于出口加工区企业的货物深加工结转至海关特殊监管区域外加工贸易企业
的报关程序，表述正确的是（　　　）。

A. 转出企业先申请备案，转入企业自转出企业备案之日起 30 日内申请备案

B. 转入企业先申请备案，转出企业自转入企业备案之日起 30 日内申请备案

C. 转出企业每批发货后，在发货之日起 30 天内办结该批货物的出口报关手续

D. 转入企业每批收货后，在收货之日起 30 天内办结该批货物的进口报关手续

（7）特定减免税进口货物的海关监管期限按照货物的种类各有不同，以下特定减免税
货物的正确海关监管期限是（　　　）。

A. 船舶、飞机、建材，8 年；机动车辆，6 年；其他货物，5 年

B. 船舶、飞机，8 年；机动车辆，6 年；其他货物，5 年

C. 船舶、飞机、建材，8 年；机动车辆，6 年；其他货物，3 年

D. 船舶、飞机，8 年；机动车辆，6 年；其他货物，3 年

（8）保税物流中心 A 型与 B 型之间在经营方面的主要区别是（　　　）。

A. A 型的经营企业可以在本中心内从事保税仓储物流的经营活动，B 型不可以

B. A 型的货物保税存储期限为 1 年，B 型为 2 年

C. 境内中心外货物进入中心，A 型可以申请出口退税，B 型不可以

D. 从境内运入中心的原进口货物，A 型可以申请退还进口税，B 型不可以

（9）目前海关参照（　　　）有关规定对综合保税区进行管理。

A. 保税区　　　　　B. 出口加工区　　　　C. 保税物流园区　　D. 保税港区

（10）实施工单式核销的加工贸易企业应具备的条件包括（　　　　）。

A. 信用状况为一般信用及以上企业

B. 使用 ERP 等系统对企业采购、生产、库存和销售等过程实行全程信息化管理

C. 建立符合海关监管要求的计算机管理系统

D. 保税物料与非保税物料分开管理

2. 判断题

（1）公用保税仓库由主营仓储业务的中国境内独立企业法人经营，专门向社会提供保税仓储服务，其面积最低为 2 000 平方米。（　　　　）

（2）《ATA 单证册》项下进境的展览品自货物进境之日起 6 个月内应当复运出境，特殊情况需要延长，延长期不超过 6 个月的可以向直属海关申请延期，延长期超过 6 个月的需经海关总署批准。（　　　　）

（3）电子商务企业或其代理人应提交《中华人民共和国海关跨境电子商务零售进出口商品申报清单》，进口采取"清单核放、汇总申报"方式办理报关手续，出口采取"清单核放"方式办理报关手续。（　　　　）

（4）电子数据报关单被海关退回的，进出口货物收发货人或其代理人应当按照要求修改后重新申报，申报日期为海关接受重新申报的日期。（　　　　）

（5）保税物流园区内不得开展商业零售、加工制造、翻新及拆解业务。（　　　　）

（6）无代价抵偿货物是指进出口货物在海关放行后，因残损、短少、品质不良或者规格不符，由进出口货物的收发货人、承运人或者保险公司免费补偿或者更换的与原货物相同或者与合同规定相符的货物。（　　　　）

（7）对货物类快件中海关规定准予免税的货样、广告品，报关时应提交进出境快件 KJ1 报关单。（　　　　）

（8）进出口货物收发货人对海关查验结论有异议，向海关提出复验要求的，经海关同意，可以由原查验人员对该票货物予以复验。（　　　　）

（9）提前报关转关方式是指进口货物在指运地先申报，再到进境地办理进口转关手续，出口货物在货物未运抵启运地监管场所前先申报，货物运抵监管场所后再办理出口转关手续的方式。（　　　　）

（10）海关特殊监管区域间保税货物流转，按照转关运输的有关规定办理，符合要求的也可以按照区间结转方式办理。（　　　　）

3. 在哪些情况下当事人可以向原接受申报的海关办理进出口货物报关单修改或者撤销手续？

4. 根据《中华人民共和国海关出口加工区货物出区深加工结转管理办法》的规定，转入企业、转出企业在哪些情况下不得开展出口加工区货物出区深加工结转？

5. 保税物流中心（B型）的设立条件有哪些？

6. 根据《中华人民共和国海关加工贸易企业联网监管办法》的规定，海关实施联网监管的加工贸易企业应当具备哪些条件？

7. 哪些货物从境外进入保税物流园区，海关予以办理保税手续？

8. 保税货物和特定减免税货物各自具有哪些特征？

9. 什么是ATA单证册系统？

10. 直接退运货物的范围主要包括哪些情况？

11. 北京市某进出口公司A购买韩国产新闻纸一批。货物进口时由天津新港转关至北京海关办理该批货物的报关纳税手续。承担该批货物转关运输的是天津某运输公司B。在运输途中，因汽车驾驶员张某吸烟，不慎引发火灾，致使该批新闻纸全部灭失。在这种情况下，根据海关的有关规定，该批货物的进口纳税义务应当由谁承担，为什么？

12. 什么是加工贸易单耗？哪些情况不列入工艺损耗范围？

13. 保税港区内可以开展哪些业务？

14. 减免税申请人在货物申报进出口前向主管海关申请办理进出口货物减免税审批手续，应当提交哪些材料？

15. 电子化手册管理模式与纸质手册模式相比具有哪些优点？

16. 试述保税物流中心（A型）与保税物流中心（B型）的主要区别。

17. 经营企业办理加工贸易货物的手册设立时需要提交哪些单证？

18. 向海关申请验收出口监管仓库应当符合哪些条件？

19. 简述跨境电子商务进出境货物和物品的通关管理措施。

20. 企业开展海关特殊监管区域间保税货物区间结转业务，向主管海关申报的《海关特殊监管区域保税货物结转申报表》应符合哪些要求？

第五章 进出口商品归类

本章学习目标

本章介绍了进出口商品归类的基础知识。通过本章的学习，重点应掌握《协调制度》的基本结构及特点，能够灵活运用六大归类规则对大类如动、植物产品、食品、矿产品、化工产品、纺织品、机械电子产品等常见商品进行正确归类。预归类制度、进出口商品归类的海关行政裁定以及商品归类争议的处理方式和程序也是需要掌握的内容。

在海关管理过程中，需要按照进出口商品的性质、用途、功能或加工程度进行归类，因为海关对不同类别的进出口商品会分别采取不同的监管措施，并按照不同税率征收关税。对进出口商品归类是海关监管、海关征税及海关统计的基础和依据，归类的正确与否直接影响到进出口货物的顺利通关，与报关人的切身利益也密切相关。

第一节 《商品名称及编码协调制度》的结构和特点

《商品名称及编码协调制度》（*Harmonized Commodity Description and Coding System*）（简称《协调制度》或 H.S.编码）是指原海关合作理事会（1995 年更名为世界海关组织）在《海关合作理事会商品分类目录》和联合国《国际贸易标准分类》的基础上，参照国际上主要国家的税则、统计、运输等分类目录而制定的一个多用途的国际贸易商品分类目录。1983 年 6 月，海关合作理事会通过了《商品名称及编码协调制度的国际公约》及作为其附件的《〈协调制度〉目录》，于 1988 年 1 月 1 日正式实施，以后又相继修订出版了 1992 年版、1996 年版、2002 年版、2007 年版和 2012 年版《协调制度》。经国务院批准，我国海关自 1992 年 1 月 1 日起开始采用《协调制度》，从而使进出口商品归类工作成为我国海关最早实现与国际接轨的执法项目之一。

一、《协调制度》的基本结构

《协调制度》的总体结构包括三部分内容：商品归类总规则；按顺序编排的目与子目编码及条文；类、章及子目注释。

为保证国际上对《协调制度》使用和解释的一致性，《协调制度》首先列明六条商品归类总规则，规定了使用《协调制度》对商品进行分类时必须遵守的分类原则和方法，作为指导整个《协调制度》商品归类的总原则。

《协调制度》将国际贸易涉及的各种商品按照生产部类、自然属性和不同功能用途等分为 21 类、97 章。《协调制度》采用由六位数税（品）目和子目构成的编码［税（品）目号中第 1~4 位称为税（品）目，第 5 位开始称为子目］。为了避免各税（品）目和子目所列商品发生交叉归类，在许多类、章的开头加有类注、章注和子目注释，严格界定归入各类和各章的商品范围，阐述《协调制度》中专用术语的定义或区分某些商品的技术标准和界限。

《协调制度》是一部系统的国际贸易商品分类表，所列商品名称的分类和编排是有一定规律的。从类来看，基本上是按社会生产的分工（或称生产部类）分类的，将属于同一生产部类的产品归在同一类里，如农业产品在第一类、第二类；化学工业产品在第六类；纺织工业产品在第十一类；冶金工业产品在第十五类；机电制造业产品在第十六类等。

从章来看，基本上是按商品的自然属性或用途（功能）来划分的。第一章至第八十三章（第六十四章至第六十六章除外）基本上是按商品的自然属性来分章，而每章的前后顺序是按照动物、植物、矿物质和先天然后人造的顺序排列的，如第一章至第五章是活动物和动物产品；第六章至第十四章是活植物和植物产品；第二十五章至第二十七章是矿产品。又如第十一类包括了动物、植物和化学纤维的纺织原料及其产品，第五十章和第五十一章是蚕丝、羊毛及其他动物毛；第五十二章和第五十三章是棉花、其他植物纺织纤维、纸纱线；第五十四章和第五十五章为化学纤维。商品之所以按自然属性分类是因为其种类、成分或原料比较容易区分，同时也因为商品价值的高低往往取决于构成商品本身的原材料。又如第六十四章至第六十六章和第八十四章至第九十七章是按货物的用途或功能来分章的，第六十四章是鞋、第六十五章是帽；第八十四章是机械设备、第八十五章是电气设备、第八十七章是车辆、第八十九章是船舶等。这样分类的原因：一是这些物品往往由多种材料构成，难以将这些物品作为某一种材料制成的物品来分类；二是商品的价值主要体现在生产该物品的社会必要劳动时间，如一台机器，其价值一般主要看生产这台机器所耗费的社会必要劳动时间，而不是看机器用了多少贱金属等。

从税目的排列看、一般也是按动物、植物、矿物质顺序排列，而且更为明显的是原材料先于成品，加工程度低的产品先于加工程度高的产品，列名具体的品种先于列名一般的品种。如在第四十四章内，税（品）目号 4403 是原木；4404～4408 是经简单加工的木材；4409～4413 是木的半制成品；4414～4421 是木制品。

二、《协调制度》的主要特点

《协调制度》综合了国际上多种商品分类目录的长处，成为国际贸易商品分类的一种"标准语言"，从而方便了国际贸易的开展，避免了各工作环节的重新分类和重新编号。《协调制度》的主要特点体现为以下五个方面。

（一）完整性

《协调制度》目录将目前世界上国际贸易的主要商品全部分类列出；同时，为了适应各国征税、统计等商品分类的要求和将来技术发展的需要，还在各类、章列有"其他"税目，从而使国际贸易中的任何商品，包括目前还无法预计到的新产品都能在目录的体系中归入合适的位置，任何一种商品都不会被排斥在该目录范围之外。再加上分类总规则四"最相类似"原则的综合运用，保证了《协调制度》目录对所有商品无所不包的特点。

（二）系统性

《协调制度》的分类原则遵循了一定的科学原理和规则，按人们所了解商品的自然属性、生产部类和不同用途进行分类排列，并照顾了商业习惯和实际操作的可行性，将一些进出口量较大而又难以分类的商品（如灯具、活动房屋等）专门列目，从而便于理解、便于归类、便于查找、便于记忆。

（三）通用性

《协调制度》目录在国际上影响很大，目前已为 200 多个国家（地区）所采用。由于采用同一分类目录的国家的进出口商品相互之间具有可比性，同时，该目录既适合于作海关税则目录，又适合于作对外贸易统计目录，还可适用于作国际运输、保险、生产等部门的商品分类目录。因此，《协调制度》目录的通用性超过了以往任何一个商品分类目录，加之作为《协调制度》主体的《协调制度国际公约》规定了缔约国的权利和义务，这就保证了该目录的统一、有效实施。

（四）准确性

《协调制度》目录所列税（品）目的概念明确，内涵和外延明了，不重复。为保证做到这一点，除了目录的税（品）目条文有非常清楚的表述外，还有作为归类总纲的归类总规则以及类注、章注、子目注释加以具体说明，使得各条税（品）目范围非常清楚、准确无误。

（五）完善性

《协调制度》目录作为《协调制度国际公约》的一个附件，在国际上有专门的机构和人员对其进行维护和管理，各国还可通过对《协调制度》目录提出修正意见，以维护本国的经济利益，统一疑难商品的归类。这些完善《协调制度》目录的工作不是一个国家的力量所能办到的，《协调制度》这种不断充实和完善的特点也是国际上其他商品分类目录所无法比拟的。

第二节 《商品名称与编码协调制度》 中商品归类总规则

《协调制度》将国际贸易中种类繁多的商品，根据其在国际贸易中所占的比重和地位，分成若干类、章、分章和商品组。为使人们在对各种商品进行归类时遵循统一的原则，并使各类商品能够准确无误地归入《协调制度》恰当的税目项下，不发生重复、交叉和归类的不一致，《协调制度》将商品归类的普遍规律加以归纳总结，作为规则列出，形成了《协调制度》的六个商品归类总规则。

一、规则一

（一）规则一的内容

类、章及分章的标题，仅为查找方便而设。具有法律效力的归类，应按税（品）目条文和有关类注或章注确定，如税（品）目、类注或章注无其他规定，则按以下规则确定。

（二）对规则一的解释和说明

（1）《协调制度》系统地列出了国际贸易的货品，将这些货品分为类、章及分章，每类、章或分章都有标题，尽可能确切地列明所包括货品种类的范围。但在许多情况下，归入某类或某章的货品种类繁多，类、章标题不可能将其一一列出，全都包括进去。因此，本规则一开始就说明，类、章及分章的标题"仅为查找方便而设"。据此，标题对商品归类不具有法律效力。

（2）本规则第二部分规定，商品应按以下两条规则进行归类。

① 按照税（品）目条文及任何相关的类、章注释的规定办理。

② 如税（品）目和类、章注释无其他规定，则可根据规则二、三、四及五的规定办理。

（3）以上（2）①所规定的已很明确，许多货品可直接按目录条文的规定进行归类，而类注、章注的作用在于限定类、章和税目的商品范围。以上（2）②所称"如税（品）目和类、章注释无其他规定"，旨在明确税（品）目条文及任何相关的类、章注释是最重要的，换言之，它们是在确定归类时应首先考虑的规定。只有在税目、类注和章注中无专门规定，而商品的归类又不能确定的情况下，才可按照归类总规则的其他规则归类。

二、规则二

（一）规则二的内容

（1）税目所列货品，应视为包括该项货品的不完整品或未制成品，只要在报验时该项不完整品或未制成品具有完整品或制成品的基本特征；还应视为包括该项货品的完整品或制成品（或按本款可作为完整品或制成品归类的货品）在报验时的未组装件或拆散件。

（2）税目中所列材料或物质，应视为包括该种材料或物质与其他材料或物质混合或组合的物品；税目所列某种材料或物质构成的货品，应视为包括全部或部分由该种材料或物质构成的货品；由一种以上材料或物质构成的货品，应按规则三归类。

（二）对规则二的解释和说明

（1）规则二.（1）的第一部分将所有列出某一些物品的税目范围扩大为不仅包括完整的物品，而且还包括该物品的不完整品或未制成品，只要报验时它们具有完整品或制成品的基本特征。本款规则的规定也适用于毛坯，除非该毛坯已在某一税目具体列名。所称"毛坯"，是指已具有制成品或制成零件的大概形状或轮廓，但还不能直接使用的物品。除极个别的情况外，它们须经进一步完善方可作为制成品或制成零件使用。尚未具有制成品基本形状的半制成品（例如，常见的杆、盘、管等）不应作为"毛坯"对待。

鉴于第一类至第六类各税目的商品范围所限，本款规则这一部分的规定一般不适用于这六类所包括的货品（即第三十八章及以前各章所包括的货品）。

（2）规则二.（1）的第二部分规定，完整品或制成品的未组装件或拆散件应归入已组装物品的同一税目。货品以未组装或拆散形式报验，通常是由于包装、装卸或运输上的需要，或是为了便于包装、装卸或运输。本款规则也适用于以未组装或拆散形式报验的不完整品或未制成品，只要按照本规则第一部分的规定，它们可作为完整品或制成品看待。本款规则所称"报验时的未组装件或拆散件"，是指其零件可通过紧固件（螺钉、螺母、螺栓等），或通过铆接、焊接等组装方法便可装配起来的物品。组装方法的复杂性可不予考虑，但其零件必须是无须进一步加工的制成品。某一物品的未组装零件如超出组装成品所需数量的，超出部分应单独归类。

鉴于第一类至第六类各税目的商品范围所限，本款规则这一部分的规定一般不适用于这六类所包括的货品（即第三十八章及以前各章所包括的货品）。

（3）规则二.（2）是关于混合及组合的材料或物质，以及由两种或多种材料或物质构成的货品。它所适用的税目是列出某种材料或物质的税目和列出某种材料或物质制成的货品的税目。但应注意的是，仅在税目条文和类、章注释无其他规定的条件下才能运用本款规则。

在类、章注释或税目条文列为调制品的混合物，应按规则一的规定进行归类。

本款规则旨在将任何列出某种材料或物质的税目扩大为包括该种材料或物质与其他材料或物质的混合品或组合品，同时还将任何列出某种材料或物质构成的货品的税目扩大为包括部分由该种材料或物质构成的货品。然而，本款规则绝不意味着将税目范围扩大到不按照规则一的规定，将不符合税目条文的货品也包括进来，即由于添加了另外一种材料或物质，使货品丧失了原税目所列货品特征的情况。

本规则最后规定，混合及组合的材料或物质，以及由一种以上材料或物质构成的货品，如果看起来可归入两个或两个以上税目的，必须按照规则三的原则进行归类。

三、规则三

（一）规则三的内容

当货品按规则二.（2）或由于其他原因看起来可归入两个或两个以上税目时，应按以下规则归类。

（1）列名比较具体的税目，优先于列名一般的税目。但是，如果两个或两个以上税目都仅述及混合或组合货品所含的某部分材料或物质，或零售的成套货品中的某些货品，即使其中某个税目对该货品描述得更为全面、详细，这些货品在有关税目的列名应视为同样具体。

（2）混合物、不同材料构成或不同部件组成的组合物以及零售的成套货品，如果不能按照规则三.（1）归类时，在本款可适用的条件下，应按构成货品基本特征的材料或部件归类。

（3）货品不能按照规则三.（1）或（2）归类时，应按号列顺序归入其可归入的最末一个税目。

（二）对规则三的解释和说明

（1）对于根据规则二.（2）或其他原因看起来可归入两个或两个以上税目的货品，本规则规定了三条归类办法。这三条办法应按照其在本规则的先后次序加以运用。据此，只有在不能按照规则三.（1）归类时，才能运用规则三.（2）；不能按照规则三.（1）和（2）两款归类时，才能运用规则三.（3）。因此，它们优先权的次序为：①具体列名；②基本特征；③从后归类。同样，只有在税目条文和类、章注释无其他规定的条件下，才能运用本规则。

（2）规则三.（1）是本规则的第一条归类办法，它规定列名比较具体的税目应优先于列名比较一般的税目。通过制定几条一刀切的规则来确定哪个税目就比其他税目列名更为具体是行不通的。但作为一般原则可以这样解释。

① 列出品名比列出类名更为具体。例如，电动剃须刀及电动理发推子应归入税目85.10，而不应作为本身装有电动机的手提式工具归入税目84.67或作为家用电动机械器具归入税目85.09。

② 如果某一税目所列名称更为明确地述及某一货品，则该税目要比所列名称不那么明确述及该货品的其他税目更为具体。例如，确定为用于小汽车的簇绒地毯，不应作为小汽车附件归入税目87.08，而应归入税目57.03,因该税目所列地毯更为具体；钢化或层压玻璃制的未镶框安全玻璃，已制成一定形状并确定为用于飞机上，该货品不应作为税目 88.01或 88.02 所列货品的零件归入税目 88.03，而应归入税目 70.07，因该税目所列安全玻璃更为具体。

但是，如果两个或两个以上税目都仅述及混合或组合货品所含的某部分材料或物质，或零售成套货品中的某些货品，即使其中某个税目比其他税目对该货品描述得更为全面、详细，这些货品在有关税目的列名应视为同样具体。在这种情况下，货品应按规则三.（2）或（3）的规定进行归类。

（3）规则三的第二条归类办法仅适用于：①混合物；②不同材料的组合货品；③不同部件的组合货品；④零售的成套货品。只有在不能按照规则三.（1）归类时，才能运用本款规则。无论如何，只有在本款可适用的条件下，货品才可按构成货品基本特征的材料或部件归类。不同的货品，确定其基本特征的因素会有所不同。例如，可根据其所含材料或部件的性质、体积、数量、重量或价值来确定货品的基本特征，也可根据所含材料对货品用途的作用来确定货品的基本特征。本款规则所称"不同部件组成的组合物"，不仅包括部件相互固定组合在一起，构成了实际不可分离整体的货品，还包括其部件可相互分离的货品，但这些部件必须是相互补足，配合使用，构成一体并且通常不单独销售。例如，由一个带活动烟灰盘的架子构成的烟灰盅、由一个特制的架子（通常为木制的）及几个形状、规格相配的空调味料瓶子组成的家用调味架等。这类组合货品的各件一般都装于同一包装内。本款规则所称"零售的成套货品"，是指同时符合以下三个条件的货品：①由至少两种看起来可归入不同税目的不同物品构成的。例如，六把乳酪叉不能作为本款规则所称的成套货品。②为了迎合某项需求或开展某项专门活动而将几件产品或物品包装在一起的。③其包装形式适于直接销售给用户而货物无需重新包装的(例如，装于盒、箱内或固定于板上)。

据此，它包括由不同食品构成，配在一起调制后可成为即食菜或即食饭的成套食品。例如由一个夹牛肉（不论是否夹奶酪）的小圆面包构成的三明治（税目 16.02）和法式炸土豆片（税目 20.04）包装在一起的成套货品，该货品应归入税目 16.02；配制一餐面条的成套货品，由装于一纸盒内的一包未煮的面条（税目 19.02）、一小袋乳酪粉（税目 04.06）及一小罐番茄酱（税目 21.03）组成，该货品应归入税目 19.02；成套理发工具，由一个电动理发推子（税目 85.10）、一把梳子（税目 96.15）、一把剪子（税目 82.13）、一把刷子（税目 96.03）及一条毛巾（税目 63.02），装于一个皮匣子（税目 42.02）组成，该货品应归入税目 85.10；成套绘图器具，由一把尺子（税目 90.17）、一个圆盘计算器（税目 90.17）、一个绘图圆规（税目 90.17）、一支铅笔（税目 96.09）及一个卷笔刀（税目 82.14），装于一个塑料片制的盒子（税目 42.02）组成，该货品应归入税目 90.17。以上成套货品应按其构成整套货品基本特征的部件进行归类。但本规则不适用于包装在一起的混合产品。例如：一罐小虾（税目 16.05）、一罐肝酱（税目 16.02）、一罐乳酪（税目 04.06）、一罐火腿肉片（税目 16.02）及一罐开胃香肠（税目 16.01）；一瓶税目 22.08 的烈性酒及一瓶税目 22.04 的葡萄酒。对于以上两个例子所列的产品及类似的混合产品，应将每种不同产品分别归入各自所属的税目项下。

（4）货品如果不能按照规则三.（1）或（2）归类时，应按号列顺序归入其可归入的最后一个税目。这是一条"从后归类"的原则，即将某个商品可以归入的所有税目号进行比较，并按排列在最后的税目号归类。例如，橡胶底的旅游鞋，鞋面材料一半是皮革，一半是纺织材料的鞋靴，就难以确定其主要特征，似乎既可归入税目 64.03，又可归入税目 64.04，根据从后归类的原则，该商品应归入税目 64.04。

四、规则四

（一）规则四的内容

根据上述规则无法归类的货品，应归入与其最相类似的货品的税目。

（二）对规则四的解释和说明

（1）本规则适用于不能按照规则一～规则三归类的货品。它规定，这些货品应归入与其最相类似的货品的税目中。

（2）在按照规则四归类时，必须将报验货品与类似货品加以比较以确定其与哪种货品最相类似，然后所报验的货品应归入与其最相类似的货品的同一税目。当然，所谓"类似"要看许多因素，例如，货品名称、特征、用途、功能、结构等，因此这一规则实际应用起来有一定的困难。如不得不使用这条规则时，其归类方法是先列出最相类似的税目号，然后从中选择一个最为合适的税目号。

五、规则五

（一）规则五的内容

除上述规则外，本规则适用于下列货品的归类。

（1）制成特殊形状仅适用于盛装某个或某套物品并适合长期使用的，如照相机套、乐器盒、枪套、绘图仪器盒及项链盒及类似容器，如果与所装物品同时报验，并通常与所装物品一同出售的，应与所装物品一并归类。但本款不适用于本身构成整个货品基本特征的容器。

（2）除规则五.（1）规定的以外，与所装货品同时报验的包装材料或包装容器，如果通常是用来包装这类货品的，应与所装货品一并归类。但明显可重复使用的包装材料和包装容器可不受本款限制。

（二）对规则五的解释和说明

（1）规则五.（1）仅适用于同时符合以下各条规定的容器。

- 制成特定形状或形式，专门盛装某一物品或某套物品的，即专门按所要盛装的物品进行设计的。有些容器还制成所装物品的特殊形状。
- 适合长期使用的，即容器的使用期限与所盛装的物品相比是相称的。在物品不使用期间（例如运输或储藏期间），这些容器还起到保护物品的作用。本条标准使其与简单包装区别开来。
- 与所装物品一同报验的，不论其是否为了运输方便而与所装物品分开包装。单独报验的容器应归入其所应归入的税目。
- 通常与所装物品一同出售的。
- 本身并不构成整个货品基本特征。容器本身只是货品的包装物，无论是从价值或是从作用看，它都是从属于货品的。

与所装物品一同报验并可按照本规则进行归类的容器的例子如首饰盒及箱（税目71.13）、电动剃须刀套（税目85.10）、望远镜盒（税目90.05）、乐器盒、箱及袋（税目92.02）、枪套（税目93.03）等。

本款规则不包括本身构成了货品基本特征的某些容器，例如，装有茶叶的银质茶叶罐、装有糖果的装饰性瓷碗。这些包装容器本身价值昂贵或具有其他作用，已构成整个货品的基本特征，应与所装物品分别归类。

（2）规则五.（2）是关于通常用于包装有关货品的包装材料及包装容器的归类，是规则五.（1）的补充。它适用于明显不能重复使用的包装材料和容器，这些材料和容器都是货物的一次性包装物，向海关报验时，它们必须是包装着货物的，当货物开拆后，包装材料和容器一般不能再作原用途使用。例如，包装玻璃器皿的纸板箱、包装人型机器设备的木板箱等，均应与所装物品一并归类。规则五.（2）不适用于明显可以重复使用的包装材料或包装容器，例如，某些金属桶及装压缩或液化气体的钢铁容器等。

六、规则六

（一）规则六的内容

货品在某一税目项下各子目的法定归类，应按子目条文或有关的子目注释以及以上各条规则来确定，但子目的比较只能在同一数级上进行。除条文另有规定的以外，有关的类注、章注也适用于本规则。

（二）对规则六的解释和说明

（1）以上规则一至五在必要的地方加以修改后，可适用于同一税目项下的各级子目。

（2）"同一数级"子目，是指五位数级子目（一级子目）或六位数级子目（二级子目）。据此，当按照规则三．（1）规定考虑某一物品在同一税目项下的两个或两个以上五位数级子目的归类时，只能依据有关的五位数级子目条文来确定哪个五位数级子目所列名称更为具体或更为类似。只有确定了哪个五位数级子目列名更为具体后，而且该子目项下又再细分了六位数级子目，只能在这种情况下，才能根据有关的六位数级子目条文考虑物品应归入这些六位数级子目中的哪个子目。

（3）"除条文另有规定的以外"，是指类、章注释与子目条文或子目注释不相一致的情况。商品在子目上归类的法律依据首先是子目条文和子目注释，在子目条文和子目注释没有规定的情况下，可按类注或章注的规定办理。在类、章注释与子目条文或子目注释不一致时，应采用子目条文或子目注释的规定。例如，第七十一章注释四（二）所规定"铂"的范围就与子目注释二所规定"铂"的范围不相同，因此，在解释子目7110.11及7110.19的商品范围时，应采用子目注释二，而不应考虑该章注释四（二）的规定。

（4）六位数级子目的范围不得超出其所属的五位数级子目的范围；同样，五位数级子目的范围也不得超出其所属的税目范围。因此，只有在货品归入适当的四位数级税目后才可考虑将其归入合适的五位数级或六位数级子目，并且在任何情况下，应优先考虑五位数级、再考虑六位数级子目范围和子目注释。

第三节　我国海关进出口商品分类目录

海关进出口商品分类目录是进出口商品归类的基本依据。我国的海关进出口商品分类目录是指根据海关征税和海关统计工作的需要，分别编制的《中华人民共和国进出口税则》和《中华人民共和国海关统计商品目录》。这两个商品分类目录税目号列在第一章至九十七章完全一致，均是以《商品名称和编码协调制度》为基础，结合我国进出口货物的实际情况和特点编制而成的。

一、进出口商品分类目录概况

我国现行的《中华人民共和国进出口税则》和《中华人民共和国海关统计商品目录》是以2012年版《商品名称和编码协调制度》为基础编制的。《中华人民共和国进出口税则》和《中华人民共和国海关统计商品目录》第一章至第九十七章（其中第七十七章为空章）的前6位数码及其商品名称与《协调制度》完全一致，第7、8、9、10位数码是根据我国海关征税、统计和贸易管理的需要细分的。2016年版《中华人民共和国进出口税则》税目总数为8 294个。

《中华人民共和国进出口税则》中的商品号列称为税号，为征税需要，每项税号后列出了该商品的税率。《中华人民共和国海关统计商品目录》中的商品号列称为商品编号，为统计需要，每项商品编号后列出了该商品的计量单位并增加了第二十二类"特殊交易品及未分类商品"（内分第九十八章和第九十九章）。

以《协调制度》为基础的海关进出口商品分类目录对商品的分类和编排是有一定规律的。从类来看，基本上按社会生产的分工（或称生产部类）划分的，即将属于同一生产部类的产品归在同一类里。从章来看，基本上按商品的属性或功能、用途划分。而每章中各税（品）目的排列顺序一般按照动物、植物、矿物质产品或原材料、半制成品、制成品的顺序编排。

进出口商品分类目录采用结构号列，即税（品）目的号列不是简单的顺序号，而是有一定含义的编码。我国进出口商品编码的表示方法如下例所示：

商品编码：	03	06	2	4	9	1	——大闸蟹
位数含义：	章	税（品）目	5位数级子目	6位数级子目	7位数级子目	8位数级子目	

其中，章、税（品）目，5、6位数级子目号列为《协调制度》原有的编码，7、8位数级子目号列为我国增加的编码。

二、各类、章的主要内容和结构

《中华人民共和国进出口税则》中的商品目录分为21类、97章。《中华人民共和国海关统计商品目录》中的商品目录分为22类、99章，其中前21类、97章的商品目录与《中华人民共和国进出口税则》中的完全相同。这两个进出口商品分类目录各类、章的主要内容和结构如下所述。

第一类　活动物；动物产品

本类共五章，除极少数特例外，包括了所有种类的活动物以及未加工或经过有限简单加工的动物产品。本类的商品大致可分为三部分：活动物主要集中在第一、三章；可食用的动物产品集中在第二、四章；第五章主要是不可食用的动物产品。

某些加工程度较高的动物产品及作为一些生产行业原材料的动物产品不归入本类。归入本类的动物产品与归入其他类的动物产品，主要是根据加工程度来区分的，而各章对不同动物产品的加工程度都有不同的标准，因此，对动物产品进行归类时，应根据有关各章的注释和税目条文的规定来确定。

第一类中各章的具体内容为：

第一章　活动物

第二章　肉及食用杂碎

第三章　鱼、甲壳动物、软体动物及其他水生无脊椎动物

第四章　乳品；蛋品；天然蜂蜜；其他食用动物产品

第五章　其他动物产品

第二类　植物产品

本类包括绝大多数未加工或仅经有限加工的植物产品。本类共分九章，本类的植物产品可分为三部分：活植物（第六章）；食用植物产品（第七～十二章）；非食用植物产品（第十三章、十四章）。归入本类的植物产品与归入其他类的植物产品，主要也是根据加工程度来区分的。

第二类中各章的具体内容为：

第六章　活树及其他活植物；鳞茎、根及类似品；插花及装饰用簇叶

第七章　食用蔬菜、根及块茎

第八章　食用水果及坚果；甜瓜或柑橘属水果的果皮

第九章　咖啡、茶、马黛茶及调味香料

第十章　谷物

第十一章　制粉工业产品；麦芽；淀粉；菊粉；面筋

第十二章　含油籽仁及果实；杂项籽仁及果实；工业用或药用植物；稻草、秸秆及饲料

第十三章　虫胶；树胶、树脂及其他植物液、汁

第十四章　编结用植物材料；其他植物产品

第三类　动、植物油、脂及其分解产品；精制的食用油脂；动、植物蜡

本类商品仅有一章（第十五章）构成，包括以第一、二类的动物和植物为原料加工得到的动物、植物油、脂；油、脂的分解产品；精制的食用油脂；动物、植物蜡；处理油脂或蜡所产生的残渣。

第十五章　动、植物油、脂及其分解产品；精制的食用油脂；动、植物蜡

第四类　食品；饮料、酒及醋；烟草、烟草及烟草代用品的制品

本类包括加工程度超过第一类和第二类允许的范围、通常供人食用的动物或植物产品；本类还包括动、植物原料制饲料以及烟草及烟草代用品的制品。本类共分九章，可分为五组产品：主要以动物产品为原料的食品（第十六章）；主要以植物产品为原料的食品（第十七～二十一章）；饮料、酒及醋（第二十二章）；食品工业残渣及配制的动物饲料（第二十三章）；烟草及其制品（第二十四章）。

第四类中各章的具体内容为：

第十六章　肉、鱼、甲壳动物、软体动物及其他水生无脊椎动物的制品

第十七章　糖及糖食

第十八章　可可及可可制品

第十九章　谷物、粮食粉、淀粉或乳的制品；糕饼点心

第二十章　蔬菜、水果、坚果或植物其他部分的制品

第二十一章　杂项食品

第二十二章　饮料、酒及醋

第二十三章　食品工业的残渣及废料；配制的动物饲料

第二十四章　烟草、烟草及烟草代用品的制品

第五类　矿产品

本类包括从陆地或海洋里直接提取的原产状态或只经过洗涤、粉碎或机械物理方法精选的矿产品及残渣、废料，而其加工后的制品则归入以后的类章。本类共三章。

第五类中各章的具体内容为：

第二十五章　盐；硫黄；泥土及石料；石膏料、石灰及水泥

第二十六章　矿砂、矿渣及矿灰

第二十七章　矿物燃料、矿物油及其蒸馏产品；沥青物质；矿物蜡

第六类　化学工业及其相关工业的产品

本类化工产品共十一章（第二十八～三十八章），包括化工产品以及化工产品为原料作进一步加工的相关工业产品。第二十八章（无机化学品）和第二十九章（有机化学品）都是符合化学定义的纯净物，即化工原料；第三十～三十八章都是不符合化学定义的混合物，即在第二十八、二十九章的化工原料的基础上进行混合配制及其他加工的制成品。

第六类中各章的具体内容为：

第二十八章　无机化学品；贵金属、稀土金属、放射性元素及其同位素的有机及无机化合物

第二十九章　有机化学品

第三十章　药品

第三十一章　肥料

第三十二章　鞣料浸膏及染料浸膏；鞣酸及其衍生物；染料、颜料及其他着色料；油漆及清漆；油灰及其他类似胶粘剂；墨水、油墨

第三十三章　精油及香膏；芳香料制品及化妆盥洗品

第三十四章　肥皂、有机表面活性剂、洗涤剂、润滑剂、人造蜡、调制蜡、光洁剂、蜡烛及类似品、塑型用膏、"牙科用蜡"及牙科用熟石膏制剂

第三十五章　蛋白类物质；改性淀粉；胶；酶

第三十六章　炸药；烟火制品；火柴；引火合金；易燃材料制品

第三十七章　照相及电影用品

第三十八章　杂项化学产品

第七类　塑料及其制品；橡胶及其制品

本类包括两章：第三十九章塑料及其制品和第四十章橡胶及其制品。这两章所包括的原料都属于高分子聚合物，是由高分子聚合物组成的塑料与橡胶以及它们的制品。除天然的以外，合成的高分子聚合物大多是由第二十九章的有机化合物聚合得到的。

第七类中各章的具体内容为：

第三十九章　塑料及其制品

第四十章　橡胶及其制品

第八类　生皮、皮革、毛皮及其制品；鞍具及挽具；旅行用品、手提包及类似品；动物肠线（蚕胶丝除外）制品

本类从第四十一～四十三章。其中第四十一章主要包括生皮（毛皮除外）和皮革，并且按加工程度由低到高排列。第四十二章主要包括皮革制品和具有皮革特征但用其他材料制成的货品。第四十三章主要包括毛皮及其制品。

第八类中各章的具体内容为：

第四十一章　生皮（毛皮除外）及皮革

第四十二章　皮革制品；鞍具及挽具；旅行用品、手提包及类似容器；动物肠线（蚕胶丝除外）制品

第四十三章　毛皮、人造毛皮及其制品

第九类　木及木制品；木炭；软木及软木制品；稻草；秸秆；针茅或其他编结材料制品；篮筐及柳条编结品

第九类从第四十四章至第四十六章。其中第四十四章主要包括木及其制品，其中木制品还包括竹子制品；第四十五章主要包括软木及其制品；第四十六章主要包括各种编结材料制品。

第九类中各章的具体内容为：

第四十四章　木及木制品；木炭

第四十五章　软木及软木制品

第四十六章　稻草；秸秆；针茅或其他编结材料制品；篮筐及柳条编结品

第十类　木浆及其他纤维状纤维素浆；回收（废碎）纸或纸板；纸、纸板及其制品

第十类从第四十七～四十九章，按纸张的加工分列于各章。

第十类中各章的具体内容为：

第四十七章　木浆及其他纤维状纤维素浆；回收（废碎）纸或纸板

第四十八章　纸及纸板；纸浆、纸或纸板制品

第四十九章　书籍、报纸、印刷图画及其他印刷品；手稿、打字稿及设计图纸

第十一类　纺织原料及纺织制品

本类纺织品原料及纺织制品由十三条类注、两条子目注释和十四章构成。除注释规定除外的商品外，其余各种纺织原料及制品均归入本类。本类共十四章（第五十～六十三章），包括纺织原料、半成品及制成品。这十四章可分成两部分：第一部分为第五十～五十五章，包括普通的纺织原料、半成品，并按照纺织原料的性质分章；第二部分为第五十六～六十三章，包括以特殊的方式或工艺制成的或有特殊用途的半成品及制成品，并且除税目 58.09

和 59.02 外，税目所列产品一般不分纺织原料的性质。

第十一类中各章的具体内容为：

第五十章　蚕丝

第五十一章　羊毛、动物细毛或粗毛；马毛纱线及其机织物

第五十二章　棉花

第五十三章　其他植物纺织纤维；纸纱线及其机织物

第五十四章　化学纤维长丝

第五十五章　化学纤维短纤

第五十六章　絮胎、毡呢及无纺织物；特种纱线；线、绳、索、缆及其制品

第五十七章　地毯及纺织材料的其他铺地制品

第五十八章　特种机织物；簇绒织物；花边；装饰毯；装饰带；刺绣品

第五十九章　浸渍、涂布、包覆或层压的纺织物；工业用纺织制品

第六十章　针织物及钩编织物

第六十一章　针织或钩编的服装及衣着附件

第六十二章　非针织或非钩编的服装及衣着附件

第六十三章　其他纺织制成品；成套物品；旧衣着及旧纺织品；碎织物

第十二类　鞋、帽、伞、杖、鞭及其零件；已加工的羽毛及其制品；人造花；人发制品

本类有四章，其中第六十四章主要包括各种形状、尺寸、用途及制造方法的鞋靴；第六十五章主要包括各种材料（石棉除外）制成的任何用途（日用、戏剧用、化妆用、防护用等）的帽子（第九十五章的玩偶帽除外）和发网，且可带有各种材料制的装饰物；第六十六章主要包括各种材料制成的雨伞、阳伞、手杖、鞭子等；第六十七章主要包括已加工的羽毛和羽绒及其制品、人造花和人发制品等。

第十二类中各章的具体内容为：

第六十四章　鞋靴、护腿和类似品及其零件

第六十五章　帽类及其零件

第六十六章　雨伞、阳伞、手杖、鞭子、马鞭及其零件

第六十七章　已加工羽毛、羽绒及其制品；人造花；人发制品

第十三类　石料、石膏、水泥、石棉、云母及类似材料的制品；陶瓷产品；玻璃及其制品

本类由三章组成：第六十八章为石料、石膏、水泥、石棉、云母及类似材料的制品；第六十九章为陶瓷产品；第七十章为玻璃及其制品。

第十三类中各章的具体内容为：

第六十八章　石料、石膏、水泥、石棉、云母及类似材料的制品

第六十九章　陶瓷产品

第七十章　玻璃及其制品

第十四类　天然或养殖珍珠、宝石或半宝石、贵金属、包贵金属及其制品；仿首饰、硬币

本类商品仅有一章（第七十一章）组成，主要包括贵金属、包贵金属及其制品，以及天然养殖珍珠、宝石、半宝石制品，也包括一些贱金属制的仿首饰。

第七十一章　天然或养殖珍珠、宝石或半宝石、贵金属、包贵金属及其制品；仿首饰、硬币

第十五类　贱金属及其制品

本类包括贱金属、金属陶瓷及其制品。本类共有十一章，可分为三部分内容：第一部分为钢铁及其制品（第七十二和第七十三章）；第二部分为有色金属、金属陶瓷及其制品（第七十四~第八十一章）；第三部分为结构较为简单的贱金属制品（第八十二章和第八十三章）。

第十五类中各章的具体内容为：

第七十二章　钢铁

第七十三章　钢铁制品

第七十四章　铜及其制品

第七十五章　镍及其制品

第七十六章　铝及其制品

第七十七章　空章（保留为税则将来所用）

第七十八章　铅及其制品

第七十九章　锌及其制品

第八十章　锡及其制品

第八十一章　其他贱金属、金属陶瓷及其制品

第八十二章　贱金属工具、器具、利口器、餐匙、餐叉及其零件

第八十三章　贱金属杂项制品

第十六类　机器、机械器具、电气设备及其零件；录音机及放声机、电视图像、声音的录制和重放设备及其零件、附件

本类的机械电子产品包括第八十四、第八十五共两章。其中第八十四章主要包含非电气的机器、机械器具，第八十五章主要包含电气电子产品。

第十六类中各章的具体内容为：

第八十四章　核反应堆、锅炉、机器、机械器具及其零件

第八十五章　电机、电气设备及其零件；录音机及放声机、电视图像、声音的录制和重放设备及其零件、附件

第十七类　车辆、航空器、船舶及有关运输设备

本类由第八十六~八十九章组成，包括各种铁道、电车道用车辆及气垫火车（第八十六章），其他陆上车辆，包括气垫车辆（第八十七章），航空、航天器（第八十八章），船舶、气垫船及浮动结构体（第八十九章）以及与运输设备相关的一些具体列名商品，如集装箱、某些铁道或电车轨道固定装置和机械信号设备、降落伞、航空器发射装置等。

第十七类中各章的具体内容为：

第八十六章　铁道及电车道机车、车辆及其零件；铁道及电车道轨道固定装置及其零件、附件；各种机械（包括电动机械）交通信号设备

第八十七章　车辆及其零件、附件，但铁道及电车道车辆除外

第八十八章　航空器、航天器及其零件

第八十九章　船舶及浮动结构体

第十八类　光学、照相、电影、计量、检验、医疗或外科用仪器及设备、精密仪器及设备；钟表；乐器；上述物品的零件、附件

本类由第九十章、第九十一章和第九十二章所组成。本类所包括的商品有：第九十章的光学、照相、电影、计量、检验、医疗用仪器及设备、精密仪器及设备；第九十一章的钟表；第九十二章的乐器，以及分列于各章的上述商品的零件、附件。

第十八类中各章的具体内容为：

第九十章　光学、照相、电影、计量、检验、医疗或外科用仪器及设备、精密仪器及设备；上述物品的零件、附件

第九十一章　钟表及其零件

第九十二章　乐器及其零件、附件

第十九类　武器、弹药及其零件、附件

本类仅有一章，即第九十三章。本类主要包括供军队、警察或其他有组织的机构（海关、边防部队等）在陆、海、空战斗中使用的各种武器；个人自卫、狩猎等用的武器及导弹等。其他章已列名的武器及零件不应归入本章，如第八十七章的坦克、装甲车（不论是否装有武器）、第九十章的武器瞄准用的望远镜以及税目为 42.02 的枪盒等。

第九十三章　武器、弹药及其零件、附件

第二十类　杂项制品

本类由第九十四章、第九十五章和第九十六章所组成。本类所称杂项制品是指前述各类、章、税目号未包括的商品。

第九十四章　家具；寝具、褥垫、弹簧床垫、软座垫及类似的填充制品；未列名灯具及照明装置；发光标志、发光铭牌及类似品；活动房屋

第九十五章　玩具、游戏品、运动用品及其零件、附件

第九十六章　杂项制品

第二十一类　艺术品、收藏品及古物

本类只包括一章，即第九十七章。主要包括艺术品和收藏品，有完全手工绘制的油画、粉画、雕版画、印制画、石印画原本、雕塑品原件、邮票、印花税票等，以及动物、植物、矿物等的收集品和超过 100 年的古物。

第九十七章　艺术品、收藏品及古物

第二十二类　特殊交易品及未分类商品

本类由第九十八章和第九十九章组成，仅在《中华人民共和国海关统计商品目录》中专为统计需要而设。

第九十八章　特殊交易品及未分类商品

本章包括：未分类商品，是指数量零星、单项金额较小、逐项归类难度大、且非税、非证的进口商品；出口的计算机软件及军品（特殊交易品）。

第九十九章　（无标题）

本章仅包括以出顶进的新疆棉和内地棉。

第四节　进出口商品归类的海关行政管理

商品归类是海关执行国家关税政策、贸易管制措施和编制海关进出口统计的基础。因此，正确进行商品归类在进出口货物的通关和海关监管中具有十分重要的意义。

一、进出口商品归类的依据

《中华人民共和国海关法》第四十二条规定，"进出口货物的商品归类按照国家有关商品归类的规定确定"；《中华人民共和国进出口关税条例》第三十一条规定，"纳税义务人应当按照《中华人民共和国进出口税则》规定的目录条文和归类总规则、类注、章注、子目注释以及其他归类注释，对其申报的进出口货物进行商品归类，并归入相应的税则号列"。具体来说，对进出口商品进行归类的依据主要包括以下两个方面。

（一）商品归类的主要依据

（1）《中华人民共和国海关法》《中华人民共和国进出口关税条例》《中华人民共和国海关进出口货物征税管理办法》；

（2）《中华人民共和国进出口税则》（《中华人民共和国海关统计商品目录》），包括协调制度归类总规则、类注、章注、子目注释、目录条文；

（3）海关总署公布下发的关于商品归类的有关规定，包括总署的文件、归类决定、归类行政裁定、归类技术委员会决议以及总署转发的世界海关组织归类决定等；

（4）《海关进出口税则——统计目录商品及商品目录注释》；

（5）《中华人民共和国进出口税则——统计目录新增本国子目注释》；

（6）国家其他有关商品归类的公开规定。

（二）商品归类的其他依据

在进出口商品归类过程中海关可以要求进出口货物的收发货人提供商品归类所需的有关资料并将其作为商品归类的依据；必要时，海关可以组织化验、检验，并将海关认定的化验、检验结果作为商品归类的依据。

二、进出口商品归类的具体管理规范

依据《中华人民共和国海关进出口货物商品归类管理规定》，进出口货物的商品归类应当遵循客观、准确、统一的原则。

进出口货物的商品归类应当按照进出口货物收发货人或者其代理人向海关申报时货物的实际状态确定。以提前申报方式进出口的货物，商品归类应当按照货物运抵海关监管场所时的实际状态确定。法律、行政法规和海关总署规章另有规定的，应按照有关规定予以办理。收发货人或者其代理人应当按照法律、行政法规规定以及海关要求如实、准确申报其进出口货物的商品名称、规格型号等，并且对其申报的进出口货物进行商品归类，确定相应的商品编码。

由同一运输工具同时运抵同一口岸并且属于同一收货人、使用同一提单的多种进口货物，按照商品归类规则应当归入同一商品编码的，该收货人或者其代理人应当将有关商品一并归入该商品编码向海关申报。法律、行政法规和海关总署规章另有规定的，按照有关规定办理。

收发货人或者其代理人向海关提供的资料涉及商业秘密，要求海关予以保密的，应当事前向海关提出书面申请，并且具体列明需要保密的内容，海关应当依法为其保密。收发货人或者其代理人不得以商业秘密为理由拒绝向海关提供有关资料。

海关应当依法对收发货人或者其代理人申报的进出口货物商品名称、规格型号、商品编码等进行审核。海关在审核收发货人或者其代理人申报的商品归类事项时，可以依照《中华人民共和国海关法》和《中华人民共和国进出口关税条例》的规定行使下列权力，收发货人或者其代理人应当予以配合：

- 查阅、复制有关单证、资料；
- 要求收发货人或者其代理人提供必要的样品及相关商品资料；
- 组织对进出口货物实施化验、检验，并且根据海关认定的化验、检验结果进行商品归类。

海关可以要求收发货人或者其代理人提供确定商品归类所需的资料，必要时可以要求收发货人或者其代理人补充申报。收发货人或者其代理人隐瞒有关情况，或者拖延、拒绝提供有关单证、资料的，海关可以根据其申报的内容依法审核确定进出口货物的商品归类。

海关经审核认为收发货人或者其代理人申报的商品编码不正确的，可以根据《中华人民共和国海关进出口货物征税管理办法》有关规定，按照商品归类的有关规则和规定予以重新确定，并且根据《中华人民共和国海关进出口货物报关单修改和撤销管理办法》等有关规定通知收发货人或者其代理人对报关单进行修改、删除。收发货人或者其代理人申报的商品编码需要修改的，应当按照进出口货物报关单修改和撤销的相关规定办理。

海关对货物的商品归类审核完毕前，收发货人或者其代理人要求放行货物的，应当按照海关事务担保的有关规定提供担保。国家对进出境货物有限制性规定，应当提供许可证件而不能提供的，以及法律、行政法规规定不得担保的其他情形，海关不得办理担保放行。

在海关注册登记的进出口货物经营单位（以下简称申请人），可以在货物实际进出口的45日前，向直属海关申请就其拟进出口的货物预先进行商品归类（以下简称预归类）。

申请人申请预归类的，应当填写并且提交《中华人民共和国海关商品预归类申请表》。预归类申请应当向拟实际进出口货物所在地的直属海关提出。

直属海关经审核认为申请预归类的商品归类事项属于《中华人民共和国进出口税则》《进出口税则商品及品目注释》《中华人民共和国进出口税则本国子目注释》以及海关总署发布的关于商品归类的行政裁定、商品归类决定有明确规定的，应当在接受申请之日起15个工作日内制发《中华人民共和国海关商品预归类决定书》（以下简称《预归类决定书》），并且告知申请人。申请人在制发《预归类决定书》的直属海关所辖关区进出口《预归类决定书》所述商品时，应当主动向海关提交《预归类决定书》。申请人实际进出口《预归类决定书》所述商品，并且按照《预归类决定书》申报的，海关按照《预归类决定书》所确定的归类意见审核放行。

《预归类决定书》内容存在错误的，做出《预归类决定书》的直属海关应当立即制发《中华人民共和国海关商品预归类决定书撤销通知单》（以下简称《通知单》），通知申请人停止使用该《预归类决定书》。做出《预归类决定书》所依据的有关规定发生变化导致有关的《预归类决定书》不再适用的，做出《预归类决定书》的直属海关应当制发《通知单》，或者发布公告，通知申请人停止使用有关的《预归类决定书》。

直属海关经审核认为申请预归类的商品归类事项属于《中华人民共和国进出口税则》《进出口税则商品及品目注释》《中华人民共和国进出口税则本国子目注释》以及海关总署发布的关于商品归类的行政裁定、商品归类决定没有明确规定的，应当在接受申请之日起7个工作日内告知申请人按照规定申请行政裁定。

海关总署可以依据有关法律、行政法规规定，对进出口货物做出具有普遍约束力的商品归类决定。进出口相同货物，应当适用相同的商品归类决定。商品归类决定由海关总署对外公布。做出商品归类决定所依据的法律、行政法规以及其他相关规定发生变化的，商品归类决定同时失效。商品归类决定失效的，应当由海关总署对外公布。海关总署发现商品归类决定存在错误的，应当及时予以撤销。撤销商品归类决定的，应当由海关总署对外公布。被撤销的商品归类决定自撤销之日起失效。

因商品归类引起退税或者补征、追征税款以及征收滞纳金的，按照有关法律、行政法规以及海关总署规章的规定办理。

三、商品归类海关行政裁定

海关行政裁定是指海关在货物实际进出口前，应对外贸易经营者的申请，依据有关海关法律、行政法规和规章，对与实际进出口活动有关的海关事务做出的具有普遍约束力的决定。进出口商品归类的行政裁定是海关行政裁定在进出口商品归类中的具体应用。

（一）海关行政裁定的申请

海关行政裁定的申请人应当是在海关注册登记的进出口货物经营单位。申请人可以自行向海关提出申请，也可以委托他人向海关提出申请。

除特殊情况外，海关行政裁定的申请人，应当在货物拟作进口或出口的3个月前向海关总署或者直属海关提交书面申请。一份申请只应包含一项海关事务。申请人对多项海关事务申请行政裁定的，应当逐项提出。申请人不得就同一项海关事务向两个或者两个以上海关提交行政裁定申请。

申请人应当按照海关要求填写行政裁定申请书（格式见附件），主要包括下列内容：

（1）申请人的基本情况；

（2）申请行政裁定的事项；

（3）申请行政裁定的货物的具体情况；

（4）预计进出口日期及进出口口岸；

（5）海关认为需要说明的其他情况。

申请人应当按照海关要求提供足以说明申请事项的资料，包括进出口合同或意向书复印件、图片、说明书、分析报告等。申请书所附文件如为外文，申请人应同时提供外文原件及中文译文。

申请书应当加盖申请人印章，所提供文件与申请书应当加盖骑缝章。申请人委托他人申请的，应当提供授权委托书及代理人的身份证明。海关认为必要时，可要求申请人提供货物样品。

申请人为申请行政裁定向海关提供的资料，如果涉及商业秘密，可以要求海关予以保密。除司法程序要求提供的以外，未经申请人同意，海关不应泄露。申请人对所提供资料的保密要求，应当书面向海关提出，并具体列明需要保密的内容。

（二）海关行政裁定的受理及裁定的做出

收到申请的直属海关应当按照《中华人民共和国海关行政裁定管理暂行办法》的规定对申请资料进行初审。对符合规定的申请，自接受申请之日起3个工作日内移送海关总署或总署授权机构。

申请资料不符合有关规定的，海关应当书面通知申请人在10个工作日内补正。申请人逾期不补正的，视为撤回申请。

海关总署或授权机构应当自收到申请书之日起15个工作日内，审核决定是否受理该申请，并书面告知申请人。对不予受理的应当说明理由。有下列情形之一的，海关不予受理：

（1）申请不符合《中华人民共和国海关行政裁定管理暂行办法》规定的申请条件的；

（2）申请与实际进出口活动无关的；

（3）就相同海关事务，海关已经做出有效行政裁定或者其他明确规定的；

（4）经海关认定不予受理的其他情形。

海关在受理申请后，做出行政裁定以前，可以要求申请人补充提供相关资料或货物样品。申请人在规定期限内未能提供有效、完整的资料或样品，影响海关做出行政裁定的，海关可以终止审查。申请人主动向海关提供新的资料或样品作为补充的，应当说明原因。海关审查决定是否采用。海关接受补充材料的，根据补充的事实和资料为依据重新审查，做出行政裁定的期限应自收到申请人补充材料之日起重新计算。申请人可以在海关做出行政裁定前以书面形式向海关申明撤回其申请。

海关对申请人申请的海关事务应当根据有关事实和材料，依据有关法律、行政法规、规章进行审查并做出行政裁定。审查过程中，海关可以征求申请人以及其他利害关系人的意见。海关应当自受理申请之日起60日内做出行政裁定，并应当将做出的行政裁定书面通知申请人，并对外公布。

（三）海关行政裁定的效力

海关做出的行政裁定自公布之日起在中华人民共和国境内统一适用。进口或者出口相同情形的货物，应当适用相同的行政裁定。对于裁定生效前已经办理完毕裁定事项有关手续的进出口货物，不适用该裁定。

海关做出行政裁定所依据的法律、行政法规及规章中的相关规定发生变化，影响行政裁定效力的，原行政裁定自动失效。海关总署应当定期公布自动失效的行政裁定。

有下列情形之一的，由海关总署撤销原行政裁定：

（1）原行政裁定错误的；

（2）因申请人提供的申请文件不准确或者不全面，造成原行政裁定需要撤销的；

（3）其他需要撤销的情形。

海关撤销行政裁定的，应当书面通知原申请人，并对外公布。撤销行政裁定的决定，自公布之日起生效。经海关总署撤销的行政裁定对已经发生的进出口活动无溯及力。

进出口活动的当事人对于海关做出的具体行政行为不服，并对该具体行政行为依据的行政裁定持有异议的，可以在对具体行政行为申请复议的同时一并提出对行政裁定的审查申请。复议海关受理该复议申请后应将其中对于行政裁定的审查申请移送至海关总署，由海关总署做出审查决定。

海关行政裁定的申请人应对申请内容及所提供资料的真实性、完整性负责。向海关隐瞒真实情况或提供虚假材料的，应当承担相应的法律责任。

四、商品归类争议的处理

（一）归类争议的处理方式

报关人与海关的进出口商品归类争议可通过磋商或行政复议的方式解决。

下列情形的进出口商品归类争议可通过磋商的途径解决：

（1）已向海关申报，货物尚未放行的；

（2）应税货物尚未缴纳税款的；

（3）有关证件管理部门的归类与海关归类不一致的；

（4）对海关的预归类决定有异议的。

下列情况的进出口商品归类争议应通过行政复议途径解决：

（1）应税货物已缴纳税款的；

（2）经磋商途径仍无法解决的；

（3）海关已做出结关处理的。

（二）归类争议的处理程序

归类争议的处理程序为：

（1）归类争议由报关人以书面形式向货物进出口地海关提出。

（2）进出口地海关接到报关人提出的归类争议后，复核原始资料并做出明确的处理意见。

（3）报关人不服该处理意见的，进出口地海关应将争议的材料报直属海关归类职能部门处理。

（4）直属海关归类职能部门对报送的争议材料核实后，能够明确归类的，直接做出处理决定；对归类不明确的，填写《归类问答书》上报海关总署（归类分中心）。报关人对直属海关归类职能部门或海关总署（归类分中心）的归类争议处理结果仍不服的，可就根据该归类决定做出的涉税、涉证具体行政行为提起行政复议进行救济。

本章重要概念

《商品名称及编码协调制度》；商品归类总规则；《中华人民共和国进出口税则》；《中华人民共和国海关统计商品目录》；预归类制度；海关行政裁定；归类争议；行政复议

本章小结

《商品名称及编码协调制度》是原海关合作理事会（1995 年更名为世界海关组织）在《海关合作理事会商品分类目录》和联合国《国际贸易标准分类》的基础上，参照国际上主要国家的税则、统计、运输等分类目录而制定的一个多用途的国际贸易商品分类目录。《协调制度》的总体结构包括三部分内容：商品归类总规则；按顺序编排的目与子目编码及条文；类、章及子目注释。《协调制度》将国际贸易中种类繁多的商品，根据其在国际贸易中所占的比重和地位，分成若干类、章、分章和商品组，并制定了《协调制度》的六个商品归类总规则。

我国的海关进出口商品分类目录是指根据海关征税和海关统计工作的需要，分别编制的《中华人民共和国进出口税则》和《中华人民共和国海关统计商品目录》，这两个商品分类目录，均是以《商品名称和编码协调制度》为基础，结合我国进出口货物的实际情况和特点编制而成的。《中华人民共和国进出口税则》中的商品目录分为 21 类、97 章。《中华人民共和国海关统计商品目录》中的商品目录分为 22 类、99 章，其中前 21 类、97 章的商品目录与《中华人民共和国进出口税则》中的完全相同。

我国海关商品归类是在《商品名称及编码协调制度》商品分类目录体系下，以《中华人民共和国进出口税则》为基础，按照《进出口税则商品及品目注释》《中华人民共和国进出口税则本国子目注释》以及海关总署发布的关于商品归类的行政裁定、商品归类决定的要求，确定进出口货物商品编码。我国制定了《中华人民共和国海关进出口货物商品归类管理规定》，以规范进出口货物的商品归类，保证商品归类结果的准确性和统一性，明确了纳税义务人与海关在涉及进出口商品归类工作过程中双方的权利与义务。申请人可以在货物实际进出口前，按规定向直属海关申请就其拟进出口的货物预先进行商品归类（预归类）。

海关行政裁定是指海关在货物实际进出口前，应对外贸易经营者的申请，依据有关海关法律、行政法规和规章，对与实际进出口活动有关的海关事务做出的具有普遍约束力的决定。进出口商品归类的行政裁定是海关行政裁定在进出口商品归类中的具体应用。

报关人与海关的进出口商品归类争议可通过磋商或行政复议的方式解决。

本章思考题

1. 选择题

（1）下列货品属于《协调制度》归类总规则中所规定的"零售的成套货品"的是（　　）。

A. 一个礼盒，内有咖啡一瓶、咖啡伴侣一瓶、塑料杯子两只

B. 一个礼盒，内有一瓶白兰地酒、一只打火机

C. 一碗方便面，内有一块面饼、两包调味品、一把塑料小叉

D. 一个礼盒，内有一包巧克力、一个塑料玩具

（2）下列属于《商品名称和编码协调制度》中第十一类商品的有（　　　）。

A. 蚕丝　　　　　B. 棉花　　　　　C. 雨伞　　　　　D. 刺绣品

2. 判断题

（1）当货品看起来可归入两个或两个以上税目时，应按"从后归类"的原则归类。（　　　）

（2）应税货物已缴纳税款的进出口商品归类争议应通过行政复议途径解决。（　　　）

（3）《中华人民共和国海关统计商品目录》中前21类、97章的商品目录与《中华人民共和国进出口税则》中的完全相同。（　　　）

（4）进出口商品在品目项下各子目的归类应当按照品目条文和类注、章注确定。（　　　）

（5）按照归类总规则的规定，税目所列货品，还应视为包括货物的完整品或制成品在进出口时的未组装件和拆散件。（　　　）

3. 对进出口商品进行归类的依据有哪些？

4. 哪些情形下的进出口商品归类争议可通过磋商的途径予以解决？

5.《协调制度》有哪些主要特点？

6.《协调制度》归类总规则中规则二的具体内容是什么？

7. 海关在审核收发货人或者其代理人申报的商品归类事项时可以行使哪些权力？

8. 请查出下列商品编码。

（1）黄花菜

（2）"鳄鱼"牌牛皮公文包

（3）阿司匹林

（4）安放在公共场所的饮料自动售货机（装有制冷装置）

（5）人造肉

（6）成套理发工具，由一个电动理发推子、一把木梳、一把剪子、一把刷子及一条毛巾组成，装于一个塑料盒中

（7）线性低密度聚乙烯粒子

（8）CD-ROM光盘

（9）"龙井"绿茶，150克塑料袋装

（10）"长虹"牌彩色等离子电视机（显示屏幕74厘米）

第六章　进出口税费

本章学习目标

本章介绍了进出口税费的计算、征收、减免和退补。通过本章的学习，重点应当掌握进出口税费的种类和计算、进出口货物完税价格的审定、货物原产地的确定和税率适用、进出口税费的缴纳、减免和退补等内容。

第一节　进出口税费概述

进出口税费是指在进出口环节中由海关依法征收的关税、增值税、消费税、船舶吨税以及滞纳金和滞报金等税费。依法征收税费是海关的基本任务之一。进出口税费征纳的法律依据主要是《中华人民共和国海关法》《中华人民共和国进出口关税条例》以及其他有关法律、行政法规。

一、关税

关税是国家税收的重要组成部分，是由海关代表国家，按照国家制定的关税政策和公布实施的税法及进出口税则，对进出关境的货物和物品向纳税义务人征收的一种流转税。关税的征税主体是国家，由海关代表国家向纳税义务人征收。其课税对象是进出关境的货物和物品。关税既是国家保护国内经济、调整产业结构、发展进出口贸易的重要手段，也是世界贸易组织允许各成员国保护其经济的一种手段。

（一）进口关税

1. 进口关税的含义

进口关税是一国海关对进口货物和物品征收的关税。进口关税是最主要的一种关税，它一般在外国货物或物品直接进入关境时征收，或者当外国货物或物品由自由港、自由贸易区或海关保税仓库等地提出运往进口国的国内市场销售或使用，在办理海关手续时征收。进口关税既是执行国家关税保护政策，限制外国商品进入的主要手段，也是财政收入的重要来源之一。

2. 进口关税的种类

（1）按征收方式划分，进口关税可分为从价税、从量税、复合税和滑准税。

从价税以货物的价格作为计税标准，用货物的完税价格乘以税率作为其应征税额。这是包括我国在内的大多数国家使用的主要计税标准。目前我国对进口商品征收进口税绝大多数都是从价税。

从价税应征税额 = 货物的完税价格 × 从价税税率

从量税是以货物的计量单位如重量、数量、容量等作为计税标准。目前我国对冻鸡、原油、啤酒和胶卷等进口商品征收从量关税。

从量税应征税额 = 货物数量 × 单位税额

复合税是指在海关税则中，一个税目中的商品同时使用从价、从量两种标准计税，计税时按两种标准合并计征的一种关税。目前我国对广播级磁带录像机、其他磁带录像机、磁带放像机、非特种用途的广播级电视摄像机以及非特种用途的其他电视摄像机等进口商品征收复合税。

复合税应征税额 = 货物的完税价格 × 从价税税率 + 货物数量 × 单位税额

滑准税是指在海关税则中，对同一税目的商品按其价格高低分档并依此制定不同税率，根据该商品的价格高低而适用其不同档次税率计征的一种关税，也称滑动税。目前我国对关税配额外进口的棉花（税号52010000）适用滑准税。

（2）从征收的主次程度来看，进口关税可分为进口正税和进口附加税。

进口正税是按税则中法定的税率征收的进口税。

进口附加税是在征收进口正税的基础上有针对性加征的临时性关税，如反倾销税、反补贴税、报复关税、特别关税等。目前我国征收的进口附加税主要是反倾销税。

（二）出口关税

出口关税是指当本国货物和物品出境时，海关对出口货物和物品征收的一种关税。当今各国为鼓励本国货物出口，提高本国产品竞争力，纷纷削减或废除出口关税。我国对大部分出口产品不征收出口税，只是为限制、调控某些商品过度削价竞销、无序出口，特别是防止国内供应紧俏的一些重要自然资源和原材料的无序出口，我国对少数商品征收出口税。2016年我国对鳗鱼苗、部分有色金属矿砂及其精矿、褐煤、苯、硫酸钾、山羊板皮、合金生铁等总计250个8位编码的商品征收出口关税（部分商品的出口暂定税率为0）。

我国目前征收的出口关税都是以从价税形式计征（个别商品如尿素、硫酸钾等出口暂定税率为从量计征）。

应征出口关税税额 = 出口货物完税价格 × 出口关税税率

其中：出口货物完税价格 = FOB 价格 ÷（1 + 出口关税税率），即出口货物是以 FOB 价格成交的，应以该价格扣除出口关税后作为完税价格；如果以其他价格成交的，应换算成 FOB 价格后再按上述公式计算。

二、进口环节税

进口货物和物品在办理海关手续放行后，进入国内市场流通，与国内货物同等对待，所以应缴纳应征的国内税。进口货物和物品的一些国内税依法由海关在进口环节征收。目前，由海关征收的进口环节税主要有增值税和消费税。

（一）增值税

增值税是以商品的生产、流通和劳务服务各个环节所创造的新增价值为课税对象的一种流转税。增值税由税务机关征收，但进口环节的增值税由海关征收。进口环节增值税的减税、免税项目由国务院规定，任何地区、部门都无权擅自决定增值税的减免。

在我国境内销售货物（销售不动产或免征的除外）、进口货物和提供加工、修理、修配劳务的单位或个人，都要依法缴纳增值税。对纳税义务人销售或者进口低税率和零税率以外的货物，提供加工、修理、修配劳务的，税率为 17%。对于纳税义务人销售或者进口下列货物，按低税率 13% 计征增值税：

（1）粮食、食用植物油；

（2）自来水、暖气、冷气、热水、煤气、石油液化气、天然气、沼气、居民用煤炭制品；

（3）图书、报纸、杂志；

（4）饲料、化肥、农药、农机、农膜；

（5）农产品；

（6）金属矿采选产品和非金属矿采选产品；

（7）国务院规定的其他货物。

另外，财政部、海关总署、国家税务总局会根据国民经济发展和形势变化对部分商品进口环节增值税税率进行调整。

进口环节增值税以组成价格作为计税价格，征税时不得抵扣任何税额。其组成价格由关税完税价格加上关税组成；对于应征消费税的商品，其组成价格还要加上消费税。现行进口环节增值税的组成价格和应纳税额计算公式为

组成价格 = 关税完税价格 + 实征关税税额 + 实征消费税税额

应纳增值税税额 = 组成价格 × 增值税税率

进口货物由纳税义务人（进口人或者其代理人）向报关地海关申报缴纳进口环节增值税。进口环节增值税的缴纳期限与关税相同，起征额为人民币 50 元，低于 50 元的免征。

（二）消费税

消费税是以消费品或消费行为的流转额作为课税对象而征收的一种流转税。消费税由税务机关征收，进口环节的消费税由海关征收。进口环节消费税除国务院另有规定者外，一律不得给予减税、免税。

我国的消费税是在对货物普遍征收增值税的基础上，选择少数消费品再予征收的税。在中华人民共和国境内生产、委托加工和进口应税消费品的单位和个人为消费税的纳税义务人。目前，我国征收进口环节消费税的商品大体可分为以下四种类型。

（1）一些过度消费会对人的身体健康、社会秩序、生态环境等方面造成危害的特殊消费品，如烟、酒、鞭炮、焰火、木制一次性筷子、实木地板、电池、涂料等。

（2）奢侈品、非生活必需品如贵重首饰及珠宝玉石、化妆品、高尔夫球及球具、每块进口关税完税价格在 10 000 元人民币及以上的高档手表、游艇等。

（3）高能耗的高档消费品如小汽车、摩托车等。

（4）不可再生和替代的资源类消费品如汽油、柴油、石脑油、溶剂油、润滑油、燃料油等。

我国消费税采用从价税（如化妆品、木制一次性筷子、实木地板、小汽车、摩托车、高尔夫球、高档手表、游艇、电池、涂料等）、从量税（如啤酒、黄酒、汽油、柴油、石脑油、溶剂油、润滑油等）和复合税（如进口白酒、卷烟等）的方法计征。

从价征收的消费税按照组成的计税价格计算，我国消费税采用价内税的计税方法，即计税价格的组成中包括了消费税税额，其计算公式为

$$组成计税价格 =（关税完税价格 + 实征关税税额）÷（1 - 消费税税率）$$

$$应纳消费税税额 = 组成计税价格 × 消费税税率$$

从量征收的消费税的计算公式为

$$应纳消费税税额 = 应征消费税消费品数量 × 单位税额$$

复合消费税是实行从量、从价两种征税方法之和，其计算公式为

$$应纳消费税税额 = 应征消费税消费品数量 × 单位税额 + 组成计税价格 × 消费税税率$$

进口的应税消费品，由纳税义务人（进口人或者其代理人）向报关地海关申报纳税。进口环节消费税的缴纳期限与关税相同，起征额为人民币 50 元，低于 50 元的免征。

三、船舶吨税

（一）概念

船舶吨税是由海关在设关口岸对进出、停靠我国港口的国际航行船舶征收的一种使用税。国际航行船舶在我国港口行驶和停靠，使用了我国的港口和助航设备，应缴纳一定的税费，即船舶吨税。船舶吨税由交通部管理，但由海关代征。凡征收了船舶吨税的船舶不再征收车船使用牌照税；对已经征收车船使用牌照税的船舶，不再征收船舶吨税。

（二）征收范围

自我国境外港口进入境内港口的船舶，均应当依照《中华人民共和国船舶吨税暂行条例》缴纳船舶吨税。

（三）税率适用范围

船舶吨税分为优惠税率和普通税率两种。中华人民共和国籍的应税船舶以及船籍国（地区）与中华人民共和国签订含有相互给予船舶税费最惠国待遇条款的条约或者协定的应税船舶，适用优惠税率；其他应税船舶，吨税按普通税率计征。目前，适用船舶吨税优惠税率的国家和地区共 77 个，包括阿尔巴尼亚、朝鲜、加纳、斯里兰卡、刚果（布）、巴基斯坦、刚果（金）（原扎伊尔）、挪威、日本、阿尔及利亚、新西兰、阿根廷、孟加拉国、泰国、巴西、墨西哥、马来西亚、新加坡、塞浦路斯、蒙古、马耳他、越南、土耳其、韩国、格鲁吉亚、克罗地亚、俄罗斯、乌克兰、黎巴嫩、智利、印度、以色列、加拿大、秘鲁、埃及、摩洛哥、南非、古巴、印度尼西亚、突尼斯、伊朗、巴哈马、美国、比利时、捷克、丹麦、德国、爱沙尼亚、希腊、西班牙、法国、爱尔兰、意大利、拉脱维亚、立陶宛、卢森堡、匈牙利、荷兰、奥地利、波兰、葡萄牙、斯洛文尼亚、斯洛伐克、芬兰、瑞典、英国（包括英国负责管辖的 6 个领地，即泽西岛、百慕大、根西岛、开曼群岛、马恩岛、直布罗陀）、保加利亚、罗马尼亚、也门、苏丹、菲律宾、埃塞俄比亚、肯尼亚、阿曼、中国香港、中国澳门、利比里亚。

（四）船舶吨税的征收和退补

1. 船舶吨税的计算

吨税的计算公式如下：

$$船舶吨税 = 船舶净吨位 \times 适用税率$$

净吨位是指由船籍国（地区）政府授权签发的船舶吨位证明书上标明的净吨位。

2．船舶吨税的征收

吨税由海关负责征收，海关征收吨税应当制发缴款凭证。船舶吨税分 1 年期缴纳、90 天期缴纳与 30 天期缴纳三种，并分别确定税率（如表 6-1 所示）。缴纳期限由应税船舶负责人或其代理人自行选择。应税船舶负责人应当自海关填发吨税缴款凭证之日起 15 日内向指定银行缴清税款。缴款期限届满日遇星期六、星期日等休息日或者法定节假日的，顺延至休息日或者法定节假日之后的第一个工作日。国务院临时调整休息日与工作日的，按照调整后的情况计算缴款期限。未按期缴清税款的，自滞纳税款之日起，按日加收滞纳税款 0.5‰的滞纳金。

应税船舶负责人缴纳吨税或者提供担保后，海关按照其申领的执照期限填发吨税执照。应税船舶在进入港口办理入境手续时，应当向海关申报纳税领取吨税执照，或者交验吨税执照。应税船舶在离开港口办理出境手续时，应当交验吨税执照。应税船舶负责人申领吨税执照时，应当向海关提供下列文件：

- 船舶国籍证书或者海事部门签发的船舶国籍证书收存证明；
- 船舶吨位证明。

吨税纳税义务发生时间为应税船舶进入港口的当日。应税船舶在吨税执照期满后尚未离开港口的，应当申领新的吨税执照，自上一次执照期满的次日起续缴吨税。

表 6-1　船舶吨税税目税率表

税目（按船舶净吨位划分）	税率（元/净吨）						备注
	普通税率（按执照期限划分）			优惠税率（按执照期限划分）			
	1 年	90 日	30 日	1 年	90 日	30 日	
不超过 2 000 净吨	12.6	4.2	2.1	9.0	3.0	1.5	拖船和非机动驳船分别按相同净吨位船舶税率的 50%计征税款
超过 2 000 净吨，但不超过 10 000 净吨	24.0	8.0	4.0	17.4	5.8	2.9	
超过 10 000 净吨，但不超过 50 000 净吨	27.6	9.2	4.6	19.8	6.6	3.3	
超过 50 000 净吨	31.8	10.6	5.3	22.8	7.6	3.8	

3．船舶吨税的免征和退补

下列船舶免征吨税：

- 应纳税额在人民币 50 元以下的船舶；
- 自境外以购买、受赠、继承等方式取得船舶所有权的初次进口到港的空载船舶；
- 吨税执照期满后 24 小时内不上下客货的船舶；
- 非机动船舶（不包括非机动驳船）；
- 捕捞、养殖渔船；
- 避难、防疫隔离、修理、终止运营或者拆解，并不上下客货的船舶；
- 军队、武装警察部队专用或者征用的船舶；
- 依照法律规定应当予以免税的外国驻华使领馆、国际组织驻华代表机构及其有关人员的船舶；

- 国务院规定的其他船舶。

海关发现少征或者漏征税款的，应当自应税船舶应当缴纳税款之日起 1 年内，补征税款。但因应税船舶违反规定造成少征或者漏征税款的，海关可以自应当缴纳税款之日起 3 年内追征税款，并自应当缴纳税款之日起按日加征少征或者漏征税款 0.5‰的滞纳金。

海关发现多征税款的，应当立即通知应税船舶办理退还手续，并加算银行同期活期存款利息。应税船舶发现多缴税款的，可以自缴纳税款之日起 1 年内以书面形式要求海关退还多缴的税款并加算银行同期活期存款利息。应税船舶负责人或其代理人向海关申请退还税款及利息时，应当提交下列材料：

- 退税申请书；
- 原船舶吨税缴款书和可以证明应予退税的材料。

海关自受理退税申请之日起 30 日内查实并通知应税船舶办理退税手续或者不予退税的决定。应税船舶负责人或其代理人应当自收到海关准予退税的通知之日起 3 个月内办理退税手续。

四、滞纳金和滞报金

（一）滞纳金

关税、进口环节增值税、消费税、船舶吨税等的纳税义务人或其代理人，应当自海关填发税款缴款书之日起 15 日内向指定银行缴纳税款。逾期缴纳税款的，由海关自缴款期限届满之日起至缴清税款之日止，按日加收滞纳税款 0.5‰的滞纳金。纳税义务人应当自海关填发滞纳金缴款书之日起 15 日内向指定银行缴纳滞纳金。

滞纳金的计算公式为

$$关税滞纳金金额 = 滞纳关税税额 \times 0.5‰ \times 滞纳天数$$

$$代征税滞纳金金额 = 滞纳代征税税额 \times 0.5‰ \times 滞纳天数$$

滞纳金的起征额为人民币 50 元，不足人民币 50 元的免予征收。

另外，《中华人民共和国进出口关税条例》和《中华人民共和国海关进出口货物征税管理办法》等法律、法规对征收滞纳金还做出了如下几点规定。

（1）进出口货物放行后，海关发现少征或者漏征税款的，应当自缴纳税款或者货物放行之日起 1 年内，向纳税义务人补征税款。但因纳税义务人违反规定造成少征或者漏征税款的，海关可以自缴纳税款或者货物放行之日起 3 年内追征税款，并从缴纳税款或者货物放行之日起至海关发现之日止按日加收少征或者漏征税款 0.5‰的滞纳金。

（2）海关发现海关监管货物因纳税义务人违反规定造成少征或漏征税款的，应当自纳税义务人应缴纳税款之日起 3 年内追征税款，并从应缴纳税款之日起至海关发现之日止按日加收少征或漏征税款 0.5‰的滞纳金。应缴纳税款之日无法确定的，海关不再征收滞纳金。

（3）租赁进口货物，分期支付租金的，纳税义务人应当在申报租赁货物进口时，按照第一期应当支付的租金办理纳税手续，缴纳相应税款；在其后分期支付租金时，纳税义务人向海关申报办理纳税手续应当不迟于每次支付租金后的第 15 日。纳税义务人未在规定期限内申报纳税的，海关按照纳税义务人每次支付租金后第 15 日该货物适用的税率、计征汇率征收相应税款，并自规定的申报办理纳税手续期限届满之日起至纳税义务人申报纳税之日止按日加收应缴纳税款 0.5‰的滞纳金。

纳税义务人应当自租赁进口货物租期届满之日起 30 日内，向海关申请办结监管手续，将租赁进口货物复运出境。需留购、续租租赁进口货物的，纳税义务人向海关申报办理相关手续应当不迟于租赁进口货物租期届满后的第 30 日。纳税义务人未在规定的期限内向海关申报办理留购租赁进口货物的相关手续的，海关除按照审定进口货物完税价格的有关规定和租期届满后第 30 日该货物适用的计征汇率、税率，审核确定其完税价格、计征应缴纳的税款外，还应当自租赁期限届满后 30 日起至纳税义务人申报纳税之日止按日加收应缴纳税款 0.5‰的滞纳金。纳税义务人未在规定的期限内向海关申报办理续租租赁进口货物的相关手续的，海关除按照规定征收续租租赁进口货物应缴纳的税款外，还应当自租赁期限届满后 30 日起至纳税义务人申报纳税之日止按日加收应缴纳税款 0.5‰的滞纳金。

（4）暂时进出境货物未在规定期限内复运出境或者复运进境，且纳税义务人未在规定期限届满前向海关申报办理进出口及纳税手续的，海关除按照规定征收应缴纳的税款外，还应当自规定期限届满之日起至纳税义务人申报纳税之日止按日加收应缴纳税款 0.5‰的滞纳金。

（5）纳税义务人因不可抗力或者国家税收政策调整不能按期缴纳税款的，应当在货物进出口前向申报地的直属海关或者其授权的隶属海关提出延期缴纳税款的书面申请并且随附相关材料，同时还应当提供缴税计划。货物实际进出口时，纳税义务人要求海关先放行货物的，应当向海关提供税款担保。直属海关或者其授权的隶属海关应当自接到纳税义务人延期缴纳税款的申请之日起 30 日内审核情况是否属实，并且做出是否同意延期缴纳税款的决定以及延期缴纳税款的期限。由于特殊情况在 30 日内不能作出决定的，可以延长 10 日。延期缴纳税款的期限，自货物放行之日起最长不超过 6 个月。纳税义务人在批准的延期缴纳税款期限内缴纳税款的，不征收滞纳金；逾期缴纳税款的，自延期缴纳税款期限届满之日起至缴清税款之日止按日加收滞纳税款 0.5‰的滞纳金。直属海关或者其授权的隶属海关经审核未批准延期缴纳税款的，应当自做出决定之日起 3 个工作日内通知纳税义务人，并且填发税款缴款书。纳税义务人应当自海关填发税款缴款书之日起 15 日内向指定银行缴纳税款。逾期缴纳税款的，海关应当自缴款期限届满之日起至缴清税款之日止，按日加收滞纳税款 0.5‰的滞纳金。

（二）滞报金

根据《中华人民共和国海关法》的规定，进口货物的收货人应当自运输工具申报进境之日起 14 日内向海关申报，超过规定期限向海关申报的，由海关征收滞报金。滞报金按日计征，以自运输工具申报进境之日起第 15 日为起征日，以海关接受申报之日为截止日，除另有规定外，起征日和截止日均计入滞报期间。对于邮运进口货物应当以自邮政企业向海关驻邮局办事机构申报总包之日起第 15 日为起征日；转关运输货物在进境地申报的，应当以自载运进口货物的运输工具申报进境之日起第 15 日为起征日；在指运地申报的，应当以自货物运抵指运地之日起第 15 日为起征日；邮运进口转关运输货物在进境地申报的，应当以自运输工具申报进境之日起第 15 日为起征日；在指运地申报的，应当以自邮政企业向海关驻邮局办事机构申报总包之日起第 15 日为起征日。滞报金起征日遇有休息日或者法定节假日的，顺延至休息日或者法定节假日之后的第 1 个工作日。国务院临时调整休息日与工作日的，海关应当按照调整后的情况确定滞报金的起征日。

滞报金的日征收金额为进口货物完税价格的 0.5‰，以人民币"元"为计征单位，不足人民币 1 元的部分免予计征。

征收滞报金的计算公式为

$$应征滞报金金额 = 进口货物完税价格 \times 0.5‰ \times 滞报期间$$

滞报金的起征点为人民币 50 元。滞报金应当由进口货物收货人于当次申报时缴清。进口货物收货人要求在缴清滞报金前先放行货物的，海关可以在其提供与应缴纳滞报金等额的保证金后放行。

第二节　进出口货物完税价格的审定

我国海关对实行从价税的进出口货物征收关税时，必须依法审定货物的完税价格，它是海关凭以计征进出口货物关税及进口环节税税额的基础。

一、进口货物完税价格的审定

进口货物的完税价格，由海关以该货物的成交价格为基础审查确定，并且应当包括货物运抵中华人民共和国境内输入地点起卸前的运输及其相关费用、保险费。

海关确定进口货物完税价格有六种估价方法：成交价格估价方法、相同货物成交价格估价方法、类似货物成交价格估价方法、倒扣价格估价方法、计算价格估价方法和合理方法。这六种估价方法必须依次使用，即只有在不能使用前一种估价方法的情况下，才可以顺延使用其他估价方法。纳税义务人向海关提供有关资料后，可以提出申请，颠倒倒扣价格估价方法和计算价格估价方法的适用次序。

（一）成交价格估价方法

成交价格估价方法是第一种估价方法，它建立在进口货物实际发票或合同价格的基础上，在海关估价实践中使用率最高。

1. 成交价格的定义

进口货物的成交价格，是指卖方向中华人民共和国境内销售该货物时买方为进口该货物向卖方实付、应付的，并且按照规定调整后的价款总额，包括直接支付的价款和间接支付的价款。在这一定义中，"卖方"是指销售货物的自然人、法人或者其他组织，其中进口货物的卖方是指向中华人民共和国境内销售进口货物的卖方；"买方"是指通过履行付款义务，购入货物，并且为此承担风险，享有收益的自然人、法人或者其他组织，其中进口货物的买方是指向中华人民共和国境内购入进口货物的买方；"向中华人民共和国境内销售"是指将进口货物实际运入中华人民共和国境内，货物的所有权和风险由卖方转移给买方，买方为此向卖方支付价款的行为；"实付、应付价格"是指买方为购买进口货物而直接或者间接支付的价款总额,即作为卖方销售进口货物的条件,由买方向卖方或者为履行卖方义务向第三方已经支付或者将要支付的全部款项;"间接支付"是指买方根据卖方的要求,将货款全部或者部分支付给第三方,或者冲抵买卖双方之间的其他资金往来的付款方式。

2. 成交价格的条件

进口货物的成交价格应当符合下列条件:

- 对买方处置或者使用进口货物不予限制,但是法律、行政法规规定实施的限制、对货物销售地域的限制和对货物价格无实质性影响的限制除外;
- 进口货物的价格不得受到使该货物成交价格无法确定的条件或者因素的影响;
- 卖方不得直接或者间接获得因买方销售、处置或者使用进口货物而产生的任何收益,或者虽然有收益但是能够按照《中华人民共和国海关审定进出口货物完税价格办法》第十一条第一款第四项的规定做出调整;
- 买卖双方之间没有特殊关系,或者虽然有特殊关系但是按照规定未对成交价格产生影响。

有下列情形之一的,应当视为对买方处置或者使用进口货物进行了限制:

- 进口货物只能用于展示或者免费赠送的;
- 进口货物只能销售给指定第三方的;
- 进口货物加工为成品后只能销售给卖方或者指定第三方的;
- 其他经海关审查,认定买方对进口货物的处置或者使用受到限制的。

有下列情形之一的,应当视为进口货物的价格受到了使该货物成交价格无法确定的条件或者因素的影响:

- 进口货物的价格是以买方向卖方购买一定数量的其他货物为条件而确定的;
- 进口货物的价格是以买方向卖方销售其他货物为条件而确定的;
- 其他经海关审查,认定货物的价格受到使该货物成交价格无法确定的条件或者因素影响的。

有下列情形之一的,应当认为买卖双方存在特殊关系:

- 买卖双方为同一家族成员的;
- 买卖双方互为商业上的高级职员或者董事的;
- 一方直接或者间接地受另一方控制的;
- 买卖双方都直接或者间接地受第三方控制的;
- 买卖双方共同直接或者间接地控制第三方的;
- 一方直接或者间接地拥有、控制或者持有对方5%以上(含5%)公开发行的有表决权的股票或者股份的;
- 一方是另一方的雇员、高级职员或者董事的;
- 买卖双方是同一合伙的成员的。

买卖双方在经营上相互有联系,一方是另一方的独家代理、独家经销或者独家受让人,如果符合前款的规定,也应当视为存在特殊关系。

买卖双方之间存在特殊关系,但是纳税义务人能证明其成交价格与同时或者大约同时发生的下列任何一款价格相近的，应当视为特殊关系未对进口货物的成交价格产生影响：

- 向境内无特殊关系的买方出售的相同或者类似进口货物的成交价格；
- 按照《中华人民共和国海关审定进出口货物完税价格办法》规定的倒扣价格估价方法所确定的相同或者类似进口货物的完税价格；
- 按照《中华人民共和国海关审定进出口货物完税价格办法》规定的计算价格估价方法所确定的相同或者类似进口货物的完税价格。

海关在使用上述价格进行比较时，应当考虑商业水平和进口数量的不同，以及买卖双方有无特殊关系造成的费用差异。

海关经对与货物销售有关的情况进行审查，认为符合一般商业惯例的，可以确定特殊关系未对进口货物的成交价格产生影响。

3. 成交价格的调整项目

以成交价格为基础审查确定进口货物的完税价格时，未包括在该货物实付、应付价格中的下列费用或者价值应当计入完税价格。

（1）由买方负担的下列费用：

- 除购货佣金以外的佣金和经纪费；
- 与该货物视为一体的容器费用；
- 包装材料费用和包装劳务费用。

（2）与进口货物的生产和向中华人民共和国境内销售有关的，由买方以免费或者以低于成本的方式提供，并且可以按适当比例分摊的下列货物或者服务的价值：

- 进口货物包含的材料、部件、零件和类似货物；
- 在生产进口货物过程中使用的工具、模具和类似货物；
- 在生产进口货物过程中消耗的材料；
- 在境外进行的为生产进口货物所需的工程设计、技术研发、工艺及制图等相关服务。

（3）买方需向卖方或者有关方直接或者间接支付的特许权使用费，但是符合下列情形之一的除外：

- 特许权使用费与该货物无关；
- 特许权使用费的支付不构成该货物向中华人民共和国境内销售的条件。

（4）卖方直接或者间接从买方对该货物进口后销售、处置或者使用所得中获得的收益。

纳税义务人应当向海关提供上述费用或者价值的客观量化数据资料。纳税义务人不能提供的，海关与纳税义务人进行价格磋商后，按照《中华人民共和国海关审定进出口货物完税价格办法》列明的方法审查确定完税价格。

在根据上述第（2）项确定应当计入进口货物完税价格的货物价值时，应当按照下列方法计算有关费用：

- 由买方从与其无特殊关系的第三方购买的，应当计入的价值为购入价格；
- 由买方自行生产或者从有特殊关系的第三方获得的，应当计入的价值为生产成本；
- 由买方租赁获得的，应当计入的价值为买方承担的租赁成本；
- 生产进口货物过程中使用的工具、模具和类似货物的价值，应当包括其工程设计、技术研发、工艺及制图等费用。

如果货物在被提供给卖方前已经被买方使用过，应当计入的价值为根据国内公认的会计原则对其进行折旧后的价值。

符合下列条件之一的特许权使用费，应当视为与进口货物有关。

（1）特许权使用费是用于支付专利权或者专有技术使用权，且进口货物属于下列情形之一的：

- 含有专利或者专有技术的；
- 用专利方法或者专有技术生产的；
- 为实施专利或者专有技术而专门设计或者制造的。

（2）特许权使用费是用于支付商标权，且进口货物属于下列情形之一的：

- 附有商标的；
- 进口后附上商标直接可以销售的；
- 进口时已含有商标权，经过轻度加工后附上商标即可以销售的。

（3）特许权使用费是用于支付著作权，且进口货物属于下列情形之一的：

- 含有软件、文字、乐曲、图片、图像或者其他类似内容的进口货物，包括磁带、磁盘、光盘或者其他类似载体的形式；
- 含有其他享有著作权内容的进口货物。

（4）特许权使用费是用于支付分销权、销售权或者其他类似权利，且进口货物属于下列情形之一的：

- 进口后可以直接销售的；
- 经过轻度加工即可以销售的。

买方不支付特许权使用费则不能购得进口货物，或者买方不支付特许权使用费则该货物不能以合同议定的条件成交的，应当视为特许权使用费的支付构成进口货物向中华人民共和国境内销售的条件。

进口货物的价款中单独列明的下列税收、费用，不计入该货物的完税价格：

- 厂房、机械或者设备等货物进口后发生的建设、安装、装配、维修或者技术援助费用，但是保修费用除外；
- 进口货物运抵中华人民共和国境内输入地点起卸后发生的运输及其相关费用、保险费；
- 进口关税、进口环节海关代征税及其他国内税；
- 为在境内复制进口货物而支付的费用；
- 境内外技术培训及境外考察费用。

同时符合下列条件的利息费用不计入完税价格：

- 利息费用是买方为购买进口货物而融资所产生的；
- 有书面的融资协议的；
- 利息费用单独列明的；
- 纳税义务人可以证明有关利率不高于在融资当时当地此类交易通常应当具有的利率水平，且没有融资安排的相同或者类似进口货物的价格与进口货物的实付、应付价格非常接近的。

（二）相同或类似货物成交价格估价方法

成交价格估价方法是海关估价中使用频率最高的一种估价方法，但由于种种原因，并不是所有的进口货物都能采用这一估价方法，不符合成交价格条件或者成交价格不能确定的进口货物不能采用成交价格估价方法，而应按照顺序考虑采用相同或类似进口货物的成交价格估价方法。

相同货物成交价格估价方法，是指海关以与进口货物同时或者大约同时向中华人民共和国境内销售的相同货物的成交价格为基础，审查确定进口货物的完税价格的估价方法。"相同货物"是指与进口货物在同一国家或者地区生产的，在物理性质、质量和信誉等所有方面都相同的货物，但是表面的微小差异允许存在。"大约同时"是指海关接受货物申报之日的大约同时，最长不应当超过前后 45 日。

类似货物成交价格估价方法，是指海关以与进口货物同时或者大约同时向中华人民共和国境内销售的类似货物的成交价格为基础，审查确定进口货物的完税价格的估价方法。"类似货物"是指与进口货物在同一国家或者地区生产的，虽然不是在所有方面都相同，但是却具有相似的特征，相似的组成材料，相同的功能，并且在商业中可以互换的货物。"大约同时"也是指海关接受货物申报之日的大约同时，最长不应当超过前后 45 日。

按照相同或者类似货物成交价格估价方法的规定审查确定进口货物的完税价格时，应当使用与该货物具有相同商业水平且进口数量基本一致的相同或者类似货物的成交价格。使用上述价格时，应当以客观量化的数据资料，对该货物与相同或者类似货物之间由于运输距离和运输方式不同而在成本和其他费用方面产生的差异进行调整。

在没有前述的相同或者类似货物的成交价格的情况下，可以使用不同商业水平或者不同进口数量的相同或者类似货物的成交价格。使用上述价格时，应当以客观量化的数据资料，对因商业水平、进口数量、运输距离和运输方式不同而在价格、成本和其他费用方面产生的差异做出调整。

按照相同或者类似货物成交价格估价方法审查确定进口货物的完税价格时，应当首先使用同一生产商生产的相同或者类似货物的成交价格。没有同一生产商生产的相同或者类似货物的成交价格的，可以使用同一生产国或者地区其他生产商生产的相同或者类似货物的成交价格。如果有多个相同或者类似货物的成交价格，应当以最低的成交价格为基础审查确定进口货物的完税价格。

（三）倒扣价格估价方法

倒扣价格估价方法，是指海关以进口货物、相同或者类似进口货物在境内的销售价格为基础，扣除境内发生的有关费用后，审查确定进口货物完税价格的估价方法。该销售价格应当同时符合下列条件。

- 是在该货物进口的同时或者大约同时，将该货物、相同或者类似进口货物在境内销售的价格（"大约同时"是指海关接受货物申报之日的大约同时，最长不应当超过前后 45 日。按照倒扣价格法审查确定进口货物的完税价格时，如果进口货物、相同或者类似货物没有在海关接受进口货物申报之日前后 45 日内在境内销售，可以将在境内销售的时间延长至接受货物申报之日前后 90 日内）。

- 是按照货物进口时的状态销售的价格。
- 是在境内第一销售环节销售的价格。
- 是向境内无特殊关系方销售的价格。
- 按照该价格销售的货物合计销售总量最大。

按照倒扣价格估价方法审查确定进口货物完税价格的,下列各项应当扣除:

- 同等级或者同种类货物(指由特定产业或者产业部门生产的一组或者一系列货物中的货物,包括相同货物或者类似货物)在境内第一销售环节销售时,通常的利润和一般费用(包括直接费用和间接费用)以及通常支付的佣金;
- 货物运抵境内输入地点起卸后的运输及其相关费用、保险费;
- 进口关税、进口环节海关代征税及其他国内税。

如果该货物、相同或者类似货物没有按照进口时的状态在境内销售,应纳税义务人要求,可以在符合《中华人民共和国海关审定进出口货物完税价格办法》规定的其他条件的情形下,使用经进一步加工后的货物的销售价格审查确定完税价格,但是应当同时扣除加工增值额,加工增值额应当依据与加工成本有关的客观量化数据资料、该行业公认的标准、计算方法及其他的行业惯例计算。

按照上述规定确定扣除的项目时,应当使用与国内公认的会计原则相一致的原则和方法。

(四)计算价格估价方法

计算价格估价方法,是指海关以下列各项的总和为基础,审查确定进口货物完税价格的估价方法:

- 生产该货物所使用的料件成本和加工费用;
- 向境内销售同等级或者同种类货物通常的利润和一般费用(包括直接费用和间接费用);
- 该货物运抵境内输入地点起卸前的运输及相关费用、保险费。

按照上述规定审查确定进口货物的完税价格时,海关在征得境外生产商同意并且提前通知有关国家或者地区政府后,可以在境外核实该企业提供的有关资料。按照规定确定有关价值或者费用时,应当使用与生产国或者地区公认的会计原则相一致的原则和方法。

(五)合理方法

合理方法,是指当海关不能根据成交价格估价方法、相同货物成交价格估价方法、类似货物成交价格估价方法、倒扣价格估价方法和计算价格估价方法确定完税价格时,海关根据《中华人民共和国海关审定进出口货物完税价格办法》规定的客观、公平、统一的原则,以客观量化的数据资料为基础审查确定进口货物完税价格的估价方法。

海关在采用合理方法确定进口货物的完税价格时,不得使用以下价格:

- 境内生产的货物在境内的销售价格;
- 可供选择的价格中较高的价格;
- 货物在出口地市场的销售价格;
- 以《中华人民共和国海关审定进出口货物完税价格办法》中计算价格估价方法规定之外的价值或者费用计算的相同或者类似货物的价格;

- 出口到第三国或者地区的货物的销售价格；
- 最低限价或者武断、虚构的价格。

二、特殊进口货物完税价格的审定

（一）内销保税货物的完税价格

内销保税货物，包括因故转为内销需要征税的加工贸易货物、海关特殊监管区域内货物、保税监管场所内货物和因其他原因需要按照内销征税办理的保税货物，但不包括以下项目：

- 海关特殊监管区域、保税监管场所内生产性的基础设施建设项目所需的机器、设备和建设所需的基建物资；
- 海关特殊监管区域、保税监管场所内企业开展生产或综合物流服务所需的机器、设备、模具及其维修用零配件；
- 海关特殊监管区域、保税监管场所内企业和行政管理机构自用的办公用品、生活消费用品和交通运输工具。

内销保税货物的完税价格，由海关以该货物的成交价格为基础审查确定。

进料加工进口料件或者其制成品（包括残次品）内销时，海关以料件原进口成交价格为基础审查确定完税价格。属于料件分批进口，并且内销时不能确定料件原进口——对应批次的，海关可按照同项号、同品名和同税号的原则，以其合同有效期内或电子账册核销周期内已进口料件的成交价格计算所得的加权平均价为基础审查确定完税价格。合同有效期内或电子账册核销周期内已进口料件的成交价格加权平均价难以计算或者难以确定的，海关以客观可量化的当期进口料件成交价格的加权平均价为基础审查确定完税价格。

来料加工进口料件或者其制成品（包括残次品）内销时，海关以接受内销申报的同时或者大约同时进口的与料件相同或者类似的保税货物的进口成交价格为基础审查确定完税价格。

加工企业内销的加工过程中产生的边角料或者副产品，以其内销价格为基础审查确定完税价格。内销价格是指向国内企业销售保税货物时买卖双方订立的价格，是指国内企业为购买保税货物而向卖方（保税企业）实际支付或者应当支付的全部价款，但不包括关税和进口环节海关代征税。副产品并非全部使用保税料件生产所得的，海关以保税料件在投入成本核算中所占比重计算结果为基础审查确定完税价格。按照规定需要以残留价值征税的受灾保税货物，海关以其内销价格为基础审查确定完税价格。按照规定应折算成料件征税的，海关以各项保税料件占构成制成品（包括残次品）全部料件的价值比重计算结果为基础审查确定完税价格。边角料、副产品和按照规定需要以残留价值征税的受灾保税货物经海关允许采用拍卖方式内销时，海关以其拍卖价格为基础审查确定完税价格。拍卖价格，是指国家注册的拍卖机构对海关核准参与交易的保税货物履行合法有效的拍卖程序，竞买人依拍卖规定获得拍卖标的物的价格。

深加工结转货物内销时，海关以该结转货物的结转价格为基础审查确定完税价格。结转价格是指深加工结转企业间买卖加工贸易货物时双方订立的价格，是深加工结转转入企业为购买加工贸易货物而向深加工结转转出企业实际支付或者应当支付的全部价款。

保税区内企业内销的保税加工进口料件或者其制成品，海关以其内销价格为基础审查确定完税价格。保税区内企业内销的保税加工制成品中，如果含有从境内采购的料件，海关以制成品所含从境外购入料件的原进口成交价格为基础审查确定完税价格。保税区内企业内销的保税加工进口料件或者其制成品的完税价格依据前述规定不能确定的，海关以接受内销申报的同时或者大约同时内销的相同或者类似的保税货物的内销价格为基础审查确定完税价格。

除保税区以外的海关特殊监管区域内企业内销的保税加工料件或者其制成品，以其内销价格为基础审查确定完税价格。除保税区以外的海关特殊监管区域内企业内销的保税加工料件或者其制成品的内销价格不能确定的，海关以接受内销申报的同时或者大约同时内销的相同或者类似的保税货物的内销价格为基础审查确定完税价格。除保税区以外的海关特殊监管区域内企业内销的保税加工制成品、相同或者类似的保税货物的内销价格不能确定的，海关以生产该货物的成本、利润和一般费用计算所得的价格为基础审查确定完税价格。海关特殊监管区域内企业内销的保税加工过程中产生的边角料、废品、残次品和副产品，以其内销价格为基础审查确定完税价格。海关特殊监管区域内企业经海关允许采用拍卖方式内销的边角料、废品、残次品和副产品，海关以其拍卖价格为基础审查确定完税价格。

海关特殊监管区域、保税监管场所内企业内销的保税物流货物，海关以该货物运出海关特殊监管区域、保税监管场所时的内销价格为基础审查确定完税价格；该内销价格包含的能够单独列明的海关特殊监管区域、保税监管场所内发生的保险费、仓储费和运输及其相关费用，不计入完税价格。

海关特殊监管区域内企业内销的研发货物，海关依据上述保税区和其他海关特殊监管区域内企业内销货物的相关规定审查确定完税价格。海关特殊监管区域内企业内销的检测、展示货物，海关依据海关特殊监管区域、保税监管场所内企业内销保税物流货物的相关规定审查确定完税价格。

内销保税货物的完税价格不能依据上述规定确定的，海关依次以下列价格估定该货物的完税价格。

（1）与该货物同时或者大约同时向中华人民共和国境内销售的相同货物的成交价格。

（2）与该货物同时或者大约同时向中华人民共和国境内销售的类似货物的成交价格。

（3）与该货物进口的同时或者大约同时，将该进口货物、相同或者类似进口货物在第一级销售环节销售给无特殊关系买方最大销售总量的单位价格，但应当扣除以下项目：

- 同等级或者同种类货物在中华人民共和国境内第一级销售环节销售时通常的利润和一般费用以及通常支付的佣金；
- 进口货物运抵境内输入地点起卸后的运输及其相关费用、保险费；
- 进口关税及国内税收。

（4）按照下列各项总和计算的价格：生产该货物所使用的料件成本和加工费用，向中华人民共和国境内销售同等级或者同种类货物通常的利润和一般费用，该货物运抵境内输入地点起卸前的运输及其相关费用、保险费。

（5）以合理方法估定的价格。

纳税义务人向海关提供有关资料后，可以提出申请，颠倒上述第（3）项和第（4）项的适用次序。

（二）出境修理和加工货物的完税价格

运往境外修理的机械器具、运输工具或者其他货物，出境时已向海关报明，并且在海关规定的期限内复运进境的，应当以境外修理费和料件费为基础审查确定完税价格。出境修理货物复运进境超过海关规定期限的，由海关按照《中华人民共和国海关审定进出口货物完税价格办法》规定的进口货物完税价格确定方法审查确定完税价格。

运往境外加工的货物，出境时已向海关报明，并且在海关规定期限内复运进境的，应当以境外加工费和料件费以及该货物复运进境的运输及其相关费用、保险费为基础审查确定完税价格。出境加工货物复运进境超过海关规定期限的，由海关按照《中华人民共和国海关审定进出口货物完税价格办法》规定的进口货物完税价格确定方法审查确定完税价格。

（三）暂时进境货物的完税价格

经海关批准的暂时进境货物，应当缴纳税款的，由海关按照《中华人民共和国海关审定进出口货物完税价格办法》规定的进口货物完税价格确定方法审查确定完税价格。经海关批准留购的暂时进境货物，以海关审查确定的留购价格作为完税价格。

（四）租赁进口货物的完税价格

以租赁方式进口的货物，按照下列方法审查确定完税价格：

- 以租金方式对外支付的租赁货物，在租赁期间以海关审查确定的租金作为完税价格，利息应当予以计入；
- 留购的租赁货物以海关审查确定的留购价格作为完税价格；
- 纳税义务人申请一次性缴纳税款的，可以选择申请按照《中华人民共和国海关审定进出口货物完税价格办法》列明的方法确定完税价格，或者按照海关审查确定的租金总额作为完税价格。

（五）减免税进口货物的完税价格

减税或者免税进口的货物应当补税时，应当以海关审查确定的该货物原进口时的价格，扣除折旧部分价值作为完税价格，其计算公式为

$$完税价格 = \frac{海关审查确定的}{该货物原进口时的价格} \times \left[1 - \frac{补税时实际已进口的时间（月）}{监管年限 \times 12}\right]$$

上述计算公式中"补税时实际已进口的时间"按月计算，不足1个月但是超过15日的，按照1个月计算；不超过15日的，不予计算。

（六）不存在成交价格的进口货物的完税价格

易货贸易、寄售、捐赠、赠送等不存在成交价格的进口货物，海关与纳税义务人进行价格磋商后，按照《中华人民共和国海关审定进出口货物完税价格办法》列明的方法审查确定完税价格。

（七）进口介质的完税价格

"介质"是指磁带、磁盘、光盘。进口载有专供数据处理设备用软件的介质，具有下

列情形之一的，应当以介质本身的价值或者成本为基础审查确定完税价格：

- 介质本身的价值或者成本与所载软件的价值分列；
- 介质本身的价值或者成本与所载软件的价值虽未分列，但是纳税义务人能够提供介质本身的价值或者成本的证明文件，或者能提供所载软件价值的证明文件。

含有美术、摄影、声音、图像、影视、游戏、电子出版物的介质不适用这一规定。

（八）公式定价进口货物完税价格的审定

为适应国际贸易中存在的以定价公式约定货物价格（是指在向中华人民共和国境内销售货物所签订的合同中，买卖双方未以具体明确的数值约定货物价格，而是以约定的定价公式来确定货物结算价格的定价方式）的贸易实际，对同时符合下列条件的进口货物，海关以买卖双方约定的定价公式所确定的结算价格（是指买方为购买该货物实付、应付的价款总额）为基础审查确定完税价格：

- 在货物运抵中华人民共和国境内前，买卖双方已书面约定定价公式；
- 结算价格取决于买卖双方均无法控制的客观条件和因素；
- 自货物申报进口之日起 6 个月内，能够根据定价公式确定结算价格；
- 结算价格符合《中华人民共和国海关审定进出口货物完税价格办法》中成交价格的有关规定。

纳税义务人应在公式定价合同项下首批货物进口前，向首批货物进口地海关或企业所在地海关提出备案申请，海关自收齐申请材料后 5 个工作日内完成备案，对符合规定的，出具《公式定价合同海关备案表》（简称《备案表》）。备案结果在全国海关互认，无需重复备案。对于货物进口时能够确定结算价格的公式定价合同，纳税义务人无需向海关申请备案。

纳税义务人申请备案需提供的材料包括：

- 进口货物合同（如有长期合同应一并提供）；
- 进口货物定价公式的作价标准、选价期、结算期、折扣等影响价格的要素，以及进口口岸、批次和数量等情况说明；
- 其他相关材料。

海关经过审核，对符合规定的公式定价货物，在《备案表》中注明以结算价格为基础审查确定完税价格；对不符合规定的公式定价货物，在《备案表》中注明不符合规定，按《中华人民共和国海关审定进出口货物完税价格办法》的相关规定审查确定完税价格。

纳税义务人进口公式定价货物，因故未能事先向海关备案的，应在申报进口的同时向海关办理备案手续。经海关备案的合同发生变更的，纳税义务人应当在变更合同项下货物首次申报进口前，向原备案地海关重新备案。海关自收齐材料后 5 个工作日内出具备案结果。

纳税义务人申报进口已备案的公式定价货物时，应当在报关单备注栏中准确填报备案号，并向海关提供确定货物完税价格所需的相关材料。

自货物申报进口之日起 6 个月内不能确定结算价格，海关根据《中华人民共和国海关审定进出口货物完税价格办法》的相关规定审定完税价格。特殊情况经备案地海关同意，可延长结算期限至 9 个月。

纳税义务人应在公式定价货物结算价格确定后 10 个工作日内向海关提供确定结算价格所需材料并办理相关手续。公式定价合同执行完毕后，海关实行总量核销。经核销发现实际进口数量与备案合同总量差异较大，超过备案商品溢短装合理范围的，海关应当按《中华人民共和国海关审定进出口货物完税价格办法》的有关规定重新审核合同条款，并可视情作出重新估价的决定。

三、进口货物完税价格中的运输及其相关费用、保险费的计算

进口货物的运输及其相关费用，应当按照由买方实际支付或者应当支付的费用计算。如果进口货物的运输及其相关费用无法确定的，海关应当按照该货物进口同期的正常运输成本审查确定。

运输工具作为进口货物，利用自身动力进境的，海关在审查确定完税价格时，不再另行计入运输及其相关费用。

进口货物的保险费，应当按照实际支付的费用计算。如果进口货物的保险费无法确定或者未实际发生，海关应当按照"货价加运费"两者总额的 3‰计算保险费，其计算公式如下：

$$保险费 =（货价 + 运费）\times 3‰$$

邮运进口的货物，应当以邮费作为运输及其相关费用、保险费。

四、出口货物完税价格的审定

出口货物的完税价格由海关以该货物的成交价格为基础审查确定，并且应当包括货物运至中华人民共和国境内输出地点装载前的运输及其相关费用、保险费。

出口货物的成交价格，是指该货物出口销售时，卖方为出口该货物应当向买方直接收取和间接收取的价款总额。下列税收、费用不计入出口货物的完税价格：

- 出口关税；
- 在货物价款中单独列明的货物运至中华人民共和国境内输出地点装载后的运输及其相关费用、保险费。

出口货物的成交价格不能确定的，海关经了解有关情况，并且与纳税义务人进行价格磋商后，依次以下列价格审查确定该货物的完税价格：

- 同时或者大约同时向同一国家或者地区出口的相同货物的成交价格；
- 同时或者大约同时向同一国家或者地区出口的类似货物的成交价格；
- 根据境内生产相同或者类似货物的成本、利润和一般费用（包括直接费用和间接费用）、境内发生的运输及其相关费用、保险费计算所得的价格；
- 按照合理方法估定的价格。

五、审定完税价格时海关与纳税义务人的权责关系

海关审查确定进出口货物的完税价格，应当遵循客观、公平、统一的原则。

海关应当按照国家有关规定，妥善保管纳税义务人提供的涉及商业秘密的资料，除法律、行政法规另有规定外，不得对外提供。纳税义务人可以书面向海关提出为其保守商业

秘密的要求，并且具体列明需要保密的内容，但是不得以商业秘密为理由拒绝向海关提供有关资料。

纳税义务人向海关申报时，应当按照《中华人民共和国海关审定进出口货物完税价格办法》的有关规定，如实向海关提供发票、合同、提单、装箱清单等单证。根据海关要求，纳税义务人还应当如实提供与货物买卖有关的支付凭证以及证明申报价格真实、准确的其他商业单证、书面资料和电子数据。货物买卖中发生《中华人民共和国海关审定进出口货物完税价格办法》所列的价格调整项目或者运输及其相关费用的，纳税义务人应当如实向海关申报。价格调整项目或者运输及其相关费用如果需要分摊计算的，纳税义务人应当根据客观量化的标准进行分摊，并同时向海关提供分摊的依据。

海关为审查申报价格的真实性、准确性，可以行使下列职权进行价格核查：

- 查阅、复制与进出口货物有关的合同、发票、账册、结付汇凭证、单据、业务函电、录音录像制品和其他反映买卖双方关系及交易活动的商业单证、书面资料和电子数据；
- 向进出口货物的纳税义务人及与其有资金往来或者有其他业务往来的公民、法人或者其他组织调查与进出口货物价格有关的问题；
- 对进出口货物进行查验或者提取货样进行检验或者化验；
- 进入纳税义务人的生产经营场所、货物存放场所，检查与进出口活动有关的货物和生产经营情况；
- 经直属海关关长或者其授权的隶属海关关长批准，凭《中华人民共和国海关账户查询通知书》及有关海关工作人员的工作证件，可以查询纳税义务人在银行或者其他金融机构开立的单位账户的资金往来情况，并向银行业监督管理机构通报有关情况；
- 向税务部门查询了解与进出口货物有关的缴纳国内税情况。

海关在行使上述规定的各项职权时，纳税义务人及有关公民、法人或者其他组织应当如实反映情况，提供有关书面资料和电子数据，不得拒绝、拖延和隐瞒。

海关审查确定进出口货物的完税价格期间，纳税义务人可以在依法向海关提供担保后，先行提取货物。

海关审查确定进出口货物的完税价格后，纳税义务人可以提出书面申请，要求海关就如何确定其进出口货物的完税价格做出书面说明。海关应当根据要求出具《中华人民共和国海关估价告知书》。

纳税义务人对海关确定完税价格有异议的，应当按照海关作出的相关行政决定依法缴纳税款，并且可以依法向上一级海关申请复议。对复议决定不服的，可以依法向人民法院提起行政诉讼。

六、海关审定完税价格中的价格质疑和价格磋商

海关对申报价格的真实性、准确性有疑问时，或者认为买卖双方之间的特殊关系影响成交价格时，应当制发《中华人民共和国海关价格质疑通知书》（简称《价格质疑通知书》），将质疑的理由书面告知纳税义务人或者其代理人，纳税义务人或者其代理人应当自收到《价格质疑通知书》之日起 5 个工作日内，以书面形式提供相关资料或者其他证据，证明其申

报价格真实、准确或者双方之间的特殊关系未影响成交价格。

纳税义务人或者其代理人确有正当理由无法在规定时间内提供上述资料的，可以在规定期限届满前以书面形式向海关申请延期。除特殊情况外，延期不得超过10个工作日。

海关制发《价格质疑通知书》后，有下列情形之一的，海关与纳税义务人进行价格磋商后，按照《中华人民共和国海关审定进出口货物完税价格办法》列明的方法审查确定进出口货物的完税价格：

- 纳税义务人或者其代理人在海关规定期限内，未能提供进一步说明的；
- 纳税义务人或者其代理人提供有关资料、证据后，海关经审核其所提供的资料、证据，仍然有理由怀疑申报价格的真实性、准确性的；
- 纳税义务人或者其代理人提供有关资料、证据后，海关经审核其所提供的资料、证据，仍然有理由认为买卖双方之间的特殊关系影响成交价格的。

海关经审查认为进口或出口货物无成交价格的，可以不进行价格质疑，经与纳税义务人进行价格磋商后，按照《中华人民共和国海关审定进出口货物完税价格办法》列明的方法审查确定完税价格。

按照《中华人民共和国海关审定进出口货物完税价格办法》的规定需要价格磋商的，海关应当依法向纳税义务人制发《中华人民共和国海关价格磋商通知书》。纳税义务人应当自收到通知之日起5个工作日内与海关进行价格磋商。纳税义务人在海关规定期限内与海关进行价格磋商的，海关应当制作《中华人民共和国海关价格磋商记录表》。纳税义务人未在通知规定的时限内与海关进行磋商的，视为其放弃价格磋商的权利，海关可以直接使用《中华人民共和国海关审定进出口货物完税价格办法》列明的方法审查确定进出口货物的完税价格。

对符合下列情形之一的，经纳税义务人书面申请，海关可以不进行价格质疑以及价格磋商，而是按照《中华人民共和国海关审定进出口货物完税价格办法》列明的方法审查确定进出口货物的完税价格：

- 同一合同项下分批进出口的货物，海关对其中一批货物已经实施估价的；
- 进出口货物的完税价格在人民币10万元以下或者关税及进口环节海关代征税总额在人民币2万元以下的；
- 进出口货物属于危险品、鲜活品、易腐品、易失效品、废品、旧品等的。

第三节　进口货物原产地的确定与税率适用

一、进口货物原产地的确定标准

（一）原产地规则的含义和类型

在国际贸易中，货物的原产地具有重要地位。各国为了执行本国关税及非关税方面的国别歧视性贸易措施，必须对进口商品的原产地进行认定。为此，各国都以立法形式制定出确定货物原产地的标准，这就是原产地规则。

　　从适用对象和目的的角度划分,原产地规则分为优惠原产地规则和非优惠原产地规则。优惠原产地规则是指一国为了实施国别优惠政策而制定的原产地规则,优惠范围以原产地为受惠国的进口产品为限。它是出于某些优惠措施规定的需要,根据受惠国的情况和限定的优惠范围,制定的一些特殊原产地认定标准,而这些标准是给惠国和受惠国之间通过多边或双边协定形式制定的,所以又称为"协定原产地规则"。目前我国执行的优惠原产地规则在《中华人民共和国海关进出口货物优惠原产地管理规定》中有总的说明,具体原产地规则则体现在中国与各成员签订的优惠贸易协定及相应的原产地管理办法中,目前主要包括《亚太贸易协定项下进出口货物原产地管理办法》(《亚太贸易协定》规则)、《中华人民共和国与东南亚国家联盟全面经济合作框架协议项下进出口货物原产地管理办法》(《东盟协议》规则)、《内地与中国香港关于建立更紧密经贸关系安排项下关于货物贸易的原产地规则》(Closer Economic Partnership Arrangement, CEPA 中国香港规则)、《内地与中国澳门关于建立更紧密经贸关系安排项下关于货物贸易的原产地规则》(CEPA 中国澳门规则)、《中华人民共和国海关最不发达国家特别优惠关税待遇进口货物原产地管理办法》、《中华人民共和国与智利共和国政府自由贸易协定项下进口货物原产地管理办法》(《中智自贸协定》规则)、《中华人民共和国政府与巴基斯坦伊斯兰共和国政府自由贸易协定项下进口货物原产地管理办法》(《中巴自贸协定》规则)、《中华人民共和国政府和新西兰政府自由贸易协定项下进出口货物原产地管理办法》(《中新自贸协定》规则)、《中华人民共和国政府和新加坡共和国政府自由贸易协定项下进出口货物原产地管理办法》(《中国—新加坡自贸协定》规则)、《中华人民共和国政府和秘鲁共和国政府自由贸易协定项下进出口货物原产地管理办法》(《中秘自贸协定》规则)、《海峡两岸经济合作框架协议项下进出口货物原产地管理办法》(Economic Cooperation Framework Agreement, ECFA 协议规则)、《中华人民共和国政府和哥斯达黎加共和国政府自由贸易协定项下进出口货物原产地管理办法》(《中哥自贸协定》规则)、《中华人民共和国政府和冰岛政府自由贸易协定项下进出口货物原产地管理办法》(《中冰自贸协定》规则)、《中华人民共和国和瑞士联邦自由贸易协定项下进出口货物原产地管理办法》(《中瑞自贸协定》规则)、《中华人民共和国政府和澳大利亚政府自由贸易协定项下进出口货物原产地管理办法》(《中澳自贸协定》规则)、《中华人民共和国政府和大韩民国政府自由贸易协定项下进出口货物原产地管理办法》(《中韩自贸协定》规则)等。

　　非优惠原产地规则适用于实施最惠国待遇、反倾销和反补贴、保障措施、原产地标记管理、国别数量限制、关税配额等非优惠性贸易措施以及进行政府采购、贸易统计等活动对进出口货物原产地的确定。它是一国根据实施其海关税则和其他贸易措施的需要,由本国立法自主制定的原产地规则,故也称为"自主原产地规则"。目前《中华人民共和国进出口货物原产地条例》中规定了我国的非优惠原产地规则。

　　(二)优惠原产地规则中的原产地认定标准

　　1. 优惠原产地管理规定

　　从优惠贸易协定成员国或者地区(以下简称成员国或者地区)直接运输进口的货物,符合下列情形之一的,其原产地为该成员国或者地区,适用《中华人民共和国进出口税则》中相应优惠贸易协定对应的协定税率或者特惠税率(以下简称协定税率或者特惠税率)。

① 完全在该成员国或者地区获得或者生产的货物。"完全在该成员国或者地区获得或者生产"的货物是指：

- 在该成员国或者地区境内收获、采摘或者采集的植物产品；
- 在该成员国或者地区境内出生并饲养的活动物；
- 在该成员国或者地区领土或者领海开采、提取的矿产品；
- 其他符合相应优惠贸易协定项下完全获得标准的货物。

"生产"，是指获得货物的方法，包括货物的种植、饲养、开采、收获、捕捞、耕种、诱捕、狩猎、捕获、采集、收集、养殖、提取、制造、加工或者装配。

② 非完全在该成员国或者地区获得或者生产，但符合下列规定的货物。

- "非完全在该成员国或者地区获得或者生产"的货物，按照相应优惠贸易协定规定的税则归类改变标准、区域价值成分标准、制造加工工序标准或者其他标准确定其原产地。税则归类改变标准是指原产于非成员国或者地区的材料在出口成员国或者地区境内进行制造、加工后，所得货物在《商品名称及编码协调制度》中税则归类发生了变化。区域价值成分标准是指出口货物船上交货价格（FOB）扣除该货物生产过程中该成员国或者地区非原产材料价格后，所余价款在出口货物船上交货价格（FOB）中所占的百分比。"非原产材料"是指用于货物生产中的非优惠贸易协定成员国或者地区原产的材料，以及不明原产地的材料。制造加工工序标准是指赋予加工后所得货物基本特征的主要工序。其他标准是指除上述标准之外，成员国或者地区一致同意采用的确定货物原产地的其他标准。
- 原产于优惠贸易协定某一成员国或者地区的货物或者材料在同一优惠贸易协定另一成员国或者地区境内用于生产另一货物，并构成另一货物组成部分的，该货物或者材料应当视为原产于另一成员国或者地区境内。

上述所称的"直接运输"是指优惠贸易协定项下进口货物从该协定成员国或者地区直接运输至中国境内，途中未经过该协定成员国或者地区以外的其他国家或者地区（以下简称其他国家或者地区）。原产于优惠贸易协定成员国或者地区的货物，经过其他国家或者地区运输至中国境内，不论在运输途中是否转换运输工具或者作临时储存，同时符合下列条件的，应当视为"直接运输"：

- 该货物在经过其他国家或者地区时，未做除使货物保持良好状态所必需处理以外的其他处理；
- 该货物在其他国家或者地区停留的时间未超过相应优惠贸易协定规定的期限；
- 该货物在其他国家或者地区作临时储存时，处于该国家或者地区海关监管之下。

为便利各优惠贸易安排中"直接运输"条款的实施，对于经中国香港或中国澳门中转的货物，收货人或者其代理人申报适用协定税率或特惠税率时向海关提交下列运输单证之一的，海关不再要求提交中转确认书或者未再加工证明。

- 对空运或海运进口货物，经营国际快递业务的企业、民用航空运输企业、国际班轮运输经营者及其委托代理人出具的单份运输单证。该运输单证应在同一页上载明始发地为进口货物的原产国（地区）境内，且目的地为中国境内；原产于内陆国家（地区）的海运进口货物，始发地可为其海运始发地。

- 对已实现原产地电子数据交换的《海峡两岸经济合作框架协议》（ECFA）等协定项下集装箱运输货物，也可提交能够证明货物在运输过程中集装箱箱号、封志号未发生变动的全程运输单证。

不符合上述两种情形的，进口人应按照以下规定提交中转确认书或未再加工证明。

- 对于在中国香港或中国澳门中转的非集装箱运输货物，以及中转期间非因预检验开箱的集装箱运输货物，应提交中国香港或中国澳门海关签发的中转确认书。
- 中转期间进行预检验的集装箱运输货物，应提交中国检验（香港）公司或中国检验（澳门）公司签发的未再加工证明。
- 对于中转期间未开箱的集装箱运输货物，应提交中国香港或中国澳门海关签发的中转确认书，或者中国检验（香港）公司或中国检验（澳门）公司签发的未再加工证明。海关对上述单证有疑问的，进口人应当补充提交相关资料。

对于经中国香港或中国澳门之外的第三方中转的进口货物，其收货人或者代理人申报适用协定税率或特惠税率时向海关提交下列运输单证之一的，海关不再要求提交中转地海关出具的证明文件。

- 对空运或海运进口货物，经营国际快递业务的企业、民用航空运输企业、国际班轮运输经营者及其委托代理人出具的单份运输单证。该运输单证应在同一页上载明始发地为进口货物的原产国（地区）境内，且目的地为中国境内；原产于内陆国家（地区）的海运进口货物，始发地可为其海运始发地。
- 对已实现原产地电子数据交换的《海峡两岸经济合作框架协议》（ECFA）等协定项下集装箱运输货物，也可提交能够证明货物在运输过程中集装箱箱号、封志号未发生变动的全程运输单证。海关对上述运输单证有疑问的，进口人应当补充提交相关资料。

为便于装载、运输、储存、销售进行的加工、包装、展示等微小加工或者处理，不影响货物原产地确定。运输期间用于保护货物的包装材料及容器不影响货物原产地确定。在货物生产过程中使用，本身既不构成货物物质成分，也不成为货物组成部件的材料或者物品，其原产地不影响货物原产地确定。

货物申报进口时，进口货物收货人或者其代理人应当按照海关的申报规定填制《中华人民共和国海关进口货物报关单》，申明适用协定税率或者特惠税率，并同时提交下列单证：

- 货物的有效原产地证书正本，或者相关优惠贸易协定规定的原产地声明文件；
- 货物的商业发票正本、运输单证等其他商业单证。

货物经过其他国家或者地区运输至中国境内，应当提交证明符合规定的联运提单等证明文件；在其他国家或者地区临时储存的，还应当提交该国家或者地区海关出具的证明符合规定的其他文件。

进口货物收货人或者其代理人向海关提交的原产地证书应当同时符合下列要求：

- 符合相应优惠贸易协定关于证书格式、填制内容、签章、提交期限等规定；
- 与商业发票、报关单等单证的内容相符。

原产地申报为优惠贸易协定成员国或者地区的货物，进口货物收货人及其代理人未依照规定提交原产地证书、原产地声明的，应当在申报进口时就进口货物是否具备相应优惠贸易协定成员国或者地区原产资格向海关进行补充申报。进口货物收货人或者其代理人依照规定进行补充申报的，海关可以根据进口货物收货人或者其代理人的申请，按照协定税率或者特惠税率收取等值保证金后放行货物，并按照规定办理进口手续、进行海关统计。海关认为需要对进口货物收货人或者其代理人提交的原产地证书的真实性、货物是否原产于优惠贸易协定成员国或者地区进行核查的，应当按照该货物适用的最惠国税率、普通税率或者其他税率收取相当于应缴税款的等值保证金后方可放行货物，并按照规定办理进口手续、进行海关统计。

法律、行政法规定的有权签发出口货物原产地证书的机构（以下简称签证机构）可以签发优惠贸易协定项下出口货物原产地证书。签证机构应依据《中华人民共和国海关进出口货物优惠原产地管理规定》以及相应优惠贸易协定项下所确定的原产地规则签发出口货物原产地证书。海关总署应当对签证机构是否依照规定签发优惠贸易协定项下出口货物原产地证书进行监督和检查。签证机构应当定期向海关总署报送依据规定签发优惠贸易协定项下出口货物原产地证书的有关情况。

出口货物申报时，出口货物发货人应当按照海关的申报规定填制《中华人民共和国海关出口货物报关单》，并向海关提交原产地证书电子数据或者原产地证书正本的复印件。

为进一步便利优惠贸易安排实施，简化已实现原产地电子数据交换的优惠贸易安排项下原产地证书提交要求，自2016年开始，对已实现原产地电子数据交换的《内地与中国香港关于建立更紧密经贸关系的安排》《内地与中国澳门关于建立更紧密经贸关系的安排》和《海峡两岸经济合作框架协议》等优惠贸易安排项下进口货物，海关不再要求进口货物收货人或其代理人在申报进口时提交原产地证书正本。海关认为有必要时，进口人应当补充提交相关原产地证书正本。

同时，为促进优惠贸易协定项下出口货物贸易便利，自2016年起海关总署与国家质量监督检验检疫总局开始共享原产地证书相关电子数据信息。海关总署和国家质量监督检验检疫总局实时共享如下数据：

- 各地出入境检验检疫机构签发的优惠贸易协定项下原产地证书电子数据；
- 出口报关单中与上述原产地证书相关联项目的电子数据；
- 海关接收的上述原产地证书相关货物享受关税优惠情况的电子数据。

出口货物报关单和对应的原产地证书应符合以下要求。

- 报关单上申报的原产地证书编号与原产地证书所载编号一致。
- 报关单上申报商品的成交计量单位与原产地证书上对应商品的计量单位一致。
- 报关单上申报商品的数量不能大于原产地证书上对应商品的数量。
- 报关单上的申报日期应当在原产地证书的有效期内。
- 一份原产地证书应当对应一份出口报关单。

为确定货物原产地是否与进出口货物收发货人提交的原产地证书及其他申报单证相符，海关可以对进出口货物进行查验，具体程序按照《中华人民共和国海关进出口货物查验管理办法》有关规定办理。

优惠贸易协定项下进出口货物及其包装上标有原产地标记的，其原产地标记所标明的原产地应当与依照规定确定的货物原产地一致。

有下列情形之一的，进口货物不适用协定税率或者特惠税率：

• 进口货物收货人或者其代理人在货物申报进口时没有提交符合规定的原产地证书、原产地声明，也未就进口货物是否具备原产资格进行补充申报的；

• 进口货物收货人或者其代理人未提供商业发票、运输单证等其他商业单证，也未提交其他证明符合规定的文件的；

• 经查验或者核查，确认货物原产地与申报内容不符，或者无法确定货物真实原产地的；

• 其他不符合《中华人民共和国海关进出口货物优惠原产地管理规定》及相应优惠贸易协定规定的情形。

海关认为必要时，可以请求出口成员国或者地区主管机构对优惠贸易协定项下进口货物原产地进行核查。海关也可以依据相应优惠贸易协定的规定就货物原产地开展核查访问。海关认为必要时，可以对优惠贸易协定项下出口货物原产地进行核查，以确定其原产地。应优惠贸易协定成员国或者地区要求，海关可以对出口货物原产地证书或者原产地进行核查，并应当在相应优惠贸易协定规定的期限内反馈核查结果。

进出口货物收发货人可以依照《中华人民共和国海关行政裁定管理暂行办法》有关规定，向海关申请原产地行政裁定。海关总署可以依据有关法律、行政法规、海关规章的规定，对进出口货物作出具有普遍约束力的原产地决定。海关对依照《中华人民共和国海关进出口货物优惠原产地管理规定》获得的商业秘密依法负有保密义务。未经进出口货物收发货人同意，海关不得泄露或者用于其他用途，但是法律、行政法规及相关司法解释另有规定的除外。

2. 《亚太贸易协定》原产地规则

目前，《亚太贸易协定》的成员国包括中国、韩国、印度、孟加拉、斯里兰卡和老挝，其中孟加拉和老挝为最不发达成员国。从《亚太贸易协定》成员国直接运输进口的货物，符合下列条件之一的，其原产地为该成员国，适用《中华人民共和国进出口税则》中的《亚太贸易协定》协定税率或者特惠税率：

① 在该成员国完全获得或者生产的货物。"完全获得或者生产"的货物是指：

• 在该成员国的领土、领水或者海床中开采或者提取的原材料或者矿产品；

• 在该成员国收获的农产品；

• 在该成员国出生并饲养的动物；

• 在该成员国从上述第3项动物获得的产品；

• 在该成员国狩猎或者捕捞所获得的产品；

• 由该国船只在公海捕捞获得的渔产品和其他海产品；

• 在该国的加工船上仅由上述第6项的产品加工制造所得的产品；

• 在该成员国从既不能用于原用途，也不能再循环使用的旧物品中回收的零件或者原材料；

• 在该成员国收集的既不能用于原用途，也不能恢复或者修理，仅适合弃置、用作回收零件或者原材料的旧物品；

- 在该成员国境内生产加工过程中产生的废碎料；
- 在该成员国仅由上述第 1 项至第 10 项所列产品加工获得的产品。

② 该成员国非完全获得或者生产，但符合下列规定的货物。

- 某一成员国非原产材料成分不超过 55%，且最后生产工序在该国境内完成的货物，其原产地为该国。非原产材料包括在生产过程中所使用的进口非原产材料和不明原产地材料。非原产材料成分计算公式为

$$\frac{\text{进口非原产材料价值}+\text{不明原产地材料价值}}{\text{船上交货价格（FOB）}}\times100\%\leqslant55\%$$

其中，进口非原产材料价值是指能够证实的原材料、零件或者产物进口时的成本、运费和保险费（CIF 价格）；不明原产地材料价值是指在生产或者加工货物的该成员国境内最早可以确定的为不明原产地原材料、零件或者产物所支付的价格。该成员国为最不发达国家的，非原产材料成分不超过 65%。上述规定中非原产材料成分的计算应当符合公认的会计准则及 WTO 的《海关估价协定》。

- 在《亚太贸易协定》成员国加工、制造的货物，符合《亚太贸易协定》项下产品特定原产地标准的，应当视为原产于《亚太贸易协定》成员国。
- 符合上述①②要求的原产货物，在某一成员国境内用作生产享受关税减让优惠最终产品的原材料，如果各成员国材料的累计成分在该最终产品中不低于其船上交货价格的 60%，则可视为制造或者加工该最终产品的成员国的原产货物。符合上述①②要求的原产货物，如果制造或者加工该最终产品的成员国为最不发达成员国，各成员国材料的累计成分在该最终产品中不低于其船上交货价格的 50%，则可视为该最不发达成员国的原产货物。

上述"直接运输"是指：

- 货物运输未经任何非成员国境内；
- 货物运输途中经过非成员国，无论是否在这些国家或者地区转换运输工具或者作临时储存，但是同时符合下列条件：由于地理原因或者仅出于运输需要；货物未在这些国家或者地区进入贸易或者消费领域；货物在经过这些国家或者地区时，未做除装卸或者其他为使货物保持良好状态所必需处理以外的其他处理。

下列微小加工或者处理不影响货物原产地确定：

- 为使货物在运输或者贮存中保持良好状态而作的处理，包括通风、摊开、干燥、冷冻、盐渍、硫化或者其他水溶液处理、去除坏损部分等；
- 除尘、筛选、分类、分级、搭配（包括部件的组拼）的简单处理，洗涤、油漆和切碎；
- 改换包装、拆解和包裹；
- 简单的切片、剪切和再包装，或者装瓶、装袋、装盒、固定于纸板或者木板等；
- 在货物或者其包装上粘贴标志、标签或者其他类似的用于区别的标记；
- 简单混合；
- 将物品的各个部件简单组装成一个完整品；

- 屠宰动物；
- 去皮、皮革粒面处理、去骨；
- 第 1 项至第 9 项中的两项或者多项加工或者处理的组合。

在确定货物的原产地时，包装与其所装货物应当视为一个整体。与货物一起申报进口的包装按照《中华人民共和国进出口税则》应当单独归类的，其原产地单独认定。

原产于《亚太贸易协定》成员国的货物，由一成员国运至另一成员国展览（包括展览会、交易会或者类似展览、展示）并在展览期间或者展览后销售的进口货物，同时满足下列条件的，可以享受《中华人民共和国进出口税则》中的《亚太贸易协定》协定税率或者特惠税率：

- 该货物已经从成员国境内实际运送至展览所在成员国展出；
- 该货物已经以送展时的状态在展览期间或者展览后立即出售给进口货物收货人；
- 该货物在展览期间处于展览所在成员国海关监管之下。

上述展览货物进口时，进口货物收货人应当向海关提交原产地证书。

3.《东盟协议》原产地规则

从文莱达鲁萨兰国、柬埔寨王国、印度尼西亚共和国、老挝人民民主共和国、马来西亚、缅甸联邦、菲律宾共和国、新加坡共和国、泰王国和越南社会主义共和国等东盟成员国直接运输进口的货物，符合下列条件之一的，其原产国为东盟成员国，适用《中华人民共和国进出口税则》中的中国—东盟自由贸易区（简称"中国—东盟自贸区"）协定税率。

① 完全在一个东盟成员国获得或者生产的货物。"完全在一个东盟成员国获得或者生产"的货物是指：

- 在该东盟成员国收获、采摘或者收集的植物和植物产品；
- 在该东盟成员国出生并饲养的活动物；
- 在该东盟成员国从上述第 2 项活动物中获得的产品；
- 在该东盟成员国狩猎、诱捕、捕捞、水生养殖、采集或者捕获所得的产品；
- 在该东盟成员国领土、领水、海床或者海床底土开采或者提取的除上述第 1 项至第 4 项产品以外的矿物质或者其他天然生成的物质；
- 在该东盟成员国领水以外的水域、海床或者海床底土获得的产品，只要按照国际法规定该国有权开发上述水域、海床及海床底土；
- 在该东盟成员国注册或者悬挂该成员国国旗的船只在公海捕捞获得的鱼类及其他海产品；
- 在该东盟成员国注册或者悬挂该成员国国旗的加工船上加工、制造上述第 7 项产品获得的产品；
- 在该东盟成员国收集的既不能用于原用途，也不能恢复或者修理，仅适于废弃或者原材料回收，或者仅适于再生用途的废旧物品；
- 在该东盟成员国完全采用上述第 1 项至第 9 项产品获得或者生产的产品。

② 在东盟成员国非完全获得或者生产，但符合下列规定的货物。

- 在东盟成员国非完全获得或者生产的货物，其生产过程中使用的非原产于中国—东盟自贸区的材料、零件或者产品的总价格不超过该货物船上交货价格（FOB）的 60%，并且最后生产工序在东盟成员国境内完成的，应当视为原产于东盟成员国境内。

- 在东盟成员国非完全获得或者生产的货物，其生产过程中使用的原产于任一东盟成员国的中国—东盟自贸区成分不低于该货物船上交货价格（FOB）40% 的，应当视为原产于东盟成员国境内。中国—东盟自贸区成分应当按照下列方法计算：

$$100\% - \frac{\text{非中国} - \text{东盟自贸区材料价格} + \text{不明原产地材料价格}}{\text{货物的船上交货价格（FOB）}} \times 100\% \leqslant 40\%$$

其中，非中国—东盟自贸区材料价格是指非中国—东盟自贸区原产材料的进口成本、运至目的港口或者地点的运费和保险费（CIF）；不明原产地材料价格是指在生产或者加工货物的该成员国境内最早可以确定的为不明原产地材料所支付的价格。

- 除另有规定外，原产于中国的货物或者符合上述①②规定的东盟成员国原产货物在其他东盟成员国境内被用作制造、加工其他制成品，最终制成品的中国—东盟自贸区成分累积值不低于 40% 的，该货物应当视为原产于制造或者加工该最终制成品的东盟成员国境内。

- 在东盟成员国制造、加工的产品符合《中国—东盟自由贸易区原产地规则》项下产品特定原产地规则规定的，应当视为原产于东盟成员国的货物，制造、加工该产品的东盟成员国为其原产国。

上述"直接运输"是指《中华人民共和国与东南亚国家联盟全面经济合作框架协议》项下的进口货物从东盟成员国直接运输至我国境内，途中没有经过中国—东盟自贸区成员国以外的其他国家或者地区。原产于东盟成员国的货物，经过其他国家或者地区运输至我国，不论在运输中是否转换运输工具或者作临时储存，同时符合下列条件的，应当视为"直接运输"：

- 该货物经过这些国家或者地区仅是由于地理原因或者运输需要；
- 未进入这些国家或者地区进行贸易或者消费；
- 该货物经过这些国家或者地区时，未做除装卸或者为使货物保持良好状态所必需处理以外的其他处理。

下列微小加工或者处理不影响货物原产地确定：

- 为确保货物在运输或者贮存期间保持良好状态而进行的加工或者处理；
- 为便于货物装运而进行的加工或者处理；
- 为货物销售而进行的包装、展示等加工或者处理。

与货物一起申报进出口的包装、包装材料、容器以及附件、备件、工具、介绍说明性材料，在《中华人民共和国进出口税则》中与该货物一并归类的，其原产地不影响货物原产地确定。

除另有规定外，下列材料或者物品的原产地不影响货物原产地确定：

- 在货物制造过程中使用的动力及燃料、厂房及设备、机器及工具；
- 未物化在货物内的材料；
- 未构成货物组成部分的材料。

4. CEPA 中国香港原产地规则

对于直接从中国香港进口的货物，应当根据下列原则确定其原产地：

- 完全在中国香港获得的货物，其原产地为中国香港；
- 非完全在中国香港获得的货物，只有在中国香港进行了实质性加工的，其原产地才可以认定为中国香港。

所谓"完全在中国香港获得的货物"是指：

- 在中国香港开采或者提取的矿产品；
- 在中国香港收获或者采集的植物或者植物产品；
- 在中国香港出生并饲养的活动物；
- 在中国香港从第 3 项所述动物获得的产品；
- 在中国香港狩猎或者捕捞所获得的产品；
- 持中国香港牌照并悬挂中国香港特别行政区区旗的船只在公海捕捞获得的鱼类和其他海产品；
- 在持中国香港牌照并悬挂中国香港特别行政区区旗的船只上加工第 6 项所述产品获得的产品；
- 在中国香港收集的中国香港消费过程中产生的仅适于原材料回收的废旧物品；
- 在中国香港加工制造过程中产生的仅适于原材料回收的废碎料；
- 利用第 1 项至第 9 项所述产品在香港加工所获得的产品。

下列加工或者处理，无论是单独完成还是相互结合完成，均视为微小加工处理，在确定货物是否完全获得时应当不予考虑：

- 为运输或者贮存货物而进行的加工或者处理；
- 为便于货物装运而进行的加工或者处理；
- 为货物销售而进行的包装、展示等加工或者处理。

上述所谓"实质性加工"，应当采用"制造或者加工工序"标准、"税号改变"标准、"从价百分比"标准、"其他标准"或者"混合标准"，在规定的情形下可以采用其他附加条件认定。

"制造或者加工工序"是指赋予加工后所得货物基本特征的主要工序。在中国香港境内完成该工序的视为进行了实质性加工。

"税号改变"是指非中国香港原产材料在中国香港境内加工生产后，所得产品在《中华人民共和国进出口税则》中 4 位数级的税目归类发生了变化，并且该产品不再在中国香港以外的国家或者地区进行任何改变 4 位数级税目归类的生产、加工或者制造。

"从价百分比"是指中国香港原产的原料、组合零件的价格以及在中国香港产生的劳工价值和产品开发支出价格的合计与出口制成品船上交货价格（FOB）的比值。该比值大于或者等于 30%，并且产品的最后制造或者加工工序在中国香港境内完成的，视为进行了实质性加工。用公式表示如下：

$$\frac{原料价值+组合零件价值+劳工价值+产品开发支出价值}{出口制成品的船上交货价格（FOB）}\times100\%\geqslant30\%$$

公式中的"产品开发"是指在中国香港境内为生产或者加工有关出口制成品而实施的

产品开发。产品开发支出价值应当与该出口制成品有关，包括生产加工者自行开发、委托中国香港境内的自然人或者法人开发以及购买中国香港境内的自然人或者法人拥有的设计、专利权、专有技术、商标权或者著作权而支付的费用。该价值应当能够依据公认的会计准则和《关于实施 1994 年关税与贸易总协定第 7 条的协定》的有关规定明确确定。

中国香港使用内地原产的原料或者组合零件在中国香港构成出口制成品组成部分的，在计算该出口制成品的从价百分比时，该内地原产原料或者组合零件应当视为原产于中国香港。该出口制成品的从价百分比应大于或者等于 30%，且在不记入该内地原产的原料或者组合零件价格时的从价百分比应大于或者等于 15%。

"从价百分比"的计算应当符合公认的会计准则和《关于实施 1994 年关税与贸易总协定第 7 条的协定》的有关规定。

"其他标准"是指除上述"制造或者加工工序"标准、"税号改变"标准和"从价百分比"标准之外，内地与中国香港主管部门一致同意采用的确定原产地的其他方法。

"混合标准"是指确定原产地时同时使用的上述两个或者两个以上的标准。

其他附加条件是指当上述"实质性加工"有关认定标准不足以确认原产地时，经内地与中国香港主管部门一致同意，可以采用品牌要求等附加条件。

简单的稀释、混合、包装、装瓶、干燥、装配、分类或者装饰不应当视为实质性加工。以规避《中华人民共和国海关关于执行〈内地与中国香港关于建立更紧密经贸关系的安排〉项下〈关于货物贸易的原产地规则〉的规定》为目的的加工或者定价措施不应当视为实质性加工。

货物制造过程中使用的能源、工厂、设备、机器、工具的产地，以及不构成货物组成成分或者组成部件的材料的产地，在确定货物原产地时不予考虑。随货物一起报关进口，并在《中华人民共和国进出口税则》中与该货物一并归类的包装、包装材料、容器以及附件、备件、工具、介绍说明性材料，在确定货物原产地时应当忽略不计。

《内地与中国香港关于建立更紧密经贸关系的安排》项下的进口货物应当从中国香港直接运输至内地口岸。

5. 《中澳自贸协定》原产地规则

进口货物符合下列条件之一的，其原产国为澳大利亚。

① 在澳大利亚完全获得或者生产的货物。"在澳大利亚完全获得或者生产的货物"是指：

- 在澳大利亚境内出生并且饲养的活动物；
- 从上述第 1 项所述活动物中获得的货物；
- 在澳大利亚境内通过狩猎、诱捕、捕捞、耕种、采集或者捕获直接获得的货物；
- 在澳大利亚境内收获、采摘或者采集的植物和植物产品；
- 在澳大利亚境内提取或者得到的未包括在上述第 1～4 项的矿物质以及其他天然生成物质；
- 根据《中澳自贸协定》，在澳大利亚领海以外的水域、海床或者底土提取的产品，不包括鱼类、甲壳类动物、植物以及其他海洋生物；
- 在澳大利亚注册并且悬挂澳大利亚国旗的船只在公海获得的鱼类、甲壳类动物、植物以及其他海洋生物；

- 在澳大利亚注册并且悬挂澳大利亚国旗的加工船上从上述第 7 项的货物获得或者生产的货物；
- 在澳大利亚境内加工过程中产生的废碎料或者在澳大利亚收集的仅适用于原材料回收的旧货；
- 在澳大利亚境内完全从上述第 1 项至第 9 项的货物生产的货物。

② 在澳大利亚境内全部使用符合规定的原产材料生产的货物。

③ 在澳大利亚境内非完全获得或者生产，但是符合《中澳自贸协定》项下产品特定原产地规则规定的税则归类改变、区域价值成分、制造加工工序或其他要求的货物。税则归类改变是指使用非原产材料在澳大利亚进行制造、加工后，在《税则》中的税则号列发生改变。区域价值成分应当按照下列公式计算：

$$区域价值成分 = \frac{货物价格 - 非原产材料价格}{货物价格} \times 100\%$$

其中，"货物价格"是指按照《海关估价协定》，在船上交货价格基础上调整的货物价格。"非原产材料价格"是指按照《海关估价协定》确定的非原产材料的进口成本、运至目的港口或者地点的运费和保险费，包括不明原产地材料的价格。非原产材料由生产商在澳大利亚境内获得时，按照《海关估价协定》确定的成交价格，不包括将该非原产材料从供应商仓库运抵生产商所在地过程中产生的运费、保险费、包装费以及其他任何费用。根据规定计算货物的区域价值成分时，非原产材料价格不包括在生产过程中为生产原产材料而使用的非原产材料的价格。

原产于澳大利亚的货物，从澳大利亚境内直接运输至中国境内的，可以按照规定申请适用《中华人民共和国进出口税则》中的《中澳自贸协定》协定税率。"直接运输"是指《中澳自贸协定》项下进口货物从澳大利亚直接运输至我国境内，途中未经过中国、澳大利亚以外的其他国家或者地区。原产于澳大利亚的货物，经过其他国家或者地区运输至我国，不论在其他国家或者地区是否转换运输工具或者进行临时储存，同时符合下列条件的，应当视为"直接运输"：

- 货物经过这些国家或者地区时，未做除装卸、物流拆分或者为使货物保持良好状态所必需处理以外的其他处理；
- 在其他国家或者地区进行临时存储的，在这些国家或者地区停留时间不得超过 12 个月；
- 处于这些国家或者地区海关的监管之下。

原产于中国的材料在澳大利亚境内被用于生产另一货物的，该材料应当视为澳大利亚原产材料。

适用《中澳自贸协定》项下税则归类改变要求的货物，生产过程中所使用的非原产材料不满足税则归类改变要求，但上述非原产材料按照《海关估价协定》确定的成交价格不超过该货物船上交货价格的 10%，并且货物符合所有其他适用规定，该货物仍然应当视为原产货物。

货物仅仅经过下列一项或者多项微小加工或者处理，未作其他加工或者处理的，不能归入原产货物：

- 为确保货物在运输或者储存期间处于良好状态而进行的加工或者处理；
- 包装和重新包装；
- 过滤、筛选、挑选、分类、分级、匹配（包括成套物品的组合）；
- 装瓶、装罐、装袋、装箱、装盒、固定于纸板或者木板及其他简单的包装工序；
- 在产品或者其包装上粘贴、印刷标志、标签、标识以及其他类似的用于区别的标记；
- 货物的拆卸。

运输期间用于保护货物的包装材料以及容器不影响货物原产地的确定。货物适用《中澳自贸协定》项下产品特定原产地规则中有关区域价值成分的要求确定原产地的，其零售用包装材料和容器的价格应当按照各自的原产地纳入原产材料或者非原产材料的价格予以计算。货物适用《中澳自贸协定》项下产品特定原产地规则中除区域价值成分要求以外的其他要求确定原产地，并且其零售用包装材料以及容器与该货物一并归类的，该零售用包装材料以及容器的原产地不影响货物原产地的确定。

适用《中澳自贸协定》项下产品特定原产地规则中有关区域价值成分要求的货物，在计算区域价值成分时，与该货物一并申报进口的附件、备件以及工具的价格应当纳入原产材料或者非原产材料的价格予以计算。货物适用《中澳自贸协定》项下产品特定原产地规则中除区域价值成分要求以外的其他要求确定原产地的，如果与该货物一并申报进口的附件、备件或者工具在《中华人民共和国进出口税则》中与该货物一并归类，并且其价格包含在该货物价格内，则该附件、备件或者工具的原产地不影响货物原产地的确定。以上所述附件、备件或者工具的数量与价格应当在合理范围之内。

下列不构成货物组成成分的材料或者物品，其原产地不影响货物原产地的确定：

- 用于货物生产的材料或者物品：燃料、能源；工具、模具以及型模；手套、眼镜、鞋靴、衣服、安全设备以及用品；催化剂以及溶液；
- 用于维护设备、厂房建筑的材料或者物品：备件以及材料；润滑剂、油（滑）脂、合成材料以及其他材料；
- 用于测试或者检验货物的设备、装置以及用品；
- 在货物生产过程中使用，未构成该货物组成成分，但是能够合理表明其参与了该货物生产过程的任何其他货物。

在确定货物原产地时，对于商业上可以互换，性质相同，依靠视觉观察无法加以区分的可互换材料，应当通过对每项材料进行物理分离或者运用出口方公认会计原则所承认的库存管理方法加以区分。

6. 《中韩自贸协定》原产地规则

进口货物符合下列条件之一的，其原产国为韩国。

① 在韩国完全获得或者生产的货物。"在韩国完全获得或者生产的货物"是指：

- 在韩国境内出生并且饲养的活动物；
- 从上述第1项所述活动物中获得的货物；
- 在韩国境内种植，并且收获、采摘或者采集的植物以及植物产品；
- 在韩国陆地领土、内水、领海内狩猎、诱捕、捕捞、水产养殖、采集或者直接捕获而获得的货物；

- 从韩国领土、领水、海床或者海床底土提取的，未包括在上述第 1 项至第 4 项的矿物质以及其他天然资源；
- 根据《中韩自贸协定》，在韩国领海以外的水域、海床或者底土得到的货物，只要该方有权开发上述水域海床或者底土；
- 由韩国注册或者登记并且悬挂其国旗的船舶在韩国领海以外的水域、海床或者底土捕捞获得的鱼类以及其他海洋产品；
- 由韩国注册或者登记并且悬挂其国旗的加工船上，完全用上述第 7 项所述货物制造或者加工的货物；
- 在韩国境内生产加工过程中产生并且仅用于原材料回收或者用作另一货物生产材料的废碎料；或者在韩国境内收集的仅用于原材料回收的旧货品；
- 在韩国完全从上述第 1 项至第 9 项所指货物获得或者生产的货物。

② 在韩国境内全部使用符合规定的原产材料生产的货物。

③ 在韩国境内非完全获得或者生产，但是符合《中韩自贸协定》项下产品特定原产地规则规定的税则归类改变、区域价值成分、制造加工工序或者其他要求的货物。

税则归类改变是指使用非原产材料在韩国进行制造、加工后，在《中华人民共和国进出口税则》中的税则号列发生改变。区域价值成分应当按照下列公式计算：

$$区域价值成分 = \frac{货物价格 - 非原产材料价格}{货物价格} \times 100\%$$

其中，"货物价格"是指按照《海关估价协定》，在船上交货价格基础上调整的货物价格。"非原产材料价格"是指按照《海关估价协定》确定的非原产材料的进口成本、运至目的港口或者地点的运费和保险费，包括不明原产地材料的价格。非原产材料由生产商在韩国境内获得时，按照《海关估价协定》确定的成交价格，不包括将该非原产材料从供应商仓库运抵生产商所在地过程中产生的运费、保险费、包装费以及其他任何费用。计算货物的区域价值成分时，非原产材料价格不包括在生产过程中为生产原产材料而使用的非原产材料的价格。

④ 《中韩自贸协定》签署前在朝鲜半岛上已运行的工业区生产的《特别货物清单》项下同时符合下列条件的货物，应当视为韩国原产货物：

- 使用韩国出口材料在已运行工业区完成加工后再复出口至韩国用于向中国出口；
- 非韩国原产材料的价值不超过货物船上交货价格的 40%；
- 货物生产中使用的韩国原产材料价值不低于全部材料价值的 60%。

原产于韩国的货物，从韩国境内直接运输至中国境内的，可以按照规定申请适用《中华人民共和国进出口税则》中的《中韩自贸协定》协定税率。"直接运输"是指《中韩自贸协定》项下进口货物从韩国直接运输至我国境内，途中未经过中国、韩国以外的其他国家或者地区。原产于韩国的货物，经过其他国家或者地区运输至我国，不论在其他国家或者地区是否转换运输工具或者进行临时储存，同时符合下列条件的，应当视为"直接运输"：

- 货物经过这些国家或者地区仅仅是由于地理原因或者运输需要；
- 未进入这些国家或者地区进行贸易或者消费；

- 货物经过这些国家或者地区时，未做除装卸、因运输原因分装或者使货物保持良好状态所必须处理以外的其他处理。

依据规定在其他国家或者地区进行临时储存的，货物在储存期间必须处于其他国家或者地区海关监管之下。货物在其他国家或者地区的停留时间应当少于 3 个月。由于不可抗力导致货物停留时间超过 3 个月的，其停留时间不得超过 6 个月。

原产于中国的货物或者材料在韩国境内被用于生产另一货物的，该货物或者材料应当视为韩国原产货物或者材料。

适用《中韩自贸协定》项下税则归类改变要求的货物，生产过程中所使用的非原产材料不满足税则归类改变要求，但是符合所有其他适用规定且符合下列条件之一的，应当视为原产货物：

- 《中华人民共和国进出口税则》第 15~24 章、第 50~63 章以外的货物，在货物生产中所使用的未发生规定税则归类改变的全部非原产材料按照规定确定的价格不超过该货物船上交货价格的 10%；
- 《中华人民共和国进出口税则》第 15~24 章的货物，在货物生产中所使用的未发生规定税则归类改变的全部非原产材料按照规定确定的价格不超过该货物船上交货价格的 10%，并且所使用的上述非原产材料与最终货物不属于同一子目号；
- 《中华人民共和国进出口税则》第 50~63 章的货物，在货物生产中使用了未发生规定税则归类改变的非原产材料，只要全部上述非原产材料的重量不超过该货物总重量的 10%，或者全部上述非原产材料按照规定确定的价格不超过该货物船上交货价格的 10%。

货物仅仅经过下列一项或者多项微小加工或者处理，未作其他加工或者处理的，不能归入原产货物：

- 为确保货物在运输或者储藏期间处于良好状态而进行的处理；
- 把物品零部件装配成完整品，或者将产品拆成零部件的简单装配或者拆卸；
- 更换包装、分拆、组合包装；
- 洗涤、清洁、除尘、除去氧化物、除油、去漆以及去除其他涂层；
- 纺织品的熨烫或者压平；
- 简单的上漆以及磨光工序；
- 谷物以及大米的去壳、部分或者完全的漂白、抛光以及上光；
- 食糖上色或者加味，或者形成糖块的操作；部分或者全部将晶糖磨粉；
- 水果、坚果以及蔬菜的去皮、去核以及去壳；
- 削尖、简单研磨或者简单切割；
- 过滤、筛选、挑选、分类、分级、匹配（包括成套物品的组合）、纵切、弯曲、卷绕、展开；
- 简单装瓶、装罐、装壶、装袋、装箱或者装盒、固定于纸板或者木板以及其他简单的包装工序；
- 在产品或者其包装上粘贴或者印刷标志、标签、标识以及其他类似的区别标记；
- 同类或者不同类产品的简单混合；糖与其他材料的混合；

- 测试或者校准；
- 仅仅用水或者其他物质稀释，未实质改变货物的性质；
- 干燥、加盐（或者盐渍）、冷藏、冷冻；
- 动物屠宰；
- 第 1～18 项中两项或者多项工序的组合。

货物适用上述规定确定其生产或者加工是否属于微小加工或者处理的，应当就其在韩国境内进行的所有加工、处理进行确定。

属于《中华人民共和国进出口税则》归类总规则三所规定的成套货物，其中全部货物均原产于韩国的，该成套货物即为原产于韩国；其中部分货物非原产于韩国，但是按照规定确定的价格不超过该成套货物价格 15%的，该成套货物仍然应当视为原产于韩国。

运输期间用于保护货物的包装材料以及容器不影响货物原产地的确定。货物适用《中韩自贸协定》项下产品特定原产地规则有关区域价值成分要求确定原产地的，其零售用包装材料以及容器的价格应当按照各自的原产地纳入原产材料或者非原产材料的价格予以计算。货物适用《中韩自贸协定》项下产品特定原产地规则有关税则归类改变要求确定原产地，并且其零售用包装材料以及容器与该货物一并归类的，该零售用包装材料以及容器的原产地不影响货物原产地的确定。

适用《中韩自贸协定》项下产品特定原产地规则有关区域价值成分要求的货物，在计算区域价值成分时，与该货物一起申报进口的附件、备件或者工具的价格应当纳入原产材料或者非原产材料的价格予以计算。货物适用《中韩自贸协定》项下产品特定原产地规则中除区域价值成分要求以外的其他要求确定原产地的，如果与该货物一起申报进口的附件、备件或者工具，在《税则》中与该货物一并归类，并且不单独开具发票，则该附件、备件或者工具的原产地不影响货物原产地的确定。以上所述附件、备件或者工具的数量与价格应当在合理范围之内。

下列不构成货物组成成分的材料或者物品，其原产地不影响货物原产地的确定。

- 用于货物生产的材料或者物品：燃料、能源、催化剂以及溶剂；手套、眼镜、鞋靴、衣服、安全设备以及用品；工具、模具以及型模。
- 用于维护设备、厂房建筑的材料或者物品：备件和材料；润滑剂、油（滑）脂、合成材料以及其他材料。
- 用于测试或检验货物的设备、装置以及用品。
- 在货物生产过程中使用，未构成该货物组成成分，但是能够合理表明为该货物生产过程一部分的其他货物。

在确定货物原产地时，对于商业上可以互换，性质相同，依靠视觉观察无法加以区分的可互换材料，应当通过对材料进行物理分离或者运用出口方公认会计原则承认的库存管理方法加以区分。如果根据前述规定，对于某一项可互换材料选用了一种库存管理方法，则该方法应当在一个财务年度内持续使用。

7. 对最不发达国家特别优惠关税待遇原产地规则

从与我国建交的最不发达国家（以下称受惠国）直接运输进口的货物，符合下列条件之一的，为该受惠国原产货物，适用《中华人民共和国进出口税则》中相应的特惠税率：

① 完全在受惠国获得或者生产的货物。"完全在受惠国获得或者生产"的货物是指：

- 在该受惠国出生并饲养的活动物；
- 在该受惠国从上述第 1 项所指的动物中获得的货物；
- 在该受惠国收获、采摘或者采集的植物和植物产品；
- 在该受惠国狩猎或者捕捞获得的货物；
- 在该受惠国注册或者登记，并合法悬挂该受惠国国旗的船只，在该受惠国根据符合其缔结的相关国际协定可适用的国内法有权开发的境外水域得到的鱼类、甲壳类动物及其他海洋生物；
- 在该受惠国注册或者登记，并合法悬挂该受惠国国旗的加工船上加工上述第 5 项所列货物获得的货物；
- 在该受惠国开采或者提取的矿产品及其他天然生成物质，或者从该受惠国根据符合其缔结的相关国际协定可适用的国内法有权开采的境外水域、海床或者海床底土得到或者提取的除鱼类、甲壳类动物及其他海洋生物以外的货物；
- 在该受惠国收集的该受惠国消费过程中产生的仅适用于原材料回收的废旧物品；
- 在该受惠国加工制造过程中产生的仅适用于原材料回收的废碎料；
- 利用上述第 1 项至第 9 项所列货物在该受惠国加工所得的货物。

② 非完全在受惠国获得或者生产，但在该受惠国最后完成实质性改变的货物。

在受惠国境内非完全获得或者生产，但符合《与我国建交的最不发达国家产品特定原产地规则》的，应当视为该受惠国原产货物。

除《与我国建交的最不发达国家产品特定原产地规则》另有规定外，在受惠国境内，部分或者完全使用非受惠国原产材料进行制造或者加工，所得货物在《中华人民共和国进出口税则》中的四位数级税则归类发生变化的，应当视为原产于受惠国的货物。

除《与我国建交的最不发达国家产品特定原产地规则》另有规定外，在受惠国境内，部分或者完全使用非受惠国原产材料生产的货物，其增值部分不低于所得货物船上交货价格（FOB）40%的，应当视为原产于该受惠国的货物。货物的增值部分应当按照下列方法计算比例：

$$\frac{货物船上交货价格（FOB）-非原产材料价格}{货物船上交货价格（FOB）} \times 100\% \geqslant 40\%$$

"非原产材料价格"是指非受惠国原产材料的进口成本、运至目的港口或者地点的运费和保险费（CIF）。原产地不明的材料按照最早可以确定的在受惠国境内为该材料实付或者应付的价格，计入非原产材料价格；该原产地不明材料由货物生产商在受惠国境内获得时，从供应商仓库运抵生产商所在地的运费、保费、包装费及任何其他费用均不计入非原产材料价格。上述规定中货物船上交货价格和非原产材料价格的计算应当符合《海关估价协定》。

上述"直接运输"是指申报享受特别优惠关税待遇的进口货物从受惠国直接运输至我国境内，途中未经过中国和该受惠国以外的其他国家或者地区。货物经过其他国家或者地区运输至我国境内，不论在运输途中是否转换运输工具，还是作临时储存，同时符合下列条件的，应当视为"直接运输"：

- 未进入其他国家或者地区的贸易或者消费领域；
- 该货物在经过其他国家或者地区时，未做除装卸或者其他为使货物保持良好状态所必须处理以外的其他处理；
- 处于该国家或者地区海关的监管之下。

在上述规定情况下，相关货物进入其他国家或者地区停留时间最长不得超过3个月。

下列微小加工或者处理不影响货物原产地确定：

- 为在运输或者贮存期间使货物保持良好状态而进行的加工或者处理；
- 为便于货物装卸而进行的加工或者处理；
- 为便于货物销售而进行的包装、展示等加工或者处理；
- 简单的稀释、混合、干燥、装配、分类或者装饰；
- 动物屠宰。

属于《中华人民共和国进出口税则》归类总规则三所规定的成套货物，其中全部货物均原产于某一受惠国的，该成套货物即为原产于该受惠国；其中部分货物非原产于该受惠国，但是非原产货物的价格按照规定确定的比例未超过该成套货物价格15%的，该成套货物仍应当视为原产于该受惠国。

在确定货物的原产地时，货物生产过程中使用，本身不构成货物物质成分、也不成为货物组成部件的下列材料或者物品，其原产地不影响货物原产地的确定：

- 燃料、能源、催化剂及溶剂；
- 用于测试或者检验货物的设备、装置及用品；
- 手套、眼镜、鞋靴、衣服、安全设备及用品；
- 工具、模具及型模；
- 用于维护设备和厂房建筑的备件及材料；
- 在生产中使用或者用于运行设备和维护厂房建筑的润滑剂、油（滑）脂、合成材料及其他材料；
- 在货物生产过程中使用，未构成该货物组成成分，但能够合理表明其参与了该货物生产过程的任何其他货物。

货物适用税则归类改变标准的，在确定货物的原产地时，与货物一起申报进口并在《中华人民共和国进出口税则》中与该货物一并归类的包装、包装材料和容器的原产地，以及正常配备的附件、备件、工具及介绍说明性材料的原产地，不影响货物原产地的确定。货物适用从价百分比标准的，在计算货物的增值百分比时，与货物一起申报进口并在《协调制度》中与该货物一并归类的包装、包装材料和容器，以及正常配备的附件、备件、工具及介绍说明性材料的价格应当予以计算。

海关有证据证明进口货物有规避《中华人民共和国海关最不发达国家特别优惠关税待遇进口货物原产地管理办法》嫌疑的，该进口货物不得享受特别优惠关税待遇。

8. 其他优惠原产地规则

对于其他优惠原产地规则，特别是《中智自贸协定》规则、《中巴自贸协定》规则、《中新自贸协定》规则、《中国—新加坡自贸协定》规则、《中秘自贸协定》规则、CEPA 中国澳门规则、ECFA 协议规则、《中哥自贸协定》规则、《中冰自贸协定》规则以及《中瑞自贸协定》规则中有关原产地认定标准，请分别参见海关总署第 151 号令、第 162 号令、第 175 号令、第 203 号令、第 186 号令、第 207 号令、第 200 号令、第 202 号令、第 222 号令、第 223 号令和第 198 号令中的相关规定，限于篇幅本书在此不再赘述。

（三）非优惠原产地规则中的原产地认定标准

对于实施最惠国待遇、反倾销和反补贴、保障措施、原产地标记管理、国别数量限制、关税配额等非优惠性贸易措施以及进行政府采购、贸易统计等活动而确定进口货物原产地，适用《中华人民共和国进出口货物原产地条例》中规定的原产地规则。

完全在一个国家（地区）获得的货物，以该国（地区）为原产地；两个以上国家（地区）参与生产的货物，以最后完成实质性改变的国家（地区）为原产地。

上述所称完全在一个国家（地区）获得的货物，是指：

- 在该国（地区）出生并饲养的活的动物；
- 在该国（地区）野外捕捉、捕捞、搜集的动物；
- 从该国（地区）活的动物中获得的未经加工的物品；
- 在该国（地区）收获的植物和植物产品；
- 在该国（地区）采掘的矿物；
- 在该国（地区）获得的除上述第 1～5 项范围之外的其他天然生成的物品；
- 在该国（地区）生产过程中产生的只能弃置或者回收用作材料的废碎料；
- 在该国（地区）收集的不能修复或者修理的物品，或者从该物品中回收的零件或者材料；
- 由合法悬挂该国旗帜的船舶从其领海以外海域获得的海洋捕捞物和其他物品；
- 在合法悬挂该国旗帜的加工船上加工上述第 9 项所列物品获得的产品；
- 从该国领海以外享有专有开采权的海床或者海床底土获得的物品；
- 在该国（地区）完全从上述第 1～11 项所列物品中生产的产品。

在确定货物是否在一个国家（地区）完全获得时，不考虑下列微小加工或者处理：

- 为运输、贮存期间保存货物而作的加工或者处理；
- 为货物便于装卸而作的加工或者处理；
- 为货物销售而作的包装等加工或者处理。

上述规定的实质性改变的确定标准，以税则归类改变为基本标准；税则归类改变不能反映实质性改变的，以从价百分比、制造或者加工工序等为补充标准。

"税则归类改变"标准是指在某一国家（地区）对非该国（地区）原产材料进行制造、加工后，所得货物在《中华人民共和国进出口税则》中的四位数级税目归类发生了变化。

"制造、加工工序"标准是指在某一国家（地区）进行的赋予制造、加工后所得货物基本特征的主要工序。

"从价百分比"标准是指在某一国家（地区）对非该国（地区）原产材料进行制造、加工后的增值部分超过了所得货物价值的 30%。用公式表示如下：

$$\frac{\text{工厂交货价}-\text{非该国（地区）原产材料价值}}{\text{工厂交货价}} \times 100\% \geqslant 30\%$$

其中，"工厂交货价"是指支付给制造厂生产的成品的价格。"非该国（地区）原产材料价值"是指直接用于制造或装配最终产品而进口原料、零部件的价值（含原产地不明的原料、零配件），以其进口"成本、保险费加运费"价格（CIF）计算。

上述"从价百分比"的计算应当符合公认的会计原则及《中华人民共和国进出口关税条例》。

以制造、加工工序和从价百分比为标准判定实质性改变的货物在《适用制造或者加工工序及从价百分比标准的货物清单》中具体列明，并按列明的标准判定是否发生实质性改变。未列入《适用制造或者加工工序及从价百分比标准的货物清单》货物的实质性改变，应当适用税则归类改变标准。《适用制造或者加工工序及从价百分比标准的货物清单》由海关总署会同商务部、国家质量监督检验检疫总局根据实施情况修订并公告。

货物生产过程中使用的能源、厂房、设备、机器和工具的原产地，以及未构成货物物质成分或者组成部件的材料的原产地，不影响该货物原产地的确定。随所装货物进出口的包装、包装材料和容器，在《中华人民共和国进出口税则》中与该货物一并归类的，该包装、包装材料和容器的原产地不影响所装货物原产地的确定；对该包装、包装材料和容器的原产地不再单独确定，所装货物的原产地即为该包装、包装材料和容器的原产地。随所装货物进出口的包装、包装材料和容器，在《中华人民共和国进出口税则》中与该货物不一并归类的，依照《中华人民共和国进出口货物原产地条例》的规定确定该包装、包装材料和容器的原产地。按正常配备的种类和数量随货物进出口的附件、备件、工具和介绍说明性资料，在《中华人民共和国进出口税则》中与该货物一并归类的，该附件、备件、工具和介绍说明性资料的原产地不影响该货物原产地的确定；对该附件、备件、工具和介绍说明性资料的原产地不再单独确定，该货物的原产地即为该附件、备件、工具和介绍说明性资料的原产地。随货物进出口的附件、备件、工具和介绍说明性资料在《中华人民共和国进出口税则》中虽与该货物一并归类，但超出正常配备的种类和数量的，以及在《中华人民共和国进出口税则》中与该货物不一并归类的，依照《中华人民共和国进出口货物原产地条例》的规定确定该附件、备件、工具和介绍说明性资料的原产地。

对货物所进行的任何加工或者处理，是为了规避中华人民共和国关于反倾销、反补贴和保障措施等有关规定的，海关在确定该货物的原产地时可以不考虑这类加工和处理。

二、进出口货物关税税率的适用

（一）关税税率的设置和适用原则

我国进口关税设置最惠国税率、协定税率、特惠税率、普通税率、关税配额税率等税率。对进口货物在一定期限内可以实行暂定税率。

出口关税设置出口税率。对出口货物在一定期限内可以实行暂定税率。

（1）税率适用的基本原则有如下几项。

① 原产于共同适用最惠国待遇条款的世界贸易组织成员的进口货物，原产于与中华人民共和国签订含有相互给予最惠国待遇条款的双边贸易协定的国家或者地区的进口货物，

以及原产于中华人民共和国境内的进口货物，适用最惠国税率。

② 原产于与中华人民共和国签订含有关税优惠条款的区域性贸易协定的国家或者地区的进口货物，适用协定税率。2016年我国实施协定税率的情况包括：对原产于《亚太贸易协定》成员国商品实施亚太贸易协定税率；对原产于文莱、印度尼西亚、马来西亚、新加坡、泰国、菲律宾、越南、缅甸、老挝和柬埔寨的商品实施中国—东盟自由贸易协定税率；对原产于智利的商品实施中国—智利自由贸易协定税率；对原产于巴基斯坦的商品实施中国—巴基斯坦自由贸易协定税率；对原产于新西兰的商品实施中国—新西兰自由贸易协定税率；对原产于新加坡的商品实施中国—新加坡自由贸易协定税率；对原产于秘鲁的商品实施中国—秘鲁自由贸易协定税率；对原产于哥斯达黎加的商品实施中国—哥斯达黎加自由贸易协定税率；对原产于瑞士的商品实施中国—瑞士自由贸易协定税率；对原产于冰岛的商品实施中国—冰岛自由贸易协定税率；对原产于澳大利亚的商品实施中国—澳大利亚自由贸易协定税率；对原产于韩国的商品实施中国—韩国自由贸易协定税率；对原产于中国香港且已制定原产地优惠标准的商品实施零关税；对原产于中国澳门且已制定原产地优惠标准的商品实施零关税；对原产于中国台湾地区的商品实施海峡两岸经济合作框架协议货物贸易早期收获计划协定税率。

③ 原产于与中华人民共和国签订含有特殊关税优惠条款的贸易协定的国家或者地区的进口货物，适用特惠税率。2016年我国对原产于老挝、柬埔寨、缅甸、孟加拉、埃塞俄比亚联邦民主共和国、布隆迪共和国、赤道几内亚共和国、刚果民主共和国、吉布提共和国、几内亚共和国、几内亚比绍共和国、莱索托王国、马达加斯加共和国、马拉维共和国、马里共和国、莫桑比克共和国、南苏丹共和国、塞拉利昂共和国、塞内加尔共和国、苏丹共和国、索马里联邦共和国、坦桑尼亚联合共和国、乌干达共和国、乍得共和国、中非共和国、阿富汗伊斯兰共和国、也门共和国、瓦努阿图共和国、科摩罗联盟、毛里塔尼亚伊斯兰共和国、多哥共和国、利比里亚共和国、卢旺达共和国、安哥拉共和国、赞比亚共和国、尼泊尔联邦民主共和国、尼日尔共和国、贝宁共和国、厄立特里亚国、东帝汶民主共和国、萨摩亚独立国等国家的部分税目商品实施特惠税率。

④ 原产于上述①～③所列以外国家或者地区的进口货物，以及原产地不明的进口货物，适用普通税率。

⑤ 适用最惠国税率的进口货物有暂定税率的，应当适用暂定税率；适用协定税率、特惠税率的进口货物有暂定税率的，应当从低适用税率；适用普通税率的进口货物，不适用暂定税率。

⑥ 适用出口税率的出口货物有暂定税率的，应当适用暂定税率。

⑦ 按照国家规定实行关税配额管理的进口货物（2016年我国对小麦、玉米、稻谷和大米、糖、羊毛、毛条、棉花、化肥等8类47个税目的商品实行关税配额管理），关税配额内的，适用关税配额税率；关税配额外的，其税率的适用按照《中华人民共和国进出口关税条例》的规定执行。

（2）按照有关法律、行政法规的规定对进口货物采取反倾销、反补贴、保障措施的，其税率的适用按照《中华人民共和国反倾销条例》《中华人民共和国反补贴条例》和《中华人民共和国保障措施条例》的有关规定执行。

（3）任何国家或者地区违反与中华人民共和国签订或者共同参加的贸易协定及相关协定，对中华人民共和国在贸易方面采取禁止、限制、加征关税或者其他影响正常贸易的措施的，对原产于该国家或者地区的进口货物可以征收报复性关税，适用报复性关税税率。征收报复性关税的货物、适用国别、税率、期限和征收办法，由国务院关税税则委员会决定并公布。

（二）税率的适用时间

根据《中华人民共和国进出口关税条例》和《中华人民共和国海关进出口货物征税管理办法》的规定，进出口货物应当适用海关接受该货物申报进口或者出口之日实施的税率。

进口货物到达前，经海关核准先行申报的，应当适用装载该货物的运输工具申报进境之日实施的税率。

进口转关运输货物，应当适用指运地海关接受该货物申报进口之日实施的税率；货物运抵指运地前，经海关核准先行申报的，应当适用装载该货物的运输工具抵达指运地之日实施的税率。出口转关运输货物，应当适用启运地海关接受该货物申报出口之日实施的税率。

经海关批准，实行集中申报的进出口货物，应当适用每次货物进出口时海关接受该货物申报之日实施的税率。

因超过规定期限未申报而由海关依法变卖的进口货物，其税款计征应当适用装载该货物的运输工具申报进境之日实施的税率。

因纳税义务人违反规定需要追征税款的进出口货物，应当适用违反规定的行为发生之日实施的税率；行为发生之日不能确定的，适用海关发现该行为之日实施的税率。

已申报进境并放行的保税货物、减免税货物、租赁货物或者已申报进出境并放行的暂时进出境货物，有下列情形之一需缴纳税款的，应当适用海关接受纳税义务人再次填写报关单申报办理纳税及有关手续之日实施的税率：

- 保税货物经批准不复运出境的；
- 保税仓储货物转入国内市场销售的；
- 减免税货物经批准转让或者移作他用的；
- 可暂不缴纳税款的暂时进出境货物，经批准不复运出境或者进境的；
- 租赁进口货物，分期缴纳税款的。

补征或者退还进出口货物税款，应当按照上述规定确定适用的税率。

进出口货物的价格及有关费用以外币计价的，海关按照该货物适用税率之日所适用的计征汇率折合为人民币计算完税价格。完税价格采用四舍五入法计算至分。海关每月使用的计征汇率为上一个月第三个星期三（第三个星期三为法定节假日的，顺延采用第四个星期三）中国人民银行公布的外币对人民币的基准汇率；以基准汇率币种以外的外币计价的，采用同一时间中国银行公布的现汇买入价和现汇卖出价的中间值（人民币元后采用四舍五入法保留 4 位小数）。如果上述汇率发生重大波动，海关总署认为必要时，可以另行规定计征汇率，并且对外公布。

第四节　进出口税费的计算

根据《中华人民共和国进出口关税条例》《中华人民共和国海关进出口货物征税管理办法》以及《中华人民共和国海关征收进口货物滞报金办法》的规定，海关应当根据进出口货物的税则号列、完税价格、原产地、适用的税率和汇率计征税款。关税、进口环节海关代征税、滞纳金等，应当按人民币计征，采用四舍五入法计算至分；滞报金以人民币"元"为计征单位，不足人民币一元的部分免予计征。税款的起征点为人民币50元。

一、进出口关税税款的计算

（一）进口关税税款的计算

海关按照《中华人民共和国进出口关税条例》的规定，以从价、从量或者国家规定的其他方式对进出口货物征收关税。目前，我国进口关税的计征标准主要有从价税、从量税和复合税。

1. 从价税

（1）计算公式。从价税以货物的价格作为计税标准，用货物的完税价格乘以税率作为其应征税额。目前我国对进口商品征收进口税绝大多数都是从价税。

$$从价税应征税额 = 货物的完税价格 \times 从价税税率$$

（2）计算程序。

① 按照商品归类原则确定税则归类，将应税货物归入恰当的税目税号；

② 根据原产地规则和税率适用原则，确定应税货物所适用的税率；

③ 根据完税价格审定办法和规定，确定应税货物的完税价格；

④ 根据汇率适用原则，将以外币计价的完税价格折算成人民币计价的完税价格；

⑤ 按照计算公式计算应征税款。

（3）计算实例。国内某公司从日本购进丰田牌轿车20辆，成交价格合计为FOB横滨800 000.00美元，实际支付运费10 000美元，保险费1 500美元。已知汽车的规格为4座位、排气量为2.5升，计征汇率为1美元＝人民币6.826 5元，计算应征进口关税。

计算方法：

确定税则归类，排气量为2.5升的小轿车归入税目税号8703.2351；

原产国日本适用最惠国税率25%；

审定完税价格为811 500美元（800 000.00美元＋10 000美元＋1 500美元）；

将外币完税价格折算成人民币为5 539 704.75元；

$$
\begin{aligned}
应征进口关税税额 &= 完税价格 \times 从价税税率\\
&= 5\,539\,704.75 \times 25\%\\
&= 1\,384\,926.19（元）
\end{aligned}
$$

2. 从量税

（1）计算公式。从量税是以货物的计量单位如重量、数量、容量等作为计税标准。目前我国对冻鸡、原油、啤酒和胶卷等进口商品征收从量关税。

从量税应征税额 = 货物数量 × 单位税额

（2）计算程序

① 按照商品归类原则确定税则归类，将应税货物归入恰当的税目税号；

② 根据原产地规则和税率适用原则，确定应税货物所适用的税率；

③ 确定其实际进口量；

④ 按照计算公式计算应征税款。

（3）计算实例。国内某公司从日本购进富士彩色摄影胶卷 10 500 卷，胶卷规格为每卷长度 = 1 180 毫米、宽度 = 35 毫米，计量单位换算标准为 1 卷 = 0.041 3 平方米，计算应征进口关税。

计算方法：

确定税则归类，规格为每卷长度 = 1 180 毫米、宽度 = 35 毫米的彩色胶卷归入税目税号 3702.5410；

原产地日本适用最惠国税率 22 元/平方米；

确定其实际进口量为 10 500 卷 × 0.041 3 平方米/卷 = 433.65 平方米；

应征进口关税税额 = 货物数量 × 单位税额

= 433.65 平方米 × 22 元/平方米

= 9 540.30（元）

3. 复合税

（1）计算公式。复合税是指在海关税则中，一个税目中的商品同时使用从价、从量两种标准计税，计税时按两种标准合并计征的一种关税。目前我国对录像机、放像机、摄像机、摄录一体机以及数字照相机等进口商品征收复合税。

复合税应征税额 = 货物的完税价格 × 从价税税率 + 货物数量 × 单位税额

（2）计算程序。

① 按照商品归类原则确定税则归类，将应税货物归入恰当的税目税号；

② 根据原产地规则和税率适用原则，确定应税货物所适用的税率；

③ 根据完税价格审定办法和规定，确定应税货物的完税价格；

④ 根据汇率适用原则，将以外币计价的完税价格折算成人民币计价的完税价格；

⑤ 确定其实际进口量；

⑥ 按照计算公式计算应征税款。

（3）计算实例。国内某公司从日本购进索尼牌广播级录像机 150 台，每台 CIF 天津价格为 4 500 美元，已知计征汇率为 1 美元 = 人民币 6.826 5 元，计算应征进口关税。

计算方法：

确定税则归类，广播级录像机归入税目税号 8521.1011；

原产国日本适用最惠国税率，每台征收从量税税额 3 283 元，加上 3% 从价税；

审定完税价格为 675 000.00 美元（4 500 美元/台 × 150 台）；

将外币完税价格折算成人民币为 4 607 887.50 元；

应征进口关税税额 = 货物的完税价格 × 从价税税率 + 货物数量 × 单位税额

= 4 607 887.50 元 × 3% + 150 台 × 3 283 元/台

$$= 138\ 236.63\ 元 + 492\ 450.00\ 元$$
$$= 630\ 686.63（元）$$

（二）出口关税税款的计算

1. 计算公式

2016 年我国对鳗鱼苗、部分有色金属矿砂石及其精矿等总计 250 个 8 位编码的商品征收出口关税。征收的出口关税都是以从价税形式计征（个别商品如尿素、硫酸钾等出口暂定税率为从量计征）。

应征出口关税税额 = 出口货物完税价格 × 出口关税税率

其中：出口货物完税价格 = FOB 价格 ÷（1 + 出口关税税率）。

2. 计算程序

① 按照商品归类原则确定税则归类，将应税货物归入恰当的税目税号；

② 根据税率适用原则，确定应税货物所适用的税率；

③ 根据完税价格审定办法，确定应税货物的 FOB 价格；

④ 根据汇率适用原则，将以外币计价的 FOB 价格折算成人民币；

⑤ 按照计算公式计算应征出口关税税款。

3. 计算实例

国内某企业出口铝废碎料 168 吨，每吨价格为 FOB 天津 135 美元，已知计征汇率为 1 美元 = 人民币 6.826 5 元，计算应征出口关税。

计算方法：

确定税则归类，该批铝废碎料归入税目税号 7602.0000；

铝废碎料的出口税则税率为 30%，出口暂定税率为 15%，根据税率适用原则，适用出口税率的出口货物有暂定税率的，应当适用暂定税率；

审定该批货物的 FOB 价格为 22 680.00 美元（135 美元/吨 × 168 吨）；

将外币价格折算成人民币为 154 825.02 元；

应征出口关税税额 = FOB 价格 ÷（1 + 出口关税税率）× 出口关税税率

$$= 154\ 825.02\ 元 ÷（1+15\%）× 15\%$$
$$= 134\ 630.45 × 15\%$$
$$= 20\ 194.57（元）$$

二、进口环节税的计算

（一）消费税税款的计算

1. 计算公式

从价征收的消费税按照组成的计税价格计算，我国消费税采用价内税的计税方法，即计税价格的组成中包括了消费税税额，其计算公式为

组成计税价格 =（关税完税价格 + 实征关税税额）÷（1 − 消费税税率）

应纳消费税税额 = 组成计税价格 × 消费税税率

从量征收的消费税的计算公式为

应纳消费税税额 = 应征消费税消费品数量 × 单位税额

复合消费税是实行从量、从价两种征税方法之和，其计算公式为

应纳消费税税额 = 应征消费税消费品数量 × 单位税额 + 组成计税价格 × 消费税税率

2. 计算程序

（1）按照商品归类原则确定税则归类，将应税货物归入恰当的税目税号；

（2）根据有关规定，确定应税货物所适用的税率；

（3）确定应税货物的组成计税价格；

（4）根据汇率适用原则，将外币折算成人民币；

（5）按照计算公式计算消费税税款。

3. 计算实例

实例 1：

国内某公司从日本购进丰田牌轿车 20 辆，成交价格合计为 FOB 横滨 800 000.00 美元，实际支付运费 10 000 美元，保险费 1 500 美元。已知汽车的规格为 4 座位、排气量为 2.5 升，计征汇率为 1 美元 = 人民币 6.826 5 元，计算应征进口环节消费税。

计算方法：

确定税则归类，排气量为 2.5 升的小轿车归入税目税号 8703.2351；

原产国日本进口关税适用最惠国税率 25%，排气量为 2.5 升的小轿车进口消费税税率为 9%；

审定关税完税价格为 811 500 美元（800 000.00 美元 + 10 000 美元 + 1 500 美元）；

将外币关税完税价格折算成人民币为 5 539 704.75 元；

应征进口关税税额 = 完税价格 × 从价税税率

= 5 539 704.75 × 25%

= 1 384 926.19（元）

消费税组成计税价格 =（关税完税价格 + 实征关税税额）÷（1 − 消费税税率）

=（5 539 704.75 元 + 1 384 926.19 元）÷（1 − 9%）

= 7 609 484.55（元）

应纳消费税税额 = 组成计税价格 × 消费税税率

= 7 609 484.55 元 × 9%

= 684 853.61（元）

实例 2：

国内某进出口公司进口英国产威士忌酒 5 600 升，计量单位换算标准为 1 升 = 0.912 千克。经海关审核该批货物成交价格总值为 CIF 天津 31 650 美元，计征汇率为 1 美元 = 人民币 6.826 5 元，计算应征进口环节消费税。

计算方法：

确定税则归类，威士忌酒归入税目税号 2208.3000；

原产于英国威士忌酒的进口关税适用最惠国税率 10%，进口消费税复合征收，税率为从价 20% 再加上每千克 1 元的从量税。

审定关税完税价格为 31 650.00 美元；

将外币关税完税价格折算成人民币为 216 058.73 元；

应征进口关税税额 = 完税价格 × 从价税税率 = 216 058.73 元 × 10% = 21 605.87（元）

消费税组成计税价格 =（关税完税价格 + 实征关税税额）÷（1 - 消费税税率）

$$= （216\ 058.73\ 元 + 21\ 605.87\ 元）÷（1 - 20\%）$$

$$= 297\ 080.74（元）$$

确定其实际进口量为 5 600 升 × 0.912 千克/升 = 5 107.2 千克；

应纳消费税税额 = 应征消费税消费品数量 × 单位税额 + 组成计税价格 × 消费税税率

$$= 5\ 107.2\ 千克 × 1\ 元/千克 + 297\ 080.74\ 元 × 20\%$$

$$= 64\ 523.35（元）$$

（二）增值税税款的计算

1. 计算公式

进口环节增值税以组成价格作为计税价格，征税时不得抵扣任何税额。其组成价格由关税完税价格加上关税组成；对于应征消费税的品种，其组成价格还要加上消费税。现行增值税的组成价格和应纳税额计算公式为

组成价格 = 关税完税价格 + 实征关税税额 + 实征消费税税额

应纳增值税税额 = 组成价格 × 增值税税率

2. 计算程序

首先计算关税税额；征收消费税的还需要计算消费税税额；最后确定增值税的组成价格，计算增值税税额。

3. 计算实例

国内某公司从日本购进丰田牌轿车 20 辆，成交价格合计为 FOB 横滨 800 000.00 美元，实际支付运费 10 000 美元，保险费 1 500 美元。已知汽车的规格为 4 座位、排气量为 2.5 升，计征汇率为 1 美元 = 人民币 6.826 5 元，计算应纳进口环节增值税税额。

计算方法：

确定税则归类，排气量为 2.5 升的小轿车归入税目税号 8703.2351；

原产国日本进口关税适用最惠国税率 25%，排气量为 2.5 升的小轿车进口消费税税率为 9%，增值税税率 17%；

审定关税完税价格为 811 500 美元（800 000.00 美元 + 10 000 美元 + 1 500 美元）；

将外币关税完税价格折算成人民币为 5 539 704.75 元；

应征进口关税税额 = 完税价格 × 从价税税率

$$= 5\ 539\ 704.75 × 25\%$$

$$= 1\ 384\ 926.19（元）$$

消费税组成计税价格 =（关税完税价格 + 实征关税税额）÷（1 - 消费税税率）

$$= （5\ 539\ 704.75\ 元 + 1\ 384\ 926.19\ 元）÷（1 - 9\%）$$

$$= 7\ 609\ 484.55（元）$$

应纳消费税税额 = 组成计税价格 × 消费税税率

$$= 7\ 609\ 484.55\ 元 × 9\%$$

$$= 684\ 853.61（元）$$

$$增值税组成价格 = 关税完税价格 + 实征关税税额 + 实征消费税税额$$
$$= 5\ 539\ 704.75\ 元 + 1\ 384\ 926.19\ 元 + 684\ 853.61\ 元$$
$$= 7\ 609\ 484.55\ （元）$$
$$应纳增值税税额 = 组成价格 \times 增值税税率$$
$$= 7\ 609\ 484.55\ 元 \times 17\%$$
$$= 1\ 293\ 612.37\ （元）$$

三、船舶吨税的计算

（一）计算方法

首先确定船舶吨税税率，然后再计算税款。计算公式为

$$船舶吨税 = 净吨位 \times 吨税税率（元/净吨）$$

（二）计算实例

有一韩国籍净吨位为 8 200 吨的轮船停靠在天津新港装卸货物，纳税义务人自行选择 90 天期缴纳船舶吨税，计算应征的船舶吨税。

韩国籍轮船适用船舶吨税优惠税率，净吨位 8 200 吨的轮船 90 天期的优惠税率为 5.8 元/净吨。

$$应征船舶吨税 = 净吨位 \times 吨税税率（元/净吨）$$
$$= 8\ 200 \times 5.8$$
$$= 47\ 560.00\ （元）$$

四、滞纳金和滞报金的计算

（一）滞纳金的计算

1. 计算方法

关税、进口环节增值税、消费税、船舶吨税等的纳税义务人或其代理人，应当自海关填发税款缴款书之日起 15 日内向指定银行缴纳税款。逾期缴纳税款的，由海关自缴款期限届满之日起至缴清税款之日止，按日加收滞纳税款 0.5‰ 的滞纳金。滞纳金的计算公式为：

$$关税滞纳金金额 = 滞纳关税税额 \times 0.5‰ \times 滞纳天数$$
$$代征税滞纳金金额 = 滞纳代征税税额 \times 0.5‰ \times 滞纳天数$$

2. 计算实例

国内某公司从日本购进丰田牌轿车 20 辆，已知该批货物应纳进口关税税额为人民币 1 384 926.19 元，应纳消费税税额为人民币 684 853.61 元，应纳增值税税额为人民币 1 293 612.37 元。海关于 2016 年 3 月 16 日填发《海关专用缴款书》，该公司于 2016 年 4 月 15 日缴纳税款。计算该公司应缴纳的滞纳金。

首先确定滞纳天数，税款缴款期限为 2016 年 3 月 31 日，4 月 1 日—4 月 15 日为滞纳期，共滞纳 15 天。

$$关税滞纳金金额 = 滞纳关税税额 \times 0.5‰ \times 滞纳天数$$
$$= 1\ 384\ 926.19\ 元 \times 0.5‰ \times 15$$

$$= 10\ 386.95（元）$$

进口环节消费税滞纳金 = 进口环节消费税税额 × 0.5‰ × 滞纳天数

$$= 684\ 853.61\ 元 × 0.5‰ × 15$$

$$= 5\ 136.40（元）$$

进口环节增值税滞纳金 = 进口环节增值税税额 × 0.5‰ × 滞纳天数

$$= 1\ 293\ 612.37\ 元 × 0.5‰ × 15$$

$$= 9\ 702.09（元）$$

（二）滞报金的计算

1. 计算方法

进口货物的收货人应当自运输工具申报进境之日起 14 日内向海关申报，超过规定期限向海关申报的，由海关征收滞报金。滞报金按日计征，以自运输工具申报进境之日起第 15 日为起征日，以海关接受申报之日为截止日，除另有规定外，起征日和截止日均计入滞报期间。滞报金的日征收金额为进口货物完税价格的 0.5‰，以人民币"元"为计征单位，不足人民币 1 元的部分免予计征。

征收滞报金的计算公式为

$$应征滞报金金额 = 进口货物完税价格 × 0.5‰ × 滞报期间$$

2. 计算实例

某一运输工具装载某进出口企业购买进口的轿车于 2016 年 4 月 1 日申报进境，但该进出口企业于 2016 年 4 月 29 日才向海关申报进口该批轿车。该批轿车的完税价格为人民币 5 539 704.75 元。计算应缴纳滞报金。

首先确定滞报天数，该批货物的申报期限为 2016 年 4 月 15 日，4 月 16 日—4 月 29 日为滞报期间，共滞报 14 天。

$$应征滞报金金额 = 进口货物完税价格 × 0.5‰ × 滞报期间$$

$$= 5\ 539\ 704.75\ 元 × 0.5‰ × 14$$

$$= 38\ 777（元）$$

第五节　进出口税费的缴纳、减免及退补

一、进出口税费的缴纳

（一）缴纳地点和方式

目前，纳税义务人向海关缴纳税款的地点主要以进出口地纳税为主，也有部分企业经海关批准采取属地纳税方式。进出口地纳税是指货物在设有海关的进出口地纳税。属地纳税是指进出口货物应缴纳的税款由纳税义务人所在地主管海关征收，纳税义务人在所在地缴纳税款。

纳税义务人向海关缴纳税款的方式主要有两种：一种是持税款缴款书向指定银行办理税费交付手续；另一种是向签有协议的银行办理网上电子交付税费的手续。

除另有规定外，在通关无纸化模式下，参与税费电子支付业务的进出口企业应在海关审结报关单生成电子税款信息之日起 10 日内，通过第三方支付平台向商业银行发送税款预扣指令。未在规定期限内发送预扣指令的，将直接转为柜台支付，海关填发税款缴款书。企业应当按照《中华人民共和国海关法》规定，自海关填发税款缴款书之日起 15 日内缴纳税款；逾期缴纳的，海关应征收滞纳金。

（二）缴纳凭证

1. 进出口关税和进口环节税的缴纳凭证

海关征收进出口关税和进口环节税时，向纳税义务人或其代理人填发"海关专用缴款书"（含关税、进口环节税）。纳税义务人或其代理人持"海关专用缴款书"向银行缴纳税款。海关税款缴款书一式六联，第一联（收据）由银行收款签章后交缴款单位或者纳税义务人；第二联（付款凭证）由缴款单位开户银行作为付出凭证；第三联（收款凭证）由收款国库作为收入凭证；第四联（回执）由国库盖章后退回海关财务部门；第五联（报查）国库收款后，关税专用缴款书退回海关，海关代征税专用缴款书送当地税务机关；第六联（存根）由填发单位存查。

纳税义务人应当自海关填发税款缴款书之日起 15 日内向指定银行缴纳税款。缴款期限届满日遇星期六、星期日等休息日或者法定节假日的，应当顺延至休息日或者法定节假日之后的第一个工作日。国务院临时调整休息日与工作日的，海关应当按照调整后的情况计算缴款期限。逾期缴纳税款的，由海关自缴款期限届满之日起至缴清税款之日止，按日加收滞纳税款 0.5‰的滞纳金。

纳税义务人向银行缴纳税款后，应当及时将盖有证明银行已收讫税款的业务印章的税款缴款书送交填发海关验核，海关据此办理核注手续。

纳税义务人缴纳税款前不慎遗失税款缴款书的，可以向填发海关提出补发税款缴款书的书面申请。海关应当自接到纳税义务人的申请之日起 2 个工作日内审核确认并重新予以补发。海关补发的税款缴款书内容应当与原税款缴款书完全一致。

纳税义务人缴纳税款后遗失税款缴款书的，可以自缴纳税款之日起 1 年内向填发海关提出确认其已缴清税款的书面申请，海关经审查核实后，应当予以确认，但不再补发税款缴款书。

2. 滞纳金的缴纳凭证

海关征收进口货物的关税、进口环节增值税、消费税、船舶吨税等的滞纳金时，应向纳税义务人或其代理人填发"海关专用缴款书"。纳税义务人应当自海关填发滞纳金缴款书之日起 15 日内向指定银行缴纳滞纳金。滞纳金缴款书的格式与税款缴款书相同。

3. 滞报金的缴纳凭证

海关征收进口货物滞报金时，应当向收货人出具滞报金缴款通知书。海关收取滞报金后，应当向收货人出具财政部统一印（监）制的票据。收货人持票据到海关指定的部门或者开户银行缴款，海关凭指定部门或者银行加盖收讫章的票据予以核注。若通过中国电子口岸"网上税费支付"系统缴纳滞报金的，按照"网上税费支付"的操作程序办理滞报金的征收手续。

（三）汇总征税

为提高贸易便利化，降低通关成本，海关对符合条件的进出口纳税义务人在一定时期内多次进出口货物应纳税款实施汇总计征。适用汇总征税模式的企业应是进出口报关单上的经营单位，并且符合以下条件：

- 海关税费电子支付系统用户；
- 企业类别为一般认证及以上；
- 上一自然年的月均纳税次数不低于4次；
- 企业申报符合规范要求，提供海关单证审核必要的资料和信息，遵守海关税收征管法律法规，纳税及时；
- 无其他不适合汇总征税的情形。

为汇总征税企业提供总担保的银行应符合以下条件：

- 具有良好的资信和较大的资产规模；
- 无滞压或延迟海关税款入库情况；
- 承诺对企业担保期限内申报进出口货物应纳税款、滞纳金承担足额、及时汇总缴纳的保付责任；
- 与海关建立保函真伪验核机制。

企业应向注册地直属海关关税职能部门（简称属地关税职能部门）申请开展汇总征税，提交《汇总征税企业专项评估表》（简称《评估表》），并列明拟开展汇总征税的一个或多个直属海关。属地关税职能部门受理申请后，应在15个工作日内对企业资信进行专项评估，确认担保适用范围，完成企业信息备案。有特殊情况的，评估时间可延长15个工作日。通过资信评估的企业应向属地关税职能部门提交总担保。总担保形式包括保证金和保函。保函受益人包括企业注册地直属海关以及其他拟汇总征税的直属海关。

企业申报时选择"汇总征税"模式，录入总担保备案编号。一份报关单只能填制一个总担保备案编号。报关单打印时显示"汇总征税"字样。

海关确认担保额度扣减成功，且无布控查验等其他海关要求事项，即可实施现场卡口放行。有布控查验等其他海关要求事项的，按有关规定办理。

汇总征税报关单采用有纸模式的，企业应在办结实货放行手续之日起10日内递交纸质报关单证。至当月底不足10日的，应在当月底前递交。超期交单的，按照规定办理。企业应于每月第5个工作日结束前完成上月应纳税款的汇总支付，且不得再选择电子支付担保方式。税款原则上不得跨年缴纳。

企业未按规定缴纳税款的，海关径行打印海关税款缴款书，交付或通知企业履行纳税义务；企业未在税款缴款书规定的期限内缴税的，海关办理保证金转税手续或通知担保银行履行担保纳税义务。

汇总征税额度的扣减和恢复只对应应纳税款，如有滞报金等其他费用，企业应在货物放行前缴清。

企业出现欠税风险，征税地直属海关关税职能部门（简称"征税地关税职能部门"）可冻结企业总担保备案，暂停其汇总征税。

企业可根据进出口业务需要，向属地关税职能部门申请企业信息备案和总担保备案资料的变更。企业有下列情形之一的，属地关税职能部门应取消其汇总征税资格，并制发《取消适用汇总征税作业模式告知书》：

- 违反上述列明的适用汇总征税模式的企业条件相关海关管理规定的；
- 一个自然年度内未按规定及时缴纳税款两次以上的；
- 存在少缴或漏缴税款等税收征管风险的。

属地和征税地关税职能部门每年年底对本关区内登记总担保备案和开展汇总征税的企业实施纳税信用评估，发现企业有上述所列取消汇总征税资格情形的，征税地海关联系属地关税职能部门应取消其汇总征税资格。担保银行有下列情形之一的，属地关税职能部门不予接受其出具的保函：

- 不具备资金偿付能力的；
- 滞压海关税款的；
- 拒不履行担保赔付责任的；
- 不配合海关税收征管工作的。

（四）加工贸易内销集中征税

加工贸易内销集中征税是指符合条件的加工贸易企业先行内销加工贸易保税货物，再集中向主管海关办理内销纳税手续。海关特殊监管区域内企业（H 账册企业）、区外联网监管企业（E 账册企业）按各自原有规定办理内销集中纳税手续，区外非联网监管的 B 类及以上企业①按如下规定办理内销集中纳税手续。

企业采用集中纳税模式办理内销手续，需事先向海关提交《集中办理内销纳税手续情况表》备案，并按规定提供相应担保。企业有下列情形之一的，海关不予办理：

- 涉嫌走私、违规已被海关立案调查、侦查，案件未审结的；
- 有逾期未报核加工贸易手册的；
- 因为管理混乱被海关要求整改，在整改期内的。

企业办理内销集中纳税，应按以下要求向海关提供担保：

AA、A 类企业无需提供担保，B 类企业需提供有效担保，可采用海关保证金或有效期内银行保函两种形式；

B 类企业保证金（保函）金额=企业计划月内销纳税金额×50%

其中，企业计划月内销纳税金额=企业计划月内销货物金额×企业申请时汇率×综合税率（22%）

B 类企业有下列情形之一的，或主管海关有理由认为企业存在较高风险的，海关可视风险程度要求企业缴纳相当于企业月计划内销纳税金额的全额保证金（保函）：

- 租赁厂房或者设备的；
- 加工贸易手册两次或者两次以上延期的。

企业在加工贸易手册设立环节已缴纳保证金，且已缴纳保证金金额超过上述计算的保证金应缴金额的，无须重复缴纳；但若在企业内销集中征税期间，在手册设立环节缴纳保

---

① 这一企业分类是在《中华人民共和国海关企业信用管理暂行办法》（海关总署第 225 号令）发布之前依据《中华人民共和国海关企业分类管理办法》的规定进行的分类，下同。

证金金额的手册已核销结案、手册设立环节征收的保证金已退还而导致保证金金额不足时，应补缴相应保证金或变更保函金额；

企业月度内销纳税金额超出申请的月计划内销纳税金额时，应在额度超出前到主管海关补缴相应保证金或变更保函金额。

企业内销加工贸易货物后，须在当月月底前向主管海关集中办理《加工贸易内销征税联系单》，且不得超过手册有效期。

已适用内销集中纳税的加工贸易企业，有下列情形之一的，终止适用内销集中纳税：

- 企业涉嫌走私、违规，被海关立案调查、侦查，案件未审结的；
- 企业一年内月实际内销征税金额超过月计划纳税金额两次及以上，未及时到海关办理相应手续的；
- 企业内销加工贸易货物后，未经海关批准不在规定时间内向主管海关办理集中申报手续的；
- 企业先行内销加工贸易货物后无法按规定提交商务主管部门《加工贸易保税进口料件内销批准证》及其他许可证件的；
- 企业手册到期未及时办理报核手续的；
- 因管理混乱被海关要求整改的；
- 企业被降为 C、D 类的；
- 企业自主申请终止资格的。

企业终止内销集中征税，海关应在企业履行完纳税手续后为其办理保证金退还手续。

采用内销集中纳税的企业应及时填写《集中办理内销纳税手续发货记录单》，并在上述规定的时间内，按规定凭商务主管部门《加工贸易保税进口料件内销批准证》办理内销申报手续。

加工贸易企业内销商品中如涉及许可证件管理的商品，应当取得相应许可证件后，向海关办理内销集中申报手续。

已取消商务主管部门《加工贸易保税进口料件内销征税批准证》审批省份的企业，办理内销集中申报手续时，不再收取《加工贸易保税进口料件内销征税批准证》。

二、进出口税费的减免

（一）进出口关税和进口环节税的减免

进出口关税和进口环节税的减免可分为三种类型，即法定减免税、特定减免税和临时减免税。

1. 法定减免税

法定减免税是指进出口货物按照《中华人民共和国海关法》《中华人民共和国进出口关税条例》和其他法律、行政法规的规定可以享受的减免税优惠。纳税义务人进出口减免税货物，应当在货物进出口前，按照规定持有关文件向海关办理减免税审批手续。下列减免税进出口货物无须办理减免税审批手续，属法定减免税货物：

- 关税、进口环节增值税或者消费税税额在人民币 50 元以下的一票货物；

- 无商业价值的广告品和货样；
- 在海关放行前遭受损坏或者损失的货物；
- 进出境运输工具装载的途中必需的燃料、物料和饮食用品；
- 其他无须办理减免税审批手续的减征或者免征税款的货物。

上述第 3 项所列货物，纳税义务人应当在申报时或者自海关放行货物之日起 15 日内书面向海关说明情况，提供相关证明材料。海关认为需要时，可以要求纳税义务人提供具有资质的商品检验机构出具的货物受损程度的检验证明书。海关根据实际受损程度予以减征或者免征税款。

2. 特定减免税

特定减免税是指海关根据国家政策规定，对特定地区和特定用途的进口货物给予的减免税优惠，也称政策性减免税。特定减税或者免税的范围和办法由国务院规定，海关根据国务院的规定单独或会同其他主管部门订出具体实施办法并加以贯彻执行。

目前实施特定减免税的情况主要包括以下几种。

（1）特定地区进口货物。

- 保税区进口区内生产性的基础设施建设项目所需的机器、设备和其他基建物资；区内企业自用的生产、管理设备和自用合理数量的办公用品及其所需的维修使用零配件，生产用燃料，建设生产厂房、仓储设施所需的物资、设备；以及保税区行政管理机构自用合理数量的管理设备和办公用品及其所需的维修使用零配件，均予以免税。
- 出口加工区进口区内生产性的基础设施建设项目所需的机器、设备和建设生产厂房、仓储设施所需的基建物资；区内企业生产所需的机器、设备、模具及其维修使用零配件；以及区内企业和行政管理机构自用合理数量的办公用品，均予以免税。
- 从境外进入保税物流园区的货物，包括园区的基础设施建设项目所需的设备、物资等；园区企业为开展业务所需的机器、装卸设备、仓储设施、管理设备及其维修使用消耗品、零配件及工具；以及园区行政管理机构及其经营主体和园区企业自用合理数量的办公用品等，海关予以办理免税手续。
- 从境外进入保税港区内生产性的基础设施建设项目所需的机器、设备和建设生产厂房、仓储设施所需的基建物资；区内企业生产所需的机器、设备、模具及其维修使用零配件；以及区内企业和行政管理机构自用合理数量的办公用品，海关免征进口关税和进口环节海关代征税。
- 对境内区外进入所有海关特殊监管区域用于建区和企业厂房基础建设的，属于取消出口退税或加征出口关税的基建物资，入区时不予退税，海关办理登记手续，不征收出口关税。对具有保税加工功能的出口加工区、保税港区、综合保税区、珠澳跨境工业区（珠海园区）和中哈霍尔果斯国际边境合作中心（中方配套区域）的区内生产企业在国内（境内区外）采购用于生产出口产品的原材料，进区时不征收出口关税。

（2）特定用途进口货物。

- 国内投资项目。符合《产业结构调整指导目录》鼓励类的国内投资项目，在投资总额内进口的自用设备以及按照合同规定随设备进口的技术及配套件、备件，除《国内投资项目不予免税的进口商品目录》和《进口不予免税的重大技术装备和产品目录》所列商品外，免征关税。

- 利用外资项目。对属于《外商投资产业指导目录（2015年修订）》鼓励类范围的外商投资项目（包括增资项目），在投资总额内进口的自用设备以及按照合同随上述设备进口的技术和配套件、备件，除《外商投资项目不予免税的进口商品目录》和《进口不予免税的重大技术装备和产品目录》所列商品外，按照《国务院关于调整进口设备税收政策的通知》（国发〔1997〕37号）、海关总署公告2008年第103号及其他相关规定，免征关税。外国政府贷款和国际金融组织贷款项目、外商提供不作价进口设备的加工贸易企业、中西部地区外商投资优势产业项目以及外商投资企业和外商投资设立的研究中心利用自有资金进行技术改造项目进口自用设备以及按照合同随上述设备进口的技术及配套件、备件，除《外商投资项目不予免税的进口商品目录》和《进口不予免税的重大技术装备和产品目录》所列商品外，免征关税。
- 外国政府、国际组织的无偿援助项目、扶贫、救灾、慈善捐赠项目进口的物资免征关税和进口环节增值税、消费税。
- 科研单位和学校在自用合理数量范围内进口国内不能生产的、直接用于教学和科研的设备和用品免征进口关税和进口环节增值税、消费税。
- 进口的残疾人专用物品和专用设备免征进口关税和进口环节增值税、消费税。
- 国有公益性收藏单位以从事永久收藏、展示和研究等公益性活动为目的，以接受境外捐赠（指境外机构、个人将合法所有的藏品无偿捐献给国有公益性收藏单位的行为）、归还（指境外机构、个人将持有的原系从中国劫掠、盗窃、走私或以其他方式非法出境的藏品无偿交还给国有公益性收藏单位的行为）、追索（指国家主管文化文物行政管理部门依据有关国际公约从境外索回原系从中国劫掠、盗窃、走私或以其他方式非法出境的藏品的行为）和购买（指国有公益性收藏单位通过合法途径从境外买入藏品的行为）等方式进口的藏品，免征关税和进口环节增值税、消费税。
- 为提高我国企业的核心竞争力及自主创新能力，促进装备制造业的发展，符合规定条件的国内企业为生产《国家支持发展的重大技术装备和产品目录》中所列装备或产品而确有必要进口《重大技术装备和产品进口关键零部件及原材料商品目录》中所列商品的，免征关税和进口环节增值税。

3. 临时减免税

临时减免税是指法定减免税和特定减免税以外的其他减免税，是由国务院根据某个单位、某类商品、某个时期或某批货物的特殊情况，按规定给予特别的临时性的减免税优惠。临时性减免税一般是"一案一批"。

（二）滞纳金、滞报金的减免

1. 滞纳金的减免

滞纳金的起征额为人民币50元，不足50元的免予征收。海关对未履行税款给付义务的纳税义务人征收税款滞纳金，符合下列情形之一的，海关可以依法减免税款滞纳金：

- 纳税义务人确因经营困难,自海关填发税款缴款书之日起在规定期限内难以缴纳税款,但在规定期限届满后 3 个月内补缴税款的;
- 因不可抗力或者国家政策调整原因导致纳税义务人自海关填发税款缴款书之日起在规定期限内无法缴纳税款,但在相关情形解除后 3 个月内补缴税款的;
- 货物放行后,纳税义务人通过自查发现少缴或漏缴税款并主动补缴的;
- 经海关总署认可的其他特殊情形。

在办理税款滞纳金减免手续时,纳税义务人应按照海关要求提交以下材料:

- 报关单及随附资料复印件;
- 滞纳金缴款书复印件;
- 已补缴税款的税单复印件;
- 属于货物放行后,纳税义务人通过自查发现少缴或漏缴税款并主动补缴的情形的,需提供自查情况报告;
- 海关认为需要提供的其他材料。

纳税义务人应声明对上述材料的真实性、合法性、有效性承担法律责任。

2. 滞报金的减免

有下列情形之一的,进口货物收货人可以向申报地海关申请减免滞报金:

- 政府主管部门有关贸易管理规定变更,要求收货人补充办理有关手续或者政府主管部门延迟签发许可证件,导致进口货物产生滞报的;
- 产生滞报的进口货物属于政府间或国际组织无偿援助和捐赠用于救灾、社会公益福利等方面的进口物资或其他特殊货物的;
- 因不可抗力导致收货人无法在规定期限内申报,从而产生滞报的;
- 因海关及相关司法、行政执法部门工作原因致使收货人无法在规定期限内申报,从而产生滞报的;
- 其他特殊情况经海关批准的。

进口货物收货人申请减免滞报金的,应当自收到海关滞报金缴款通知书之日起 30 个工作日内,以书面形式向申报地海关提交申请书,申请书应当加盖公章。进口货物收货人提交申请材料时,应当同时提供政府主管部门或者相关部门出具的相关证明材料。收货人应当对申请书以及相关证明材料的真实性、合法性、有效性承担法律责任。

有下列情形之一的,海关不予征收滞报金:

- 收货人在运输工具申报进境之日起超过 3 个月未向海关申报,进口货物被依法变卖处理,余款按《中华人民共和国海关法》规定上缴国库的;
- 进口货物收货人在申报期限内,根据《中华人民共和国海关法》有关规定向海关提供担保,并在担保期限内办理有关进口手续的;
- 进口货物收货人申报后依法撤销原报关单电子数据重新申报,因删单重报产生滞报的;
- 进口货物办理直接退运的;
- 进口货物应征收滞报金金额不满人民币 50 元的。

三、税款退还

海关发现多征税款的，应当立即通知纳税义务人办理退税手续。纳税义务人应当自收到海关通知之日起 3 个月内办理有关退税手续。纳税义务人发现多缴纳税款的，自缴纳税款之日起 1 年内，可以向海关申请退还多缴的税款并加算银行同期活期存款利息。纳税义务人向海关申请退还税款及利息时，应当提交《退税申请书》、原税款缴款书以及可以证明应予退税的材料。

已缴纳税款的进口货物，因品质或者规格原因原状退货复运出境的，纳税义务人自缴纳税款之日起 1 年内，可以向海关申请退税。纳税义务人向海关申请退税时，应当提交《退税申请书》；原进口报关单、税款缴款书、发票；货物复运出境的出口报关单；收发货人双方关于退货的协议。

已缴纳出口关税的出口货物，因品质或者规格原因原状退货复运进境，并已重新缴纳因出口而退还的国内环节有关税收的，纳税义务人自缴纳税款之日起 1 年内，可以向海关申请退税。纳税义务人向海关申请退税时，应当提交《退税申请书》；原出口报关单、税款缴款书、发票；货物复运进境的进口报关单；收发货人双方关于退货的协议和税务机关重新征收国内环节税的证明。

已缴纳出口关税的货物，因故未装运出口申报退关的，纳税义务人自缴纳税款之日起 1 年内，可以向海关申请退税。纳税义务人向海关申请退税时，应当提交《退税申请书》、原出口报关单和税款缴款书。

散装进出口货物发生短装并已征税放行的，如果该货物的发货人、承运人或者保险公司已对短装部分退还或者赔偿相应货款，纳税义务人自缴纳税款之日起 1 年内，可以向海关申请退还进口或者出口短装部分的相应税款。纳税义务人向海关申请退税时，应当提交《退税申请书》，原进口或者出口报关单、税款缴款书、发票；具有资质的商品检验机构出具的相关检验证明书；已经退款或者赔款的证明文件。

进出口货物因残损、品质不良、规格不符原因，或者发生上述散装货物短装以外的货物短少的情形，由进出口货物的发货人、承运人或者保险公司赔偿相应货款的，纳税义务人自缴纳税款之日起 1 年内，可以向海关申请退还赔偿货款部分的相应税款。纳税义务人向海关申请退税时，应当提交《退税申请书》，原进口或者出口报关单、税款缴款书、发票；已经赔偿货款的证明文件。

海关收到纳税义务人的退税申请后应当进行审核。纳税义务人提交的申请材料齐全且符合规定形式的，海关应当予以受理，并以海关收到申请材料之日作为受理之日；纳税义务人提交的申请材料不全或者不符合规定形式的，海关应当在收到申请材料之日起 5 个工作日内一次告知纳税义务人需要补正的全部内容，并以海关收到全部补正申请材料之日为海关受理退税申请之日。海关应当自受理退税申请之日起 30 日内查实并通知纳税义务人办理退税手续或者不予退税的决定。纳税义务人应当自收到海关准予退税的通知之日起 3 个月内办理有关退税手续。

纳税义务人按照规定申请退税的，海关认为需要时，可以要求纳税义务人提供具有资质的商品检验机构出具的原进口或者出口货物品质不良、规格不符或者残损、短少的检验证明书或者其他有关证明文件。

海关办理退税手续时，应当填发收入退还书，并按照以下规定办理：

（1）按照规定应当同时退还多征税款部分所产生的利息的，应退利息按照海关填发收入退还书之日中国人民银行规定的活期储蓄存款利息率计算。计算应退利息的期限自纳税义务人缴纳税款之日起至海关填发收入退还书之日止。

（2）进口环节增值税已予抵扣的，该项增值税不予退还，但国家另有规定的除外。

（3）已征收的滞纳金不予退还。

四、税款补征和追征

进出口货物放行后，海关发现少征税款的，应当自缴纳税款之日起 1 年内，向纳税义务人补征税款；海关发现漏征税款的，应当自货物放行之日起 1 年内，向纳税义务人补征税款。

因纳税义务人违反规定造成少征税款的，海关应当自缴纳税款之日起 3 年内追征税款；因纳税义务人违反规定造成漏征税款的，海关应当自货物放行之日起 3 年内追征税款。海关除依法追征税款外，还应当自缴纳税款或者货物放行之日起至海关发现违规行为之日止按日加收少征或者漏征税款 0.5‰的滞纳金。

因纳税义务人违反规定造成海关监管货物少征或者漏征税款的，海关应当自纳税义务人应缴纳税款之日起 3 年内追征税款，并自应缴纳税款之日起至海关发现违规行为之日止按日加收少征或者漏征税款 0.5‰的滞纳金。

上述所称"应缴纳税款之日"是指纳税义务人违反规定的行为发生之日；该行为发生之日不能确定的，应当以海关发现该行为之日作为应缴纳税款之日。

海关补征或者追征税款，应当制发《海关补征税款告知书》。纳税义务人应当自收到《海关补征税款告知书》之日起 15 日内到海关办理补缴税款的手续。

纳税义务人未在规定期限内办理补税手续的，海关应当在规定期限届满之日填发税款缴款书。

因纳税义务人违反规定需在征收税款的同时加收滞纳金的，如果纳税义务人未在规定的 15 日缴款期限内缴纳税款，海关依照规定另行加收自缴款期限届满之日起至缴清税款之日止滞纳税款的滞纳金。

本章重要概念

关税；从价税；从量税；复合税；进口环节增值税；进口环节消费税；船舶吨税；滞纳金；滞报金；完税价格；成交价格估价方法；公式定价；优惠原产地规则；非优惠原产地规则；税率适用；计征汇率；税款缴款书；汇总征税；加工贸易内销集中征税；税费减免；税款退还；税款补征和追征

本章小结

进口关税是一国海关对进口货物和物品征收的关税。按征收方式划分，进口关税可分为从价税、从量税、复合税和滑准税；从征收的主次程度来看，进口关税可分为正税和附加税。出口关税是指当本国货物和物品出境时，海关对出口货物和物品征收的一种关税。

进口环节的增值税和消费税由海关征收。进口环节增值税以组成价格作为计税价格，征税时不得抵扣任何税额。其组成价格由关税完税价格加上关税组成；对于应征消费税的品种，其组成价格还要加上消费税。我国消费税采用从价税、从量税和复合税的方法计征。

自我国境外港口进入境内港口的船舶，均应当依照《中华人民共和国船舶吨税暂行条例》缴纳船舶吨税。船舶吨税分为优惠税率和普通税率两种。

关税、进口环节增值税、消费税、船舶吨税等的纳税义务人或其代理人，应当自海关填发税款缴款书之日起15日内向指定银行缴纳税款。逾期缴纳税款的，由海关自缴款期限届满之日起至缴清税款之日止，按日加收滞纳税款0.5‰的滞纳金。进口货物的收货人应当自运输工具申报进境之日起14日内向海关申报，超过规定期限向海关申报的，由海关征收滞报金。

海关确定进口货物完税价格有六种估价方法：成交价格估价方法、相同货物成交价格估价方法、类似货物成交价格估价方法、倒扣价格估价方法、计算价格估价方法和合理方法。这六种估价方法必须依次使用，即只有在不能使用前一种估价方法的情况下，才可以顺延使用其他估价方法。纳税义务人向海关提供有关资料后，可以提出申请，颠倒倒扣价格估价方法和计算价格估价方法的适用次序。出口货物的完税价格由海关以该货物的成交价格为基础审查确定，并应当包括货物运至中华人民共和国境内输出地点装载前的运输及其相关费用、保险费。

海关对申报价格的真实性、准确性有疑问时，或者认为买卖双方之间的特殊关系影响成交价格时，可以在审定完税价格时进行价格质疑和价格磋商。

从适用对象和目的的角度划分，原产地规则分为优惠原产地规则和非优惠原产地规则。优惠原产地规则是指一国为了实施国别优惠政策而制定的原产地规则，优惠范围以原产地为受惠国的进口产品为限。它是出于某些优惠措施规定的需要，根据受惠国的情况和限定的优惠范围，制定的一些特殊原产地认定标准，而这些标准是给惠国和受惠国之间通过多边或双边协定形式制定的，所以又称为"协定原产地规则"。目前我国执行的优惠原产地规则在《中华人民共和国海关进出口货物优惠原产地管理规定》中有总的说明，具体原产地规则则体现在中国与各成员签订的优惠贸易协定及相应的原产地管理办法中。非优惠原产地规则适用于实施最惠国待遇、反倾销和反补贴、保障措施、原产地标记管理、国别数量限制、关税配额等非优惠性贸易措施以及进行政府采购、贸易统计等活动对进出口货物原产地的确定。

我国进口关税设置最惠国税率、协定税率、特惠税率、普通税率、关税配额税率等税率。对进口货物在一定期限内可以实行暂定税率。出口关税设置出口税率。对出口货物在一定期限内可以实行暂定税率。根据《中华人民共和国进出口关税条例》的规定，进出口货物应当适用海关接受该货物申报进口或者出口之日实施的税率。

纳税义务人向海关缴纳税款的方式主要有两种：一种是持税款缴款书向指定银行办理税费交付手续；另一种是向签有协议的银行办理网上电子交付税费的手续。海关征收进出口关税和进口环节税以及滞纳金时，向纳税义务人或其代理人填发"海关专用缴款书"。海关征收进口货物滞报金时，应当向收货人出具滞报金缴款通知书。海关收取滞报金后，应当向收货人出具财政部统一印（监）制的票据。

进出口关税和进口环节税的减免可分为三种类型，即法定减免税、特定减免税和临时减免税。海关发现多征税款的，应当立即通知纳税义务人办理退税手续；纳税义务人发现多缴纳税款的，自缴纳税款之日起1年内，可以向海关申请退还多缴的税款。进出口货物放行后，海关发现少征税款的，应当自缴纳税款之日起 1 年内，向纳税义务人补征税款；海关发现漏征税款的，应当自货物放行之日起 1 年内，向纳税义务人补征税款。因纳税义务人违反规定造成少征税款的，海关应当自缴纳税款之日起 3 年内追征税款；因纳税义务人违反规定造成漏征税款的，海关应当自货物放行之日起 3 年内追征税款。

本章思考题

1. 选择题

（1）关于暂定税率适用的原则，下列表述错误的是（　　）。

    A. 适用最惠国税率的进口货物同时有暂定税率的，应当适用暂定税率

    B. 适用普通税率的进口货物，不适用暂定税率

    C. 适用协定税率、特惠税率的进口货物有暂定税率的，应当从低适用税率

    D. 适用出口税率的出口货物有暂定税率的，不适用暂定税率

（2）因纳税义务人违反规定造成少征或漏征税款的，海关可以在规定期限内追征税款并从缴纳税款或者货物放行之日起至海关发现违规行为之日止按日加收少征或漏征税款的滞纳金。其规定期限和滞纳金的征收标准分别为（　　）。

    A. 1 年；0.5‰　　　　B. 1 年；1‰　　　　C. 3 年；0.5‰　　　　D. 3 年；1‰

（3）关于税率适用时间，下列表述正确的是（　　）。

    A. 减免税货物经批准转让或者移作他用的，应当适用海关批准之日实施的税率征税

    B. 租赁进口货物分期缴纳税款的，应当适用海关接受申报办理纳税手续之日实施的税率

    C. 因纳税义务人违反规定需要追征税款的，应当适用海关发现该行为之日实施的税率

    D. 进口货物到达前，经海关核准先行申报的，应当适用装载货物的运输工具申报进境之日实施的税率

（4）某公司从韩国进口一套机械设备，发票列明：设备价款 CIF 天津 USD300 000，买方佣金 USD1 000，卖方佣金 1 500 美元，设备进口后的安装及技术服务费用 UDS10 000。该批货物经海关审定后的成交价格应为（　　）。

    A. USD311 000　　　　B. USD301 000　　　　C. USD291 500　　　　D. USD301 500

（5）目前我国不实行从量计税的进口商品是（　　）。

    A. 冻乌鸡　　　　B. 鲜啤酒　　　　C. 未梳原棉　　　　D. 盒装胶卷

（6）境内某公司从中国香港特区购进孟加拉国产的某商品一批，设该商品的最惠国税率为 10%，普通税率为 30%，亚太贸易协定税率为 5%，中国香港 CEPA 项下税率为 0，该商品进口时适用的税率是（　　）。

    A. 10%　　　　B. 30%　　　　C. 5%　　　　D. 0

（7）非优惠原产地认定标准之一的从价百分比标准，是指在某一国家（地区）对非该国（地区）原产原料进行制造、加工后的增值部分，超过所得货物价值的（　　）。

A. 30% B. 40% C. 55% D. 60%

（8）下列应计入出口货物完税价格的项目是（　　　　）。

A. 出口关税

B. 在货款价款中单独列明由卖方承担的佣金

C. 境内生产货物的成本、利润和一般费用

D. 货物运至境内输出地点装载前的运输及其相关费用、保险费

（9）已适用内销集中纳税的加工贸易企业，在下列哪些情形下终止适用内销集中纳税（　　　　）。

A. 企业涉嫌走私、违规，被海关立案调查、侦查，案件未审结的

B. 企业手册到期未及时办理报核手续的

C. 因管理混乱被海关要求整改的

D. 企业一年内月实际内销征税金额超过月计划纳税金额两次及以上，未及时到海关办理相应手续的

（10）为汇总征税企业提供总担保的银行应符合的条件包括（　　　　）。

A. 具有良好的资信和较大的资产规模

B. 无滞压或延迟海关税款入库情事

C. 承诺对企业担保期限内申报进出口货物应纳税款、滞纳金承担足额、及时汇总缴纳的保付责任

D. 与海关建立保函真伪验核机制

2. 判断题

（1）海关应当自受理退税申请之日起 30 日内查实并通知纳税义务人办理退税手续；纳税义务人应当自收到海关准予退税的通知之日起 3 个月内办理有关退税手续。（　　　）

（2）已缴纳税款的进口货物，因品质或者规格原因原状退货复运出境的，纳税义务人自缴纳税款之日起 3 年内，可以向海关申请退税。（　　　）

（3）CEPA 中国香港原产地规则规定，完全在中国香港获得的原料、组合零件、劳工价值和产品开发支出价值的总和与出口制成品船上交货价格（FOB）的比值大于或者等于 30%，并且产品的最后制造或者加工工序在中国香港境内完成的，视为进行了实质性加工。（　　　）

（4）公式定价的进口货物，由于销售合同是以约定的定价公式而不是以具体明确的数值约定货物价格，因此该类进口货物不存在成交价格。（　　　）

（5）原产于中国的货物或者材料在韩国境内被用于生产另一货物的，该货物或者材料应当视为韩国原产货物或者材料。（　　　）

3. 使用成交价格估价方法应当符合哪些条件？

4. 目前我国哪些进口商品适用 13%的增值税税率？

5. 目前我国征收进口环节消费税的商品有哪些？

6. 海关为审查申报价格的真实性和准确性，可以行使哪些职权进行价格核查？

7. 在哪些情形下海关不予征收滞报金？

8. 对同时符合哪些条件的进口货物，海关以买卖双方约定的定价公式所确定的结算价

格为基础审查确定完税价格？

9. 适用汇总征税模式的企业应符合哪些条件？

10. 符合哪些情形的海关可以依法减免税款滞纳金？

11. 一辆进口自日本的小轿车 CIF 天津价格为 50 万元人民币，经海关审定，该进口轿车的完税价格为 50 万元人民币。已知进口关税税率为 25%，消费税税率为 9%，增值税税率为 17%。计算该轿车应纳的关税税额、消费税税额及增值税税额。

12. 某进出口公司于 2016 年 5 月 13 日（周五）申报进口一批货物，海关于当日开出税款缴款书。其中关税税款为人民币 24 000 元，增值税税款为人民币 35 100 元，消费税税款为人民币 8 900 元。该公司实际缴纳税款日期为 6 月 10 日。计算该公司应缴纳的滞纳金。

13. 某一运输工具装载某进出口企业购买进口的轿车于 2016 年 5 月 10 日申报进境，但该进出口企业于 2016 年 6 月 10 日才向海关申报进口该批轿车。该批轿车的完税价格为人民币 5 608 198.80 元。计算该企业应缴纳的滞报金。

第七章 进出口货物报关单填制

本章学习目标

本章介绍了进出口货物报关单的填制规范。通过本章的学习，应掌握进出口报关单的含义、内容和填制基本要求，特别是需要重点掌握进出口货物报关单各个项目的具体填制规范和要求。

进出口货物报关单是办理货物进出口报关手续的主要单证，按照《中华人民共和国海关进出口货物申报管理规定》和《中华人民共和国海关进出口货物报关单填制规范》的要求，准确、完整、规范地填制进出口货物报关单是货物顺利通关的前提条件，同时也是报关员从事报关业务所必备的基本技能。

第一节 进出口货物报关单概述

一、进出口货物报关单的含义

进出口货物报关单是指进出口货物的收发货人或其代理人，按照海关规定的格式对进出口货物的实际情况做出书面申明，以此要求海关对其货物按适用的海关管理制度办理通关手续的法律文书。进出口货物报关单既是海关对进出口货物进行监管、征税、统计以及开展稽查、调查的重要依据，又是办理加工贸易核销、外汇管理和出口退税的重要凭证，也是海关处理进出口货物走私、违规案件及税务、外汇管理部门查处骗税、套汇犯罪活动的重要书证。进出口货物报关单可分为进口货物报关单和出口货物报关单，也可分为电子数据报关单和纸质报关单。电子数据报关单和纸质报关单均具有法律效力。

二、进出口货物报关单的内容和用途

进口货物纸质报关单一式五联：海关作业联、海关留存联、企业留存联、海关核销联、证明联（进口付汇用）。出口货物纸质报关单一式六联：海关作业联、海关留存联、企业留存联、海关核销联、证明联（出口收汇用）、证明联（出口退税专用）。

（一）报关单海关作业联和留存联

进出口货物报关单海关作业联和留存联是报关单位和报关员配合海关查验、缴纳税费、提取或装运货物的重要单据，也是海关查验货物、征收税费、编制海关统计以及处理其他海关事务的重要凭证。

（二）报关单收、付汇证明联

进口货物报关单付汇证明联和出口货物报关单收汇证明联，是海关对已实际进出境的货物所签发的证明文件，是银行和国家外汇管理部门办理售汇、付汇和收汇手续的重要依据之一。为深化海关通关作业无纸化改革，减少纸质单证流转，完善货物贸易外汇服务和管理，海关总署、国家外汇管理局决定，自 2013 年 9 月 16 日起，海关不再为国家外汇管理局分支局核定的货物贸易外汇管理 A 类企业提供纸质报关单收、付汇证明联。A 类企业办理货物贸易外汇收付业务，按规定须提交纸质报关单的，通过中国电子口岸自行以普通 A4 纸打印报关单证明联（出口收汇或进口付汇用）并加盖企业公章。对于外汇局核定的货物贸易外汇管理 B 类和 C 类的企业，海关仍按现行做法为其提供纸质报关单收、付汇证明联。

（三）报关单海关核销联

进出口货物报关单海关核销联是指口岸海关对已实际申报进口或出口的货物所签发的证明文件，是海关办理加工贸易合同核销、结案手续的重要凭证。加工贸易的货物进出口后，申报人应向海关领取进出口货物报关单海关核销联，凭以向主管海关办理加工贸易合同核销手续。

（四）报关单出口退税证明联

出口货物报关单出口退税证明联是海关对已实际申报出口并已装运离境的货物所签发的证明文件，是国家税务部门办理出口货物退税手续的重要凭证之一。对可办理出口退税的货物，出口货物发货人或其代理人应当在载运货物的运输工具实际离境、海关收到载货清单、办理结关手续后，向海关申领出口货物报关单出口退税证明联。为深化海关通关作业无纸化改革，减少纸质单证流转，减轻企业负担，目前海关不再签发纸质出口货物报关单证明联（出口退税专用），并同时停止向国家税务总局传输出口货物报关单证明联（出口退税专用）相关电子数据，改由海关总署向国家税务总局传输出口报关单结关信息电子数据。实施启运港退税政策的出口货物暂时仍按照规定打印纸质出口货物报关单证明联（出口退税专用）。

三、进出口货物报关单填制的基本要求

进出口货物的收发货人或其代理人向海关申报时，必须填写并向海关递交进出口货物报关单。申报人在填制报关单时，应当依法如实向海关申报，对申报内容的真实性、准确性、完整性和规范性承担相应的法律责任。进出口货物报关单填制的基本要求主要包括以下几点。

（1）报关单位和报关员必须按照《中华人民共和国海关法》及《中华人民共和国海关进出口货物申报管理规定》和《中华人民共和国海关进出口货物报关单填制规范》的有关规定和要求，向海关如实申报。报关单的填制必须真实，做到"两个相符"：一是单、证相符，即所填报关单各栏目的内容必须与合同、发票、装箱单、提单以及许可证件等随附单据相符；二是单、货相符，即所填报关单各栏目的内容必须与实际进出口货物情况相符，尤其是货物的品名、规格、数量、价格等栏目的内容必须真实，不得出现差错，更不能出现伪报、瞒报、虚报。

（2）报关单的填制要准确、完整、清楚，报关单各栏目内容要逐项详细准确填写或打印，字迹要清楚、整洁、端正，不得用铅笔或红色复写纸填写；若有更正，必须在更正项目上加盖校对章。

（3）不同批文或合同的货物、同一批货物中不同贸易方式的货物、不同备案号的货物、不同提运单的货物、不同征免性质的货物、不同运输方式或相同运输方式但不同航次的货物，均应分别填写报关单进行申报。

（4）海关接受进出口货物申报后，报关单证及其内容不得修改或者撤销；符合规定情形的，可以修改或者撤销。但海关已经决定布控、查验以及涉嫌走私或者违反海关监管规定的进出口货物，在办结相关手续前不得修改或者撤销报关单及其电子数据。进出口货物报关单修改或者撤销后，纸质报关单和电子数据报关单应当一致。

第二节　进出口货物报关单的填制规范

目前我国海关已经在进出境货物通关作业中全面使用计算机进行信息化管理，成功地开发运用了多个电子通关系统，主要包括 H883/EDI 通关系统和 H2000 通关系统。H883/EDI 通关系统是中国海关报关自动化系统的简称，是我国海关利用计算机对进出口货物进行全面信息化管理，实现监管、征税、统计三大海关业务一体化管理的综合性信息利用项目。H883 是指 1988 年 3 月中国海关开发该系统；EDI（Electronic Data Interchange，EDI），译为"电子数据交换"，即按照协议，将标准结构的数据报文，通过通信网络，在计算机系统之间进行交换和处理。目前 H883/EDI 通关系统已逐步退出运行。H2000 通关系统是 H883/EDI 通关系统的全面更新换代项目，它是按照建设我国现代化海关的要求，利用计算机网络技术，建立全国集中式的海关通关业务数据库，在海关各业务领域全面联网应用的大型信息化管理系统。进出境企业可以在其办公场所办理保税加工贸易手册设立、减免税表的申领手续、办理进出境报关手续等各种海关手续。

在本节中，我们在介绍进出口货物报关单各栏目的具体填制规范时，主要针对 H2000 通关系统的填制要求进行说明。

一、进出口货物报关单填制的具体规范和要求

根据《中华人民共和国海关进出口货物报关单填制规范》的规定，进出口货物报关单各栏目的具体填制规范和要求如下所述。

（一）预录入编号
本栏目填报预录入报关单的编号，预录入编号规则由接受申报的海关决定。

（二）海关编号
本栏目填报海关接受申报时给予报关单的编号，一份报关单对应一个海关编号。

报关单海关编号为 18 位，其中第 1~4 位为接受申报海关的编号（海关规定的《关区代码表》中相应海关代码），第 5~8 位为海关接受申报的公历年份，第 9 位为进出口标志（"1"为进口，"0"为出口；集中申报清单"I"为进口，"E"为出口），后 9 位为顺序编号。

（三）收发货人

本栏目填报在海关注册的对外签订并执行进出口贸易合同的中国境内法人、其他组织或个人的名称及编码。编码可选填 18 位法人和其他组织统一社会信用代码或 10 位海关注册编码任一项。

特殊情况下填制要求如下所述。

- 进出口货物合同的签订者和执行者非同一企业的，填报执行合同的企业。
- 外商投资企业委托进出口企业进口投资设备、物品的，填报外商投资企业，并在标记唛码及备注栏注明"委托某进出口企业进口"，同时注明被委托企业的 18 位法人和其他组织统一社会信用代码。
- 有代理报关资格的报关企业代理其他进出口企业办理进出口报关手续时，填报委托的进出口企业。
- 使用海关核发的《中华人民共和国海关加工贸易手册》、电子账册及其分册（以下统称《加工贸易手册》）管理的货物，收发货人应与《加工贸易手册》的"经营企业"一致。

（四）进口口岸/出口口岸

本栏目应根据货物实际进出境的口岸海关，填报海关规定的《关区代码表》中相应口岸海关的名称及代码。特殊情况填报要求如下所述。

进口转关运输货物应填报货物进境地海关名称及代码，出口转关运输货物应填报货物出境地海关名称及代码。按转关运输方式监管的跨关区深加工结转货物，出口报关单填报转出地海关名称及代码，进口报关单填报转入地海关名称及代码。

在不同海关特殊监管区域或保税监管场所之间调拨、转让的货物，填报对方特殊监管区域或保税监管场所所在的海关名称及代码。

其他无实际进出境的货物，填报接受申报的海关名称及代码。

（五）进口日期/出口日期

进口日期指填报运载进口货物的运输工具申报进境的日期。

出口日期指运载出口货物的运输工具办结出境手续的日期，本栏目供海关签发打印报关单证明联用，在申报时免予填报。

无实际进出境的报关单填报海关接受申报的日期。本栏目为 8 位数字，顺序为年（4 位）、月（2 位）、日（2 位）。

（六）申报日期

申报日期指海关接受进出口货物收发货人、受委托的报关企业申报数据的日期。以电子数据报关单方式申报的，申报日期为海关计算机系统接受申报数据时记录的日期。以纸质报关单方式申报的，申报日期为海关接受纸质报关单并对报关单进行登记处理的日期。

申报日期为 8 位数字，顺序为年（4 位）、月（2 位）、日（2 位）。本栏目在申报时免予填报。

（七）消费使用单位/生产销售单位

（1）消费使用单位填报已知的进口货物在境内的最终消费、使用单位的名称，包括：

- 自行从境外进口货物的单位；
- 委托进出口企业进口货物的单位。

（2）生产销售单位填报出口货物在境内的生产或销售单位的名称，包括：

- 自行出口货物的单位；
- 委托进出口企业出口货物的单位。

本栏目可选填 18 位法人和其他组织统一社会信用代码或 10 位海关注册编码或 9 位组织机构代码任一项。没有代码的应填报 "NO"。

（3）有 10 位海关注册编码或 18 位法人和其他组织统一社会信用代码或加工企业编码的消费使用单位/生产销售单位，本栏目应填报其中文名称及编码；没有编码的应填报其中文名称。

使用《加工贸易手册》管理的货物，消费使用单位/生产销售单位应与《加工贸易手册》的 "加工企业" 一致；减免税货物报关单的消费使用单位/生产销售单位应与《中华人民共和国海关进出口货物征免税证明》（以下简称《征免税证明》）的 "减免税申请人" 一致。

（八）运输方式

运输方式包括实际运输方式和海关规定的特殊运输方式，前者指货物实际进出境的运输方式，按进出境所使用的运输工具分类；后者指货物无实际进出境的运输方式，按货物在境内的流向分类。

本栏目应根据货物实际进出境的运输方式或货物在境内流向的类别，按照海关规定的《运输方式代码表》选择填报相应的运输方式。

特殊情况填报要求如下：

- 非邮件方式进出境的快递货物，按实际运输方式填报；
- 进出境旅客随身携带的货物，按旅客所乘运输工具填报；
- 进口转关运输货物，按载运货物抵达进境地的运输工具填报；出口转关运输货物，按载运货物驶离出境地的运输工具填报；
- 不复运出（入）境而留在境内（外）销售的进出境展览品、留赠转卖物品等，填报 "其他运输"（代码 9）；

无实际进出境货物在境内流转时填报要求如下：

- 境内非保税区运入保税区货物和保税区退区货物，填报 "非保税区"（代码 0）；
- 保税区运往境内非保税区货物，填报 "保税区"（代码 7）；
- 境内存入出口监管仓库和出口监管仓库退仓货物，填报 "监管仓库"（代码 1）；
- 保税仓库转内销货物，填报 "保税仓库"（代码 8）；
- 从境内保税物流中心外运入中心或从中心运往境内中心外的货物，填报 "物流中心"（代码 W）；
- 从境内保税物流园区外运入园区或从园区内运往境内园区外的货物，填报 "物流园区"（代码 X）；
- 保税港区、综合保税区、出口加工区、珠澳跨境工业区（珠海园区）、中哈霍尔果斯边境合作区（中方配套区）等特殊区域与境内（区外）（非特殊区域、保税监管场所）之间进出的货物，区内、区外企业应根据实际运输方式分别填报，"保税港区/综合保税区"（代码Y），"出口加工区"（代码Z）。

- 境内运入深港西部通道港方口岸区的货物，填报"边境特殊海关作业区"（代码H）；
- 经横琴新区和平潭综合实验区（以下简称综合试验区）二线指定申报通道运往境内区外或从境内经二线制定申报通道进入综合试验区的货物，以及综合试验区内按选择性征收关税申报的货物，填报"综合试验区"（代码T）。
- 其他境内流转货物，填报"其他运输"（代码9），包括特殊监管区域内货物之间的流转、调拨货物，特殊监管区域、保税监管场所之间相互流转货物，特殊监管区域外的加工贸易余料结转、深加工结转、内销等货物。

（九）运输工具名称

本栏目填报载运货物进出境的运输工具名称或编号。填报内容应与运输部门向海关申报的舱单（载货清单）所列相应内容一致。具体填报要求如下所述。

直接在进出境地或采用区域通关一体化通关模式办理报关手续的报关单填报要求如下所述。

- 水路运输：填报船舶编号（来往港澳小型船舶为监管簿编号）或者船舶英文名称。
- 公路运输：启用公路舱单前，填报该跨境运输车辆的国内行驶车牌号，深圳提前报关模式的报关单填报国内行驶车牌号+"/"+"提前报关"。启用公路舱单后，免予填报。
- 铁路运输：填报车厢编号或交接单号。
- 航空运输：填报航班号。
- 邮件运输：填报邮政包裹单号。
- 其他运输：填报具体运输方式名称，例如：管道、驮畜等。

转关运输货物的报关单填报要求如下：

1. 进口

（1）水路运输：直转、提前报关填报"@"+16位转关申报单预录入号（或13位载货清单号）；中转填报进境英文船名。

（2）铁路运输：直转、提前报关填报"@"+16位转关申报单预录入号；中转填报车厢编号。

（3）航空运输：直转、提前报关填报"@"+16位转关申报单预录入号（或13位载货清单号）；中转填报"@"。

（4）公路及其他运输：填报"@"+16位转关申报单预录入号（或13位载货清单号）。

（5）以上各种运输方式使用广东地区载货清单转关的提前报关货物填报"@"+13位载货清单号。

2. 出口

（1）水路运输：非中转填报"@"+16位转关申报单预录入号（或13位载货清单号）。如多张报关单需要通过一张转关单转关的，运输工具名称字段填报"@"。

中转货物，境内水路运输填报驳船船名；境内铁路运输填报车名（主管海关4位关区代码+"TRAIN"）；境内公路运输填报车名（主管海关4位关区代码+"TRUCK"）。

（2）铁路运输：填报"@"+16位转关申报单预录入号（或13位载货清单号），如多张报关单需要通过一张转关单转关的，填报"@"。

（3）航空运输：填报"@" + 16 位转关申报单预录入号（或 13 位载货清单号），如多张报关单需要通过一张转关单转关的，填报"@"。

（4）其他运输方式：填报"@" + 16 位转关申报单预录入号（或 13 位载货清单号）。

采用"集中申报"通关方式办理报关手续的，报关单本栏目填报"集中申报"。

无实际进出境的报关单，本栏目免予填报。

（十）航次号

本栏目填报载运货物进出境的运输工具的航次编号。

具体填报要求如下所述。

直接在进出境地或采用区域通关一体化通关模式办理报关手续的报关单：

（1）水路运输：填报船舶的航次号。

（2）公路运输：启用公路舱单前，填报运输车辆的 8 位进出境日期［顺序为年（4 位）、月（2 位）、日（2 位），下同］。启用公路舱单后，填报货物运输批次号。

（3）铁路运输：填报列车的进出境日期。

（4）航空运输：免予填报。

（5）邮件运输：填报运输工具的进出境日期。

（6）其他运输方式：免予填报。

转关运输货物的报关单，具体内容如下所述。

1. 进口

（1）水路运输：中转转关方式填报"@" + 进境干线船舶航次。直转、提前报关免予填报。

（2）公路运输：免予填报。

（3）铁路运输："@" + 8 位进境日期。

（4）航空运输：免予填报。

（5）其他运输方式：免予填报。

2. 出口

（1）水路运输：非中转货物免予填报。中转货物：境内水路运输填报驳船航次号；境内铁路、公路运输填报 6 位启运日期［顺序为年（2 位）、月（2 位）、日（2 位）］。

（2）铁路拼车拼箱捆绑出口：免予填报。

（3）航空运输：免予填报。

（4）其他运输方式：免予填报。

无实际进出境的报关单，本栏目免予填报。

（十一）提运单号

本栏目填报进出口货物提单或运单的编号。

一份报关单只允许填报一个提单或运单号，一票货物对应多个提单或运单时，应分单填报。

具体填报要求如下所述。

直接在进出境地或采用区域通关一体化通关模式办理报关手续的，具体内容如下。

（1）水路运输：填报进出口提单号。如有分提单的，填报进出口提单号 + "*" + 分提单号。

（2）公路运输：启用公路舱单前，免予填报；启用公路舱单后，填报进出口总运单号。

（3）铁路运输：填报运单号。

（4）航空运输：填报总运单号 + "_" + 分运单号，无分运单的填报总运单号。

（5）邮件运输：填报邮运包裹单号。

转关运输货物的报关单，具体内容如下所述。

1. 进口

（1）水路运输：直转、中转填报提单号。提前报关免予填报。

（2）铁路运输：直转、中转填报铁路运单号。提前报关免予填报。

（3）航空运输：直转、中转货物填报总运单号 + "_" + 分运单号。提前报关免予填报。

（4）其他运输方式：免予填报。

（5）以上运输方式进境货物，在广东省内用公路运输转关的，填报车牌号。

2. 出口

（1）水路运输：中转货物填报提单号；非中转货物免予填报；广东省内汽车运输提前报关的转关货物，填报承运车辆的车牌号。

（2）其他运输方式：免予填报。广东省内汽车运输提前报关的转关货物，填报承运车辆的车牌号。

采用"集中申报"通关方式办理报关手续的，报关单填报归并的集中申报清单的进出口起止日期［按年（4位）月（2位）日（2位）年（4位）月（2位）日（2位）］。

无实际进出境的，本栏目免予填报。

（十二）申报单位

自理报关的，本栏目填报进出口企业的名称及编码；委托代理报关的，本栏目填报报关企业名称及编码。

本栏目可选填18位法人和其他组织统一社会信用代码或10位海关注册编码任一项。

本栏目还包括报关单左下方用于填报申报单位有关情况的相关栏目，包括报关人员、申报单位签章。

（十三）监管方式

监管方式是以国际贸易中进出口货物的交易方式为基础，结合海关对进出口货物的征税、统计及监管条件综合设定的海关对进出口货物的管理方式。其代码由4位数字构成，前两位是按照海关监管要求和计算机管理需要划分的分类代码，后两位是参照国际标准编制的贸易方式代码。

本栏目应根据实际对外贸易情况按海关规定的《监管方式代码表》选择填报相应的监管方式简称及代码。一份报关单只允许填报一种监管方式。

特殊情况下加工贸易货物监管方式填报要求如下所述。

- 进口少量低值辅料（即5 000美元以下，78种以内的低值辅料）按规定不使用《加工贸易手册》的，填报"低值辅料"。使用《加工贸易手册》的，按《加工贸易手册》上的监管方式填报。

- 外商投资企业为加工内销产品而进口的料件，属非保税加工的，填报"一般贸易"。外商投资企业全部使用国内料件加工的出口成品，填报"一般贸易"。
- 加工贸易料件结转或深加工结转货物，按批准的监管方式填报。
- 加工贸易料件转内销货物以及按料件办理进口手续的转内销制成品、残次品、未完成品，应填制进口报关单，填报"来料料件内销"或"进料料件内销"；加工贸易成品凭《征免税证明》转为减免税进口货物的，应分别填制进、出口报关单，出口报关单本栏目填报"来料成品减免"或"进料成品减免"，进口报关单本栏目按照实际监管方式填报。
- 加工贸易出口成品因故退运进口及复运出口的，填报"来料成品退换"或"进料成品退换"；加工贸易进口料件因换料退运出口及复运进口的，填报"来料料件退换"或"进料料件退换"；加工贸易过程中产生的剩余料件、边角料退运出口，以及进口料件因品质、规格等原因退运出口且不再更换同类货物进口的，分别填报"来料料件复出""来料边角料复出""进料料件复出""进料边角料复出"。
- 备料《加工贸易手册》中的料件结转转入加工出口《加工贸易手册》的，填报"来料加工"或"进料加工"。
- 保税工厂的加工贸易进出口货物，根据《加工贸易手册》填报"来料加工"或"进料加工"。
- 加工贸易边角料内销和副产品内销，应填制进口报关单，填报"来料边角料内销"或"进料边角料内销"。
- 企业销毁处置加工贸易货物未获得收入，销毁处置货物为料件、残次品的，填报"料件销毁"；销毁处置货物为边角料、副产品的，填报"边角料销毁"。企业销毁处置加工贸易货物获得收入的，填报为"进料边角料内销"或"来料边角料内销"。

（十四）征免性质

本栏目应根据实际情况按海关规定的《征免性质代码表》选择填报相应的征免性质简称及代码，持有海关核发的《征免税证明》的，应按照《征免税证明》中批注的征免性质填报。一份报关单只允许填报一种征免性质。

加工贸易货物报关单应按照海关核发的《加工贸易手册》中批注的征免性质简称及代码填报。特殊情况填报要求如下所述。

- 保税工厂经营的加工贸易，根据《加工贸易手册》填报"进料加工"或"来料加工"。
- 外商投资企业为加工内销产品而进口的料件，属非保税加工的，填报"一般征税"或其他相应征免性质。
- 加工贸易转内销货物，按实际情况填报（如一般征税、科教用品、其他法定等）。
- 料件退运出口、成品退运进口货物填报"其他法定"（代码0299）。
- 加工贸易结转货物，本栏目免予填报。

（十五）备案号

本栏目填报进出口货物收发货人、消费使用单位、生产销售单位在海关办理加工贸易合同备案或征、减、免税备案审批等手续时，海关核发的《加工贸易手册》《征免税证明》或其他备案审批文件的编号。

一份报关单只允许填报一个备案号。具体填报要求如下所述。

- 加工贸易项下货物，除少量低值辅料按规定不使用《加工贸易手册》及以后续补税监管方式办理内销征税的外，填报《加工贸易手册》编号。使用异地直接报关分册和异地深加工结转出口分册在异地口岸报关的，本栏目应填报分册号；本地直接报关分册和本地深加工结转分册限制在本地报关，本栏目应填报总册号。加工贸易成品凭《征免税证明》转为减免税进口货物的，进口报关单填报《征免税证明》编号，出口报关单填报《加工贸易手册》编号。对加工贸易设备之间的结转，转入和转出企业分别填制进、出口报关单，在报关单"备案号"栏目填报《加工贸易手册》编号。
- 涉及征、减、免税备案审批的报关单，填报《征免税证明》编号。
- 涉及优惠贸易协定项下实行原产地证书联网管理（如中国香港 CEPA、中国澳门 CEPA）的报关单，填报原产地证书代码"Y"和原产地证书编号。
- 减免税货物退运出口，填报《中华人民共和国海关进口减免税货物准予退运证明》的编号；减免税货物补税进口，填报《减免税货物补税通知书》的编号；减免税货物进口或结转进口（转入），填报《征免税证明》的编号；相应的结转出口（转出），填报《中华人民共和国海关进口减免税货物结转联系函》的编号。

（十六）贸易国（地区）

本栏目填报对外贸易中与境内企业签订贸易合同的外方所属的国家（地区）。进口填报购自国，出口填报售予国。未发生商业性交易的填报货物所有权拥有者所属的国家（地区）。

本栏目应按海关规定的《国别（地区）代码表》选择填报相应的贸易国（地区）中文名称及代码。

无实际进出境的，填报"中国"（代码 142）。

（十七）启运国（地区）/运抵国（地区）

启运国（地区）填报进口货物启始发出直接运抵我国或者在运输中转国（地）未发生任何商业性交易的情况下运抵我国的国家（地区）。

运抵国（地区）填报出口货物离开我国关境直接运抵或者在运输中转国（地区）未发生任何商业性交易的情况下最后运抵的国家（地区）。

不经过第三国（地区）转运的直接运输进出口货物，以进口货物的装货港所在国（地区）为启运国（地区），以出口货物的指运港所在国（地区）为运抵国（地区）。

经过第三国（地区）转运的进出口货物，如在中转国（地区）发生商业性交易，则以中转国（地区）作为启运/运抵国（地区）。

本栏目应按海关规定的《国别（地区）代码表》选择填报相应的启运国（地区）或运抵国（地区）中文名称及代码。

无实际进出境的，填报"中国"（代码 142）。

（十八）装货港/指运港

装货港填报进口货物在运抵我国关境前的最后一个境外装运港。

指运港填报出口货物运往境外的最终目的港；最终目的港不可预知的，按尽可能预知的目的港填报。

本栏目应根据实际情况按海关规定的《港口代码表》选择填报相应的港口中文名称及代码。装货港/指运港在《港口代码表》中无港口中文名称及代码的，可选择填报相应的国家中文名称或代码。

无实际进出境的，本栏目填报"中国境内"（代码142）。

（十九）境内目的地／境内货源地

境内目的地填报已知的进口货物在国内的消费、使用地或最终运抵地，其中最终运抵地为最终使用单位所在的地区。最终使用单位难以确定的，填报货物进口时预知的最终收货单位所在地。

境内货源地填报出口货物在国内的产地或原始发货地。出口货物产地难以确定的，填报最早发运该出口货物的单位所在地。

本栏目按海关规定的《国内地区代码表》选择填报相应的国内地区名称及代码。

（二十）许可证号

本栏目填报以下许可证的编号：进（出）口许可证、两用物项和技术进（出）口许可证、两用物项和技术出口许可证（定向）、纺织品临时出口许可证。

一份报关单只允许填报一个许可证号。

（二十一）成交方式

本栏目应根据进出口货物实际成交价格条款，按海关规定的《成交方式代码表》选择填报相应的成交方式代码。

无实际进出境的报关单，进口填报CIF，出口填报FOB。

（二十二）运费

本栏目填报进口货物运抵我国境内输入地点起卸前的运输费用，出口货物运至我国境内输出地点装载后的运输费用。

运费可按运费单价、总价或运费率三种方式之一填报，注明运费标记（运费标记"1"表示运费率，"2"表示每吨货物的运费单价，"3"表示运费总价），并按海关规定的《货币代码表》选择填报相应的币种代码。

（二十三）保费

本栏目填报进口货物运抵我国境内输入地点起卸前的保险费用，出口货物运至我国境内输出地点装载后的保险费用。

保费可按保险费总价或保险费率两种方式之一填报，注明保险费标记（保险费标记"1"表示保险费率，"3"表示保险费总价），并按海关规定的《货币代码表》选择填报相应的币种代码。

（二十四）杂费

本栏目填报成交价格以外的，按照《中华人民共和国进出口关税条例》相关规定应计入完税价格或应从完税价格中扣除的费用。可按杂费总价或杂费率两种方式之一填报，注明杂费标记（杂费标记"1"表示杂费率，"3"表示杂费总价），并按海关规定的《货币代码表》选择填报相应的币种代码。

应计入完税价格的杂费填报为正值或正率，应从完税价格中扣除的杂费填报为负值或负率。

（二十五）合同协议号

本栏目填报进出口货物合同（包括协议或订单）编号。未发生商业性交易的免予填报。

（二十六）件数

本栏目填报有外包装的进出口货物的实际件数。特殊情况填报要求如下：

- 舱单件数为集装箱的，填报集装箱个数；
- 舱单件数为托盘的，填报托盘数。

本栏目不得填报为零，裸装货物填报为"1"。

（二十七）包装种类

本栏目应根据进出口货物的实际外包装种类，按海关规定的《包装种类代码表》选择填报相应的包装种类代码。

（二十八）毛重（千克）

本栏目填报进出口货物及其包装材料的重量之和，计量单位为千克，不足一千克的填报为"1"。

（二十九）净重（千克）

本栏目填报进出口货物的毛重减去外包装材料后的重量，即货物本身的实际重量，计量单位为千克，不足一千克的填报为"1"。

（三十）集装箱号

本栏目填报装载进出口货物（包括拼箱货物）集装箱的箱体信息。一个集装箱填一条记录，分别填报集装箱号（在集装箱箱体上标示的全球唯一编号）、集装箱的规格和集装箱的自重。非集装箱货物填报为"0"。

（三十一）随附单证

本栏目根据海关规定的《监管证件代码表》选择填报除本规范第（二十）条规定的许可证件以外的其他进出口许可证件或监管证件代码及编号。

本栏目分为随附单证代码和随附单证编号两栏，其中代码栏应按海关规定的《监管证件代码表》选择填报相应证件代码；编号栏应填报证件编号。

加工贸易内销征税报关单，随附单证代码栏填写"c"，随附单证编号栏填写海关审核通过的内销征税联系单号。

优惠贸易协定项下进出口货物：

"Y"为原产地证书代码。优惠贸易协定代码选择"01""02""03""04""05""06""07""08""09""10""11""12""13""14""15""16""17""18""19"填报。

"01"为"亚太贸易协定"项下的进出口货物；

"02"为"中国—东盟自贸区"项下的进出口货物；

"03"为"内地与香港紧密经贸关系安排"（香港CEPA）项下的进口货物；

"04"为"内地与澳门紧密经贸关系安排"（澳门CEPA）项下的进口货物；

"05"为"对非洲特惠待遇"项下的进口货物；

"06"为"台湾农产品零关税措施"项下的进口货物；

"07"为"中巴自贸区"项下的进出口货物；

"08"为"中智自贸区"项下的进出口货物；

"09"为"对也门等国特惠待遇"项下的进口货物；

"10"为"中新（西兰）自贸区"项下的进出口货物；

"11"为"中新（加坡）自贸区"项下的进出口货物；

"12"为"中秘自贸区"项下的进出口货物；

"13"为"对埃塞俄比亚等最不发达国家零关税措施"项下的进口货物；

"14"为"海峡两岸经济合作框架协议（ECFA）"项下的进出口货物；

"15"为"中哥自贸区"项下的进出口货物；

"16"为"中冰自贸区"项下的进出口货物；

"17"为"中瑞自贸区"项下的进出口货物；

"18"为"中澳自贸区"项下的进出口货物；

"19"为"中韩自贸区"项下的进出口货物。

具体填报要求如下所述。

- 实行原产地证书联网管理的，随附单证代码栏填写"Y"，随附单证编号栏的"〈 〉"内填写优惠贸易协定代码。例如中国香港 CEPA 项下进口商品，应填报为："Y"和"〈03〉"。一票进口货物中如涉及多份原产地证书或含有非原产地证书商品，应分单填报。

- 未实行原产地证书联网管理的，随附单证代码栏填写"Y"，随附单证编号栏"〈 〉"内填写优惠贸易协定代码 + "："+ 需证商品序号。例如"亚太贸易协定"项下进出口报关单中第1到第3项和第5项为优惠贸易协定项下商品，应填报为："〈01:1-3,5〉"。

优惠贸易协定项下出口货物，本栏目填报原产地证书代码和编号。

有关优惠贸易协定项下报关单本栏目填制要求的修改请关注海关总署相关公告。

（三十二）标记唛码及备注

本栏目填报要求如下所述。

（1）标记唛码中除图形以外的文字、数字。

（2）受外商投资企业委托代理其进口投资设备、物品的进出口企业名称。

（3）与本报关单有关联关系的，同时在业务管理规范方面又要求填报的备案号，填报在电子数据报关单中"关联备案"栏。

加工贸易结转货物及凭《征免税证明》转内销货物，其对应的备案号应填报在"关联备案"栏。

减免税货物结转进口（转入），报关单"关联备案"栏应填写本次减免税货物结转所申请的《中华人民共和国海关进口减免税货物结转联系函》的编号。

减免税货物结转出口（转出），报关单"关联备案"栏应填写与其相对应的进口（转入）报关单"备案号"栏中《征免税证明》的编号。

（4）与本报关单有关联关系的，同时在业务管理规范方面又要求填报的报关单号，填报在电子数据报关单中"关联报关单"栏。

加工贸易结转类的报关单，应先办理进口报关，并将进口报关单号填入出口报关单的

"关联报关单"栏。

办理进口货物直接退运手续的，除另有规定外，应当先填写出口报关单，再填写进口报关单，并将出口报关单号填入进口报关单的"关联报关单"栏。

减免税货物结转出口（转出），应先办理进口报关，并将进口（转入）报关单号填入出口（转出）报关单的"关联报关单"栏。

（5）办理进口货物直接退运手续的，本栏目填报《进口货物直接退运表》或者《海关责令进口货物直接退运通知书》编号。

（6）保税监管场所进出货物，在"保税/监管场所"栏填写本保税监管场所编码，其中涉及货物在保税监管场所间流转的，在本栏填写对方保税监管场所代码。

（7）涉及加工贸易货物销毁处置的，填写海关加工贸易货物销毁处置申报表编号。

（8）当监管方式为"暂时进出货物"（2600）和"展览品"（2700）时，如果为复运进出境货物，在进出口货物报关单的本栏内分别填报"复运进境"、"复运出境"。

（9）跨境电子商务进出口货物，在本栏目内填报"跨境电子商务"。

（10）加工贸易副产品内销，在本栏内填报"加工贸易副产品内销"。

（11）公式定价进口货物应在报关单备注栏内填写公式定价备案号，格式为："公式定价" + 备案编号 + "@"。对于同一报关单下有多项商品的，如需要指明某项或某几项商品为公式定价备案的，则备注栏内填写应为："公式定价" + 备案编号 + "#" + 商品序号 + "@"。

（12）获得《预审价决定书》的进出口货物，应在报关单备注栏内填报《预审价决定书》编号，格式为预审价（P+2 位商品项号+决定书编号），若报关单中有多项商品为预审价，需依次写入括号中，如：预审价（P01VD511500018P02VD511500019）。

（13）含预归类商品报关单，应在报关单备注栏内填写预归类 R-3-关区代码-年份-顺序编号，其中关区代码、年份、顺序编号均为 4 位数字，例如 R-3-0100-2016-0001。

（14）含归类裁定报关单，应在报关单备注栏内填写归类裁定编号，格式为"c"+ 四位数字编号，例如 c0001。

（15）申报时其他必须说明的事项填报在本栏目。

（三十三）项号

本栏目分两行填报及打印。第一行填报报关单中的商品顺序编号；第二行专用于加工贸易、减免税等已备案、审批的货物，填报和打印该项货物在《加工贸易手册》或《征免税证明》等备案、审批单证中的顺序编号。

有关优惠贸易协定项下报关单本栏目填制要求请关注海关总署相关公告。

加工贸易项下进出口货物的报关单，第一行填报报关单中的商品顺序编号，第二行填报该项商品在《加工贸易手册》中的商品项号，用于核销对应项号下的料件或成品数量。其中第二行特殊情况填报要求如下所述。

• 深加工结转货物，分别按照《加工贸易手册》中的进口料件项号和出口成品项号填报。

• 料件结转货物（包括料件、制成品和未完成品折料），出口报关单按照转出《加工贸易手册》中进口料件的项号填报；进口报关单按照转进《加工贸易手册》中进口料件的项号填报。

进出口报关实务（第 3 版）

- 料件复出货物（包括料件、边角料），出口报关单按照《加工贸易手册》中进口料件的项号填报；如边角料对应一个以上料件项号时，填报主要料件项号。料件退换货物（包括料件、不包括未完成品），进出口报关单按照《加工贸易手册》中进口料件的项号填报。

- 成品退换货物，退运进境报关单和复运出境报关单按照《加工贸易手册》原出口成品的项号填报。

- 加工贸易料件转内销货物（以及按料件办理进口手续的转内销制成品、残次品、未完成品）应填制进口报关单，填报《加工贸易手册》进口料件的项号；加工贸易边角料、副产品内销，填报《加工贸易手册》中对应的进口料件项号。如边角料或副产品对应一个以上料件项号时，填报主要料件项号。

- 加工贸易成品凭《征免税证明》转为减免税货物进口的，应先办理进口报关手续。进口报关单填报《征免税证明》中的项号，出口报关单填报《加工贸易手册》原出口成品项号，进、出口报关单货物数量应一致。

- 加工贸易货物销毁，本栏目应填报《加工贸易手册》中相应的进口料件项号。

- 加工贸易副产品退运出口、结转出口，本栏目应填报《加工贸易手册》中新增的变更副产品的出口项号。

- 经海关批准实行加工贸易联网监管的企业，按海关联网监管要求，企业需申报报关清单的，应在向海关申报进出口（包括形式进出口）报关单前，向海关申报"清单"。一份报关清单对应一份报关单，报关单上的商品由报关清单归并而得。加工贸易电子账册报关单中项号、品名、规格等栏目的填制规范比照《加工贸易手册》。

（三十四）商品编号

本栏目填报的商品编号由 10 位数字组成。前 8 位为《中华人民共和国进出口税则》确定的进出口货物的税则号列，同时也是《中华人民共和国海关统计商品目录》确定的商品编码，后 2 位为符合海关监管要求的附加编号。

（三十五）商品名称、规格型号

本栏目分两行填报及打印。第一行填报进出口货物规范的中文商品名称，第二行填报规格型号。

具体填报要求如下所述。

- 商品名称及规格型号应据实填报，并与进出口货物收发货人或受委托的报关企业所提交的合同、发票等相关单证相符。

- 商品名称应当规范，规格型号应当足够详细，以能满足海关归类、审价及许可证件管理要求为准，可参照《中华人民共和国海关进出口商品规范申报目录》中对商品名称、规格型号的要求进行填报。

- 加工贸易等已备案的货物，填报的内容必须与备案登记中同项号下货物的商品名称一致。

- 对需要海关签发《货物进口证明书》的车辆，商品名称栏应填报"车辆品牌+排气量（注明 cc）+车型（如越野车、小轿车等）"。进口汽车底盘不填报排气量。车辆品牌应按照《进口机动车辆制造厂名称和车辆品牌中英文对照表》中"签注名称"

一栏的要求填报。规格型号栏可填报"汽油型"等。

- 由同一运输工具同时运抵同一口岸并且属于同一收货人、使用同一提单的多种进口货物，按照商品归类规则应当归入同一商品编号的，应当将有关商品一并归入该商品编号。商品名称填报一并归类后的商品名称；规格型号填报一并归类后商品的规格型号。

- 加工贸易边角料和副产品内销，边角料复出口，本栏目填报其报验状态的名称和规格型号。

- 进口货物收货人以一般贸易方式申报进口属于《需要详细列名申报的汽车零部件清单》（海关总署 2006 年第 64 号公告）范围内的汽车生产件的，应按以下要求进行填报。

（1）商品名称填报进口汽车零部件的详细中文商品名称和品牌，中文商品名称与品牌之间用"/"相隔，必要时加注英文商业名称；进口的成套散件或者毛坯件应在品牌后加注"成套散件"、"毛坯"等字样，并与品牌之间用"/"相隔。

（2）规格型号填报汽车零部件的完整编号。在零部件编号前应当加注"S"字样，并与零部件编号之间用"/"相隔，零部件编号之后应当依次加注该零部件适用的汽车品牌和车型。

汽车零部件属于可以适用于多种汽车车型的通用零部件的，零部件编号后应当加注"TY"字样，并用"/"与零部件编号相隔。

与进口汽车零部件规格型号相关的其他需要申报的要素，或者海关规定的其他需要申报的要素，如"功率""排气量"等，应当在车型或"TY"之后填报，并用"/"与之相隔。

汽车零部件报验状态是成套散件的，应当在"标记唛码及备注"栏内填报该成套散件装配后的最终完整品的零部件编号。

- 进口货物收货人以一般贸易方式申报进口属于《需要详细列名申报的汽车零部件清单》（海关总署 2006 年第 64 号公告）范围内的汽车维修件的，填报规格型号时，应当在零部件编号前加注"W"，并与零部件编号之间用"/"相隔；进口维修件的品牌与该零部件适用的整车厂牌不一致的，应当在零部件编号前加注"WF"，并与零部件编号之间用"/"相隔。其余申报要求同上条执行。

（三十六）数量及单位

本栏目分三行填报及打印。

- 第一行应按进出口货物的法定第一计量单位填报数量及单位，法定计量单位以《中华人民共和国海关统计商品目录》中的计量单位为准。

- 凡列明有法定第二计量单位的，应在第二行按照法定第二计量单位填报数量及单位。无法定第二计量单位的，本栏目第二行为空。

- 成交计量单位及数量应填报并打印在第三行。

- 法定计量单位为"千克"的数量填报，特殊情况下填报要求如下所述。

（1）装入可重复使用的包装容器的货物，应按货物扣除包装容器后的重量填报，如罐装同位素、罐装氧气及类似品等。

（2）使用不可分割包装材料和包装容器的货物，按货物的净重填报（即包括内层直接包装的净重重量），如采用供零售包装的罐头、化妆品、药品及类似品等。

（3）按照商业惯例以公量重计价的商品，应按公量重填报，如未脱脂羊毛、羊毛条等。

（4）采用以毛重作为净重计价的货物，可按毛重填报，如粮食、饲料等大宗散装货物。

（5）采用零售包装的酒类、饮料，按照液体部分的重量填报。

- 成套设备、减免税货物如需分批进口，货物实际进口时，应按照实际报验状态确定数量。

- 具有完整品或制成品基本特征的不完整品、未制成品，根据《商品名称及编码协调制度》归类规则应按完整品归类的，按照构成完整品的实际数量填报。

- 加工贸易等已备案的货物，成交计量单位必须与《加工贸易手册》中同项号下货物的计量单位一致，加工贸易边角料和副产品内销、边角料复出口，本栏目填报其报验状态的计量单位。

- 优惠贸易协定项下进出口商品的成交计量单位必须与原产地证书上对应商品的计量单位一致。

- 法定计量单位为立方米的气体货物，应折算成标准状况（即零摄氏度及 1 个标准大气压）下的体积进行填报。

（三十七）原产国（地区）

原产国（地区）应依据《中华人民共和国进出口货物原产地条例》、《中华人民共和国海关关于执行〈非优惠原产地规则中实质性改变标准〉的规定》以及海关总署关于各项优惠贸易协定原产地管理规章规定的原产地确定标准填报。同一批进出口货物的原产地不同的，应分别填报原产国（地区）。进出口货物原产国（地区）无法确定的，填报"国别不详"（代码 701）。

本栏目应按海关规定的《国别（地区）代码表》选择填报相应的国家（地区）名称及代码。

（三十八）最终目的国（地区）

最终目的国（地区）填报已知的进出口货物的最终实际消费、使用或进一步加工制造国家（地区）。不经过第三国（地区）转运的直接运输货物，以运抵国（地区）为最终目的国（地区）；经过第三国（地区）转运的货物，以最后运往国（地区）为最终目的国（地区）。同一批进出口货物的最终目的国（地区）不同的，应分别填报最终目的国（地区）。进出口货物不能确定最终目的国（地区）时，以尽可能预知的最后运往国（地区）为最终目的国（地区）。

本栏目应按海关规定的《国别（地区）代码表》选择填报相应的国家（地区）名称及代码。

（三十九）单价

本栏目填报同一项号下进出口货物实际成交的商品单位价格。无实际成交价格的，本栏目填报单位货值。

（四十）总价

本栏目填报同一项号下进出口货物实际成交的商品总价格。无实际成交价格的，本栏目填报货值。

（四十一）币制

本栏目应按海关规定的《货币代码表》选择相应的货币名称及代码填报，如《货币代码表》中无实际成交币种，需将实际成交货币按申报日外汇折算率折算成《货币代码表》列明的货币填报。

（四十二）征免

本栏目应按照海关核发的《征免税证明》或有关政策规定，对报关单所列每项商品选择海关规定的《征减免税方式代码表》中相应的征减免税方式填报。

加工贸易货物报关单应根据《加工贸易手册》中备案的征免规定填报；《加工贸易手册》中备案的征免规定为"保金"或"保函"的，应填报"全免"。

（四十三）特殊关系确认

本栏目根据《中华人民共和国海关审定进出口货物完税价格办法》第十六条，填报确认进出口行为中买卖双方是否存在特殊关系，有下列情形之一的，应当认为买卖双方存在特殊关系，在本栏目应填报"是"，反之则填报"否"：

- 买卖双方为同一家族成员的；
- 买卖双方互为商业上的高级职员或者董事的；
- 一方直接或者间接地受另一方控制的；
- 买卖双方都直接或者间接地受第三方控制的；
- 买卖双方共同直接或间接地控制第三方的；
- 一方直接或者间接地拥有、控制或者持有对方 5% 以上（含 5%）公开发行的有表决权的股票或者股份的；
- 一方是另一方的雇员、高级职员或者董事的；
- 买卖双方是同一合伙的成员的。

买卖双方在经营上相互有联系，一方是另一方的独家代理、独家经销或者独家受让人，如果符合前款的规定，也应当视为存在特殊关系。

（四十四）价格影响确认

本栏目根据《审价办法》第十七条，填报确认进出口行为中买卖双方存在的特殊关系是否影响成交价格，纳税义务人如不能证明其成交价格与同时或者大约同时发生的下列任何一款价格相近的，应当视为特殊关系对进出口货物的成交价格产生影响，在本栏目应填报"是"，反之则填报"否"：

- 向境内无特殊关系的买方出售的相同或者类似进出口货物的成交价格；
- 按照《审价办法》倒扣价格估价方法的规定所确定的相同或者类似进出口货物的完税价格；
- 按照《审价办法》计算价格估价方法的规定所确定的相同或者类似进出口货物的完税价格。

（四十五）支付特许权使用费确认

本栏目根据《审价办法》第十三条，填报确认进出口行为中买方是否存在向卖方或者有关方直接或者间接支付特许权使用费。特许权使用费是指进出口货物的买方为取得知识产权权利人及权利人有效授权人关于专利权、商标权、专有技术、著作权、分销权或者销售权的许可或者转让而支付的费用。如果进出口行为中买方存在向卖方或者有关方直接或者间接支付特许权使用费的，在本栏目应填报"是"，反之则填报"否"。

（四十六）版本号

本栏目适用加工贸易货物出口报关单。本栏目应与《加工贸易手册》中备案的成品单耗版本一致，通过《加工贸易手册》备案数据或企业出口报关清单提取。

（四十七）货号

本栏目适用加工贸易货物进出口报关单。本栏目应与《加工贸易手册》中备案的料件、成品货号一致，通过《加工贸易手册》备案数据或企业出口报关清单提取。

（四十八）录入员

本栏目用于记录预录入操作人员的姓名。

（四十九）录入单位

本栏目用于记录预录入单位名称。

（五十）海关批注及签章

本栏目供海关作业时签注。

注：上述填制规范中所述尖括号（〈〉）、逗号（,）、连接符（-）、冒号（:）等标点符号及数字，填报时都必须使用非中文状态下的半角字符。

二、进出口货物报关单填制中常用代码表

在前述报关单填制规范中，一些栏目需要填报相应代码。本部分我们列出报关工作中常用的主要代码表。

（一）运输方式代码表（如表 7-1 所示）

表 7-1　运输方式代码表

运输方式代码	运输方式名称	运输方式代码	运输方式名称
0	非保税区	8	保税仓库
1	监管仓库	9	其他运输
2	水路运输	A	全部运输方式
3	铁路运输	H	边境特殊海关作业区
4	公路运输	W	物流中心
5	航空运输	X	物流园区
6	邮件运输	Y	保税港区
7	保税区	Z	出口加工区

（二）征免性质代码表（如表 7-2 所示）

表 7-2　征免性质代码表

征免性质代码	征免性质简称	征免性质全称
101	一般征税	一般征税进出口货物
118	整车征税	构成整车特征的汽车零部件纳税
119	零部件征税	不构成整车特征的汽车零部件纳税
201	无偿援助	无偿援助进出口物资
299	其他法定	其他法定减免税进出口货物
301	特定区域	特定区域进口自用物资及出口货物
307	保税区	保税区进口自用物资
399	其他地区	其他执行特殊政策地区出口货物
401	科教用品	大专院校及科研机构进口科教用品
403	技术改造	企业技术改造进口货物
405	科技开发用品	科学研究、技术开发机构进口科技开发用品
406	重大项目	国家重大项目进口货物
408	重大技术装备	生产重大技术装备进口关键零部件及原材料
409	科技重大专项	科技重大专项进口关键设备、零部件和原材料
412	基础设施	通信、港口、铁路、公路、机场建设进口设备
413	残疾人	残疾人组织和企业进出口货物
417	远洋渔业	远洋渔业自捕水产品
418	国产化	国家定点生产小轿车和摄录机企业进口散件
419	整车特征	构成整车特征的汽车零部件进口
420	远洋船舶	远洋船舶及设备部件
421	内销设备	内销远洋船用设备及关键部件
422	集成电路	集成电路生产企业进口货物
423	新型显示器件	新型显示器件生产企业进口货物
499	ITA 产品	非全税号信息技术产品
501	加工设备	加工贸易外商提供的不作价进口设备
502	来料加工	来料加工装配和补偿贸易进口料件及出口成品
503	进料加工	进料加工贸易进口料件及出口成品
506	边境小额	边境小额贸易进口货物
510	中国港澳特别行政区 OPA	中国港澳特别行政区在内地加工的纺织品获证出口
601	中外合资	中外合资经营企业进出口货物
602	中外合作	中外合作经营企业进出口货物
603	外资企业	外商独资企业进出口货物
606	海洋石油	勘探、开发海洋石油进口货物
608	陆上石油	勘探、开发陆上石油进口货物
609	贷款项目	利用贷款进口货物
611	贷款中标	国际金融组织贷款、外国政府贷款中标机电设备零部件
698	公益收藏	国有公益性收藏单位进口藏品

续表

征免性质代码	征免性质简称	征免性质全称
789	鼓励项目	国家鼓励发展的内外资项目进口设备
799	自有资金	外商投资额度外利用自有资金进口设备、备件、配件
801	救灾捐赠	救灾捐赠进口物资
802	扶贫慈善	境外向我境内无偿捐赠用于扶贫慈善的免税进口物资
888	航材减免	经核准的航空公司进口维修用航空器材
898	国批减免	国务院特准减免税的进出口货物
997	自贸协定	自贸协定进出口货物
998	内部暂定	享受内部暂定税率的进出口货物
999	例外减免	例外减免税进出口货物

（三）征减免税方式代码表（如表 7-3 所示）

表 7-3 征减免税方式代码表

征减免税方式代码	征减免税方式名称
1	照章征税
2	折半征税
3	全免
4	特案
5	征免性质
6	保证金
7	保函
8	折半补税
9	全额退税

（四）结汇方式代码表（如表 7-4 所示）

表 7-4 结汇方式代码表

结汇方式代码	结汇方式名称	结汇方式代码	结汇方式名称
1	信汇	6	信用证
2	电汇	7	先出后结
3	票汇	8	先结后出
4	付款交单	9	其他
5	承兑交单		

（五）成交方式代码表（如表 7-5 所示）

表 7-5 成交方式代码表

成交方式代码	成交方式名称
1	CIF
2	C&F
3	FOB
4	C&I
5	市场价
6	垫仓

（六）货币代码表（如表7-6所示）

表7-6 货币代码表

货币代码	货币符号	货币名称	货币代码	货币符号	货币名称
110	HKD	港币	303	GBP	英镑
116	JPY	日本元	326	NOK	挪威克朗
121	MOP	澳门元	330	SEK	瑞典克朗
122	MYR	马来西亚林吉特	331	CHF	瑞士法郎
132	SGD	新加坡元	398	ASF	清算瑞士法郎
133	KRW	韩国圆	501	CAD	加拿大元
136	THB	泰国铢	502	USD	美元
142	CNY	人民币	601	AUD	澳大利亚元
300	EUR	欧元	609	NZD	新西兰元
302	DKK	丹麦克朗			

（七）监管方式代码表（如表7-7所示）

表7-7 监管方式代码表

监管方式代码	监管方式简称	监管方式全称
0110	一般贸易	一般贸易
0130	易货贸易	易货贸易
0139	旅游购物商品	用于旅游者五万美元以下的出口小批量订货
0200	料件销毁	加工贸易料件、残次品（折料）销毁
0214	来料加工	来料加工装配贸易进口料件及加工出口货物
0245	来料料件内销	来料加工料件转内销
0255	来料深加工	来料深加工结转货物
0258	来料余料结转	来料加工余料结转
0265	来料料件复出	来料加工复运出境的原进口料件
0300	来料料件退换	来料加工料件退换
0314	加工专用油	国营贸易企业代理来料加工企业进口柴油
0320	不作价设备	加工贸易外商提供的不作价进口设备
0345	来料成品减免	来料加工成品凭征免税证明转减免税
0400	边角料销毁	加工贸易边角料、副产品（按状态）销毁
0420	加工贸易设备	加工贸易项下外商提供的进口设备
0444	保区进料成品	按成品征税的保税区进料加工成品转内销货物
0445	保区来料成品	按成品征税的保税区来料加工成品转内销货物
0446	加工设备内销	加工贸易免税进口设备转内销
0456	加工设备结转	加工贸易免税进口设备结转
0466	加工设备退运	加工贸易免税进口设备退运出境
0500	减免设备结转	用于监管年限内减免税设备的结转
0513	补偿贸易	补偿贸易
0544	保区进料料件	按料件征税的保税区进料加工成品转内销货物
0545	保区来料料件	按料件征税的保税区来料加工成品转内销货物
0615	进料对口	进料加工（对口合同）

监管方式代码	监管方式简称	监管方式全称
0642	进料以产顶进	进料加工成品以产顶进
0644	进料料件内销	进料加工料件转内销
0654	进料深加工	进料深加工结转货物
0657	进料余料结转	进料加工余料结转
0664	进料料件复出	进料加工复运出境的原进口料件
0700	进料料件退换	进料加工料件退换
0715	进料非对口	进料加工（非对口合同）
0744	进料成品减免	进料加工成品凭征免税证明转减免税
0815	低值辅料	低值辅料
0844	进料边角料内销	进料加工项下边角料转内销
0845	来料边角料内销	来料加工项下边角料内销
0864	进料边角料复出	进料加工项下边角料复出口
0865	来料边角料复出	来料加工项下边角料复出口
1039	市场采购	市场采购
1139	国轮油物料	中国籍运输工具境内添加的保税油料、物料
1200	保税间货物	海关保税场所及保税区域之间往来的货物
1210	保税电商	保税跨境贸易电子商务
1215	保税工厂	保税工厂
1233	保税仓库货物	保税仓库进出境货物
1234	保税区仓储转口	保税区进出境仓储转口货物
1300	修理物品	进出境修理物品
1427	出料加工	出料加工
1500	租赁不满一年	租赁不满一年的租赁贸易货物
1523	租赁贸易	租期在一年及以上的租赁贸易货物
1616	寄售代销	寄售、代销贸易
1741	免税品	免税品
1831	外汇商品	免税外汇商品
2025	合资合作设备	合资合作企业作为投资进口设备物品
2225	外资设备物品	外资企业作为投资进口的设备物品
2400	外航公务货	外国航空公司进口公务货
2439	常驻机构公用	外国常驻机构进口办公用品
2600	暂时进出货物	暂时进出口货物
2700	展览品	进出境展览品
2939	陈列样品	驻华商业机构不复运出口的进口陈列样品
3010	货样广告品A	有经营权单位进出口的货样广告品
3039	货样广告品B	无经营权单位进出口的货样广告品
3100	无代价抵偿	无代价抵偿进出口货物
3339	其他进出口免费	其他进出口免费提供货物
3410	承包工程进口	对外承包工程进口物资
3422	对外承包出口	对外承包工程出口物资

监管方式代码	监管方式简称	监管方式全称
3511	援助物资	国家和国际组织无偿援助物资
3611	无偿军援	无偿军援
3612	捐赠物资	进出口捐赠物资
3910	军事装备	军事装备
4019	边境小额	边境小额贸易（边民互市贸易除外）
4039	对台小额	对台小额贸易
4139	对台小额商品交易市场	进入对台小额商品交易专用市场的货物
4200	驻外机构运回	我驻外机构运回旧公用物品
4239	驻外机构购进	我驻外机构境外购买运回国的公务用品
4400	来料成品退换	来料加工成品退换
4500	直接退运	直接退运
4539	进口溢误卸	进口溢卸、误卸货物
4561	退运货物	因质量不符、延误交货等原因退运进出境货物
4600	进料成品退换	进料成品退换
5000	料件进出区	料件进出海关特殊监管区域
5010	特殊区域研发物	海关特殊监管区域与境外之间进出的研发货物
5014	区内来料加工货物	海关特殊监管区域与境外之间进出的来料加工货物
5015	区内进料加工货物	海关特殊监管区域与境外之间进出的进料加工货物
5034	区内物流货物	海关特殊监管区域与境外之间进出的物流货物
5100	成品进出区	成品进出海关特殊监管区域
5300	设备进出区	设备及物资进出海关特殊监管区域
5335	境外设备进区	海关特殊监管区域从境外进口的设备及物资
5361	区内设备退运	海关特殊监管区域设备及物资退运境外
6033	物流中心进出境货物	保税物流中心与境外之间进出仓储货物
9600	内贸货物跨境运输	内贸货物跨境运输
9610	电子商务	跨境贸易电子商务
9639	海关处理货物	海关变卖处理的超期未报货物、走私违规货物
9700	后续补税	无原始报关单的后续补税
9739	其他贸易	其他贸易
9800	租赁征税	租赁期一年及以上的租赁贸易货物的租金
9839	留赠转卖物品	外交机构转售境内或国际活动留赠放弃特批货物
9900	其他	其他

（八）监管证件名称代码表（如表7-8所示）

表7-8　监管证件名称代码表

许可证或批文代码	许可证或批文名称	许可证或批文代码	许可证或批文名称
1	进口许可证	4	出口许可证
2	两用物项和技术进口许可证	5	纺织品临时出口许可证
3	两用物项和技术出口许可证	6	旧机电产品禁止进口

续表

许可证或批文代码	许可证或批文名称	许可证或批文代码	许可证或批文名称
7	自动进口许可证	R	进口兽药通关单
8	禁止出口商品	S	进出口农药登记证明
9	禁止进口商品	T	银行调运现钞进出境许可证
A	入境货物通关单	U	合法捕捞产品通关证明
B	出境货物通关单	W	麻醉药品进出口准许证
D	出/入境货物通关单（毛坯钻石用）	X	有毒化学品环境管理放行通知单
E	濒危物种允许出口证明书	Y	原产地证明
F	濒危物种允许进口证明书	Z	音像制品进口批准单或节目提取单
G	两用物项和技术出口许可证（定向）	c	内销征税联系单
H	港澳 OPA 纺织品证明	e	关税配额外优惠税率进口棉花配额证
I	精神药物进（出）准许证	q	国别关税配额证明
J	黄金及其制品进出口准许证或批件	r	预归类标志
K	深加工结转申请表	s	适用 ITA 税率的商品用途认定证明
L	药品进出口准许证	t	关税配额证明
M	密码产品和设备进口许可证	v	自动进口许可证（加工贸易）
O	自动进口许可证（机电产品）	x	出口许可证（加工贸易）
P	固体废物进口许可证	y	出口许可证（边境小额贸易）
Q	进口药品通关单		

（九）地区性质代码表（如表 7-9 所示）

表 7-9　地区性质代码表

地区性质代码	地区性质名称	地区性质代码	地区性质名称
1	经济特区	7	广东省
2	沿海开放城市	8	福建省
3	经济技术开发区	9	北京市、新疆
4	经济开放区	A	保税工业区
5	海南省	B	新技术开发园区
6	西藏自治区		

（十）企业性质代码表（如表 7-10 所示）

表 7-10　企业性质代码表

企业性质代码	企业性质名称	企业性质代码	企业性质名称
1	国有企业	6	私营企业
2	中外合作企业	7	个体工商户
3	中外合资企业	8	报关企业
4	外商独资企业	9	其他
5	集体企业		

（十一）计量单位代码表（如表 7-11 所示）

表 7-11　计量单位代码表

代码	名称	代码	名称	代码	名称	代码	名称
001	台	002	座	003	辆	004	艘
005	架	006	套	007	个	008	只
009	头	010	张	011	件	012	支
013	枝	014	根	015	条	016	把
017	块	018	卷	019	副	020	片
021	组	022	份	023	幅	025	双
026	对	027	棵	028	株	029	井
030	米	031	盘	032	平方米	033	立方米
034	筒	035	千克	036	克	037	盆
038	万个	039	具	040	百副	041	百支
042	百把	043	百个	044	百片	045	刀
046	疋	047	公担	048	扇	049	百枝
050	千只	051	千块	052	千盒	053	千枝
054	千个	055	亿支	056	亿个	057	万套
058	千张	059	万张	060	千伏安	061	千瓦
062	千瓦时	063	千升	067	英尺	070	吨
071	长吨	072	短吨	073	司马担	074	司马斤
075	斤	076	磅	077	担	078	英担
079	短担	080	两	081	市担	083	盎司
084	克拉	085	市尺	086	码	088	英寸
089	寸	095	升	096	毫升	097	英加仑
098	美加仑	099	立方英尺	101	立方尺	110	平方码
111	平方英尺	112	平方尺	115	英制马力	116	公制马力
118	令	120	箱	121	批	122	罐
123	桶	124	扎	125	包	126	篓
127	打	128	筐	129	罗	130	匹
131	册	132	本	133	发	134	枚
135	捆	136	袋	139	粒	140	盒
141	合	142	瓶	143	千支	144	万双
145	万粒	146	千粒	147	千米	148	千英尺
149	百万贝可	163	部	164	亿株		

（十二）用途代码表（如表 7-12 所示）

表 7-12　用途代码表

代码	用途	代码	用途
01	外贸自营内销	07	收保证金
02	特区内销	08	免费提供
03	其他内销	09	作价提供
04	企业自用	10	货样、广告品
05	加工返销	11	其他
06	借用	13	以产顶进

（十三）其他代码表

限于本书篇幅，有关关区代码表、国别（地区）代码表以及国内地区代码表等的具体内容，读者可参考海关总署网站"通关参数查询"栏目，本书在此不再列出。

本章重要概念

进出口货物报关单；H2000 通关系统；备案号；经营单位编码；随附单据；项号；代码表

本章小结

进出口货物报关单是指进出口货物的收发货人或其代理人，按照海关规定的格式对进出口货物的实际情况作出书面申明，以此要求海关对其货物按适用的海关管理制度办理通关手续的法律文书。进口货物纸质报关单一式五联：海关作业联、海关留存联、企业留存联、海关核销联、证明联（进口付汇用）。出口货物纸质报关单一式六联：海关作业联、海关留存联、企业留存联、海关核销联、证明联（出口收汇用）、证明联（出口退税用）。为深化海关通关作业无纸化改革，目前海关不再为国家外汇管理局分支局核定的货物贸易外汇管理 A 类企业提供纸质报关单收、付汇证明联，不再签发纸质出口货物报关单证明联（出口退税专用）。

进出口货物的收发货人或其代理人向海关申报时，必须填写并向海关递交进出口货物报关单。申报人在填制报关单时，应当依法如实向海关申报，对申报内容的真实性、准确性、完整性和规范性承担相应的法律责任。

我国海关已经在进出境货物通关作业中全面使用计算机进行信息化管理，成功地开发运用了多个电子通关系统，主要包括 H883/EDI 通关系统和 H2000 通关系统。目前 H883/EDI 通关系统已逐步退出运行。H2000 通关系统是利用计算机网络技术，建立全国集中式的海关通关业务数据库，在海关各业务领域全面联网应用的大型信息化管理系统。本章第二节主要针对 H2000 通关系统阐释了进出口货物报关单各栏目的具体填制规范和要求。

本章思考题

1. 选择题

（1）《运输方式代码表》中代码"X"表示（　　　）。

    A. 物流中心　　　　B. 物流园区　　　　C. 保税港区　　　　D. 出口加工区

（2）《监管方式代码表》中代码"5015"表示（　　　）。

    A. 区内来料加工货物　　　　　　　　　B. 区内进料加工货物

    C. 区内物流货物　　　　　　　　　　　D. 设备进出区

（3）《中澳自贸协定》项下进口报关单中第 1~3 项和第 5 项商品申报享受协定税率，则"随附单证编号栏"应填报为（　　　）

    A. <18:1-3,5>　　　　B. <19:1-3,5>　　　　C. <18:1-3-5>　　　　D. <19:1-3-5>

2. 判断题

（1）若一家企业的海关注册编码为 1207240068，则表明该企业是天津经济技术开发区的一家外商独资企业。（　　　）

（2）电子数据报关单和纸质报关单均具有法律效力。（　　　）

（3）进口货物纸质报关单一式六联；出口货物纸质报关单一式五联。（　　　）

（4）跨境贸易电子商务的监管方式代码为 9610。（　　　）

3. 请分析报关单中"随附单据"一栏的具体填报规范。

4. 请阐述《结汇方式代码表》的具体内容。

5. 简述《监管证件名称代码表》中的代码及其含义。

附录　与报关工作相关的法律、法规

中华人民共和国对外贸易法

（1994 年 5 月 12 日第八届全国人民代表大会常务委员会第七次会议通过，2004 年 4 月 6 日第十届全国人民代表大会常务委员会第八次会议修订）

第一章　总　　则

第一条　为了扩大对外开放，发展对外贸易，维护对外贸易秩序，保护对外贸易经营者的合法权益，促进社会主义市场经济的健康发展，制定本法。

第二条　本法适用于对外贸易以及与对外贸易有关的知识产权保护。

本法所称对外贸易，是指货物进出口、技术进出口和国际服务贸易。

第三条　国务院对外贸易主管部门依照本法主管全国对外贸易工作。

第四条　国家实行统一的对外贸易制度，鼓励发展对外贸易，维护公平、自由的对外贸易秩序。

第五条　中华人民共和国根据平等互利的原则，促进和发展同其他国家和地区的贸易关系，缔结或者参加关税同盟协定、自由贸易区协定等区域经济贸易协定，参加区域经济组织。

第六条　中华人民共和国在对外贸易方面根据所缔结或者参加的国际条约、协定，给予其他缔约方、参加方最惠国待遇、国民待遇等待遇，或者根据互惠、对等原则给予对方最惠国待遇、国民待遇等待遇。

第七条　任何国家或者地区在贸易方面对中华人民共和国采取歧视性的禁止、限制或者其他类似措施的，中华人民共和国可以根据实际情况对该国家或者该地区采取相应的措施。

第二章　对外贸易经营者

第八条　本法所称对外贸易经营者，是指依法办理工商登记或者其他执业手续，依照本法和其他有关法律、行政法规的规定从事对外贸易经营活动的法人、其他组织或者个人。

第九条　从事货物进出口或者技术进出口的对外贸易经营者，应当向国务院对外贸易主管部门或者其委托的机构办理备案登记；但是，法律、行政法规和国务院对外贸易主管部门规定不需要备案登记的除外。备案登记的具体办法由国务院对外贸易主管部门规定。对外贸易经营者未按照规定办理备案登记的，海关不予办理进出口货物的报关验放手续。

第十条　从事国际服务贸易，应当遵守本法和其他有关法律、行政法规的规定。

从事对外工程承包或者对外劳务合作的单位，应当具备相应的资质或者资格。具体办法由国务院规定。

第十一条　国家可以对部分货物的进出口实行国营贸易管理。实行国营贸易管理货物的进出口业务只能由经授权的企业经营；但是，国家允许部分数量的国营贸易管理货物的进出口业务由非授权企业经营的除外。实行国营贸易管理的货物和经授权经营企业的目录，由国务院对外贸易主管部门会同国务院其他有关部门确定、调整并公布。

违反本条第一款规定，擅自进出口实行国营贸易管理的货物的，海关不予放行。

第十二条　对外贸易经营者可以接受他人的委托，在经营范围内代为办理对外贸易业务。

第十三条　对外贸易经营者应当按照国务院对外贸易主管部门或者国务院其他有关部门依法作出的规定，向有关部门提交与其对外贸易经营活动有关的文件及资料。有关部门应当为提供者保守商业秘密。

第三章　货物进出口与技术进出口

第十四条　国家准许货物与技术的自由进出口。但是，法律、行政法规另有规定的除外。

第十五条　国务院对外贸易主管部门基于监测进出口情况的需要，可以对部分自由进出口的货物实行进出口自动许可并公布其目录。

实行自动许可的进出口货物，收货人、发货人在办理海关报关手续前提出自动许可申请的，国务院对外贸易主管部门或者其委托的机构应当予以许可；未办理自动许可手续的，海关不予放行。

进出口属于自由进出口的技术，应当向国务院对外贸易主管部门或者其委托的机构办理合同备案登记。

第十六条　国家基于下列原因，可以限制或者禁止有关货物、技术的进口或者出口：

（一）为维护国家安全、社会公共利益或者公共道德，需要限制或者禁止进口或者出口的；

（二）为保护人的健康或者安全，保护动物、植物的生命或者健康，保护环境，需要限制或者禁止进口或者出口的；

（三）为实施与黄金或者白银进出口有关的措施，需要限制或者禁止进口或者出口的；

（四）国内供应短缺或者为有效保护可能用竭的自然资源，需要限制或者禁止出口的；

（五）输往国家或者地区的市场容量有限，需要限制出口的；

（六）出口经营秩序出现严重混乱，需要限制出口的；

（七）为建立或者加快建立国内特定产业，需要限制进口的；

（八）对任何形式的农业、牧业、渔业产品有必要限制进口的；

（九）为保障国家国际金融地位和国际收支平衡，需要限制进口的；

（十）依照法律、行政法规的规定，其他需要限制或者禁止进口或者出口的；

（十一）根据我国缔结或者参加的国际条约、协定的规定，其他需要限制或者禁止进口或者出口的。

第十七条 国家对与裂变、聚变物质或者衍生此类物质的物质有关的货物、技术进出口，以及与武器、弹药或者其他军用物资有关的进出口，可以采取任何必要的措施，维护国家安全。

在战时或者为维护国际和平与安全，国家在货物、技术进出口方面可以采取任何必要的措施。

第十八条 国务院对外贸易主管部门会同国务院其他有关部门，依照本法第十六条和第十七条的规定，制定、调整并公布限制或者禁止进出口的货物、技术目录。

国务院对外贸易主管部门或者由其会同国务院其他有关部门，经国务院批准，可以在本法第十六条和第十七条规定的范围内，临时决定限制或者禁止前款规定目录以外的特定货物、技术的进口或者出口。

第十九条 国家对限制进口或者出口的货物，实行配额、许可证等方式管理；对限制进口或者出口的技术，实行许可证管理。

实行配额、许可证管理的货物、技术，应当按照国务院规定经国务院对外贸易主管部门或者经其会同国务院其他有关部门许可，方可进口或者出口。

国家对部分进口货物可以实行关税配额管理。

第二十条 进出口货物配额、关税配额，由国务院对外贸易主管部门或者国务院其他有关部门在各自的职责范围内，按照公开、公平、公正和效益的原则进行分配。具体办法由国务院规定。

第二十一条 国家实行统一的商品合格评定制度，根据有关法律、行政法规的规定，对进出口商品进行认证、检验、检疫。

第二十二条 国家对进出口货物进行原产地管理。具体办法由国务院规定。

第二十三条 对文物和野生动物、植物及其产品等，其他法律、行政法规有禁止或者限制进出口规定的，依照有关法律、行政法规的规定执行。

第四章 国际服务贸易

第二十四条 中华人民共和国在国际服务贸易方面根据所缔结或者参加的国际条约、协定中所作的承诺，给予其他缔约方、参加方市场准入和国民待遇。

第二十五条 国务院对外贸易主管部门和国务院其他有关部门，依照本法和其他有关法律、行政法规的规定，对国际服务贸易进行管理。

第二十六条 国家基于下列原因，可以限制或者禁止有关的国际服务贸易：

（一）为维护国家安全、社会公共利益或者公共道德，需要限制或者禁止的；

（二）为保护人的健康或者安全，保护动物、植物的生命或者健康，保护环境，需要限制或者禁止的；

（三）为建立或者加快建立国内特定服务产业，需要限制的；

（四）为保障国家外汇收支平衡，需要限制的；

（五）依照法律、行政法规的规定，其他需要限制或者禁止的；

（六）根据我国缔结或者参加的国际条约、协定的规定，其他需要限制或者禁止的。

第二十七条 国家对与军事有关的国际服务贸易，以及与裂变、聚变物质或者衍生此类物质的物质有关的国际服务贸易，可以采取任何必要的措施，维护国家安全。

在战时或者为维护国际和平与安全，国家在国际服务贸易方面可以采取任何必要的措施。

第二十八条 国务院对外贸易主管部门会同国务院其他有关部门，依照本法第二十六条、第二十七条和其他有关法律、行政法规的规定，制定、调整并公布国际服务贸易市场准入目录。

第五章 与对外贸易有关的知识产权保护

第二十九条 国家依照有关知识产权的法律、行政法规，保护与对外贸易有关的知识产权。

进口货物侵犯知识产权，并危害对外贸易秩序的，国务院对外贸易主管部门可以采取在一定期限内禁止侵权人生产、销售的有关货物进口等措施。

第三十条 知识产权权利人有阻止被许可人对许可合同中的知识产权的有效性提出质疑、进行强制性一揽子许可、在许可合同中规定排他性返授条件等行为之一，并危害对外贸易公平竞争秩序的，国务院对外贸易主管部门可以采取必要的措施消除危害。

第三十一条 其他国家或者地区在知识产权保护方面未给予中华人民共和国的法人、其他组织或者个人国民待遇，或者不能对来源于中华人民共和国的货物、技术或者服务提供充分有效的知识产权保护的，国务院对外贸易主管部门可以依照本法和其他有关法律、行政法规的规定，并根据中华人民共和国缔结或者参加的国际条约、协定，对与该国家或者该地区的贸易采取必要的措施。

第六章 对外贸易秩序

第三十二条 在对外贸易经营活动中，不得违反有关反垄断的法律、行政法规的规定实施垄断行为。

在对外贸易经营活动中实施垄断行为，危害市场公平竞争的，依照有关反垄断的法律、行政法规的规定处理。有前款违法行为，并危害对外贸易秩序的，国务院对外贸易主管部门可以采取必要的措施消除危害。

第三十三条 在对外贸易经营活动中，不得实施以不正当的低价销售商品、串通投标、发布虚假广告、进行商业贿赂等不正当竞争行为。

在对外贸易经营活动中实施不正当竞争行为的，依照有关反不正当竞争的法律、行政法规的规定处理。

有前款违法行为，并危害对外贸易秩序的，国务院对外贸易主管部门可以采取禁止该经营者有关货物、技术进出口等措施消除危害。

第三十四条 在对外贸易活动中，不得有下列行为：

（一）伪造、变造进出口货物原产地标记，伪造、变造或者买卖进出口货物原产地证书、进出口许可证、进出口配额证明或者其他进出口证明文件；

（二）骗取出口退税；

（三）走私；

（四）逃避法律、行政法规规定的认证、检验、检疫；

（五）违反法律、行政法规规定的其他行为。

第三十五条 对外贸易经营者在对外贸易经营活动中，应当遵守国家有关外汇管理的规定。

第三十六条 违反本法规定，危害对外贸易秩序的，国务院对外贸易主管部门可以向社会公告。

第七章　对外贸易调查

第三十七条 为了维护对外贸易秩序，国务院对外贸易主管部门可以自行或者会同国务院其他有关部门，依照法律、行政法规的规定对下列事项进行调查：

（一）货物进出口、技术进出口、国际服务贸易对国内产业及其竞争力的影响；

（二）有关国家或者地区的贸易壁垒；

（三）为确定是否应当依法采取反倾销、反补贴或者保障措施等对外贸易救济措施，需要调查的事项；

（四）规避对外贸易救济措施的行为；

（五）对外贸易中有关国家安全利益的事项；

（六）为执行本法第七条、第二十九条第二款、第三十条、第三十一条、第三十二条第三款、第三十三条第三款的规定，需要调查的事项；

（七）其他影响对外贸易秩序，需要调查的事项。

第三十八条 启动对外贸易调查，由国务院对外贸易主管部门发布公告。

调查可以采取书面问卷、召开听证会、实地调查、委托调查等方式进行。

国务院对外贸易主管部门根据调查结果，提出调查报告或者作出处理裁定，并发布公告。

第三十九条 有关单位和个人应当对对外贸易调查给予配合、协助。

国务院对外贸易主管部门和国务院其他有关部门及其工作人员进行对外贸易调查，对知悉的国家秘密和商业秘密负有保密义务。

第八章　对外贸易救济

第四十条 国家根据对外贸易调查结果，可以采取适当的对外贸易救济措施。

第四十一条 其他国家或者地区的产品以低于正常价值的倾销方式进入我国市场，对已建立的国内产业造成实质损害或者产生实质损害威胁，或者对建立国内产业造成实质阻碍的，国家可以采取反倾销措施，消除或者减轻这种损害或者损害的威胁或者阻碍。

第四十二条 其他国家或者地区的产品以低于正常价值出口至第三国市场，对我国已建立的国内产业造成实质损害或者产生实质损害威胁，或者对我国建立国内产业造成实质阻碍的，应国内产业的申请，国务院对外贸易主管部门可以与该第三国政府进行磋商，要求其采取适当的措施。

第四十三条 进口的产品直接或者间接地接受出口国家或者地区给予的任何形式的专向性补贴，对已建立的国内产业造成实质损害或者产生实质损害威胁，或者对建立国内产业造成实质阻碍的，国家可以采取反补贴措施，消除或者减轻这种损害或者损害的威胁或者阻碍。

第四十四条 因进口产品数量大量增加，对生产同类产品或者与其直接竞争的产品的国内产业造成严重损害或者严重损害威胁的，国家可以采取必要的保障措施，消除或者减轻这种损害或者损害的威胁，并可以对该产业提供必要的支持。

第四十五条 因其他国家或者地区的服务提供者向我国提供的服务增加，对提供同类服务或者与其直接竞争的服务的国内产业造成损害或者产生损害威胁的，国家可以采取必要的救济措施，消除或者减轻这种损害或者损害的威胁。

第四十六条 因第三国限制进口而导致某种产品进入我国市场的数量大量增加，对已建立的国内产业造成损害或者产生损害威胁，或者对建立国内产业造成阻碍的，国家可以采取必要的救济措施，限制该产品进口。

第四十七条 与中华人民共和国缔结或者共同参加经济贸易条约、协定的国家或者地区，违反条约、协定的规定，使中华人民共和国根据该条约、协定享有的利益丧失或者受损，或者阻碍条约、协定目标实现的，中华人民共和国政府有权要求有关国家或者地区政府采取适当的补救措施，并可以根据有关条约、协定中止或者终止履行相关义务。

第四十八条 国务院对外贸易主管部门依照本法和其他有关法律的规定，进行对外贸易的双边或者多边磋商、谈判和争端的解决。

第四十九条 国务院对外贸易主管部门和国务院其他有关部门应当建立货物进出口、技术进出口和国际服务贸易的预警应急机制，应对对外贸易中的突发和异常情况，维护国家经济安全。

第五十条 国家对规避本法规定的对外贸易救济措施的行为，可以采取必要的反规避措施。

第九章 对外贸易促进

第五十一条 国家制定对外贸易发展战略，建立和完善对外贸易促进机制。

第五十二条 国家根据对外贸易发展的需要，建立和完善为对外贸易服务的金融机构，设立对外贸易发展基金、风险基金。

第五十三条 国家通过进出口信贷、出口信用保险、出口退税及其他促进对外贸易的方式，发展对外贸易。

第五十四条 国家建立对外贸易公共信息服务体系，向对外贸易经营者和其他社会公众提供信息服务。

第五十五条 国家采取措施鼓励对外贸易经营者开拓国际市场，采取对外投资、对外工程承包和对外劳务合作等多种形式，发展对外贸易。

第五十六条 对外贸易经营者可以依法成立和参加有关协会、商会。

有关协会、商会应当遵守法律、行政法规，按照章程对其成员提供与对外贸易有关的生产、营销、信息、培训等方面的服务，发挥协调和自律作用，依法提出有关对外贸易救济措施的申请，维护成员和行业的利益，向政府有关部门反映成员有关对外贸易的建议，开展对外贸易促进活动。

第五十七条　中国国际贸易促进组织按照章程开展对外联系，举办展览，提供信息、咨询服务和其他对外贸易促进活动。

第五十八条　国家扶持和促进中小企业开展对外贸易。

第五十九条　国家扶持和促进民族自治地方和经济不发达地区发展对外贸易。

第十章　法律责任

第六十条　违反本法第十一条规定，未经授权擅自进出口实行国营贸易管理的货物的，国务院对外贸易主管部门或者国务院其他有关部门可以处五万元以下罚款；情节严重的，可以自行政处罚决定生效之日起三年内，不受理违法行为人从事国营贸易管理货物进出口业务的申请，或者撤销已给予其从事其他国营贸易管理货物进出口的授权。

第六十一条　进出口属于禁止进出口的货物的，或者未经许可擅自进出口属于限制进出口的货物的，由海关依照有关法律、行政法规的规定处理、处罚；构成犯罪的，依法追究刑事责任。

进出口属于禁止进出口的技术的，或者未经许可擅自进出口属于限制进出口的技术的，依照有关法律、行政法规的规定处理、处罚；法律、行政法规没有规定的，由国务院对外贸易主管部门责令改正，没收违法所得，并处违法所得一倍以上五倍以下罚款，没有违法所得或者违法所得不足一万元的，处一万元以上五万元以下罚款；构成犯罪的，依法追究刑事责任。

自前两款规定的行政处罚决定生效之日或者刑事处罚判决生效之日起，国务院对外贸易主管部门或者国务院其他有关部门可以在三年内不受理违法行为人提出的进出口配额或者许可证的申请，或者禁止违法行为人在一年以上三年以下的期限内从事有关货物或者技术的进出口经营活动。

第六十二条　从事属于禁止的国际服务贸易的，或者未经许可擅自从事属于限制的国际服务贸易的，依照有关法律、行政法规的规定处罚；法律、行政法规没有规定的，由国务院对外贸易主管部门责令改正，没收违法所得，并处违法所得一倍以上五倍以下罚款，没有违法所得或者违法所得不足一万元的，处一万元以上五万元以下罚款；构成犯罪的，依法追究刑事责任。

国务院对外贸易主管部门可以禁止违法行为人自前款规定的行政处罚决定生效之日或者刑事处罚判决生效之日起一年以上三年以下的期限内从事有关的国际服务贸易经营活动。

第六十三条　违反本法第三十四条规定，依照有关法律、行政法规的规定处罚；构成犯罪的，依法追究刑事责任。

国务院对外贸易主管部门可以禁止违法行为人自前款规定的行政处罚决定生效之日或者刑事处罚判决生效之日起一年以上三年以下的期限内从事有关的对外贸易经营活动。

第六十四条　依照本法第六十一条至第六十三条规定被禁止从事有关对外贸易经营活动的，在禁止期限内，海关根据国务院对外贸易主管部门依法作出的禁止决定，对该对外贸易经营者的有关进出口货物不予办理报关验放手续，外汇管理部门或者外汇指定银行不予办理有关结汇、售汇手续。

第六十五条　依照本法负责对外贸易管理工作的部门的工作人员玩忽职守、徇私舞弊或者滥用职权，构成犯罪的，依法追究刑事责任；尚不构成犯罪的，依法给予行政处分。

依照本法负责对外贸易管理工作的部门的工作人员利用职务上的便利，索取他人财物，或者非法收受他人财物为他人谋取利益，构成犯罪的，依法追究刑事责任；尚不构成犯罪的，依法给予行政处分。

第六十六条　对外贸易经营活动当事人对依照本法负责对外贸易管理工作的部门作出的具体行政行为不服的，可以依法申请行政复议或者向人民法院提起行政诉讼。

第十一章　附　　则

第六十七条　与军品、裂变和聚变物质或者衍生此类物质的物质有关的对外贸易管理以及文化产品的进出口管理，法律、行政法规另有规定的，依照其规定。

第六十八条　国家对边境地区与接壤国家边境地区之间的贸易以及边民互市贸易，采取灵活措施，给予优惠和便利。具体办法由国务院规定。

第六十九条　中华人民共和国的单独关税区不适用本法。

第七十条　本法自 2004 年 7 月 1 日起施行。

中华人民共和国海关法

（1987 年 1 月 22 日第六届全国人民代表大会常务委员会第 19 次会议通过，根据 2000 年 7 月 8 日第九届全国人民代表大会常务委员会第 16 次会议《关于修改〈中华人民共和国海关法〉的决定》修订）

第一章　总　　则

第一条　为了维护国家的主权和利益，加强海关监督管理，促进对外经济贸易和科技文化交往，保障社会主义现代化建设，特制定本法。

第二条　中华人民共和国海关是国家的进出关境（以下简称进出境）监督管理机关。海关依照本法和其他有关法律、行政法规，监管进出境的运输工具、货物、行李物品、邮递物品和其他物品（以下简称进出境运输工具、货物、物品），征收关税和其他税、费，查缉走私，并编制海关统计和办理其他海关业务。

第三条　国务院设立海关总署，统一管理全国海关。

国家在对外开放的口岸和海关监管业务集中的地点设立海关。海关的隶属关系，不受行政区划的限制。

海关依法独立行使职权，向海关总署负责。

第四条　国家在海关总署设立专门侦查走私犯罪的公安机构，配备专职缉私警察，负责对其管辖的走私犯罪案件的侦查、拘留、执行逮捕、预审。

海关侦查走私犯罪公安机构履行侦查、拘留、执行逮捕、预审职责，应当按照《中华人民共和国刑事诉讼法》的规定办理。

海关侦查走私犯罪公安机构根据国家有关规定，可以设立分支机构。各分支机构办理其管辖的走私犯罪案件，应当依法向有管辖权的人民检察院移送起诉。

地方各级公安机关应当配合海关侦查走私犯罪公安机构依法履行职责。

第五条 国家实行联合缉私、统一处理、综合治理的缉私体制。海关负责组织、协调、管理查缉走私工作。有关规定由国务院另行制定。

各有关行政执法部门查获的走私案件，应当给予行政处罚的，移送海关依法处理；涉嫌犯罪的，应当移送海关侦查走私犯罪公安机构、地方公安机关依据案件管辖分工和法定程序办理。

第六条 海关可以行使下列权力：

（一）检查进出境运输工具，查验进出境货物、物品；对违反本法或者其他有关法律、行政法规的，可以扣留。

（二）查阅进出境人员的证件；查问违反本法或者其他有关法律、行政法规的嫌疑人，调查其违法行为。

（三）查阅、复制与进出境运输工具、货物、物品有关的合同、发票、账册、单据、记录、文件、业务函电、录音录像制品和其他资料；对其中与违反本法或者其他有关法律、行政法规的进出境运输工具、货物、物品有牵连的，可以扣留。

（四）在海关监管区和海关附近沿海沿边规定地区，检查有走私嫌疑的运输工具和有藏匿走私货物、物品嫌疑的场所，检查走私嫌疑人的身体；对有走私嫌疑的运输工具、货物、物品和走私犯罪嫌疑人，经直属海关关长或者其授权的隶属海关关长批准，可以扣留；对走私犯罪嫌疑人，扣留时间不超过二十四小时，在特殊情况下可以延长至四十八小时。

在海关监管区和海关附近沿海沿边规定地区以外，海关在调查走私案件时，对有走私嫌疑的运输工具和除公民住处以外的有藏匿走私货物、物品嫌疑的场所，经直属海关关长或者其授权的隶属海关关长批准，可以进行检查，有关当事人应当到场；当事人未到场的，在有见证人在场的情况下，可以径行检查；对其中有证据证明有走私嫌疑的运输工具、货物、物品，可以扣留。

海关附近沿海沿边规定地区的范围，由海关总署和国务院公安部门会同有关省级人民政府确定。

（五）在调查走私案件时，经直属海关关长或者其授权的隶属海关关长批准，可以查询案件涉嫌单位和涉嫌人员在金融机构、邮政企业的存款、汇款。

（六）进出境运输工具或者个人违抗海关监管逃逸的，海关可以连续追至海关监管区和海关附近沿海沿边规定地区以外，将其带回处理。

（七）海关为履行职责，可以配备武器。海关工作人员佩带和使用武器的规则，由海关总署会同国务院公安部门制定，报国务院批准。

（八）法律、行政法规规定由海关行使的其他权力。

第七条 各地方、各部门应当支持海关依法行使职权，不得非法干预海关的执法活动。

第八条 进出境运输工具、货物、物品，必须通过设立海关的地点进境或者出境。在特殊情况下，需要经过未设立海关的地点临时进境或者出境的，必须经国务院或者国务院授权的机关批准，并依照本法规定办理海关手续。

第九条 进出口货物，除另有规定的外，可以由进出口货物收发货人自行办理报关纳税手续，也可以由进出口货物收发货人委托海关准予注册登记的报关企业办理报关纳税手续。进出境物品的所有人可以自行办理报关纳税手续，也可以委托他人办理报关纳税手续。

第十条 报关企业接受进出口货物收发货人的委托，以委托人的名义办理报关手续的，应当向海关提交由委托人签署的授权委托书，遵守本法对委托人的各项规定。

报关企业接受进出口货物收发货人的委托，以自己的名义办理报关手续的，应当承担与收发货人相同的法律责任。

委托人委托报关企业办理报关手续的，应当向报关企业提供所委托报关事项的真实情况；报关企业接受委托人的委托办理报关手续的，应当对委托人所提供情况的真实性进行合理审查。

第十一条 进出口货物收发货人、报关企业办理报关手续，必须依法经海关注册登记。报关人员必须依法取得报关从业资格。未依法经海关注册登记的企业和未依法取得报关从业资格的人员，不得从事报关业务。

报关企业和报关人员不得非法代理他人报关，或者超出其业务范围进行报关活动。

第十二条 海关依法执行职务，有关单位和个人应当如实回答询问，并予以配合，任何单位和个人不得阻挠。

海关执行职务受到暴力抗拒时，执行有关任务的公安机关和人民武装警察部队应当予以协助。

第十三条 海关建立对违反本法规定逃避海关监管行为的举报制度。

任何单位和个人均有权对违反本法规定逃避海关监管的行为进行举报。

海关对举报或者协助查获违反本法案件的有功单位和个人，应当给予精神的或者物质的奖励。

海关应当为举报人保密。

第二章　进出境运输工具

第十四条 进出境运输工具到达或者驶离设立海关的地点时，运输工具负责人应当向海关如实申报，交验单证，并接受海关监管和检查。

停留在设立海关的地点的进出境运输工具，未经海关同意，不得擅自驶离。

进出境运输工具从一个设立海关的地点驶往另一个设立海关的地点的，应当符合海关监管要求，办理海关手续，未办结海关手续的，不得改驶境外。

第十五条 进境运输工具在进境以后向海关申报以前，出境运输工具在办结海关手续以后出境以前，应当按照交通主管机关规定的路线行进；交通主管机关没有规定的，由海关指定。

第十六条 进出境船舶、火车、航空器到达和驶离时间、停留地点、停留期间更换地点以及装卸货物、物品时间，运输工具负责人或者有关交通运输部门应当事先通知海关。

第十七条 运输工具装卸进出境货物、物品或者上下进出境旅客，应当接受海关监管。

货物、物品装卸完毕，运输工具负责人应当向海关递交反映实际装卸情况的交接单据和记录。

上下进出境运输工具的人员携带物品的，应当向海关如实申报，并接受海关检查。

第十八条 海关检查进出境运输工具时，运输工具负责人应当到场，并根据海关的要求开启舱室、房间、车门；有走私嫌疑的，并应当开拆可能藏匿走私货物、物品的部位，搬移货物、物料。

海关根据工作需要，可以派员随运输工具执行职务，运输工具负责人应当提供方便。

第十九条 进境的境外运输工具和出境的境内运输工具，未向海关办理手续并缴纳关税，不得转让或者移作他用。

第二十条 进出境船舶和航空器兼营境内客、货运输，需经海关同意，并应当符合海关监管要求。

进出境运输工具改营境内运输，需向海关办理手续。

第二十一条 沿海运输船舶、渔船和从事海上作业的特种船舶，未经海关同意，不得载运或者换取、买卖、转让进出境货物、物品。

第二十二条 进出境船舶和航空器，由于不可抗力的原因，被迫在未设立海关的地点停泊、降落或者抛掷、起卸货物、物品，运输工具负责人应当立即报告附近海关。

第三章　进出境货物

第二十三条 进口货物自进境起到办结海关手续止，出口货物自向海关申报起到出境止，过境、转运和通运货物自进境起到出境止，应当接受海关监管。

第二十四条 进口货物的收货人、出口货物的发货人应当向海关如实申报，交验进出口许可证件和有关单证。国家限制进出口的货物，没有进出口许可证件的，不予放行，具体处理办法由国务院规定。

进口货物的收货人应当自运输工具申报进境之日起十四日内，出口货物的发货人除海关特准的外应当在货物运抵海关监管区后、装货的二十四小时以前，向海关申报。

进口货物的收货人超过前款规定期限向海关申报的，由海关征收滞报金。

第二十五条 办理进出口货物的海关申报手续，应当采用纸质报关单和电子数据报关单的形式。

第二十六条 海关接受申报后，报关单证及其内容不得修改或者撤销；确有正当理由的，经海关同意，方可修改或者撤销。

第二十七条 进口货物的收货人经海关同意，可以在申报前查看货物或者提取货样。需要依法检疫的货物，应当在检疫合格后提取货样。

第二十八条 进出口货物应当接受海关查验。海关查验货物时，进口货物的收货人、出口货物的发货人应当到场，并负责搬移货物，开拆和重封货物的包装。海关认为必要时，可以径行开验、复验或者提取货样。

经收发货人申请，海关总署批准，其进出口货物可以免验。

第二十九条 除海关特准的外，进出口货物在收发货人缴清税款或者提供担保后，由海关签印放行。

第三十条 进口货物的收货人自运输工具申报进境之日起超过三个月未向海关申报的，其进口货物由海关提取依法变卖处理，所得价款在扣除运输、装卸、储存等费用和税款后，尚有余款的，自货物依法变卖之日起一年内，经收货人申请，予以发还；其中属于国家对进口有限制性规定，应当提交许可证件而不能提供的，不予发还。逾期无人申请或者不予发还的，上缴国库。

确属误卸或者溢卸的进境货物，经海关审定，由原运输工具负责人或者货物的收发货人自该运输工具卸货之日起三个月内，办理退运或者进口手续；必要时，经海关批准，可以延期三个月。逾期未办手续的，由海关按前款规定处理。

前两款所列货物不宜长期保存的，海关可以根据实际情况提前处理。

收货人或者货物所有人声明放弃的进口货物，由海关提取依法变卖处理；所得价款在扣除运输、装卸、储存等费用后，上缴国库。

第三十一条 经海关批准暂时进口或者暂时出口的货物，应当在六个月内复运出境或者复运进境；在特殊情况下，经海关同意，可以延期。

第三十二条 经营保税货物的储存、加工、装配、展示、运输、寄售业务和经营免税商店，应当符合海关监管要求，经海关批准，并办理注册手续。

保税货物的转让、转移以及进出保税场所，应当向海关办理有关手续，接受海关监管和查验。

第三十三条 企业从事加工贸易，应当持有关批准文件和加工贸易合同向海关备案，加工贸易制成品单位耗料量由海关按照有关规定核定。

加工贸易制成品应当在规定的期限内复出口。其中使用的进口料件，属于国家规定准予保税的，应当向海关办理核销手续；属于先征收税款的，依法向海关办理退税手续。

加工贸易保税进口料件或者制成品因故转为内销的，海关凭准予内销的批准文件，对保税的进口料件依法征税；属于国家对进口有限制性规定的，还应当向海关提交进口许可证件。

第三十四条 经国务院批准在中华人民共和国境内设立的保税区等海关特殊监管区域，由海关按照国家有关规定实施监管。

第三十五条 进口货物应当由收货人在货物的进境地海关办理海关手续，出口货物应当由发货人在货物的出境地海关办理海关手续。

经收发货人申请，海关同意，进口货物的收货人可以在设有海关的指运地、出口货物的发货人可以在设有海关的启运地办理海关手续。上述货物的转关运输，应当符合海关监管要求；必要时，海关可以派员押运。

经电缆、管道或者其他特殊方式输送进出境的货物，经营单位应当定期向指定的海关申报和办理海关手续。

第三十六条 过境、转运和通运货物，运输工具负责人应当向进境地海关如实申报，并应当在规定期限内运输出境。

海关认为必要时，可以查验过境、转运和通运货物。

第三十七条 海关监管货物，未经海关许可，不得开拆、提取、交付、发运、调换、改装、抵押、质押、留置、转让、更换标记、移作他用或者进行其他处置。

海关加施的封志，任何人不得擅自开启或者损毁。

人民法院判决、裁定或者有关行政执法部门决定处理海关监管货物的，应当责令当事人办结海关手续。

第三十八条 经营海关监管货物仓储业务的企业，应当经海关注册，并按照海关规定，办理收存、交付手续。

在海关监管区外存放海关监管货物，应当经海关同意，并接受海关监管。

违反前两款规定或者在保管海关监管货物期间造成海关监管货物损毁或者灭失的，除不可抗力外，对海关监管货物负有保管义务的人应当承担相应的纳税义务和法律责任。

第三十九条 进出境集装箱的监管办法、打捞进出境货物和沉船的监管办法、边境小额贸易进出口货物的监管办法，以及本法未具体列明的其他进出境货物的监管办法，由海关总署或者由海关总署会同国务院有关部门另行制定。

第四十条 国家对进出境货物、物品有禁止性或者限制性规定的，海关依据法律、行政法规、国务院的规定或者国务院有关部门依据法律、行政法规的授权作出的规定实施监管。具体监管办法由海关总署制定。

第四十一条 进出口货物的原产地按照国家有关原产地规则的规定确定。

第四十二条 进出口货物的商品归类按照国家有关商品归类的规定确定。

海关可以要求进出口货物的收发货人提供确定商品归类所需的有关资料；必要时，海关可以组织化验、检验，并将海关认定的化验、检验结果作为商品归类的依据。

第四十三条 海关可以根据对外贸易经营者提出的书面申请，对拟作进口或者出口的货物预先作出商品归类等行政裁定。

进口或者出口相同货物，应当适用相同的商品归类行政裁定。

海关对所作出的商品归类等行政裁定，应当予以公布。

第四十四条 海关依照法律、行政法规的规定，对与进出境货物有关的知识产权实施保护。

需要向海关申报知识产权状况的，进出口货物收发货人及其代理人应当按照国家规定向海关如实申报有关知识产权状况，并提交合法使用有关知识产权的证明文件。

第四十五条 自进出口货物放行之日起三年内或者在保税货物、减免税进口货物的海关监管期限内及其后的三年内，海关可以对与进出口货物直接有关的企业、单位的会计账簿、会计凭证、报关单证以及其他有关资料和有关进出口货物实施稽查。具体办法由国务院规定。

第四章　进出境物品

第四十六条 个人携带进出境的行李物品、邮寄进出境的物品，应当以自用、合理数量为限，并接受海关监管。

第四十七条 进出境物品的所有人应当向海关如实申报，并接受海关查验。

海关加施的封志，任何人不得擅自开启或者损毁。

第四十八条　进出境邮袋的装卸、转运和过境，应当接受海关监管。邮政企业应当向海关递交邮件路单。

邮政企业应当将开拆及封发国际邮袋的时间事先通知海关，海关应当按时派员到场监管查验。

第四十九条　邮运进出境的物品，经海关查验放行后，有关经营单位方可投递或者交付。

第五十条　经海关登记准予暂时免税进境或者暂时免税出境的物品，应当由本人复带出境或者复带进境。

过境人员未经海关批准，不得将其所带物品留在境内。

第五十一条　进出境物品所有人声明放弃的物品、在海关规定期限内未办理海关手续或者无人认领的物品，以及无法投递又无法退回的进境邮递物品，由海关依照本法第三十条的规定处理。

第五十二条　享有外交特权和豁免的外国机构或者人员的公务用品或者自用物品进出境，依照有关法律、行政法规的规定办理。

第五章　关　　税

第五十三条　准许进出口的货物、进出境物品，由海关依法征收关税。

第五十四条　进口货物的收货人、出口货物的发货人、进出境物品的所有人，是关税的纳税义务人。

第五十五条　进出口货物的完税价格，由海关以该货物的成交价格为基础审查确定。成交价格不能确定时，完税价格由海关依法估定。

进口货物的完税价格包括货物的货价、货物运抵中华人民共和国境内输入地点起卸前的运输及其相关费用、保险费；出口货物的完税价格包括货物的货价、货物运至中华人民共和国境内输出地点装载前的运输及其相关费用、保险费，但是其中包含的出口关税税额，应当予以扣除。

进出境物品的完税价格，由海关依法确定。

第五十六条　下列进出口货物、进出境物品，减征或者免征关税：

（一）无商业价值的广告品和货样；

（二）外国政府、国际组织无偿赠送的物资；

（三）在海关放行前遭受损坏或者损失的货物；

（四）规定数额以内的物品；

（五）法律规定减征、免征关税的其他货物、物品；

（六）中华人民共和国缔结或者参加的国际条约规定减征、免征关税的货物、物品。

第五十七条　特定地区、特定企业或者有特定用途的进出口货物，可以减征或者免征关税。特定减税或者免税的范围和办法由国务院规定。

依照前款规定减征或者免征关税进口的货物，只能用于特定地区、特定企业或者特定用途，未经海关核准并补缴关税，不得移作他用。

第五十八条 本法第五十六条、第五十七条第一款规定范围以外的临时减征或者免征关税，由国务院决定。

第五十九条 经海关批准暂时进口或者暂时出口的货物，以及特准进口的保税货物，在货物收发货人向海关缴纳相当于税款的保证金或者提供担保后，准予暂时免纳关税。

第六十条 进出口货物的纳税义务人，应当自海关填发税款缴款书之日起十五日内缴纳税款；逾期缴纳的，由海关征收滞纳金。纳税义务人、担保人超过三个月仍未缴纳的，经直属海关关长或者其授权的隶属海关关长批准，海关可以采取下列强制措施：

（一）书面通知其开户银行或者其他金融机构从其存款中扣缴税款；

（二）将应税货物依法变卖，以变卖所得抵缴税款；

（三）扣留并依法变卖其价值相当于应纳税款的货物或者其他财产，以变卖所得抵缴税款。

海关采取强制措施时，对前款所列纳税义务人、担保人未缴纳的滞纳金同时强制执行。

进出境物品的纳税义务人，应当在物品放行前缴纳税款。

第六十一条 进出口货物的纳税义务人在规定的纳税期限内有明显的转移、藏匿其应税货物以及其他财产迹象的，海关可以责令纳税义务人提供担保；纳税义务人不能提供纳税担保的，经直属海关关长或者其授权的隶属海关关长批准，海关可以采取下列税收保全措施：

（一）书面通知纳税义务人开户银行或者其他金融机构暂停支付纳税义务人相当于应纳税款的存款；

（二）扣留纳税义务人价值相当于应纳税款的货物或者其他财产。

纳税义务人在规定的纳税期限内缴纳税款的，海关必须立即解除税收保全措施；期限届满仍未缴纳税款的，经直属海关关长或者其授权的隶属海关关长批准，海关可以书面通知纳税义务人开户银行或者其他金融机构从其暂停支付的存款中扣缴税款，或者依法变卖所扣留的货物或者其他财产，以变卖所得抵缴税款。

采取税收保全措施不当，或者纳税义务人在规定期限内已缴纳税款，海关未立即解除税收保全措施，致使纳税义务人的合法权益受到损失的，海关应当依法承担赔偿责任。

第六十二条 进出口货物、进出境物品放行后，海关发现少征或者漏征税款，应当自缴纳税款或者货物、物品放行之日起一年内，向纳税义务人补征。因纳税义务人违反规定而造成的少征或者漏征，海关在三年以内可以追征。

第六十三条 海关多征的税款，海关发现后应当立即退还；纳税义务人自缴纳税款之日起 1 年内，可以要求海关退还。

第六十四条 纳税义务人同海关发生纳税争议时，应当缴纳税款，并可以依法申请行政复议；对复议决定仍不服的，可以依法向人民法院提起诉讼。

第六十五条 进口环节海关代征税的征收管理，适用关税征收管理的规定。

第六章　海关事务担保

第六十六条 在确定货物的商品归类、估价和提供有效报关单证或者办结其他海关手续前，收发货人要求放行货物的，海关应当在其提供与其依法应当履行的法律义务相适应的担保后放行。法律、行政法规规定可以免除担保的除外。

法律、行政法规对履行海关义务的担保另有规定的，从其规定。

国家对进出境货物、物品有限制性规定，应当提供许可证件而不能提供的，以及法律、行政法规规定不得担保的其他情形，海关不得办理担保放行。

第六十七条　具有履行海关事务担保能力的法人、其他组织或者公民，可以成为担保人。法律规定不得为担保人的除外。

第六十八条　担保人可以以下列财产、权利提供担保：

（一）人民币、可自由兑换货币；

（二）汇票、本票、支票、债券、存单；

（三）银行或者非银行金融机构的保函；

（四）海关依法认可的其他财产、权利。

第六十九条　担保人应当在担保期限内承担担保责任。担保人履行担保责任的，不免除被担保人应当办理有关海关手续的义务。

第七十条　海关事务担保管理办法，由国务院规定。

第七章　执法监督

第七十一条　海关履行职责，必须遵守法律，维护国家利益，依照法定职权和法定程序严格执法，接受监督。

第七十二条　海关工作人员必须秉公执法，廉洁自律，忠于职守，文明服务，不得有下列行为：

（一）包庇、纵容走私或者与他人串通进行走私；

（二）非法限制他人人身自由，非法检查他人身体、住所或者场所，非法检查、扣留进出境运输工具、货物、物品；

（三）利用职权为自己或者他人谋取私利；

（四）索取、收受贿赂；

（五）泄露国家秘密、商业秘密和海关工作秘密；

（六）滥用职权，故意刁难，拖延监管、查验；

（七）购买、私分、占用没收的走私货物、物品；

（八）参与或者变相参与营利性经营活动；

（九）违反法定程序或者超越权限执行职务；

（十）其他违法行为。

第七十三条　海关应当根据依法履行职责的需要，加强队伍建设，使海关工作人员具有良好的政治、业务素质。

海关专业人员应当具有法律和相关专业知识，符合海关规定的专业岗位任职要求。

海关招收工作人员应当按照国家规定，公开考试，严格考核，择优录用。

海关应当有计划地对其工作人员进行政治思想、法制、海关业务培训和考核。海关工作人员必须定期接受培训和考核，经考核不合格的，不得继续上岗执行职务。

第七十四条 海关总署应当实行海关关长定期交流制度。

海关关长定期向上一级海关述职，如实陈述其执行职务情况。海关总署应当定期对直属海关关长进行考核，直属海关应当定期对隶属海关关长进行考核。

第七十五条 海关及其工作人员的行政执法活动，依法接受监察机关的监督；缉私警察进行侦查活动，依法接受人民检察院的监督。

第七十六条 审计机关依法对海关的财政收支进行审计监督，对海关办理的与国家财政收支有关的事项，有权进行专项审计调查。

第七十七条 上级海关应当对下级海关的执法活动依法进行监督。上级海关认为下级海关作出的处理或者决定不适当的，可以依法予以变更或者撤销。

第七十八条 海关应当依照本法和其他有关法律、行政法规的规定，建立健全内部监督制度，对其工作人员执行法律、行政法规和遵守纪律的情况，进行监督检查。

第七十九条 海关内部负责审单、查验、放行、稽查和调查等主要岗位的职责权限应当明确，并相互分离、相互制约。

第八十条 任何单位和个人均有权对海关及其工作人员的违法、违纪行为进行控告、检举。收到控告、检举的机关有权处理的，应当依法按照职责分工及时查处。收到控告、检举的机关和负责查处的机关应当为控告人、检举人保密。

第八十一条 海关工作人员在调查处理违法案件时，遇有下列情形之一的，应当回避：

（一）是本案的当事人或者是当事人的近亲属；

（二）本人或者其近亲属与本案有利害关系；

（三）与本案当事人有其他关系，可能影响案件公正处理的。

第八章 法律责任

第八十二条 违反本法及有关法律、行政法规，逃避海关监管，偷逃应纳税款、逃避国家有关进出境的禁止性或者限制性管理，有下列情形之一的，构成走私行为：

（一）运输、携带、邮寄国家禁止或者限制进出境货物、物品或者依法应当缴纳税款的货物、物品进出境的；

（二）未经海关许可并且未缴纳应纳税款、交验有关许可证件，擅自将保税货物、特定减免税货物以及其他海关监管货物、物品、进境的境外运输工具，在境内销售的；

（三）有逃避海关监管，构成走私的其他行为的。

有前款所列行为之一，尚不构成犯罪的，由海关没收走私货物、物品及违法所得，可以并处罚款；专门或者多次用于掩护走私的货物、物品，专门或者多次用于走私的运输工具，予以没收，藏匿走私货物、物品的特制设备，责令拆毁或者没收。

有第一款所列行为之一，构成犯罪的，依法追究刑事责任。

第八十三条 有下列行为之一的，按走私行为论处，依照本法第八十二条的规定处罚：

（一）直接向走私人非法收购走私进口的货物、物品的；

（二）在内海、领海、界河、界湖，船舶及所载人员运输、收购、贩卖国家禁止或者限制进出境的货物、物品，或者运输、收购、贩卖依法应当缴纳税款的货物，没有合法证明的。

第八十四条 伪造、变造、买卖海关单证，与走私人通谋为走私人提供贷款、资金、账号、发票、证明、海关单证，与走私人通谋为走私人提供运输、保管、邮寄或者其他方便，构成犯罪的，依法追究刑事责任；尚不构成犯罪的，由海关没收违法所得，并处罚款。

第八十五条 个人携带、邮寄超过合理数量的自用物品进出境，未依法向海关申报的，责令补缴关税，可以处以罚款。

第八十六条 违反本法规定有下列行为之一的，可以处以罚款，有违法所得的，没收违法所得：

（一）运输工具不经设立海关的地点进出境的；

（二）不将进出境运输工具到达的时间、停留的地点或者更换的地点通知海关的；

（三）进出口货物、物品或者过境、转运、通运货物向海关申报不实的；

（四）不按照规定接受海关对进出境运输工具、货物、物品进行检查、查验的；

（五）进出境运输工具未经海关同意，擅自装卸进出境货物、物品或者上下进出境旅客的；

（六）在设立海关的地点停留的进出境运输工具未经海关同意，擅自驶离的；

（七）进出境运输工具从一个设立海关的地点驶往另一个设立海关的地点，尚未办结海关手续又未经海关批准，中途擅自改驶境外或者境内未设立海关的地点的；

（八）进出境运输工具，未经海关同意，擅自兼营或者改营境内运输的；

（九）由于不可抗力的原因，进出境船舶和航空器被迫在未设立海关的地点停泊、降落或者在境内抛掷、起卸货物、物品，无正当理由，不向附近海关报告的；

（十）未经海关许可，擅自将海关监管货物开拆、提取、交付、发运、调换、改装、抵押、质押、留置、转让、更换标记、移作他用或者进行其他处置的；

（十一）擅自开启或者损毁海关封志的；

（十二）经营海关监管货物的运输、储存、加工等业务，有关货物灭失或者有关记录不真实，不能提供正当理由的；

（十三）有违反海关监管规定的其他行为的。

第八十七条 海关准予从事有关业务的企业，违反本法有关规定的，由海关责令改正，可以给予警告，暂停其从事有关业务，直至撤销注册。

第八十八条 未经海关注册登记和未取得报关从业资格从事报关业务的，由海关予以取缔，没收违法所得，可以并处罚款。

第八十九条 报关企业、报关人员非法代理他人报关或者超出其业务范围进行报关活动的，由海关责令改正，处以罚款，暂停其执业；情节严重的，撤销其报关注册登记、取消其报关从业资格。

第九十条 进出口货物收发货人、报关企业、报关人员向海关工作人员行贿的，由海关撤销其报关注册登记，取消其报关从业资格，并处以罚款；构成犯罪的，依法追究刑事责任，并不得重新注册登记为报关企业和取得报关从业资格证书。

第九十一条 违反本法规定进出口侵犯中华人民共和国法律、行政法规保护的知识产权的货物的，由海关依法没收侵权货物，并处以罚款；构成犯罪的，依法追究刑事责任。

第九十二条 海关依法扣留的货物、物品、运输工具，在人民法院判决或者海关处罚决定作出之前，不得处理。但是，危险品或者鲜活、易腐、易失效等不宜长期保存的货物、物品以及所有人申请先行变卖的货物、物品、运输工具，经直属海关关长或者其授权的隶属海关关长批准，可以先行依法变卖，变卖所得价款由海关保存，并通知其所有人。

人民法院判决没收或者海关决定没收的走私货物、物品、违法所得、走私运输工具、特制设备，由海关依法统一处理，所得价款和海关决定处以的罚款，全部上缴中央国库。

第九十三条 当事人逾期不履行海关的处罚决定又不申请复议或者向人民法院提起诉讼的，作出处罚决定的海关可以将其保证金抵缴或者将其被扣留的货物、物品、运输工具依法变价抵缴，也可以申请人民法院强制执行。

第九十四条 海关在查验进出境货物、物品时，损坏被查验的货物、物品的，应当赔偿实际损失。

第九十五条 海关违法扣留货物、物品、运输工具，致使当事人的合法权益受到损失的，应当依法承担赔偿责任。

第九十六条 海关工作人员有本法第七十二条所列行为之一的，依法给予行政处分；有违法所得的，依法没收违法所得；构成犯罪的，依法追究刑事责任。

第九十七条 海关的财政收支违反法律、行政法规规定的，由审计机关以及有关部门依照法律、行政法规的规定作出处理；对直接负责的主管人员和其他直接责任人员，依法给予行政处分；构成犯罪的，依法追究刑事责任。

第九十八条 未按照本法规定为控告人、检举人、举报人保密的，对直接负责的主管人员和其他直接责任人员，由所在单位或者有关单位依法给予行政处分。

第九十九条 海关工作人员在调查处理违法案件时，未按照本法规定进行回避的，对直接负责的主管人员和其他直接责任人员，依法给予行政处分。

第九章 附 则

第一百条 本法下列用语的含义：

直属海关，是指直接由海关总署领导，负责管理一定区域范围内的海关业务的海关；隶属海关，是指由直属海关领导，负责办理具体海关业务的海关。

进出境运输工具，是指用以载运人员、货物、物品进出境的各种船舶、车辆、航空器和驮畜。

过境、转运和通运货物，是指由境外启运、通过中国境内继续运往境外的货物。其中，通过境内陆路运输的，称过境货物；在境内设立海关的地点换装运输工具，而不通过境内陆路运输的，称转运货物；由船舶、航空器载运进境并由原装运输工具载运出境的，称通运货物。

海关监管货物，是指本法第二十三条所列的进出口货物，过境、转运、通运货物，特定减免税货物，以及暂时进出口货物、保税货物和其他尚未办结海关手续的进出境货物。

保税货物，是指经海关批准未办理纳税手续进境，在境内储存、加工、装配后复运出境的货物。

海关监管区，是指设立海关的港口、车站、机场、国界孔道、国际邮件互换局（交换站）和其他有海关监管业务的场所，以及虽未设立海关，但是经国务院批准的进出境地点。

第一百零一条 经济特区等特定地区同境内其他地区之间往来的运输工具、货物、物品的监管办法，由国务院另行规定。

第一百零二条 本法自 1987 年 7 月 1 日起施行。1951 年 4 月 18 日中央人民政府公布的《中华人民共和国暂行海关法》同时废止。

中华人民共和国进出口关税条例

（2003 年 10 月 29 日国务院第 26 次常务会议通过，自 2004 年 1 月 1 日起施行）

第一章 总 则

第一条 为了贯彻对外开放政策，促进对外经济贸易和国民经济的发展，根据《中华人民共和国海关法》（以下简称《海关法》）的有关规定，制定本条例。

第二条 中华人民共和国准许进出口的货物、进境物品，除法律、行政法规另有规定外，海关依照本条例规定征收进出口关税。

第三条 国务院制定《中华人民共和国进出口税则》（以下简称《税则》）、《中华人民共和国进境物品进口税税率表》（以下简称《进境物品进口税税率表》），规定关税的税目、税则号列和税率，作为本条例的组成部分。

第四条 国务院设立关税税则委员会，负责《税则》和《进境物品进口税税率表》的税目、税则号列和税率的调整和解释，报国务院批准后执行;决定实行暂定税率的货物、税率和期限;决定关税配额税率;决定征收反倾销税、反补贴税、保障措施关税、报复性关税以及决定实施其他关税措施;决定特殊情况下税率的适用，以及履行国务院规定的其他职责。

第五条 进口货物的收货人、出口货物的发货人、进境物品的所有人，是关税的纳税义务人。

第六条 海关及其工作人员应当依照法定职权和法定程序履行关税征管职责，维护国家利益，保护纳税人合法权益，依法接受监督。

第七条 纳税义务人有权要求海关对其商业秘密予以保密，海关应当依法为纳税义务人保密。

第八条 海关对检举或者协助查获违反本条例行为的单位和个人，应当按照规定给予奖励，并负责保密。

第二章 进出口货物关税税率的设置和适用

第九条 进口关税设置最惠国税率、协定税率、特惠税率、普通税率、关税配额税率等税率。对进口货物在一定期限内可以实行暂定税率。

出口关税设置出口税率。对出口货物在一定期限内可以实行暂定税率。

第十条　原产于共同适用最惠国待遇条款的世界贸易组织成员的进口货物，原产于与中华人民共和国签订含有相互给予最惠国待遇条款的双边贸易协定的国家或者地区的进口货物，以及原产于中华人民共和国境内的进口货物，适用最惠国税率。

原产于与中华人民共和国签订含有关税优惠条款的区域性贸易协定的国家或者地区的进口货物，适用协定税率。

原产于与中华人民共和国签订含有特殊关税优惠条款的贸易协定的国家或者地区的进口货物，适用特惠税率。

原产于本条第一款、第二款和第三款所列以外国家或者地区的进口货物，以及原产地不明的进口货物，适用普通税率。

第十一条　适用最惠国税率的进口货物有暂定税率的，应当适用暂定税率；适用协定税率、特惠税率的进口货物有暂定税率的，应当从低适用税率；适用普通税率的进口货物，不适用暂定税率。

适用出口税率的出口货物有暂定税率的，应当适用暂定税率。

第十二条　按照国家规定实行关税配额管理的进口货物，关税配额内的，适用关税配额税率；关税配额外的，其税率的适用按照本条例第十条、第十一条的规定执行。

第十三条　按照有关法律、行政法规的规定对进口货物采取反倾销、反补贴、保障措施的，其税率的适用按照《中华人民共和国反倾销条例》《中华人民共和国反补贴条例》和《中华人民共和国保障措施条例》的有关规定执行。

第十四条　任何国家或者地区违反与中华人民共和国签订或者共同参加的贸易协定及相关协定，对中华人民共和国在贸易方面采取禁止、限制、加征关税或者其他影响正常贸易的措施的，对原产于该国家或者地区的进口货物可以征收报复性关税，适用报复性关税税率。

征收报复性关税的货物、适用国别、税率、期限和征收办法，由国务院关税税则委员会决定并公布。

第十五条　进出口货物，应当适用海关接受该货物申报进口或者出口之日实施的税率。

进口货物到达前，经海关核准先行申报的，应当适用装载该货物的运输工具申报进境之日实施的税率。

转关运输货物税率的适用日期，由海关总署另行规定。

第十六条　有下列情形之一，需缴纳税款的，应当适用海关接受申报办理纳税手续之日实施的税率：

（一）保税货物经批准不复运出境的；

（二）减免税货物经批准转让或者移作他用的；

（三）暂准进境货物经批准不复运出境，以及暂准出境货物经批准不复运进境的；

（四）租赁进口货物，分期缴纳税款的。

第十七条　补征和退还进出口货物关税，应当按照本条例第十五条或者第十六条的规定确定适用的税率。

因纳税义务人违反规定需要追征税款的，应当适用该行为发生之日实施的税率；行为发生之日不能确定的，适用海关发现该行为之日实施的税率。

第三章　进出口货物完税价格的确定

第十八条　进口货物的完税价格由海关以符合本条第三款所列条件的成交价格以及该货物运抵中华人民共和国境内输入地点起卸前的运输及其相关费用、保险费为基础审查确定。

进口货物的成交价格，是指卖方向中华人民共和国境内销售该货物时买方为进口该货物向卖方实付、应付的，并按照本条例第十九条、第二十条规定调整后的价款总额，包括直接支付的价款和间接支付的价款。

进口货物的成交价格应当符合下列条件：

（一）对买方处置或者使用该货物不予限制，但法律、行政法规规定实施的限制、对货物转售地域的限制和对货物价格无实质性影响的限制除外；

（二）该货物的成交价格没有因搭售或者其他因素的影响而无法确定；

（三）卖方不得从买方直接或者间接获得因该货物进口后转售、处置或者使用而产生的任何收益，或者虽有收益但能够按照本条例第十九条、第二十条的规定进行调整；

（四）买卖双方没有特殊关系，或者虽有特殊关系但未对成交价格产生影响。

第十九条　进口货物的下列费用应当计入完税价格：

（一）由买方负担的购货佣金以外的佣金和经纪费；

（二）由买方负担的在审查确定完税价格时与该货物视为一体的容器的费用；

（三）由买方负担的包装材料费用和包装劳务费用；

（四）与该货物的生产和向中华人民共和国境内销售有关的，由买方以免费或者以低于成本的方式提供并可以按适当比例分摊的料件、工具、模具、消耗材料及类似货物的价款，以及在境外开发、设计等相关服务的费用；

（五）作为该货物向中华人民共和国境内销售的条件，买方必须支付的、与该货物有关的特许权使用费；

（六）卖方直接或者间接从买方获得的该货物进口后转售、处置或者使用的收益。

第二十条　进口时在货物的价款中列明的下列税收、费用，不计入该货物的完税价格：

（一）厂房、机械、设备等货物进口后进行建设、安装、装配、维修和技术服务的费用；

（二）进口货物运抵境内输入地点起卸后的运输及其相关费用、保险费；

（三）进口关税及国内税收。

第二十一条　进口货物的成交价格不符合本条例第十八条第三款规定条件的，或者成交价格不能确定的，海关经了解有关情况，并与纳税义务人进行价格磋商后，依次以下列价格估定该货物的完税价格：

（一）与该货物同时或者大约同时向中华人民共和国境内销售的相同货物的成交价格；

（二）与该货物同时或者大约同时向中华人民共和国境内销售的类似货物的成交价格；

（三）与该货物进口的同时或者大约同时，将该进口货物、相同或者类似进口货物在第一级销售环节销售给无特殊关系买方最大销售总量的单位价格，但应当扣除本条例第二十二条规定的项目；

（四）按照下列各项总和计算的价格：生产该货物所使用的料件成本和加工费用，向中华人民共和国境内销售同等级或者同种类货物通常的利润和一般费用，该货物运抵境内输入地点起卸前的运输及其相关费用、保险费；

（五）以合理方法估定的价格。

纳税义务人向海关提供有关资料后，可以提出申请，颠倒前款第（三）项和第（四）项的适用次序。

第二十二条 按照本条例第二十一条第一款第（三）项规定估定完税价格，应当扣除的项目是指：

（一）同等级或者同种类货物在中华人民共和国境内第一级销售环节销售时通常的利润和一般费用以及通常支付的佣金；

（二）进口货物运抵境内输入地点起卸后的运输及其相关费用、保险费；

（三）进口关税及国内税收。

第二十三条 以租赁方式进口的货物，以海关审查确定的该货物的租金作为完税价格。

纳税义务人要求一次性缴纳税款的，纳税义务人可以选择按照本条例第二十一条的规定估定完税价格，或者按照海关审查确定的租金总额作为完税价格。

第二十四条 运往境外加工的货物，出境时已向海关报明并在海关规定的期限内复运进境的，应当以境外加工费和料件费以及复运进境的运输及其相关费用和保险费审查确定完税价格。

第二十五条 运往境外修理的机械器具、运输工具或者其他货物，出境时已向海关报明并在海关规定的期限内复运进境的，应当以境外修理费和料件费审查确定完税价格。

第二十六条 出口货物的完税价格由海关以该货物的成交价格以及该货物运至中华人民共和国境内输出地点装载前的运输及其相关费用、保险费为基础审查确定。

出口货物的成交价格，是指该货物出口时卖方为出口该货物应当向买方直接收取和间接收取的价款总额。

出口关税不计入完税价格。

第二十七条 出口货物的成交价格不能确定的，海关经了解有关情况，并与纳税义务人进行价格磋商后，依次以下列价格估定该货物的完税价格：

（一）与该货物同时或者大约同时向同一国家或者地区出口的相同货物的成交价格；

（二）与该货物同时或者大约同时向同一国家或者地区出口的类似货物的成交价格；

（三）按照下列各项总和计算的价格：境内生产相同或者类似货物的料件成本、加工费用，通常的利润和一般费用，境内发生的运输及其相关费用、保险费；

（四）以合理方法估定的价格。

第二十八条 按照本条例规定计入或者不计入完税价格的成本、费用、税收，应当以客观、可量化的数据为依据。

第四章 进出口货物关税的征收

第二十九条 进口货物的纳税义务人应当自运输工具申报进境之日起十四日内，出口货物的纳税义务人除海关特准的外，应当在货物运抵海关监管区后、装货的二十四小时以前，向货物的进出境地海关申报。进出口货物转关运输的，按照海关总署的规定执行。

进口货物到达前，纳税义务人经海关核准可以先行申报。具体办法由海关总署另行规定。

第三十条 纳税义务人应当依法如实向海关申报，并按照海关的规定提供有关确定完税价格、进行商品归类、确定原产地以及采取反倾销、反补贴或者保障措施等所需的资料；必要时，海关可以要求纳税义务人补充申报。

第三十一条 纳税义务人应当按照《税则》规定的目录条文和归类总规则、类注、章注、子目注释以及其他归类注释，对其申报的进出口货物进行商品归类，并归入相应的税则号列；海关应当依法审核确定该货物的商品归类。

第三十二条 海关可以要求纳税义务人提供确定商品归类所需的有关资料；必要时，海关可以组织化验、检验，并将海关认定的化验、检验结果作为商品归类的依据。

第三十三条 海关为审查申报价格的真实性和准确性，可以查阅、复制与进出口货物有关的合同、发票、账册、结付汇凭证、单据、业务函电、录音录像制品和其他反映买卖双方关系及交易活动的资料。

海关对纳税义务人申报的价格有怀疑并且所涉关税数额较大的，经直属海关关长或者其授权的隶属海关关长批准，凭海关总署统一格式的协助查询账户通知书及有关工作人员的工作证件，可以查询纳税义务人在银行或者其他金融机构开立的单位账户的资金往来情况，并向银行业监督管理机构通报有关情况。

第三十四条 海关对纳税义务人申报的价格有怀疑的，应当将怀疑的理由书面告知纳税义务人，要求其在规定的期限内书面作出说明、提供有关资料。

纳税义务人在规定的期限内未作说明、未提供有关资料的，或者海关仍有理由怀疑申报价格的真实性和准确性的，海关可以不接受纳税义务人申报的价格，并按照本条例第三章的规定估定完税价格。

第三十五条 海关审查确定进出口货物的完税价格后，纳税义务人可以以书面形式要求海关就如何确定其进出口货物的完税价格作出书面说明，海关应当向纳税义务人作出书面说明。

第三十六条 进出口货物关税，以从价计征、从量计征或者国家规定的其他方式征收。

从价计征的计算公式为：应纳税额＝完税价格×关税税率

从量计征的计算公式为：应纳税额＝货物数量×单位税额

第三十七条 纳税义务人应当自海关填发税款缴款书之日起十五日内向指定银行缴纳税款。纳税义务人未按期缴纳税款的，从滞纳税款之日起，按日加收滞纳税款万分之五的滞纳金。

海关可以对纳税义务人欠缴税款的情况予以公告。

海关征收关税、滞纳金等，应当制发缴款凭证，缴款凭证格式由海关总署规定。

第三十八条 海关征收关税、滞纳金等，应当按人民币计征。

进出口货物的成交价格以及有关费用以外币计价的，以中国人民银行公布的基准汇率折合为人民币计算完税价格；以基准汇率币种以外的外币计价的，按照国家有关规定套算为人民币计算完税价格。适用汇率的日期由海关总署规定。

第三十九条　纳税义务人因不可抗力或者在国家税收政策调整的情形下，不能按期缴纳税款的，经海关总署批准，可以延期缴纳税款，但是最长不得超过六个月。

第四十条　进出口货物的纳税义务人在规定的纳税期限内有明显的转移、藏匿其应税货物以及其他财产迹象的，海关可以责令纳税义务人提供担保；纳税义务人不能提供担保的，海关可以按照《海关法》第六十一条的规定采取税收保全措施。

纳税义务人、担保人自缴纳税款期限届满之日起超过三个月仍未缴纳税款的，海关可以按照《海关法》第六十条的规定采取强制措施。

第四十一条　加工贸易的进口料件按照国家规定保税进口的，其制成品或者进口料件未在规定的期限内出口的，海关按照规定征收进口关税。

加工贸易的进口料件进境时按照国家规定征收进口关税的，其制成品或者进口料件在规定的期限内出口的，海关按照有关规定退还进境时已征收的关税税款。

第四十二条　经海关批准暂时进境或者暂时出境的下列货物，在进境或者出境时纳税义务人向海关缴纳相当于应纳税款的保证金或者提供其他担保的，可以暂不缴纳关税，并应当自进境或者出境之日起六个月内复运出境或者复运进境；

经纳税义务人申请，海关可以根据海关总署的规定延长复运出境或者复运进境的期限：

（一）在展览会、交易会、会议及类似活动中展示或者使用的货物；

（二）文化、体育交流活动中使用的表演、比赛用品；

（三）进行新闻报道或者摄制电影、电视节目使用的仪器、设备及用品；

（四）开展科研、教学、医疗活动使用的仪器、设备及用品；

（五）在本款第（一）项至第（四）项所列活动中使用的交通工具及特种车辆；

（六）货样；

（七）供安装、调试、检测设备时使用的仪器、工具；

（八）盛装货物的容器；

（九）其他用于非商业目的的货物。

第一款所列暂准进境货物在规定的期限内未复运出境的，或者暂准出境货物在规定的期限内未复运进境的，海关应当依法征收关税。

第一款所列可以暂时免征关税范围以外的其他暂准进境货物，应当按照该货物的完税价格和其在境内滞留时间与折旧时间的比例计算征收进口关税。具体办法由海关总署规定。

第四十三条　因品质或者规格原因，出口货物自出口之日起一年内原状复运进境的，不征收进口关税。

因品质或者规格原因，进口货物自进口之日起一年内原状复运出境的，不征收出口关税。

第四十四条　因残损、短少、品质不良或者规格不符原因，由进出口货物的发货人、承运人或者保险公司免费补偿或者更换的相同货物，进出口时不征收关税。被免费更换的原进口货物不退运出境或者原出口货物不退运进境的，海关应当对原进出口货物重新按照规定征收关税。

第四十五条　下列进出口货物，免征关税：

（一）关税税额在人民币五十元以下的一票货物；

（二）无商业价值的广告品和货样；

（三）外国政府、国际组织无偿赠送的物资；

（四）在海关放行前损失的货物；

（五）进出境运输工具装载的途中必需的燃料、物料和饮食用品。

在海关放行前遭受损坏的货物，可以根据海关认定的受损程度减征关税。

法律规定的其他免征或者减征关税的货物，海关根据规定予以免征或者减征。

第四十六条 特定地区、特定企业或者有特定用途的进出口货物减征或者免征关税，以及临时减征或者免征关税，按照国务院的有关规定执行。

第四十七条 进口货物减征或者免征进口环节海关代征税，按照有关法律、行政法规的规定执行。

第四十八条 纳税义务人进出口减免税货物的，除另有规定外，应当在进出口该货物之前，按照规定持有关文件向海关办理减免税审批手续。经海关审查符合规定的，予以减征或者免征关税。

第四十九条 需由海关监管使用的减免税进口货物，在监管年限内转让或者移作他用需要补税的，海关应当根据该货物进口时间折旧估价，补征进口关税。

特定减免税进口货物的监管年限由海关总署规定。

第五十条 有下列情形之一的，纳税义务人自缴纳税款之日起一年内，可以申请退还关税，并应当以书面形式向海关说明理由，提供原缴款凭证及相关资料：

（一）已征进口关税的货物，因品质或者规格原因，原状退货复运出境的；

（二）已征出口关税的货物，因品质或者规格原因，原状退货复运进境，并已重新缴纳因出口而退还的国内环节有关税收的；

（三）已征出口关税的货物，因故未装运出口，申报退关的。

海关应当自受理退税申请之日起三十日内查实并通知纳税义务人办理退还手续。纳税义务人应当自收到通知之日起三个月内办理有关退税手续。

按照其他有关法律、行政法规规定应当退还关税的，海关应当按照有关法律、行政法规的规定退税。

第五十一条 进出口货物放行后，海关发现少征或者漏征税款的，应当自缴纳税款或者货物放行之日起一年内，向纳税义务人补征税款。但因纳税义务人违反规定造成少征或者漏征税款的，海关可以自缴纳税款或者货物放行之日起三年内追征税款，并从缴纳税款或者货物放行之日起按日加收少征或者漏征税款万分之五的滞纳金。

海关发现海关监管货物因纳税义务人违反规定造成少征或者漏征税款的，应当自纳税义务人应缴纳税款之日起三年内追征税款，并从应缴纳税款之日起按日加收少征或者漏征税款万分之五的滞纳金。

第五十二条 海关发现多征税款的，应当立即通知纳税义务人办理退还手续。

纳税义务人发现多缴税款的，自缴纳税款之日起一年内，可以以书面形式要求海关退还多缴的税款并加算银行同期活期存款利息；海关应当自受理退税申请之日起三十日内查实并通知纳税义务人办理退还手续。

纳税义务人应当自收到通知之日起三个月内办理有关退税手续。

第五十三条 按照本条例第五十条、第五十二条的规定退还税款、利息涉及从国库中退库的，按照法律、行政法规有关国库管理的规定执行。

第五十四条 报关企业接受纳税义务人的委托，以纳税义务人的名义办理报关纳税手续，因报关企业违反规定而造成海关少征、漏征税款的，报关企业对少征或者漏征的税款、滞纳金与纳税义务人承担纳税的连带责任。

报关企业接受纳税义务人的委托，以报关企业的名义办理报关纳税手续的，报关企业与纳税义务人承担纳税的连带责任。

除不可抗力外，在保管海关监管货物期间，海关监管货物损毁或者灭失的，对海关监管货物负有保管义务的人应当承担相应的纳税责任。

第五十五条 欠税的纳税义务人，有合并、分立情形的，在合并、分立前，应当向海关报告，依法缴清税款。纳税义务人合并时未缴清税款的，由合并后的法人或者其他组织继续履行未履行的纳税义务；纳税义务人分立时未缴清税款的，分立后的法人或者其他组织对未履行的纳税义务承担连带责任。

纳税义务人在减免税货物、保税货物监管期间，有合并、分立或者其他资产重组情形的，应当向海关报告。按照规定需要缴税的，应当依法缴清税款;按照规定可以继续享受减免税、保税待遇的，应当到海关办理变更纳税义务人的手续。

纳税义务人欠税或者在减免税货物、保税货物监管期间，有撤销、解散、破产或者其他依法终止经营情形的，应当在清算前向海关报告。海关应当依法对纳税义务人的应缴税款予以清缴。

第五章　进境物品进口税的征收

第五十六条 进境物品的关税以及进口环节海关代征税合并为进口税，由海关依法征收。

第五十七条 海关总署规定数额以内的个人自用进境物品，免征进口税。

超过海关总署规定数额但仍在合理数量以内的个人自用进境物品，由进境物品的纳税义务人在进境物品放行前按照规定缴纳进口税。

超过合理、自用数量的进境物品应当按照进口货物依法办理相关手续。

国务院关税税则委员会规定按货物征税的进境物品，按照本条例第二章至第四章的规定征收关税。

第五十八条 进境物品的纳税义务人是指，携带物品进境的入境人员、进境邮递物品的收件人以及以其他方式进口物品的收件人。

第五十九条 进境物品的纳税义务人可以自行办理纳税手续，也可以委托他人办理纳税手续。接受委托的人应当遵守本章对纳税义务人的各项规定。

第六十条 进口税从价计征。

进口税的计算公式为：进口税税额＝完税价格×进口税税率

第六十一条 海关应当按照《进境物品进口税税率表》及海关总署制定的《中华人民共和国进境物品归类表》《中华人民共和国进境物品完税价格表》对进境物品进行归类、确定完税价格和确定适用税率。

第六十二条 进境物品，适用海关填发税款缴款书之日实施的税率和完税价格。

第六十三条 进口税的减征、免征、补征、追征、退还以及对暂准进境物品征收进口税参照本条例对货物征收进口关税的有关规定执行。

第六章 附 则

第六十四条 纳税义务人、担保人对海关确定纳税义务人、确定完税价格、商品归类、确定原产地、适用税率或者汇率、减征或者免征税款、补税、退税、征收滞纳金、确定计征方式以及确定纳税地点有异议的，应当缴纳税款，并可以依法向上一级海关申请复议。对复议决定不服的，可以依法向人民法院提起诉讼。

第六十五条 进口环节海关代征税的征收管理，适用关税征收管理的规定。

第六十六条 有违反本条例规定行为的，按照《海关法》《中华人民共和国海关行政处罚实施条例》和其他有关法律、行政法规的规定处罚。

第六十七条 本条例自 2004 年 1 月 1 日起施行。1992 年 3 月 18 日国务院修订发布的《中华人民共和国进出口关税条例》同时废止。

中华人民共和国海关行政处罚实施条例

（2004 年 9 月 1 日国务院第 62 次常务会议通过，自 2004 年 11 月 1 日起施行）

第一章 总 则

第一条 为了规范海关行政处罚，保障海关依法行使职权，保护公民、法人或者其他组织的合法权益，根据《中华人民共和国海关法》（以下简称海关法）及其他有关法律的规定，制定本实施条例。

第二条 依法不追究刑事责任的走私行为和违反海关监管规定的行为，以及法律、行政法规规定由海关实施行政处罚的行为的处理，适用本实施条例。

第三条 海关行政处罚由发现违法行为的海关管辖，也可以由违法行为发生地海关管辖。

二个以上海关都有管辖权的案件，由最先发现违法行为的海关管辖。

管辖不明确的案件，由有关海关协商确定管辖，协商不成的，报请共同的上级海关指定管辖。

重大、复杂的案件，可以由海关总署指定管辖。

第四条 海关发现的依法应当由其他行政机关处理的违法行为，应当移送有关行政机关处理；违法行为涉嫌犯罪的，应当移送海关侦查走私犯罪公安机构、地方公安机关依法办理。

第五条 依照本实施条例处以警告、罚款等行政处罚，但不没收进出境货物、物品、运输工具的，不免除有关当事人依法缴纳税款、提交进出口许可证件、办理有关海关手续的义务。

第六条 抗拒、阻碍海关侦查走私犯罪公安机构依法执行职务的，由设在直属海关、隶属海关的海关侦查走私犯罪公安机构依照治安管理处罚的有关规定给予处罚。

抗拒、阻碍其他海关工作人员依法执行职务的，应当报告地方公安机关依法处理。

第二章　走私行为及其处罚

第七条　违反海关法及其他有关法律、行政法规,逃避海关监管，偷逃应纳税款、逃避国家有关进出境的禁止性或者限制性管理，有下列情形之一的，是走私行为：

（一）未经国务院或者国务院授权的机关批准，从未设立海关的地点运输、携带国家禁止或者限制进出境的货物、物品或者依法应当缴纳税款的货物、物品进出境的；

（二）经过设立海关的地点，以藏匿、伪装、瞒报、伪报或者其他方式逃避海关监管，运输、携带、邮寄国家禁止或者限制进出境的货物、物品或者依法应当缴纳税款的货物、物品进出境的；

（三）使用伪造、变造的手册、单证、印章、账册、电子数据或者以其他方式逃避海关监管，擅自将海关监管货物、物品、进境的境外运输工具，在境内销售的；

（四）使用伪造、变造的手册、单证、印章、账册、电子数据或者以伪报加工贸易制成品单位耗料量等方式，致使海关监管货物、物品，脱离监管的；

（五）以藏匿、伪装、瞒报、伪报或者其他方式逃避海关监管，擅自将保税区、出口加工区等海关特殊监管区域内的海关监管货物、物品，运出区外的；

（六）有逃避海关监管，构成走私的其他行为的。

第八条　有下列行为之一的，按走私行为论处：

（一）明知是走私进口的货物、物品，直接向走私人非法收购的；

（二）在内海、领海、界河、界湖，船舶及所载人员运输、收购、贩卖国家禁止或者限制进出境的货物、物品，或者运输、收购、贩卖依法应当缴纳税款的货物，没有合法证明的。

第九条　有本实施条例第七条、第八条所列行为之一的，依照下列规定处罚：

（一）走私国家禁止进出口的货物的，没收走私货物及违法所得，可以并处一百万元以下罚款；走私国家禁止进出境的物品的，没收走私物品及违法所得，可以并处十万元以下罚款；

（二）应当提交许可证件而未提交但未偷逃税款，走私国家限制进出境的货物、物品的，没收走私货物、物品及违法所得，可以并处走私货物、物品等值以下罚款；

（三）偷逃应纳税款但未逃避许可证件管理，走私依法应当缴纳税款的货物、物品的，没收走私货物、物品及违法所得，可以并处偷逃应纳税款三倍以下罚款。

专门用于走私的运输工具或者用于掩护走私的货物、物品，两年内三次以上用于走私的运输工具或者用于掩护走私的货物、物品，应当予以没收。藏匿走私货物、物品的特制设备、夹层、暗格，应当予以没收或者责令拆毁。使用特制设备、夹层、暗格实施走私的，应当从重处罚。

第十条　与走私人通谋为走私人提供贷款、资金、账号、发票、证明、海关单证的，与走私人通谋为走私人提供走私货物、物品的提取、发运、运输、保管、邮寄或者其他方便的，以走私的共同当事人论处，没收违法所得，并依照本实施条例第九条的规定予以处罚。

第十一条　报关企业、报关人员和海关准予从事海关监管货物的运输、储存、加工、装配、寄售、展示等业务的企业，构成走私犯罪或者 1 年内有 2 次以上走私行为的，海关可以撤销其注册登记、取消其报关从业资格。

第三章　违反海关监管规定的行为及其处罚

第十二条　违反海关法及其他有关法律、行政法规和规章但不构成走私行为的，是违反海关监管规定的行为。

第十三条　违反国家进出口管理规定，进出口国家禁止进出口的货物的，责令退运，处一百万元以下罚款。

第十四条　违反国家进出口管理规定，进出口国家限制进出口的货物，进出口货物的收发货人向海关申报时不能提交许可证件的，进出口货物不予放行，处货物价值 30%以下罚款。

违反国家进出口管理规定，进出口属于自动进出口许可管理的货物，进出口货物的收发货人向海关申报时不能提交自动许可证明的，进出口货物不予放行。

第十五条　进出口货物的品名、税则号列、数量、规格、价格、贸易方式、原产地、启运地、运抵地、最终目的地或者其他应当申报的项目未申报或者申报不实的，分别依照下列规定予以处罚，有违法所得的，没收违法所得：

（一）影响海关统计准确性的，予以警告或者处一千元以上一万元以下罚款；

（二）影响海关监管秩序的，予以警告或者处一千元以上三万元以下罚款；

（三）影响国家许可证件管理的，处货物价值 5%以上 30%以下罚款；

（四）影响国家税款征收的，处漏缴税款 30%以上两倍以下罚款；

（五）影响国家外汇、出口退税管理的，处申报价格 10%以上 50%以下罚款。

第十六条　进出口货物收发货人未按照规定向报关企业提供所委托报关事项的真实情况，致使发生本实施条例第十五条规定情形的，对委托人依照本实施条例第十五条的规定予以处罚。

第十七条　报关企业、报关人员对委托人所提供情况的真实性未进行合理审查，或者因工作疏忽致使发生本实施条例第十五条规定情形的，可以对报关企业处货物价值 10%以下罚款，暂停其六个月以内从事报关业务或者执业；情节严重的，撤销其报关注册登记、取消其报关从业资格。

第十八条　有下列行为之一的，处货物价值 5%以上 30%以下罚款，有违法所得的，没收违法所得：

（一）未经海关许可，擅自将海关监管货物开拆、提取、交付、发运、调换、改装、抵押、质押、留置、转让、更换标记、移作他用或者进行其他处置的；

（二）未经海关许可，在海关监管区以外存放海关监管货物的；

（三）经营海关监管货物的运输、储存、加工、装配、寄售、展示等业务，有关货物灭失、数量短少或者记录不真实，不能提供正当理由的；

（四）经营保税货物的运输、储存、加工、装配、寄售、展示等业务，不依照规定办理收存、交付、结转、核销等手续，或者中止、延长、变更、转让有关合同不依照规定向海关办理手续的；

（五）未如实向海关申报加工贸易制成品单位耗料量的；

（六）未按照规定期限将过境、转运、通运货物运输出境，擅自留在境内的；

（七）未按照规定期限将暂时进出口货物复运出境或者复运进境，擅自留在境内或者境外的；

（八）有违反海关监管规定的其他行为，致使海关不能或者中断对进出口货物实施监管的。

前款规定所涉货物属于国家限制进出口需要提交许可证件，当事人在规定期限内不能提交许可证件的，另处货物价值30%以下罚款；漏缴税款的，可以另处漏缴税款1倍以下罚款。

第十九条 有下列行为之一的，予以警告，可以处物品价值20%以下罚款，有违法所得的，没收违法所得：

（一）未经海关许可，擅自将海关尚未放行的进出境物品开拆、交付、投递、转移或者进行其他处置的；

（二）个人运输、携带、邮寄超过合理数量的自用物品进出境未向海关申报的；

（三）个人运输、携带、邮寄超过规定数量但仍属自用的国家限制进出境物品进出境，未向海关申报但没有以藏匿、伪装等方式逃避海关监管的；

（四）个人运输、携带、邮寄物品进出境，申报不实的；

（五）经海关登记准予暂时免税进境或者暂时免税出境的物品，未按照规定复带出境或者复带进境的；

（六）未经海关批准，过境人员将其所带物品留在境内的。

第二十条 运输、携带、邮寄国家禁止进出境的物品进出境，未向海关申报但没有以藏匿、伪装等方式逃避海关监管的，予以没收，或者责令退回，或者在海关监管下予以销毁或者进行技术处理。

第二十一条 有下列行为之一的，予以警告，可以处十万元以下罚款，有违法所得的，没收违法所得：

（一）运输工具不经设立海关的地点进出境的；

（二）在海关监管区停留的进出境运输工具，未经海关同意擅自驶离的；

（三）进出境运输工具从一个设立海关的地点驶往另一个设立海关的地点，尚未办结海关手续又未经海关批准，中途改驶境外或者境内未设立海关的地点的；

（四）进出境运输工具到达或者驶离设立海关的地点，未按照规定向海关申报、交验有关单证或者交验的单证不真实的。

第二十二条 有下列行为之一的，予以警告，可以处五万元以下罚款，有违法所得的，没收违法所得：

（一）未经海关同意，进出境运输工具擅自装卸进出境货物、物品或者上下进出境旅客的；

（二）未经海关同意，进出境运输工具擅自兼营境内客货运输或者用于进出境运输以外的其他用途的；

（三）未按照规定办理海关手续，进出境运输工具擅自改营境内运输的；

（四）未按照规定期限向海关传输舱单等电子数据、传输的电子数据不准确或者未按照规定期限保存相关电子数据，影响海关监管的；

（五）进境运输工具在进境以后向海关申报以前，出境运输工具在办结海关手续以后出境以前，不按照交通主管部门或者海关指定的路线行进的；

（六）载运海关监管货物的船舶、汽车不按照海关指定的路线行进的；

（七）进出境船舶和航空器，由于不可抗力被迫在未设立海关的地点停泊、降落或者在境内抛掷、起卸货物、物品，无正当理由不向附近海关报告的；

（八）无特殊原因，未将进出境船舶、火车、航空器到达的时间、停留的地点或者更换的时间、地点事先通知海关的；

（九）不按照规定接受海关对进出境运输工具、货物、物品进行检查、查验的。

第二十三条 有下列行为之一的，予以警告，可以处三万元以下罚款：

（一）擅自开启或者损毁海关封志的；

（二）遗失海关制发的监管单证、手册等凭证，妨碍海关监管的；

（三）有违反海关监管规定的其他行为，致使海关不能或者中断对进出境运输工具、物品实施监管的。

第二十四条 伪造、变造、买卖海关单证的，处五万元以上五十万元以下罚款，有违法所得的，没收违法所得；构成犯罪的，依法追究刑事责任。

第二十五条 进出口侵犯中华人民共和国法律、行政法规保护的知识产权的货物的，没收侵权货物，并处货物价值30%以下罚款；构成犯罪的，依法追究刑事责任。

需要向海关申报知识产权状况，进出口货物收发货人及其代理人未按照规定向海关如实申报有关知识产权状况，或者未提交合法使用有关知识产权的证明文件的，可以处五万元以下罚款。

第二十六条 报关企业、报关人员和海关准予从事海关监管货物的运输、储存、加工、装配、寄售、展示等业务的企业，有下列情形之一的，责令改正，给予警告，可以暂停其6个月以内从事有关业务或者执业：

（一）拖欠税款或者不履行纳税义务的；

（二）报关企业出让其名义供他人办理进出口货物报关纳税事宜的；

（三）损坏或者丢失海关监管货物，不能提供正当理由的；

（四）有需要暂停其从事有关业务或者执业的其他违法行为的。

第二十七条 报关企业、报关人员和海关准予从事海关监管货物的运输、储存、加工、装配、寄售、展示等业务的企业，有下列情形之一的，海关可以撤销其注册登记、取消其报关从业资格：

（一）一年内三人次以上被海关暂停执业的；

（二）被海关暂停从事有关业务或者执业，恢复从事有关业务或者执业后一年内再次发生本实施条例第二十六条规定情形的；

（三）有需要撤销其注册登记或者取消其报关从业资格的其他违法行为的。

第二十八条 报关企业、报关人员非法代理他人报关或者超出海关准予的从业范围进行报关活动的，责令改正，处五万元以下罚款，暂停其六个月以内从事报关业务或者执业；

情节严重的，撤销其报关注册登记、取消其报关从业资格。

第二十九条　进出口货物收发货人、报关企业、报关人员向海关工作人员行贿的，撤销其报关注册登记、取消其报关从业资格，并处十万元以下罚款；构成犯罪的，依法追究刑事责任，并不得重新注册登记为报关企业和取得报关从业资格。

第三十条　未经海关注册登记和未取得报关从业资格从事报关业务的，予以取缔，没收违法所得，可以并处十万元以下罚款。

第三十一条　提供虚假资料骗取海关注册登记、报关从业资格的，撤销其注册登记、取消其报关从业资格，并处三十万元以下罚款。

第三十二条　法人或者其他组织有违反海关法的行为，除处罚该法人或者组织外，其主管人员和直接责任人员予以警告，可以处五万元以下罚款，有违法所得的，没收违法所得。

第四章　对违反海关法行为的调查

第三十三条　海关发现公民、法人或者其他组织有依法应当由海关给予行政处罚的行为的，应当立案调查。

第三十四条　海关立案后，应当全面、客观、公正、及时地进行调查、收集证据。

海关调查、收集证据，应当按照法律、行政法规及其他有关规定的要求办理。

海关调查、收集证据时，海关工作人员不得少于两人，并应当向被调查人出示证件。

调查、收集的证据涉及国家秘密、商业秘密或者个人隐私的，海关应当保守秘密。

第三十五条　海关依法检查走私嫌疑人的身体，应当在隐蔽的场所或者非检查人员的视线之外，由两名以上与被检查人同性别的海关工作人员执行。

走私嫌疑人应当接受检查，不得阻挠。

第三十六条　海关依法检查运输工具和场所，查验货物、物品，应当制作检查、查验记录。

第三十七条　海关依法扣留走私犯罪嫌疑人，应当制发扣留走私犯罪嫌疑人决定书。对走私犯罪嫌疑人，扣留时间不超过二十四小时，在特殊情况下可以延长至四十八小时。

海关应当在法定扣留期限内对被扣留人进行审查。排除犯罪嫌疑或者法定扣留期限届满的，应当立即解除扣留，并制发解除扣留决定书。

第三十八条　下列货物、物品、运输工具及有关账册、单据等资料，海关可以依法扣留：

（一）有走私嫌疑的货物、物品、运输工具；

（二）违反海关法或者其他有关法律、行政法规的货物、物品、运输工具；

（三）与违反海关法或者其他有关法律、行政法规的货物、物品、运输工具有牵连的账册、单据等资料；

（四）法律、行政法规规定可以扣留的其他货物、物品、运输工具及有关账册、单据等资料。

第三十九条　有违法嫌疑的货物、物品、运输工具无法或者不便扣留的，当事人或者运输工具负责人应当向海关提供等值的担保，未提供等值担保的，海关可以扣留当事人等值的其他财产。

第四十条　海关扣留货物、物品、运输工具以及账册、单据等资料的期限不得超过一年。因案件调查需要，经直属海关关长或者其授权的隶属海关关长批准，可以延长，延长期限不得超过一年。但复议、诉讼期间不计算在内。

第四十一条　有下列情形之一的，海关应当及时解除扣留：

（一）排除违法嫌疑的；

（二）扣留期限、延长期限届满的；

（三）已经履行海关行政处罚决定的；

（四）法律、行政法规规定应当解除扣留的其他情形。

第四十二条　海关依法扣留货物、物品、运输工具、其他财产以及账册、单据等资料，应当制发海关扣留凭单，由海关工作人员、当事人或者其代理人、保管人、见证人签字或者盖章，并可以加施海关封志。加施海关封志的，当事人或者其代理人、保管人应当妥善保管。

海关解除对货物、物品、运输工具、其他财产以及账册、单据等资料的扣留，或者发还等值的担保，应当制发海关解除扣留通知书、海关解除担保通知书，并由海关工作人员、当事人或者其代理人、保管人、见证人签字或者盖章。

第四十三条　海关查问违法嫌疑人或者询问证人，应当个别进行，并告知其权利和作伪证应当承担的法律责任。违法嫌疑人、证人必须如实陈述、提供证据。

海关查问违法嫌疑人或者询问证人应当制作笔录，并当场交其辨认，没有异议的，立即签字确认；有异议的，予以更正后签字确认。

严禁刑讯逼供或者以威胁、引诱、欺骗等非法手段收集证据。

海关查问违法嫌疑人，可以到违法嫌疑人的所在单位或者住处进行，也可以要求其到海关或者海关指定的地点进行。

第四十四条　海关收集的物证、书证应当是原物、原件。收集原物、原件确有困难的，可以拍摄、复制，并可以指定或者委托有关单位或者个人对原物、原件予以妥善保管。

海关收集物证、书证，应当开列清单，注明收集的日期，由有关单位或者个人确认后签字或者盖章。

海关收集电子数据或者录音、录像等视听资料，应当收集原始载体。收集原始载体确有困难的，可以收集复制件，注明制作方法、制作时间、制作人等，并由有关单位或者个人确认后签字或者盖章。

第四十五条　根据案件调查需要，海关可以对有关货物、物品进行取样化验、鉴定。

海关提取样品时，当事人或者其代理人应当到场；当事人或者其代理人未到场的，海关应当邀请见证人到场。提取的样品，海关应当予以加封，并由海关工作人员及当事人或者其代理人、见证人确认后签字或者盖章。

化验、鉴定应当交由海关化验鉴定机构或者委托国家认可的其他机构进行。

化验人、鉴定人进行化验、鉴定后，应当出具化验报告、鉴定结论，并签字或者盖章。

第四十六条　根据海关法有关规定，海关可以查询案件涉嫌单位和涉嫌人员在金融机构、邮政企业的存款、汇款。

海关查询案件涉嫌单位和涉嫌人员在金融机构、邮政企业的存款、汇款，应当出示海关协助查询通知书。

第四十七条 海关依法扣留的货物、物品、运输工具，在人民法院判决或者海关行政处罚决定作出之前，不得处理。但是，危险品或者鲜活、易腐、易烂、易失效、易变质等不宜长期保存的货物、物品以及所有人申请先行变卖的货物、物品、运输工具，经直属海关关长或者其授权的隶属海关关长批准，可以先行依法变卖，变卖所得价款由海关保存，并通知其所有人。

第四十八条 当事人有权根据海关法的规定要求海关工作人员回避。

第五章　海关行政处罚的决定和执行

第四十九条 海关作出暂停从事有关业务、暂停报关执业、撤销海关注册登记、取消报关从业资格、对公民处一万元以上罚款、对法人或者其他组织处十万元以上罚款、没收有关货物、物品、走私运输工具等行政处罚决定之前，应当告知当事人有要求举行听证的权利；当事人要求听证的，海关应当组织听证。

海关行政处罚听证办法由海关总署制定。

第五十条 案件调查终结，海关关长应当对调查结果进行审查，根据不同情况，依法作出决定。

对情节复杂或者重大违法行为给予较重的行政处罚，应当由海关案件审理委员会集体讨论决定。

第五十一条 同一当事人实施了走私和违反海关监管规定的行为且二者之间有因果关系的，依照本实施条例对走私行为的规定从重处罚，对其违反海关监管规定的行为不再另行处罚。

同一当事人就同一批货物、物品分别实施了两个以上违反海关监管规定的行为且二者之间有因果关系的，依照本实施条例分别规定的处罚幅度，择其重者处罚。

第五十二条 对两个以上当事人共同实施的违法行为，应当区别情节及责任，分别给予处罚。

第五十三条 有下列情形之一的，应当从重处罚：

（一）因走私被判处刑罚或者被海关行政处罚后在两年内又实施走私行为的；

（二）因违反海关监管规定被海关行政处罚后在一年内又实施同一违反海关监管规定的行为的；

（三）有其他依法应当从重处罚的情形的。

第五十四条 海关对当事人违反海关法的行为依法给予行政处罚的，应当制作行政处罚决定书。

对同一当事人实施的两个以上违反海关法的行为，可以制发一份行政处罚决定书。

对两个以上当事人分别实施的违反海关法的行为，应当分别制发行政处罚决定书。

对两个以上当事人共同实施的违反海关法的行为，应当制发一份行政处罚决定书，区别情况对各当事人分别予以处罚，但需另案处理的除外。

第五十五条 行政处罚决定书应当依照有关法律规定送达当事人。

依法予以公告送达的，海关应当将行政处罚决定书的正本张贴在海关公告栏内，并在报纸上刊登公告。

第五十六条 海关作出没收货物、物品、走私运输工具的行政处罚决定，有关货物、物品、走私运输工具无法或者不便没收的，海关应当追缴上述货物、物品、走私运输工具的等值价款。

第五十七条 法人或者其他组织实施违反海关法的行为后，有合并、分立或者其他资产重组情形的，海关应当以原法人、组织作为当事人。

对原法人、组织处以罚款、没收违法所得或者依法追缴货物、物品、走私运输工具的等值价款的，应当以承受其权利义务的法人、组织作为被执行人。

第五十八条 罚款、违法所得和依法追缴的货物、物品、走私运输工具的等值价款，应当在海关行政处罚决定规定的期限内缴清。

当事人按期履行行政处罚决定、办结海关手续的，海关应当及时解除其担保。

第五十九条 受海关处罚的当事人或者其法定代表人、主要负责人应当在出境前缴清罚款、违法所得和依法追缴的货物、物品、走私运输工具的等值价款。在出境前未缴清上述款项的，应当向海关提供相当于上述款项的担保。未提供担保，当事人是自然人的，海关可以通知出境管理机关阻止其出境；当事人是法人或者其他组织的，海关可以通知出境管理机关阻止其法定代表人或者主要负责人出境。

第六十条 当事人逾期不履行行政处罚决定的，海关可以采取下列措施：

（一）到期不缴纳罚款的，每日按罚款数额的3%加处罚款；

（二）根据海关法规定，将扣留的货物、物品、运输工具变价抵缴，或者以当事人提供的担保抵缴；

（三）申请人民法院强制执行。

第六十一条 当事人确有经济困难，申请延期或者分期缴纳罚款的，经海关批准，可以暂缓或者分期缴纳罚款。

当事人申请延期或者分期缴纳罚款的，应当以书面形式提出，海关收到申请后，应当在10个工作日内作出决定，并通知申请人。海关同意当事人暂缓或者分期缴纳的，应当及时通知收缴罚款的机构。

第六十二条 有下列情形之一的，有关货物、物品、违法所得、运输工具、特制设备由海关予以收缴：

（一）依照《中华人民共和国行政处罚法》第二十五条、第二十六条规定不予行政处罚的当事人携带、邮寄国家禁止进出境的货物、物品进出境的；

（二）散发性邮寄国家禁止、限制进出境的物品进出境或者携带数量零星的国家禁止进出境的物品进出境，依法可以不予行政处罚的；

（三）依法应当没收的货物、物品、违法所得、走私运输工具、特制设备，在海关作出行政处罚决定前，作为当事人的自然人死亡或者作为当事人的法人、其他组织终止，且无权利义务承受人的；

（四）走私违法事实基本清楚，但当事人无法查清，自海关公告之日起满三个月的；

（五）有违反法律、行政法规，应当予以收缴的其他情形的。

海关收缴前款规定的货物、物品、违法所得、运输工具、特制设备，应当制发清单，由被收缴人或者其代理人、见证人签字或者盖章。被收缴人无法查清且无见证人的，应当予以公告。

第六十三条　人民法院判决没收的走私货物、物品、违法所得、走私运输工具、特制设备，或者海关决定没收、收缴的货物、物品、违法所得、走私运输工具、特制设备，由海关依法统一处理，所得价款和海关收缴的罚款，全部上缴中央国库。

第六章　附　　则

第六十四条　本实施条例下列用语的含义：

"设立海关的地点"，指海关在港口、车站、机场、国界孔道、国际邮件互换局（交换站）等海关监管区设立的卡口，海关在保税区、出口加工区等海关特殊监管区域设立的卡口，以及海关在海上设立的中途监管站。

"许可证件"，指依照国家有关规定，当事人应当事先申领，并由国家有关主管部门颁发的准予进口或者出口的证明、文件。

"合法证明"，指船舶及所载人员依照国家有关规定或者依照国际运输惯例所必须持有的证明其运输、携带、收购、贩卖所载货物、物品真实、合法、有效的商业单证、运输单证及其他有关证明、文件。

"物品"，指个人以运输、携带等方式进出境的行李物品、邮寄进出境的物品，包括货币、金银等。超出自用、合理数量的，视为货物。

"自用"，指旅客或者收件人本人自用、馈赠亲友而非为出售或者出租。

"合理数量"，指海关根据旅客或者收件人的情况、旅行目的和居留时间所确定的正常数量。

"货物价值"，指进出口货物的完税价格、关税、进口环节海关代征税之和。

"物品价值"，指进出境物品的完税价格、进口税之和。

"应纳税款"，指进出口货物、物品应当缴纳的进出口关税、进口环节海关代征税之和。

"专门用于走私的运输工具"，指专为走私而制造、改造、购买的运输工具。

"以上""以下""以内""届满"，均包括本数在内。

第六十五条　海关对外国人、无国籍人、外国企业或者其他组织给予行政处罚的，适用本实施条例。

第六十六条　国家禁止或者限制进出口的货物目录，由国务院对外贸易主管部门依照《中华人民共和国对外贸易法》的规定办理；国家禁止或者限制进出境的物品目录，由海关总署公布。

第六十七条　依照海关规章给予行政处罚的，应当遵守本实施条例规定的程序。

第六十八条　本实施条例自 2004 年 11 月 1 日起施行。1993 年 2 月 17 日国务院批准修订、1993 年 4 月 1 日海关总署发布的《中华人民共和国海关法行政处罚实施细则》同时废止。

中华人民共和国海关报关单位注册登记管理规定

（2014 年 3 月 13 日海关总署令第 221 号公布，自公布之日起施行）

第一章　总　　则

第一条　为了规范海关对报关单位的注册登记管理，根据《中华人民共和国海关法》（以下简称《海关法》）以及其他有关法律和行政法规，制定本规定。

第二条　中华人民共和国海关是报关单位注册登记管理的主管机关。

第三条　报关单位办理报关业务应当遵守国家有关法律、行政法规和海关规章的规定，承担相应的法律责任。

报关单位对其所属报关人员的报关行为应当承担相应的法律责任。

第四条　除法律、行政法规或者海关规章另有规定外，办理报关业务的报关单位，应当按照本规定到海关办理注册登记。

第五条　报关单位注册登记分为报关企业注册登记和进出口货物收发货人注册登记。

报关企业应当经所在地直属海关或者其授权的隶属海关办理注册登记许可后，方能办理报关业务。

进出口货物收发货人可以直接到所在地海关办理注册登记。

报关单位应当在每年 6 月 30 日前向注册地海关提交《报关单位注册信息年度报告》。

报关单位所属人员从事报关业务的，报关单位应当到海关办理备案手续，海关予以核发证明。

报关单位可以在办理注册登记手续的同时办理所属报关人员备案。

第六条　进出口货物收发货人应当通过本单位所属的报关人员办理报关业务，或者委托海关准予注册登记的报关企业，由报关企业所属的报关人员代为办理报关业务。

海关可以将报关单位的报关业务情况以及所属报关人员的执业情况予以公布。

第七条　已经在海关办理注册登记的报关单位，再次向海关提出注册登记申请的，海关不予受理。

第二章　报关企业注册登记

第八条　报关企业应当具备下列条件：

（一）具备境内企业法人资格条件；

（二）法定代表人无走私记录；

（三）无因走私违法行为被海关撤销注册登记许可记录；

（四）有符合从事报关服务所必需的固定经营场所和设施；

（五）海关监管所需要的其他条件。

第九条　申请报关企业注册登记许可，应当提交下列文件材料：

（一）《报关单位情况登记表》；

（二）企业法人营业执照副本复印件以及组织机构代码证书副本复印件；

（三）报关服务营业场所所有权证明或者使用权证明；

（四）其他与申请注册登记许可相关的材料。

申请人按照本条第一款规定提交复印件的，应当同时向海关交验原件。

第十条 申请人应当到所在地海关提出申请并递交申请注册登记许可材料。

直属海关应当对外公布受理申请的场所。

第十一条 申请人可以委托代理人提出注册登记许可申请。

申请人委托代理人代为提出申请的，应当出具授权委托书。

第十二条 对申请人提出的申请，海关应当根据下列情况分别作出处理：

（一）申请人不具备报关企业注册登记许可申请资格的，应当作出不予受理的决定；

（二）申请材料不齐全或者不符合法定形式的，应当当场或者在签收申请材料后五日内一次告知申请人需要补正的全部内容，逾期不告知的，自收到申请材料之日起即为受理；

（三）申请材料仅存在文字性或者技术性等可以当场更正的错误的，应当允许申请人当场更正，并且由申请人对更正内容予以签章确认；

（四）申请材料齐全、符合法定形式，或者申请人按照海关的要求提交全部补正申请材料的，应当受理报关企业注册登记许可申请，并作出受理决定。

第十三条 所在地海关受理申请后，应当根据法定条件和程序进行全面审查，并且于受理注册登记许可申请之日起二十日内审查完毕。

直属海关未授权隶属海关办理注册登记许可的，应当自收到所在地海关报送的审查意见之日起二十日内作出决定。

直属海关授权隶属海关办理注册登记许可的，隶属海关应当自受理或者收到所在地海关报送的审查意见之日起二十日内作出决定。

第十四条 申请人的申请符合法定条件的，海关应当依法作出准予注册登记许可的书面决定，并送达申请人，同时核发《中华人民共和国海关报关单位注册登记证书》。

申请人的申请不符合法定条件的，海关应当依法作出不准予注册登记许可的书面决定，并且告知申请人享有依法申请行政复议或者提起行政诉讼的权利。

第十五条 报关企业在取得注册登记许可的直属海关关区外从事报关服务的，应当依法设立分支机构，并且向分支机构所在地海关备案。

报关企业在取得注册登记许可的直属海关关区内从事报关服务的，可以设立分支机构，并且向分支机构所在地海关备案。

报关企业分支机构可以在备案海关关区内从事报关服务。备案海关为隶属海关的，报关企业分支机构可以在备案海关所属直属海关关区内从事报关服务。

报关企业对其分支机构的行为承担法律责任。

第十六条 报关企业设立分支机构应当向其分支机构所在地海关提交下列备案材料：

（一）《报关单位情况登记表》；

（二）报关企业《中华人民共和国海关报关单位注册登记证书》复印件；

（三）分支机构营业执照副本复印件以及组织机构代码证书副本复印件；

（四）报关服务营业场所所有权证明复印件或者使用权证明复印件；

（五）海关要求提交的其他备案材料。

申请人按照本条第一款规定提交复印件的，应当同时向海关交验原件。

经审查符合备案条件的，海关应当核发《中华人民共和国海关报关单位注册登记证书》。

第十七条　报关企业注册登记许可期限为两年。被许可人需要延续注册登记许可有效期的，应当办理注册登记许可延续手续。

报关企业分支机构备案有效期为两年，报关企业分支机构应当在有效期届满前三十日内持本规定第十六条规定的材料到分支机构所在地海关办理换证手续。

第十八条　报关企业的企业名称、法定代表人发生变更的，应当持《报关单位情况登记表》《中华人民共和国海关报关单位注册登记证书》、变更后的工商营业执照或者其他批准文件及复印件，以书面形式到注册地海关申请变更注册登记许可。

报关企业分支机构企业名称、企业性质、企业住所、负责人等海关备案内容发生变更的，应当自变更生效之日起三十日内，持变更后的营业执照副本或者其他批准文件及复印件，到所在地海关办理变更手续。

所属报关人员备案内容发生变更的，报关企业及其分支机构应当在变更事实发生之日起三十日内，持变更证明文件等相关材料到注册地海关办理变更手续。

第十九条　对被许可人提出的变更注册登记许可申请，注册地海关应当参照注册登记许可程序进行审查。经审查符合注册登记许可条件的，应当作出准予变更的决定，同时办理注册信息变更手续。

经审查不符合注册登记许可条件的，海关不予变更其注册登记许可。

第二十条　报关企业办理注册登记许可延续手续，应当在有效期届满四十日前向海关提出申请，同时提交本规定第九条第一款第（一）项至第（四）项规定的文件材料。依照海关规定提交复印件的，还应当同时交验原件。

报关企业应当在办理注册登记许可延续的同时办理换领《中华人民共和国海关报关单位注册登记证书》手续。

报关企业未按照本条第一款规定的时限提出延续申请的，海关不再受理其注册登记许可延续申请。

第二十一条　海关应当参照注册登记许可程序在有效期届满前对报关企业的延续申请予以审查。经审查认定符合注册登记许可条件，以及法律、行政法规、海关规章规定的延续注册登记许可应当具备的其他条件的，应当依法作出准予延续 2 年有效期的决定。

海关应当在注册登记许可有效期届满前作出是否准予延续的决定。有效期届满时仍未作出决定的，视为准予延续，海关应当依法为其办理注册登记许可延续手续。

海关对不再具备注册登记许可条件，或者不符合法律、行政法规、海关规章规定的延续注册登记许可应当具备的其他条件的报关企业，不准予延续其注册登记许可。

第二十二条　有下列情形之一的，海关应当依法注销注册登记许可：

（一）有效期届满未申请延续的；

（二）报关企业依法终止的；

（三）注册登记许可依法被撤销、撤回，或者注册登记许可证件依法被吊销的；

（四）由于不可抗力导致注册登记许可事项无法实施的；

（五）法律、行政法规规定的应当注销注册登记许可的其他情形。

海关依据本条第一款规定注销报关企业注册登记许可的，应当同时注销该报关企业设立的所有分支机构。

第三章　进出口货物收发货人注册登记

第二十三条　进出口货物收发货人应当按照规定到所在地海关办理报关单位注册登记手续。

进出口货物收发货人在海关办理注册登记后可以在中华人民共和国关境内口岸或者海关监管业务集中的地点办理本企业的报关业务。

第二十四条　进出口货物收发货人申请办理注册登记，应当提交下列文件材料，另有规定的除外：

（一）《报关单位情况登记表》；

（二）营业执照副本复印件以及组织机构代码证书副本复印件；

（三）对外贸易经营者备案登记表复印件或者外商投资企业（中国台港澳侨投资企业）批准证书复印件；

（四）其他与注册登记有关的文件材料。

申请人按照本条第一款规定提交复印件的，应当同时向海关交验原件。

第二十五条　注册地海关依法对申请注册登记材料进行核对。经核对申请材料齐全、符合法定形式的，应当核发《中华人民共和国海关报关单位注册登记证书》。

第二十六条　除海关另有规定外，进出口货物收发货人《中华人民共和国海关报关单位注册登记证书》长期有效。

第二十七条　下列单位未取得对外贸易经营者备案登记表，按照国家有关规定需要从事非贸易性进出口活动的，应当办理临时注册登记手续：

（一）境外企业、新闻、经贸机构、文化团体等依法在中国境内设立的常驻代表机构；

（二）少量货样进出境的单位；

（三）国家机关、学校、科研院所等组织机构；

（四）临时接受捐赠、礼品、国际援助的单位；

（五）其他可以从事非贸易性进出口活动的单位。

第二十八条　临时注册登记单位在向海关申报前，应当向所在地海关办理备案手续。特殊情况下可以向拟进出境口岸或者海关监管业务集中地海关办理备案手续。

第二十九条　办理临时注册登记，应当持本单位出具的委派证明或者授权证明以及非贸易性活动证明材料。

第三十条　临时注册登记的，海关可以出具临时注册登记证明，但是不予核发注册登记证书。

临时注册登记有效期最长为一年，有效期届满后应当重新办理临时注册登记手续。

已经办理报关注册登记的进出口货物收发货人，海关不予办理临时注册登记手续。

第三十一条 进出口货物收发货人企业名称、企业性质、企业住所、法定代表人（负责人）等海关注册登记内容发生变更的，应当自变更生效之日起三十日内，持变更后的营业执照副本或者其他批准文件以及复印件，到注册地海关办理变更手续。

所属报关人员发生变更的，进出口货物收发货人应当在变更事实发生之日起三十一内，持变更证明文件等相关材料到注册地海关办理变更手续。

第三十二条 进出口货物收发货人有下列情形之一的，应当以书面形式向注册地海关办理注销手续。海关在办结有关手续后，应当依法办理注销注册登记手续。

（一）破产、解散、自行放弃报关权或者分立成两个以上新企业的；

（二）被工商行政管理机关注销登记或者吊销营业执照的；

（三）丧失独立承担责任能力的；

（四）对外贸易经营者备案登记表或者外商投资企业批准证书失效的；

（五）其他依法应当注销注册登记的情形。

进出口货物收发货人未依照本条第一款主动办理注销手续的，海关可以在办结有关手续后，依法注销其注册登记。

第四章　报关单位的管理

第三十三条 报关单位有权向海关查询其办理的报关业务情况。

第三十四条 报关单位应当妥善保管海关核发的注册登记证书等相关证明文件。发生遗失的，报关单位应当及时书面向海关报告并说明情况。

海关应当自收到情况说明之日起二十日内予以补发相关证明文件。遗失的注册登记证书等相关证明文件在补办期间仍然处于有效期间的，报关单位可以办理报关业务。

第三十五条 报关单位向海关提交的纸质进出口货物报关单应当加盖本单位的报关专用章。

报关专用章应当按照海关总署统一规定的要求刻制。

报关企业及其分支机构的报关专用章仅限在其取得注册登记许可或者备案的直属海关关区内使用。

进出口货物收发货人的报关专用章可以在全关境内使用。

第三十六条 报关单位在办理注册登记业务时，应当对所提交的申请材料以及所填报信息内容的真实性负责并且承担法律责任。

第三十七条 海关依法对报关单位从事报关活动及其经营场所进行监督和实地检查，依法查阅或者要求报关单位报送有关材料。报关单位应当积极配合，如实提供有关情况和材料。

第三十八条 海关对报关单位办理海关业务中出现的报关差错予以记录，并且公布记录情况的查询方式。

报关单位对报关差错记录有异议的，可以自报关差错记录之日起十五日内向记录海关以书面方式申请复核。

海关应当自收到书面申请之日起 15 日内进行复核，对记录错误的予以更正。

第五章　附　　则

第三十九条　报关单位、报关人员违反本规定，构成走私行为、违反海关监管规定行为或者其他违反《海关法》行为的，由海关依照《海关法》和《中华人民共和国海关行政处罚实施条例》的有关规定予以处理；构成犯罪的，依法追究刑事责任。

第四十条　报关单位有下列情形之一的，海关予以警告，责令其改正，可以处一万元以下罚款：

（一）报关单位企业名称、企业性质、企业住所、法定代表人（负责人）等海关注册登记内容发生变更，未按照规定向海关办理变更手续的；

（二）向海关提交的注册信息中隐瞒真实情况、弄虚作假的。

第四十一条　《中华人民共和国海关报关单位注册登记证书》《报关单位情况登记表》《报关单位注册信息年度报告》等法律文书以及格式文本，由海关总署另行制定公布。

第四十二条　本规定规定的期限以工作日计算，不含法定节假日、休息日。

第四十三条　本规定中下列用语的含义：

"报关单位"，是指按照本规定在海关注册登记的报关企业和进出口货物收发货人。

"报关企业"，是指按照本规定经海关准予注册登记，接受进出口货物收发货人的委托，以委托人的名义或者以自己的名义，向海关办理代理报关业务，从事报关服务的中华人民共和国关境内的企业法人。

"进出口货物收发货人"，是指依法直接进口或者出口货物的中华人民共和国关境内的法人、其他组织或者个人。

"报关人员"，是指经报关单位向海关备案，专门负责办理所在单位报关业务的人员。

"报关差错率"，是指报关单位被记录报关差错的总次数，除以同期申报总次数的百分比。

第四十四条　海关特殊监管区域内企业可以申请注册登记成为特殊监管区域双重身份企业，海关按照报关企业有关规定办理注册登记手续。

特殊监管区域双重身份企业在海关特殊监管区域内拥有进出口货物收发货人和报关企业双重身份，在海关特殊监管区外仅具报关企业身份。

除海关特殊监管区域双重身份企业外，报关单位不得同时在海关注册登记为进出口货物收发货人和报关企业。

第四十五条　本规定由海关总署负责解释。

第四十六条　本规定自公布之日起施行。2005 年 3 月 31 日以海关总署令第 127 号发布的《中华人民共和国海关对报关单位注册登记管理规定》同时废止。

中华人民共和国海关企业信用管理暂行办法

（2014 年 10 月 8 日海关总署令第 225 号公布，自 2014 年 12 月 1 日起施行）

第一章 总 则

第一条 为了推进社会信用体系建设，建立企业进出口信用管理制度，保障贸易安全与便利，根据《中华人民共和国海关法》及其他有关法律、行政法规的规定，制定本办法。

第二条 海关注册登记企业信用信息的采集、公示，企业信用状况的认定、管理等适用本办法。

第三条 海关根据企业信用状况将企业认定为认证企业、一般信用企业和失信企业，按照诚信守法便利、失信违法惩戒原则，分别适用相应的管理措施。

第四条 认证企业是中国海关经认证的经营者（AEO），中国海关依法开展与其他国家或者地区海关的 AEO 互认，并给予互认 AEO 企业相应通关便利措施。

第五条 海关根据社会信用体系建设和国际合作需要，与国家有关部门以及其他国家或者地区海关建立合作机制，推进信息互换、监管互认、执法互助。

第二章 企业信用信息采集和公示

第六条 海关应当采集能够反映企业进出口信用状况的下列信息，建立企业信用信息管理系统：

（一）企业在海关注册登记信息；

（二）企业进出口经营信息；

（三）AEO 互认信息；

（四）企业在其他行政管理部门的信息；

（五）其他与企业进出口相关的信息。

第七条 海关应当在保护国家秘密、商业秘密和个人隐私的前提下，公示企业下列信用信息：

（一）企业在海关注册登记信息；

（二）海关对企业信用状况的认定结果；

（三）企业行政处罚信息；

（四）其他应当公示的企业信息。

海关对企业行政处罚信息的公示期限为五年。

海关应当公布企业信用信息的查询方式。

第八条 公民、法人或者其他组织认为海关公示的企业信用信息不准确的，可以向海关提出异议，并提供相关资料或者证明材料。海关应当自收到异议申请之日起二十日内复核。公民、法人或者其他组织提出异议的理由成立的，海关应当采纳。

第三章 企业信用状况的认定标准和程序

第九条 认证企业应当符合《海关认证企业标准》。

《海关认证企业标准》分为一般认证企业标准和高级认证企业标准，由海关总署制定并对外公布。

第十条 企业有下列情形之一的，海关认定为失信企业：

（一）有走私犯罪或者走私行为的；

（二）非报关企业一年内违反海关监管规定行为次数超过上年度报关单、进出境备案清单等相关单证总票数千分之一且被海关行政处罚金额超过十元的违规行为两次以上的，或者被海关行政处罚金额累计超过一百万元的；

报关企业一年内违反海关监管规定行为次数超过上年度报关单、进出境备案清单总票数万分之五的，或者被海关行政处罚金额累计超过十万元的；

（三）拖欠应缴税款、应缴罚没款项的；

（四）上一季度报关差错率高于同期全国平均报关差错率一倍以上的；

（五）经过实地查看，确认企业登记的信息失实且无法与企业取得联系的；

（六）被海关依法暂停从事报关业务的；

（七）涉嫌走私、违反海关监管规定拒不配合海关进行调查的；

（八）假借海关或者其他企业名义获取不当利益的；

（九）弄虚作假、伪造企业信用信息的；

（十）其他海关认定为失信企业的情形。

第十一条 企业有下列情形之一的，海关认定为一般信用企业：

（一）首次注册登记的企业；

（二）认证企业不再符合本办法第九条规定条件，且未发生本办法第十条所列情形的；

（三）适用失信企业管理满一年，且未再发生本办法第十条规定情形的。

第十二条 企业向海关申请成为认证企业的，海关按照《海关认证企业标准》对企业实施认证。

海关或者申请企业可以委托具有法定资质的社会中介机构对企业进行认证；中介机构认证结果经海关认可的，可以作为认定企业信用状况的参考依据。

第十三条 海关应当自收到企业书面认证申请之日起九十日内作出认证结论。特殊情形下，海关认证时限可以延长三十日。

第十四条 企业有下列情形之一的，海关应当终止认证：

（一）发生涉嫌走私或者违反海关监管规定的行为被海关立案侦查或者调查的；

（二）主动撤回认证申请的；

（三）其他应当终止认证的情形。

第十五条 海关对企业信用状况的认定结果实施动态调整。

海关对高级认证企业应当每三年重新认证一次，对一般认证企业不定期重新认证。认证企业未通过重新认证适用一般信用企业管理的，一年内不得再次申请成为认证企业；高级认证企业未通过重新认证但符合一般认证企业标准的，适用一般认证企业管理。

适用失信企业管理满一年，且未再发生本办法第十条规定情形的，海关应当将其调整为一般信用企业管理。

失信企业被调整为一般信用企业满一年的，可以向海关申请成为认证企业。

第四章　管理原则和措施

第十六条　一般认证企业适用下列管理原则和措施：

（一）较低进出口货物查验率；

（二）简化进出口货物单证审核；

（三）优先办理进出口货物通关手续；

（四）海关总署规定的其他管理原则和措施。

第十七条　高级认证企业除适用一般认证企业管理原则和措施外，还适用下列管理措施：

（一）在确定进出口货物的商品归类、海关估价、原产地或者办结其他海关手续前先行办理验放手续；

（二）海关为企业设立协调员；

（三）对从事加工贸易的企业，不实行银行保证金台账制度；

（四）AEO互认国家或者地区海关提供的通关便利措施。

第十八条　失信企业适用海关下列管理原则和措施：

（一）较高进出口货物查验率；

（二）进出口货物单证重点审核；

（三）加工贸易等环节实施重点监管；

（四）海关总署规定的其他管理原则和措施。

第十九条　高级认证企业适用的管理措施优于一般认证企业。

因企业信用状况认定结果不一致导致适用的管理措施相抵触的，海关按照就低原则实施管理。

认证企业涉嫌走私被立案侦查或者调查的，海关暂停适用相应管理措施，按照一般信用企业进行管理。

第二十条　企业名称或者海关注册编码发生变更的，海关对企业信用状况的认定结果和管理措施继续适用。

企业有下列情形之一的，按照以下原则作出调整：

（一）企业发生存续分立，分立后的存续企业承继分立前企业的主要权利义务的，适用海关对分立前企业的信用状况认定结果和管理措施，其余的分立企业视为首次注册企业；

（二）企业发生解散分立，分立企业视为首次注册企业；

（三）企业发生吸收合并，合并企业适用海关对合并后存续企业的信用状况认定结果和管理措施；

（四）企业发生新设合并，合并企业视为首次注册企业。

第五章 附 则

第二十一条 作为企业信用状况认定依据的走私犯罪，以刑事判决书生效时间为准进行认定。

作为企业信用状况认定依据的走私行为、违反海关监管规定行为，以海关行政处罚决定书作出时间为准进行认定。

第二十二条 本办法下列用语的含义是：

"处罚金额"，指因发生违反海关监管规定的行为，被海关处以罚款、没收违法所得或者没收货物、物品价值的金额之和。

"拖欠应纳税款"，指自缴纳税款期限届满之日起超过三个月仍未缴纳进出口货物、物品应当缴纳的进出口关税、进出口环节海关代征税之和，包括经海关认定违反海关监管规定，除给予处罚外，尚需缴纳的税款。

"拖欠应缴罚没款项"，指自海关行政处罚决定规定的期限届满之日起超过三个月仍未缴纳海关罚款、没收的违法所得和追缴走私货物、物品等值价款。

"一年"，指连续的十二个月。

"年度"，指一个公历年度。

"以上""以下"，均包含本数。

"经认证的经营者（AEO）"，是指以任何一种方式参与货物国际流通，符合本办法规定的条件及《海关认证企业标准》并通过海关认证的企业。

第二十三条 本办法由海关总署负责解释。

第二十四条 本办法自 2014 年 12 月 1 日起施行。2010 年 11 月 15 日海关总署令第 197 号公布的《中华人民共和国海关企业分类管理办法》同时废止。

参 考 文 献

[1] 陈相芬. 报关实务与操作. 北京：清华大学出版社，2015.

[2] 海关总署监管司. 中国海关通关实务（2014 年版）. 北京：中国海关出版社，2015.

[3] 海关总署监管司. 中国海关通关指南（第 3 版）. 北京：中国海关出版社，2011.

[4] 海关总署政策法规司. 中国海关报关实用手册，北京：中国海关出版社，2016.

[5] 杨频，刘晓伟. 报关实务与操作. 北京：清华大学出版社，2012.

[6] 翟士军，李春艳. 海关与报关实务. 北京：机械工业出版社，2012.

[7] 中华人民共和国海关进出口税则编委会. 中华人民共和国海关进出口税则：2016 年中英文版. 北京：经济日报出版社，2016.

[8] 国家林业局，海关总署令. 第 34 号：公布野生动植物进出口证书管理办法.

[9] 国家外汇管理局，国家税务总局，海关总署. 第 2 号公告（联合）：关于货物贸易外汇管理制度改革试点的公告，2011.

[10] 海关总署，国家外汇管理局. 第 52 号公告：关于取消打印报关单收、付汇证明联的公告，2013.

[11] 海关总署，商务部. 第 58 号：关于从中国（上海）自由贸易试验区进口的涉及自动进口许可证管理货物开展通关作业无纸化试点的公告，2014.

[12] 海关总署，商务部. 第 35 号：关于进一步扩大自动进口许可证通关作业无纸化试点的公告，2015.

[13] 海关总署,商务部. 第 5 号:关于实行自动进口许可证通关作业无纸化的公告,2016.

[14] 海关总署，质检总局，第 68 号：关于实行"通关单联网核查"的通知，2007.

[15] 海关总署，中国人民银行，国家外汇管理局. 第 13 号：关于废止货物贸易外汇管理部分规范性文件的公告，2014.

[16] 海关总署. 第 103 号令：中华人民共和国海关进出口货物申报管理规定.

[17] 海关总署. 第 104 号令：中华人民共和国海关对进出境快件监管办法.

[18] 海关总署. 第 105 号令：中华人民共和国海关对保税仓库及所存货物的管理规定.

[19] 海关总署. 第 106 号令：中华人民共和国海关关于执行《内地与中国香港关于建立更紧密经贸关系安排》项下《关于货物贸易原产地规则》的规定.

[20] 海关总署. 第 107 号令：中华人民共和国海关关于执行《内地与中国澳门关于建立更紧密经贸关系安排》项下《关于货物贸易原产地规则》的规定.

[21] 海关总署. 第 111 号令：中华人民共和国海关关于加工贸易边角料、剩余料件、残次品、副产品和受灾保税货物的管理办法.

[22] 海关总署. 第 117 号令：中华人民共和国海关实施《中华人民共和国行政许可法》

办法.

[23] 海关总署. 第 121 号令：中华人民共和国海关关于境内公路承运海关监管货物的运输企业及其车辆、驾驶员的管理办法.

[24] 海关总署. 第 122 号令：关于非优惠原产地规则中实质性改变标准的规定.

[25] 海关总署. 第 124 号令：中华人民共和国海关进出口货物征税管理办法.

[26] 海关总署. 第 128 号令：中华人民共和国海关征收进口货物滞报金办法.

[27] 海关总署. 第 129 号令：中华人民共和国海关对保税物流中心（A 型）的暂行管理办法.

[28] 海关总署. 第 130 号令：中华人民共和国海关对保税物流中心（B 型）的暂行管理办法.

[29] 海关总署. 第 133 号令：中华人民共和国海关对出口监管仓库及所存货物的管理办法.

[30] 海关总署. 第 134 号令：中华人民共和国海关对保税物流园区的管理办法.

[31] 海关总署. 第 138 号令：中华人民共和国海关进出口货物查验管理办法.

[32] 海关总署. 第 141 号令：海关总署关于修改《中华人民共和国海关关于执行〈内地与中国香港特区关于建立更紧密经贸关系安排〉项下〈关于货物贸易原产地规则〉的规定》的决定.

[33] 海关总署. 第 142 号令：海关总署关于修改《中华人民共和国海关关于执行〈内地与中国澳门特区关于建立更紧密经贸关系安排〉项下〈关于货物贸易原产地规则〉的规定》的决定.

[34] 海关总署. 第 144 号令：中华人民共和国海关实施人身扣留规定.

[35] 海关总署. 第 145 号令：中华人民共和国海关行政处罚听证办法.

[36] 海关总署. 第 147 号令：海关总署关于修改《中华人民共和国海关对进出境快件监管办法》的决定.

[37] 海关总署. 第 150 号令：中华人民共和国海关加工贸易企业联网监管办法.

[38] 海关总署. 第 151 号令：中华人民共和国海关《中华人民共和国与智利共和国政府自由贸易协定》项下进口货物原产地管理办法.

[39] 海关总署. 第 153 号令：中华人民共和国海关统计工作管理规定.

[40] 海关总署. 第 155 号令：中华人民共和国海关加工贸易单耗管理办法.

[41] 海关总署. 第 157 号令：中华人民共和国海关暂时进出境货物管理办法.

[42] 海关总署. 第 158 号令：中华人民共和国海关进出口货物商品归类管理规定.

[43] 海关总署. 第 159 号令：中华人民共和国海关办理行政处罚案件程序规定.

[44] 海关总署. 第 161 号令：中华人民共和国海关进出境印刷品及音像制品监管办法.

[45] 海关总署. 第 162 号令：中华人民共和国海关《中华人民共和国政府与巴基斯坦伊斯兰共和国政府自由贸易协定》项下进口货物原产地管理办法.

[46] 海关总署. 第 164 号令：中华人民共和国海关保税港区管理暂行办法.

[47] 海关总署. 第 165 号令：中华人民共和国海关关务公开办法.

[48] 海关总署. 第 166 号令：中华人民共和国海关行政复议办法.

[49] 海关总署. 第 169 号令：中华人民共和国海关进出口货物集中申报管理办法.

[50] 海关总署. 第 171 号令：中华人民共和国海关监管场所管理办法.

[51] 海关总署. 第 172 号令：中华人民共和国海关进出境运输工具舱单管理办法.

[52] 海关总署. 第 175 号令：中华人民共和国海关《中华人民共和国政府和新西兰政府自由贸易协定》项下进出口货物原产地管理办法.

[53] 海关总署. 第 176 号令：中华人民共和国海关化验管理办法.

[54] 海关总署. 第 177 号令：中华人民共和国海关《亚太贸易协定》项下进出口货物原产地管理办法.

[55] 海关总署. 第 178 号令：中华人民共和国海关《中华人民共和国政府和新加坡共和国政府自由贸易协定》项下进出口货物原产地管理办法.

[56] 海关总署. 第 179 号令：中华人民共和国海关进出口货物减免税管理办法.

[57] 海关总署. 第 181 号令：中华人民共和国海关进出口货物优惠原产地管理规定.

[58] 海关总署. 第 183 号令：中华人民共和国海关关于《中华人民共和国知识产权海关保护条例》的实施办法.

[59] 海关总署. 第 184 号令：中华人民共和国海关税收保全和强制措施暂行办法.

[60] 海关总署. 第 186 号令：中华人民共和国海关《中华人民共和国政府和秘鲁共和国政府自由贸易协定》项下进出口货物原产地管理办法.

[61] 海关总署. 第 190 号令：海关总署关于修改《中华人民共和国海关对保税物流园区的管理办法》的决定.

[62] 海关总署. 第 191 号令：海关总署关于修改《中华人民共和国海关保税港区管理暂行办法》的决定.

[63] 海关总署. 第 192 号令：中华人民共和国海关最不发达国家特别优惠关税待遇进口货物原产地管理办法.

[64] 海关总署. 第 196 号令：中华人民共和国海关进出境运输工具监管办法.

[65] 海关总署. 第 198 号令：海关总署关于修改部分规章的决定.

[66] 海关总署. 第 199 号令：中华人民共和国海关《中华人民共和国与东南亚国家联盟全面经济合作框架协议》项下进出口货物原产地管理办法.

[67] 海关总署. 第 200 号令：中华人民共和国海关《海峡两岸经济合作框架协议》项下进出口货物原产地管理办法.

[68] 海关总署. 第 201 号令：海关总署关于废止《中华人民共和国海关对外商投资企业进出口货物监管和征免税办法》的决定.

[69] 海关总署. 第 202 号令：中华人民共和国海关《中华人民共和国政府和哥斯达黎加共和国政府自由贸易协定》项下进出口货物原产地管理办法.

[70] 海关总署. 第 203 号令：海关总署关于修改《中华人民共和国海关〈中华人民共和国政府和新加坡共和国政府自由贸易协定〉项下进出口货物原产地管理办法》的决定.

[71] 海关总署. 第 205 号令：海关总署关于废止《中华人民共和国海关特别优惠关税待遇进口货物原产地管理办法》的决定.

[72] 海关总署. 第 206 号令：海关总署关于修改《中华人民共和国海关关于执行〈内地与中国香港关于建立更紧密经贸关系安排〉项下〈关于货物贸易原产地规则〉的规

定》的决定.

[73] 海关总署. 第 207 号令：海关总署关于修改《中华人民共和国海关关于执行〈内地与中国澳门关于建立更紧密经贸关系安排〉项下〈关于货物贸易原产地规则〉的规定》的决定.

[74] 海关总署. 第 210 号令：海关总署关于修改《中华人民共和国海关最不发达国家特别优惠关税待遇进口货物原产地管理办法》的决定.

[75] 海关总署. 第 211 号令：中华人民共和国海关审定内销保税货物完税价格办法.

[76] 海关总署. 第 212 号令：海关总署关于修改《中华人民共和国海关暂时进出境货物管理办法》的决定.

[77] 海关总署. 第 213 号令：中华人民共和国海关审定进出口货物完税价格办法.

[78] 海关总署. 第 215 号令：中华人民共和国海关政府信息公开办法.

[79] 海关总署. 第 216 号令：海关总署关于废止部分规章的决定.

[80] 海关总署. 第 217 号令：中华人民共和国海关进口货物直接退运管理办法.

[81] 海关总署. 第 218 号令：海关总署关于修改部分规章的决定.

[82] 海关总署. 第 219 号令：中华人民共和国海关加工贸易货物监管办法.

[83] 海关总署. 第 220 号令：中华人民共和国海关进出口货物报关单修改和撤销管理办法.

[84] 海关总署. 第 221 号令：中华人民共和国海关报关单位注册登记管理规定.

[85] 海关总署. 第 222 号令：中华人民共和国海关《中华人民共和国政府和冰岛政府自由贸易协定》项下进出口货物原产地管理办法.

[86] 海关总署. 第 223 号令：中华人民共和国海关《中华人民共和国和瑞士联邦自由贸易协定》项下进出口货物原产地管理办法.

[87] 海关总署. 第 224 号令：海关总署关于修改《中华人民共和国海关〈中华人民共和国与智利共和国政府自由贸易协定〉项下进口货物原产地管理办法》的决定.

[88] 海关总署. 第 225 号令：中华人民共和国海关企业信用管理暂行办法.

[89] 海关总署. 第 226 号令：海关总署关于废止部分规章的决定.

[90] 海关总署. 第 227 号令：海关总署关于修改部分规章的决定.

[91] 海关总署. 第 228 号令：中华人民共和国海关《中华人民共和国政府和澳大利亚政府自由贸易协定》项下进出口货物原产地管理办法.

[92] 海关总署. 第 229 号令：中华人民共和国海关《中华人民共和国政府和大韩民国政府自由贸易协定》项下进出口货物原产地管理办法.

[93] 海关总署. 第 38 号令：中华人民共和国海关对过境货物监管办法.

[94] 海关总署. 第 55 号令：中华人民共和国海关关于进出境旅客通关的规定.

[95] 海关总署. 第 65 号令：保税区海关监管办法.

[96] 海关总署. 第 74 号令：中华人民共和国海关关于异地加工贸易的管理办法.

[97] 海关总署. 第 81 号令：中华人民共和国海关对出口加工区监管的暂行办法.

[98] 海关总署. 第 89 号令：中华人民共和国海关关于转关货物监管办法.

[99] 海关总署. 第 91 号令：中华人民共和国海关关于超期未报关进口货物、误卸或者溢卸的进境货物和放弃进口货物的处理办法.

[100] 海关总署. 第 92 号令：中华人民共和国海关行政裁定管理暂行办法.

[101] 海关总署. 第 9 号令：中华人民共和国海关对进出境旅客行李物品监管办法.

[102] 海关总署. 第 14 号：关于执行《中华人民共和国海关对保税仓库及所存货物的管理规定》有关问题的公告，2004.

[103] 海关总署. 第 42 号：关于增列海关监管方式代码的公告，2005.

[104] 海关总署. 第 11 号：海关审定公式定价进口货物完税价格的有关规定，2006.

[105] 海关总署. 第 43 号：海关总署决定实施跨关区"属地申报，口岸验放"通关模式有关事项公告，2006.

[106] 海关总署. 第 13 号：海关实施《科教用品免税规定》和《科技用品免税暂行规定》的有关办法和相关事宜，2007.

[107] 海关总署. 第 1 号：关于执行《中华人民共和国海关加工贸易企业联网监管办法》（署令第 150 号）有关问题的公告，2007.

[108] 海关总署. 第 72 号：关于实行新的进出境旅客申报制度的公告，2007.

[109] 海关总署. 第 40 号：关于面向广大中小型企业推广 H2000 电子手册系统中的有关事项，2008.

[110] 财政部,海关总署,国家税务总局. 关于跨境电子商务零售进口税收政策的通知. 财关税〔2016〕18 号。

[111] 海关总署. 第 33 号：关于开展出口货物分类通关改革试点的公告，2009.

[112] 海关总署. 第 39 号：进境 KJ3 类快件的申报规范、快件渠道进出境个人物品监管有关问题公告，2009.

[113] 海关总署. 第 6 号：海关总署 2008 年第 52 号公告附件《中华人民共和国海关进出口货物报关单填制规范》中"三十二、随附单证"项下的第（三）项内容修订的公告，2009.

[114] 海关总署. 第 10 号：关于调整有关海关监管方式代码，2010.

[115] 海关总署. 第 21 号：关于对重点固体废物进口实施分类装运管理的公告，2010.

[116] 海关总署. 第 43 号：关于进一步规范对进出境个人邮递物品监管有关事项的公告，2010.

[117] 海关总署. 第 56 号：关于在全国海关进一步深化分类通关改革工作的公告，2010.

[118] 海关总署. 第 5 号：关于推广加工贸易银行保证金台账电子化联网管理工作有关问题，2010.

[119] 海关总署. 第 7 号：海关实施《国有公益性收藏单位进口藏品免税暂行规定》的有关事宜公告，2010.

[120] 海关总署. 第 81 号：关于实施《中华人民共和国船舶吨税暂行条例》有关问题的公告，2011.

[121] 海关总署. 第 15 号：关于调整公布《中华人民共和国进境物品归类表》和《中华人民共和国进境物品完税价格表》的公告，2012.

[122] 海关总署. 第 38 号:关于在全国海关试点开展通关作业无纸化改革工作的公告,2012.

[123] 海关总署. 第 41 号：关于增设国内经济区划类别及代码的公告，2012.

[124]　海关总署. 第 42 号：关于对通关过程的补充申报进行电子化管理的公告，2012.

[125]　海关总署. 第 45 号：关于《海关总署关于促进外贸稳定增长的若干措施》的公告，
　　　　2012.

[126]　海关总署. 第 51 号：关于增设国内经济区划类别及代码的公告，2012.

[127]　海关总署. 第 8 号：关于适用船舶吨税优惠税率的国家（地区）清单的公告，2012.

[128]　海关总署. 第 9 号：关于利比里亚籍船舶适用船舶吨税优惠税率的公告，2016.

[129]　海关总署. 第 20 号：关于修订《中华人民共和国海关进出口货物报关单填制规范》
　　　　的公告，2016.

[130]　海关总署. 第 36 号：关于海关特殊监管区域和保税监管场所货物内销享受优惠税
　　　　率有关事宜的公告，2013.

[131]　海关总署. 第 58 号：关于全面深化区域通关业务改革的公告，2013.

[132]　海关总署. 第 70 号：关于加工贸易集中办理内销征税手续的公告，2013.

[133]　海关总署. 第 12 号：关于增列海关监管方式代码的公告，2014.

[134]　海关总署. 第 21 号：关于执行《中华人民共和国海关加工贸易货物监管办法》有
　　　　关问题的公告，2014.

[135]　海关总署. 第 25 号：关于深入推进通关作业无纸化改革工作有关事项的公告，2014.

[136]　海关总署. 第 28 号：关于扩大"属地申报、属地放行"适用范围的公告，2014.

[137]　海关总署. 第 31 号：关于调整部分监管方式代码名称及适用范围的公告，2014.

[138]　海关总署. 第 33 号：关于加工贸易货物销毁处置有关问题的公告，2014.

[139]　海关总署. 第 45 号：关于开展京津冀海关区域通关一体化改革的公告，2014.

[140]　海关总署. 第 25 号：关于《中华人民共和国进境物品归类表》和《中华人民共和
　　　　国进境物品完税价格表》的公告，2016.

[141]　海关总署. 第 26 号：关于跨境电子商务零售进出口商品有关监管事宜的公告，2016.

[142]　海关总署. 第 28 号：关于修改进出口货物报关单和进出境货物备案清单格式的公
　　　　告，2016.

[143]　海关总署. 第 57 号：关于增列海关监管方式代码的公告，2014.

[144]　海关总署. 第 65 号：关于开展长江经济带海关区域通关一体化改革的公告，2014.

[145]　海关总署. 第 66 号：关于开展广东地区海关区域通关一体化改革的公告，2014.

[146]　海关总署. 第 70 号：关于进出境运输工具监管以及舱单管理相关事项的公告，2014.

[147]　海关总署. 第 74 号：关于明确进出口货物提前申报管理要求的公告，2014.

[148]　海关总署. 第 81 号：关于《中华人民共和国海关企业信用管理暂行办法》实施相
　　　　关事项的公告，2014.

[149]　海关总署. 第 82 号：关于公布《海关认证企业标准》的公告，2014.

[150]　海关总署. 第 83 号：关于海关特殊监管区域间保税货物结转管理的公告，2014.

[151]　海关总署. 第 84 号：关于扩大长江经济带海关区域通关一体化改革的公告，2014.

[152]　海关总署. 第 96 号：关于全面实施海关特殊监管区域（保税监管场所）货物分批
　　　　内销享受优惠税率有关事宜的公告，2014.

[153]　海关总署. 第 10 号：关于开展东北地区海关区域通关一体化改革的公告，2015.

[154] 海关总署. 第 11 号：关于扩大广东地区海关区域通关一体化改革的公告，2015.

[155] 海关总署. 第 14 号：关于取消打印出口货物报关单证明联〔出口退税专用〕的公告，2015.

[156] 海关总署. 第 15 号：关于修订公式定价进口货物审定完税价格有关规定的公告，2015.

[157] 海关总署. 第 27 号：关于明确税款滞纳金减免相关事宜的公告，2015.

[158] 海关总署. 第 29 号：关于执行《外商投资产业指导目录（2015 年修订）》的公告，2015.

[159] 海关总署. 第 33 号：关于在全国范围推广汇总征税的公告，2015.

[160] 海关总署. 第 34 号：关于《货物进口证明书》相关事宜的公告，2015.

[161] 海关总署. 第 47 号：关于海关特殊监管区域及保税监管场所实施区域通关一体化改革的公告，2015.

[162] 海关总署. 第 4 号：关于电池、涂料征收进口环节消费税的公告，2015.

[163] 海关总署. 第 53 号：关于开展加工贸易工单式核销有关事项的公告，2015.

[164] 海关总署. 第 55 号：关于进出口货物报关单修改和撤销业务无纸化相关事宜的公告，2015.

[165] 海关总署. 第 57 号：关于优惠贸易协定项下符合"直接运输"单证事宜的公告，2015.

[166] 海关总署. 第 59 号：关于海关特殊监管区域内保税维修业务有关监管问题的公告，2015.

[167] 海关总署. 第 60 号：关于各优惠贸易协定项下经港澳中转进口货物相关证明文件的公告，2015.

[168] 海关总署. 第 69 号：关于 2016 年关税实施方案的公告，2015.

[169] 海关总署. 第 71 号：关于简化已联网优惠贸易安排项下原产地证书提交要求的公告，2015.

[170] 海关总署. 第 73 号：海关总署、国家质量监督检验检疫总局关于原产地证书相关数据信息共享的公告，2015.

[171] 海关总署. 第 9 号：关于开展丝绸之路经济带海关区域通关一体化改革的公告，2015.

[172] 全国人民代表大会常务委员会.（修订）：中华人民共和国海关法，2000.

[173] 全国人民代表大会常务委员会.（修订）：中华人民共和国进出口商品检验法，2002.

[174] 全国人民代表大会常务委员会.（修订）：中华人民共和国对外贸易法，2004.

[175] 商务部，海关总署，国家质检总局. 第 75 号：公布《2016 年进口许可证管理货物目录》，2015.

[176] 商务部，海关总署，银监会. 第 71 号：关于台账保证金缴纳方式的公告，2007.

[177] 商务部，海关总署，质检总局. 第 5 号：重点旧机电产品进口管理办法，2008.

[178] 商务部，海关总署，质检总局. 第 7 号：机电产品进口管理办法，2008.

[179] 商务部，海关总署. 第 96 号：公布《禁止出口货物目录（第五批）》，2008.

[180] 商务部，海关总署. 第 2 号：自动进口许可证联网核查系统公告，2013.

[181] 商务部，海关总署. 第 25 号：海关深入推进通关无纸化改革工作有关事项公告，2014.

[182] 商务部，海关总署. 第 59 号：关于调整加工贸易禁止类商品目录的公告，2015.

[183]　商务部，海关总署. 第 63 号：关于加工贸易限制类商品目录的公告，2015.

[184]　商务部，海关总署. 第 74 号：公布《2016 年自动进口许可管理货物目录》，2015.

[185]　商务部，海关总署. 第 76 号：公布《2016 年出口许可证管理货物目录》，2015.

[186]　商务部，海关总署. 第 77 号：发布《两用物项和技术进出口许可证管理目录》，2015.

[187]　商务部，海关总署. 第 26 号：货物自动进口许可管理办法，2004.

[188]　商务部，海关总署. 第 29 号：两用物项和技术进出口许可证管理办法，2005.

[189]　商务部，海关总署. 第 6 号：机电产品进口自动许可实施办法，2008.

[190]　商务部，科技部. 第 12 号：公布《中国禁止出口限制出口技术目录》（修订后），2008.

[191]　商务部，科学技术部. 第 2 号：禁止出口限制出口技术管理办法，2009.

[192]　商务部. 第 78 号：公布《2016 年进口许可证管理货物分级发证目录》，2015.

[193]　商务部. 第 79 号：公布《2016 年出口许可证管理货物分级发证目录》，2015.

[194]　商务部. 第 7 号：公布《中国禁止进口限制进口技术目录》（修订后），2007.

[195]　商务部. 第 11 号：货物出口许可证管理办法，2008.

[196]　商务部. 第 1 号：禁止进口限制进口技术管理办法，2009.

[197]　商务部. 第 8 号：《两用物项和技术出口通用许可管理办法》，2009.

[198]　中华人民共和国国务院. 第 328 号（2004 年修订）：中华人民共和国反倾销条例，2001.

[199]　中华人民共和国国务院. 第 329 号（2004 年修订）：中华人民共和国反补贴条例，2001.

[200]　中华人民共和国国务院. 第 331 号：中华人民共和国技术进出口管理条例，2001.

[201]　中华人民共和国国务院. 第 332 号：中华人民共和国货物进出口管理条例，2001.

[202]　中华人民共和国国务院. 第 392 号：中华人民共和国进出口关税条例，2003.

[203]　中华人民共和国国务院. 第 403 号：中华人民共和国保障措施条例，2004.

[204]　中华人民共和国国务院. 第 416 号：中华人民共和国进出口货物原产地条例，2004.

[205]　中华人民共和国国务院. 第 447 号：中华人民共和国进出口商品检验法实施条例，2005.

[206]　中华人民共和国国务院. 第 465 号：中华人民共和国濒危野生动植物进出口管理条例，2006.

[207]　中华人民共和国国务院. 第 538 号：中华人民共和国增值税暂行条例，2008.

[208]　中华人民共和国国务院. 第 572 号：中华人民共和国知识产权海关保护条例，2010.

[209]　中国海关. http://www.customs.gov.cn/.

[210]　天津海关. http://tianjin.customs.gov.cn/.

[211]　海关综合信息资讯网. http://www.china-customs.com/.

[212]　中国电子口岸. http://www3.chinaport.gov.cn/.

[213]　中华人民共和国商务部. http://www.mofcom.gov.cn/.

[214]　中华人民共和国财政部关税司. http://gss.mof.gov.cn/.

[215]　中国人民银行. http://www.pbc.gov.cn/.

[216]　国家质量监督检验检疫总局. http://www.aqsiq.gov.cn/.

[217]　中华人民共和国国家统计局. http://www.stats.gov.cn/.

[218]　国家外汇管理局. http://www.safe.gov.cn/.

教学支持说明

尊敬的老师:

　　您好!感谢您选用清华大学出版社的教材!为更好地服务教学,我们为采用本书作为教材的老师提供教学辅助资源。鉴于部分资源仅提供给授课教师使用,请您直接手机扫描下方二维码实时申请教学资源。

任课教师扫描二维码
可获取教学辅助资源

　　为方便教师选用教材,我们为您提供免费赠送样书服务。授课教师扫描下方二维码即可获取清华大学出版社教材电子书目。在线填写个人信息,经审核认证后即可获取所选教材。我们会第一时间为您寄送样书。

任课教师扫描二维码
可获取教材电子书目

清华大学出版社

E-mail: tupfuwu@163.com　　　　　　网址: http://www.tup.com.cn/
电话: 8610-62770175-4506/4340　　　传真: 8610-62775511
地址: 北京市海淀区双清路学研大厦B座509室　　邮编: 100084